reinhardt

Günther Opp / Michael Fingerle (Hrsg.)

Was Kinder stärkt

Erziehung zwischen Risiko und Resilienz

Mit Beiträgen von Doris Bender, Karl-Heinz Brisch, Michael Fingerle, Rolf Göppel, Werner Greve, Karin Grossmann, Klaus Grossmann, Bridget K. Hamre, Gotthilf G. Hiller, Martin Holtmann, Gerald Hüther, Angela Ittel, Rolf-Torsten Kramer, Winfried Kronig, Manfred Laucht, Friedrich Lösel, Robert C. Pianta, Günther Opp, Hellgard Rauh, Herbert Scheithauer, Ursula Staudinger, Megan W. Stuhlmann, Hans Weiß, Emmy E. Werner

3. Auflage

Ernst Reinhardt Verlag München Basel

Prof. Dr. *Günther Opp*, Hochschullehrer am Fachbereich Erziehungswissenschaften der Martin-Luther-Universität Halle-Wittenberg

Prof. Dr. *Michael Fingerle*, Hochschullehrer am Fachbereich Erziehungswissenschaften der Johann Wolfgang Goethe-Universität Frankfurt am Main

Coverfoto: © BilderBox.com

Bibliografische Information der Deutschen Nationalbibliothek
Die Deutsche Nationalbibliothek verzeichnet diese Publikation in der Deutschen Nationalbibliografie; detaillierte bibliografische Daten sind im Internet über <http://dnb.d-nb.de> abrufbar.
ISBN 978-3-497-01908-3
3. Auflage

© 2008 by Ernst Reinhardt, GmbH & Co KG, Verlag, München

Dieses Werk, einschließlich aller seiner Teile, ist urheberrechtlich geschützt. Jede Verwertung außerhalb der engen Grenzen des Urheberrechtsgesetzes ist ohne schriftliche Zustimmung der Ernst Reinhardt GmbH & Co KG, München, unzulässig und strafbar. Das gilt insbesondere für Vervielfältigungen, Übersetzungen in andere Sprachen, Mikroverfilmungen und für die Einspeicherung und Verarbeitung in elektronischen Systemen.

Printed in Germany
Reihenkonzeption Umschlag: Oliver Linke, Augsburg
Satz: Fotosatz Reinhard Amann, Aichstetten
Druck und Bindung: Friedrich Pustet, Regensburg

Ernst Reinhardt Verlag, Kemnatenstr. 46, D-80639 München
Net: www.reinhardt-verlag.de   E-Mail: info@reinhardt-verlag.de

Inhalt

Erziehung zwischen Risiko und Protektion
von Günther Opp und Michael Fingerle 7

I. Grundlagen der Resilienzforschung

Entwicklung zwischen Risiko und Resilienz
von Emmy E. Werner 20

Biologische Aspekte der Resilienz
von Martin Holtmann und Manfred Laucht 32

Resilienz im Spiegel entwicklungsneurobiologischer Erkenntnisse
von Gerald Hüther 45

Von generellen Schutzfaktoren zu spezifischen protektiven Prozessen:
Konzeptuelle Grundlagen und Ergebnisse der Resilienzforschung
von Friedrich Lösel und Doris Bender 57

„Biographie" und „Resilienz" – ein Versuch der Verhältnisbestimmung
von Rolf-Torsten Kramer 79

Geschlecht als „Stärke" oder „Risiko"? Überlegungen zur
geschlechterspezifischen Resilienz
von Angela Ittel und Herbert Scheithauer 98

Resilienz im Alter aus der Sicht der Lebensspannen-Psychologie
von Ursula M. Staudinger und Werner Greve 116

II. Resilienz als Arbeitskonzept in sozialen Arbeitsfeldern

Diagnostik und Intervention bei frühen Bindungsstörungen
von Karl-Heinz Brisch 136

Frühförderung als protektive Maßnahme – Resilienz im Kleinkindalter
von Hans Weiß 158

Resilienz und Bindung bei Kindern mit Behinderungen
von Hellgard Rauh 175

Der Einfluss von Erwachsenen-Kind-Beziehungen auf
Resilienzprozesse im Vorschulalter und in der Grundschule
von Robert C. Pianta, Megan W. Stuhlman und Bridget K. Hamre ... 192

Resilienz und kollektivierte Risiken in Bildungskarrieren –
das Beispiel der Kinder aus Zuwandererfamilien
von Winfried Kronig 212

Schule – Chance oder Risiko?
von Günther Opp 227

Bildung als Chance
von Rolf Göppel 245

III. Kritische Reflexionen zu den Potentialen von Resilienzkonzepten für Forschung und Praxis

„Resilienz" – für die pädagogische Arbeit mit Risikojugendlichen
und mit jungen Erwachsenen in brisanten Lebenslagen ein
fragwürdiges, ja gefährliches Konzept?
von Gotthilf G. Hiller 266

Die Entwicklung von Bindungen: Psychische Sicherheit als
Voraussetzung für psychologische Anpassungsfähigkeit
von Klaus Grossmann und Karin Grossmann 279

Der „riskante" Begriff der Resilienz – Überlegungen zur Resilienzförderung im Sinne der Organisation von Passungsverhältnissen
von Michael Fingerle 299

Resilienz: ein Überblick über internationale Längsschnittstudien
von Emmy E. Werner 311

Die Autorinnen und Autoren 327

Sachregister 330

Erziehung zwischen Risiko und Protektion

von Günther Opp und Michael Fingerle

"Von den Stärken der Kinder" handelt dieses Buch. Wir greifen damit auf ein Diktum Pestalozzis zurück, der auf die Frage, *"was der Mensch sei?"* antwortete, das *"...was er bedarf, was ihn erhebt und was ihn erniedrigt, was ihn stärket und ihn entkräftet..."* (SW Bd. 1, 265). Diese Aussage Pestalozzis verbindet in exemplarischer Weise die Polaritäten, zwischen denen sich Menschsein, kindliche Entwicklung und pädagogische Arbeit vollziehen. In diesem Gedanken verbinden sich Tradition und Neuorientierung *heil*pädagogischer Arbeit. Es ist pädagogisch immer darum gegangen, die Fähigkeiten und Entwicklungspotentiale der Kinder zu stärken und die Faktoren und Prozesse, die Entwicklung gefährden („was entkräftet") zu kompensieren.

In der Zukunft wird es vor allem darum gehen, die Risiken kindlicher Entwicklung, die in modernen Gesellschaften für viele Kinder zunehmen, als Entwicklungsgefährdungen und nicht primär im Sinne von Defiziten zu erfassen. Im Zentrum des pädagogischen Interesses stehen mittlerweile die Potentiale und Ressourcen, die kindliche Entwicklung schützen und stärken. Das ist das Thema dieses Buches.

Um einem Missverständnis gleich zu Beginn vorzubeugen: Von den Stärken und Widerstandskräften der Kinder zu sprechen, bedeutet nicht, die individuellen Risikolagen kindlicher Entwicklung, die spürbare Zunahme solcher Gefährdungen und die gesellschaftliche Bedeutung dieser Problemlagen zu verharmlosen. Von den *Stärken der Kinder* zu sprechen, bedeutet in keiner Weise, dass individuelle und den Lebenswelten dieser Kinder angemessene Hilfestellungen überflüssig werden. Die modernen Risikolagen, die die Entwicklung einer wachsenden Zahl von Kindern und Jugendlichen bedrohen, können auch die widerstandsfähigsten Kinder nicht allein aus ihren Stärken heraus bewältigen. Zwei Fragen interessieren uns in diesem Zusammenhang:

1. Welche Stärken und Kompetenzen helfen den Kindern am besten, Risiken in ihren Lebenswelten zu meistern?
2. Wie können wir durch pädagogische und heilpädagogische Maßnahmen diese Widerstandskräfte stärken?

Zeitgemäße Konzepte heilpädagogischer Arbeit zielen darauf ab, Kompetenzbereiche zu stärken und Umfeldressourcen zu bestimmen, von denen aus Kinder und Jugendliche ihre Entwicklung gestalten können. Dies ist ein positiver pädagogischer Denkansatz und insofern ist dies ein optimistisches Buch.

Für die theoretische Diskussion und die praktische Umsetzung dieses Ansatzes wird es notwendig sein, die veränderten Rahmenbedingungen pädagogischer Arbeit in modernen Gesellschaften zu skizzieren. Die neu entstehenden Lebensrisiken und Chancen für die Entwicklung von Kindern und Jugendlichen sind insofern der Resonanzboden eines modernen pädagogischen Risikodiskurses.

1 Moderne Gesellschaftsbeschreibungen: Risikogesellschaft

Die Beschreibung der modernen Gesellschaft als „Risikogesellschaft" erschien im Jahr der Tschernobylkatastrophe (Beck 1986). Das war ein Zufall. Aber die Gleichzeitigkeit dieser Buchveröffentlichung mit dem Reaktorunglück in Tschernobyl trug sicher erheblich zur Wirkung dieses Buches bei. Das Reaktorunglück in Tschernobyl im Jahre 1986 hat unser Lebensgefühl und das Nachdenken über die Risiken des Lebens in modernen Gesellschaften tiefgreifend beeinflusst. Schlagartig wurden wir uns der zivilisatorischen Risiken bewusst, die moderne Formen der Lebensführung produzieren.

Risiken wurden von Beck einerseits als Globalisierung umweltzerstörender Zivilisationsfolgen beschrieben. Darüber hinaus markierte Beck die Risiken moderner Lebensführung als Folge eines forcierten Individualisierungsprozesses in modernen Gesellschaften, der die Individuen zwingt, ihre eigene Biographie zu inszenieren, fortgesetzt riskante Entscheidungen zu treffen und individuell begründen zu müssen. Auf der Gewinnseite dieser Entwicklungen eröffnen sich den Menschen Selbstbestimmungsräume für ihre Lebensgestaltung in einem historisch bisher unbekannten Ausmaß. Gesellschaftliche Modernisierungsentwicklungen werden auf ihrer Risikoseite durch grundlegende Veränderungen der Arbeitsgesellschaft (Arbeitslosigkeit) und durch Armutserfahrungen einer wachsenden Zahl von Menschen, insbesondere von Kindern und Jugendlichen, beschleunigt.

Die Analyse Becks ist vielschichtig. Gegenläufig zu den wachsenden sozioökonomischen Problemen moderner Gesellschaften scheint sich der Staat immer mehr von sozialstaatlichen Sicherheitsgarantien (Soziales Netz) zurückzuziehen. Erziehung und soziale Arbeit werden unter Qualitäts- und Effizienzaspekten zunehmend ökonomischen Prinzipien unterworfen. Die Vergesellschaftung individueller Lebensrisiken im Sozialstaat wird tendenziell wieder abgebaut. Lebensrisiken werden *re*-individualisiert. Damit wächst nicht nur das Wagnis individueller Lebensführung, sondern gleichzeitig auch das Maß individueller Verantwortung für das eigene Leben.

2 Der Risikobegriff im Rahmen moderner sozialpolitischer Konzepte

Zweifellos, der Risikobegriff hat Konjunktur. Das heißt, er steht in Gefahr einer Entgrenzung seiner Bedeutung. Der italienische Begriff „rischio" entstammt dem Seehandel und bürgerte sich mit der Durchsetzung marktwirtschaftlichen Denkens, des Kalkulierens mit Verlusten, Kosten und Gewinnen ein. Das Denken in Risikokategorien ist eine bestimmte Umgangsweise mit Gefahr, nämlich die Kalkulation von Risiko und Gewinn.

> „Das Risiko wäre also ein soziales Konstrukt, eine kalkulierte, berechenbar gemachte, in ihren eventuellen Schadensfolgen abgeschätzte Gefahrenbewältigung, besser noch, so etwas wie eine ‚soziale Technologie' des Umgangs mit Gefahren" (Evers 1993, 348).

Ein *Risiko* ist eine Gefahr, die eintreten kann, aber nicht eintreten muss. Gefahren können als Risiken in einen offenen Zukunftshorizont gesetzt und dadurch für *Risikokalkulationen*, die Abschätzung potentieller Gewinne und Verluste, geöffnet werden. Diese Zukunftsöffnung von Gefahren ermöglichte auch die Entwicklung von Konzepten sozialstaatlicher Absicherung, mit denen bereits im 19. Jahrhundert auf die veränderten Risiken der Fabrikarbeit reagiert wurde. Andererseits verknüpft sich damit die Frage nach gesellschaftlich konsensfähigen Gefahrengrenzen und Risikotoleranzen (z. B. Emmissionsgrenzen). Des Weiteren verbindet sich damit die hochaktuelle Frage, inwieweit die grundsätzlichen Ungewissheiten und Unsicherheiten individuellen Alltagshandelns individuell zu verantworten oder sozialstaatlich abzusichern sind. Diese Frage steht in direktem Zusammenhang mit den Konsequenzen individueller Umsetzung gesellschaftlicher Modernisierungsprozesse, dem Verlust traditionsgebundenen Handlungs- und Orientierungswissens und den damit verbundenen, absichernden Strukturen sozialer Unterstützung.

> „Hier gilt es sich zu vergegenwärtigen, wie sehr ‚kalkulierende' Techniken im Umgang mit alltäglichen Herausforderungen Terrain gewonnen haben. In dem Maße, wie Alltagshandeln nicht mehr traditionsgeleitet ist, sich reflexiv verflüssigt, Optionen erhält und Wahlhandlungen zur Disposition stellt, nehmen Umgangsformen zu, die mit entsprechenden Herausforderungen und Gefahren als einem kalkulierten Risiko umgehen. Man diskutiert nicht nur die gesundheitlichen Risiken bestimmter Formen der Lebensführung, sondern ‚investiert' auch in eine Beziehung oder geht mit einer Familiengründung ein Risiko ein …" (Evers 1993, 349f).

Risiken sind unvermeidlich, denn jede Entscheidung, die getroffen wird, verknüpft sich mit den Risiken, die diese Entscheidung unabdingbar in Kauf nimmt. Mit der Ausweitung individueller Entscheidungsräume und

Entscheidungszwänge in Folge moderner Lebensführung könnten diese Risiken ansteigen. Luhmann (1993, 328) führt diesen Zusammenhang von Entscheidung und Risiko am einfachen Beispiel der Verwendung eines Regenschirms exemplarisch vor. Man kann das Haus ohne den Regenschirm verlassen und das Risiko eingehen, nass zu werden. Man kann den Regenschirm aber auch mitnehmen und dann das Risiko in Kauf nehmen, den Schirm irgendwo liegen zu lassen.

Die Verwandlung von Gefahren in Risiken ermöglichte die Entwicklung sozialer Techniken der Risikobegrenzung, zu denen ein ausgebautes Versicherungswesen genauso gehört wie sozialpädagogische Hilfeangebote. Mit der voranschreitenden Verflüssigung kollektiver Sicherungsgarantien in den primären Lebensfeldern (Familien, dörfliche und religiöse Gemeinschaften etc.) gewinnen soziale Risikodiskurse immer mehr an Bedeutung. Risiko als Zukunftsdimension individuellen Lebens muss durch Außengarantien (Alterssicherung, Pflegeversicherung, Kinder- und Jugendhilfe) gekontert werden.

3 Risiken moderner Kindheit

Mit der Ausdifferenzierung sozialwissenschaftlicher Disziplinen wurden vielfältige neue wissenschaftliche Erkenntnisse über Risiken kindlicher Entwicklungsverläufe gewonnen. Die Befunde wissenschaftlicher Analysen sind ambivalent. Keupp (1996) beschreibt das Aufwachsen in der Postmoderne als „riskanter werdende Chancen für Kinder und Jugendliche" (130f).

Wir beobachten einerseits eine wachsende Autonomie für Kinder und Jugendliche, größer werdende Aushandlungsspielräume für eigene Interessen und eine Ausweitung individueller Möglichkeiten für die Gestaltung des Lebens. Diese Pluralisierung individueller Lebenschancen findet seine Entsprechung in beschleunigten Individualisierungsprozessen. „Moderne Kindheit findet in einer Fülle von Erlebnis- und Erfahrungsbezügen statt, die sich aber in kein Gesamtbild mehr fügen"(Keupp 1996, 133). Einbettungen in die Zusammenhänge traditioneller Gemeinschaften schwinden und gehen mit einem Verlust von Geborgenheit und Gemeinschaftserfahrungen einher. Dieser Prozess der Enttraditionalisierung (Beck 1986) wird durch gesellschaftliche Entsolidarisierungsprozesse (vgl. Haeberlin 1996a, b) und neue Herausforderungen begleitet.

Die „Kinder der Freiheit" (Beck 1997) sind nicht nur mit erweiterten Partizipationsrechten und Entscheidungsmöglichkeiten ausgestattet, sondern auch mit den Ansprüchen und Risikofolgen biographischer Selbstinszenierung:

Wie will *ich* mich der Welt präsentieren?
Wie setze *ich* meine Lebensschwerpunkte?
Welche Ziele will *ich* verfolgen?
Welche Einschränkungen und Risiken nehme *ich* dafür in Kauf?

Solche Entscheidungen fordern Orientierung und einen *inneren Kompass*. Dabei wird deutlich, dass Selbsterziehung im Kontrast zur Fremderziehung für die „Kinder der Freiheit" immer wichtiger werden könnte. Das setzt ein komplexes Verhältnis des Menschen zu sich selbst voraus: Selbstkontrolle, Disziplin, Empathie und ein hohes Maß an kritischer Selbstreflexion (Brater 1997). Dabei entfaltet sich das „soziale Kapital" der Herkunftsfamilie sichtbar. Dass sich die Erziehungserfahrungen vieler Kinder verschlechtert haben, gilt nur zum Teil. Vergrößert hat sich die Differenz des Aufwachsens von Kindern: Neben pädagogisch hoch angereicherten Lebenswelten gibt es eine wachsende Kinderpopulation, die in deprivierteren Umwelten heranwächst. Das Erleben umfassender familiärer Unterstützung bei der Meisterung moderner Individualisierungsaufgaben ist genauso folgenreich wie ihr Fehlen. Als soziales Problem zeigt sich diese Differenz in ihrer Folge für Bildungskarrieren, respektive einer hohen Abhängigkeit der Bildungsbeteiligung vom Sozialstatus der Herkunftsfamilie (Datenreport 2004, 490ff).

Für die Schulen ergibt sich daraus eine komplexe Ausgangslage. Tendenziell entwickelt sich eine dichotome Schülerpopulation. Das sind zum einen Schülerinnen und Schüler, die sich in allen diesen Individualisierungsprozessen sowie in ihren schulischen Lernprozessen auf zum Teil intensive familiäre Unterstützung und Begleitung verlassen können (Modernisierungsgewinner). Zum anderen besteht die pädagogische Herausforderung gerade darin, auch die Entwicklung der Kinder und Jugendlichen zu unterstützen, denen es an solchen Hilfen in ihren natürlichen Lebenswelten mangelt und die diese unerfüllten Erziehungsansprüche in ihre Schulen mitbringen (Modernisierungsverlierer). Den Schulen wächst damit eine Erziehungsaufgabe zu, für die sie eigentlich nicht konzipiert und ausgestattet sind. Im Rahmen schulischer Selektionsprozesse verschärfen die Startvorteile der Kinder, die von umfassender familiärer Unterstützung profitieren, die Selektionsnachteile der Kinder mit weniger günstigen Ausgangsbedingungen.

Die Schulen sind im Zuge der gesellschaftlichen Individualisierungsprozesse mit den Folgen von Migration, Arbeitslosigkeit, Armutsentwicklungen und den Einflüssen neuer Medienwelten, mit heterogener werdenden Schülerpopulationen sowie mit neuen Lernbedürfnissen und normativen Verunsicherungen konfrontiert. Kindheit und Jugendzeit als *pädagogisches Moratorium* hat sich verflüchtigt (Zinnecker 2000). Das soziale Kapital der Herkunftsfamilie und die damit verbundene soziale Unterstützung entscheidet, kontra zur öffentlichen Chancengleichheitsrhetorik, über die zukünftigen Chancen der Partizipation am gesellschaftlichen Reichtum.

In Überschneidung mit diesen sozialpsychologischen Problembeschreibungen wird die notwendige reflexive Auseinandersetzung mit diesen Risiken und Chancen von Kindheit und Jugend für die pädagogische Theorie und Praxis eingefordert.

4 Moderne pädagogische Selbstbeschreibungen

Die soziologisch beschriebenen gesellschaftlichen Reflexivisierungsprozesse (Beck et al. 1996) fanden ihren Widerhall in pädagogischen Selbstbeschreibungen im Sinne einer „reflexiven Pädagogik" (Krüger 1997, Lenzen 1996, Winkler 1994). Anschlussdiskussionen im Sinne der Skizzierung von Orientierungsdimensionen einer reflexiven Heilpädagogik wurden geführt (Opp/Peterander 1997). Wert gelegt wurde hierbei insbesondere auf die kritische Betrachtung von Risiken, die durch (*heil-*)pädagogisches Handeln selbst produziert werden.

Die Notwendigkeit pädagogischer Risikodiskurse ergibt sich insbesondere aus der antinomischen Grundstruktur der sozialen Arbeit (Rappaport 1985), wie sie auch von Helsper (1995) in einer profunden Diskussion der Grundparadoxien pädagogischer Handlungsfelder beschrieben wurde. Paradoxien – oder auch das Auftreten multipler Paradoxien in der Moderne – wurden als konstitutionell für vollwertige Professionen beschrieben (Schütze et al. 1996). Dabei geht es vor allem um die wachsende Einsicht, dass professionelles pädagogisches Handeln immer gleichzeitig mit Forderungen und Ansprüchen konfrontiert ist, die sich nicht vereinbaren lassen, die miteinander in Widerspruch stehen oder sich gegenseitig ausschließen (z. B. Leistungsoptimierung und Chancengleichheit).

Nicht nur die Auseinandersetzung mit der Frage nach *den Chancen von Erziehung zwischen Risiko und Resilienz* ist Inhalt dieses Buches, sondern eben auch die Diskussion einer solchen pädagogischen Antinomie, die sich gedanklich bearbeiten, aber prinzipiell nicht auflösen lässt.

Die pädagogische Reflexion kann, anschließend an diese modernen antinomisch angelegten professionellen Selbstbeschreibungen, im Sinne von Risikodiskursen erfolgen. Dabei könnte die Möglichkeit, pädagogisches Handeln in gegenläufigen Polungen von Risiken und schützenden Faktoren zu denken, ein hilfreiches Raster heilpädagogischer Überlegung darstellen. Die Schnittstellen solcher Widersprüche treten in pädagogischen Arbeitsfeldern als Paradoxien des Handelns auf und können in gewinnbringende „permanente Reflexionsirritationen" (Schütze et al. 1996, 368) transformiert werden.

Das mag zunächst befremdlich klingen. In Wirklichkeit entspricht dies einer pädagogischen Alltagserfahrung, nämlich der Einsicht in die Ungewissheit pädagogischer Wirkungen. Damit verbunden ist die Anerkennung alltäglicher Fehler- und Risikopotentiale pädagogischen Handelns und die

Suche nach pädagogischer Selbstvergewisserung durch kollegiale und professionelle Reflexionsprozesse. Dieser Diskurs verschafft sich auch im Rahmen moderner pädagogischer Theoriebildung Anerkennung und kann die Erziehungsarbeit durch zugestandene, ja sogar geforderte Irritationsgewinne bereichern.

Neue wissenschaftliche Einsichten in pädagogische Komplexitäten und die Grundlagen kindlicher Entwicklungsprozesse bestätigen diese antinomische Grundlegung erzieherischen Handelns. Erziehung wird damit nicht leichter. Aber sie lässt sich vom Kopf überzogener Einseitigkeiten und Vereinfachungen auf die Füße ihrer praktischen Anforderungen stellen. Professionelle Weiterentwicklungen werden dadurch nicht blockiert; vielmehr können sie auf der Basis wissenschaftlicher Erkenntnisse über Risiken und Resilienz kindlicher Entwicklung, wie sie in diesem Buch referiert werden, ihre Begründung und Orientierung finden. Dies setzt die Anerkennung der Ungewissheitsdimensionen pädagogischen Handelns voraus.

Die Konzeption von Risiko- und Schutzfaktoren betont das dynamische Wechselspiel beider Einflussfaktoren in individuellen Biographien und sieht jede a-priori-Vorhersage von Risiko- oder Schutzeffekten prinzipiell kritisch.

5 Moderne Beschreibungen kindlicher Entwicklung: zwischen Risiko und Resilienz

Mit Keogh und Weisner (1993) lässt sich in der Risikoforschung eine frühe Phase unterscheiden, die durch die Annahme und Weiterentwicklung eines Haupteffektmodells gekennzeichnet war. Diesem Ansatz zufolge sind für Entwicklungsstörungen bestimmte umschreibbare Risikofaktoren bzw. Defizite (eventuell auch biologischer Art) als direkte Ursachen anzunehmen. Empirisch sind diese Zusammenhänge jedoch nicht immer eindeutig, da man es in aller Regel bei Risikofaktoren zunächst lediglich mit Variablen zu tun hat, die mit psychischer Dysfunktionalität hoch korreliert sind, ohne dass die Kausalbeziehungen immer geklärt sind (Richters/Martinez 1993). Ein Risikofaktor hat also immer nur mit einer bestimmten Wahrscheinlichkeit einen negativen Effekt zur Folge – oder anders ausgedrückt: Zu jedem Risikofaktor existieren Fälle, in denen sich keine psychischen Beeinträchtigungen entwickeln. Zudem sind die statistischen Zusammenhänge häufig gering.

Da einzelne Risiken offenbar keine befriedigende Erklärung für das Entstehen von abweichendem Verhalten boten, wurde das *Haupteffektmodell* zu *additiven* bzw. *gewichteten Modellen* ausgeweitet. Tatsächlich scheinen kindliche Entwicklungsprozesse im Großen und Ganzen eher von der kumulativen Wirkung von Stressoren beeinflusst zu werden als von einzelnen Entwicklungsrisiken (Coyne/Downey 1991).

Die Befunde legten aber noch einen anderen Schluss nahe. Anstatt „direkt" zu wirken, scheinen sich Risiken in vielen Fällen erst in Abhängigkeit von der Anwesenheit weiterer Faktoren durchzusetzen. Dieses Vulnerabilitätskonzept fand sowohl in der psychiatrischen als auch der entwicklungspsychologischen Forschung weite Verbreitung.

So postulierten Zubin und Spring (1977; Olbrich 1987) die Existenz einer besonderen Vulnerabilität bei Menschen mit Schizophrenie. Darunter verstehen sie grundlegende Defizite in den psychischen Systemen, die dazu führen, dass selbst vergleichsweise schwache Stressoren zu einer Überlastung der Bewältigungsmechanismen und als Folge zur Ausbildung pathologischer Verhaltensweisen führen können. Obwohl ursprünglich eher neurobiologisch angelegt, wurde das Konstrukt auch von der psychologischen Forschung übernommen, wo z. B. die risikofördernde Wirkung maladaptiver Copingmechanismen als Vulnerabilitätsfaktoren untersucht wurde (z. B. Jerusalem/Schwarzer 1989; Jerusalem 1990). Von Bedeutung für die weitere Forschung war vor allem, dass man von dem Konzept direkter Wirkungen von Entwicklungsrisiken abkam; stattdessen wurde die vermittelnde bzw. moderierende Wirkung intrapersonaler oder externer Variablen herausgestellt, ohne deren Vorhandensein andere Faktoren unter Umständen erst gar nicht zum Risiko werden können.

Unabhängig von diesen Befunden stellte sich des Weiteren heraus, dass eine Art Gegenpol oder Spiegelbild zur Vulnerabilität existierte. Die Resultate der Kauai-Studie (Werner/Smith 1982) zeigten zwar, dass die Mehrzahl der erfassten Kinder, die von Beginn ihres Lebens an vier oder mehr signifikanten Risikofaktoren ausgesetzt waren (z. B. chronischer Armut, niedrigem mütterlichen Ausbildungsstand, instabile familiäre Situationen), unterschiedliche Lern- und Verhaltensprobleme entwickelte. Überraschend war jedoch das Ergebnis, dass sich ungefähr ein Drittel dieser „Risikokinder" im Alter von zehn und achtzehn Jahren (Werner/Smith 1982) erfolgreich entwickelt hatte, was bei einer Überprüfung im Alter von 30 und 40 Jahren bestätigt werden konnte (Werner/Smith 1992, 2001). Obwohl alle Kinder in dieser Studie erheblichem Stress, wenn auch in unterschiedlichen Formen ausgesetzt waren, gelang es den resilienten Kindern, sich in ihren belasteten Lebenswelten zu behaupten.

Die Ergebnisse dieser Studie zeigen, dass selbst die kumulative Erfassung signifikanter Entwicklungsrisiken eine lineare Prognose für Entwicklungsauffälligkeiten nicht zulässt. Dies führte zur Annahme der Existenz so genannter protektiver Faktoren in der Person und/oder Umwelt eines Kindes, welche die Wirkung von Risikofaktoren moderieren und so die Wahrscheinlichkeit für die Herausbildung von Störungen senken können. Für dieses Phänomen bürgerte sich im englischen Sprachgebrauch der Begriff „resiliency" ein, im Deutschen spricht man in diesem Zusammenhang von „psychischer Widerstandsfähigkeit" oder neuerdings auch von Resilienz. Zu beachten ist allerdings der relative Charakter von Resilienz. Resilienz bedeutet nicht die völlige Abwesenheit von psychischen Beeinträchtigungen. Es ist durchaus möglich, dass z. B. kurzfristig Symptome auftreten.

Einem Vorschlag von Rutter (1985) folgend, lassen sich unter protektiven Faktoren psychologische Merkmale oder Eigenschaften der sozialen Umwelt verstehen, die die Auftretenswahrscheinlichkeit psychischer Störungen herabsetzen. Als solche Faktoren gelten z. B. Temperamentsmerkmale, Intelligenz oder eine positive Einschätzung der eigenen Fähigkeiten (Lösel/Bender 1996).

Die Bestimmung derartiger Faktoren und *mehr noch* die Entschlüsselung ihrer Wirkungsweise(n) stellt nach wie vor ein forschungsmethodisches und konzeptuelles Problem dar (Laucht et al. 1997). Während die frühesten Publikationen protektive Faktoren bzw. Resilienz als zeitlich stabile, situationsübergreifende Eigenschaften postulierten, wird Resilienz inzwischen in erster Linie als eine temporäre Eigenschaft angesehen, die sich im Lebenslauf verändern kann (Rutter 2000; Scheithauer et al. 2000). Insgesamt muss das Zusammenspiel von Risiko- und Schutzfaktoren als ein integrierter, komplexer Prozess verstanden werden, in dem a-priori-Unterscheidungen zwischen Risiko- und Schutzfaktoren nicht unbedingt sinnvoll sind (Lösel/Bender 1996); von zentraler Bedeutung scheint die *Art der Bearbeitung* einer Risikolage zu sein.

So schrieb Rutter (1985), einer der versiertesten Vertreter dieses Forschungszweigs, bereits in den 1980er Jahren:

> „Schützende Wirkungen liegen nicht primär im abpuffernden Effekt irgendeines schützenden Faktors, der zu einem bestimmten Zeitpunkt oder über einen Zeitraum wirksam wird. Vielmehr liegt die Qualität von Resilienz darin, wie Menschen mit Lebensveränderungen umgehen und was sie hinsichtlich ihrer Lebenssituation tun. Diese Qualität ist durch frühe Lebenserfahrungen, durch das, was in der Kindheit, im Jugendalter geschieht und durch die Lebensumstände im Erwachsenenalter beeinflusst" (Rutter 1985, 608).

Ähnlich betrachten Masten et al. (1990) Resilienz als den

> „… Prozess, die Fähigkeit oder das Ergebnis erfolgreicher Adaptation angesichts herausfordernder oder bedrohender Umstände im Sinne inneren Wohlbefindens und/oder effektiver Austauschbeziehungen mit der Umwelt" (426).

Obwohl das Resilienzkonzept inzwischen nüchterner betrachtet wird, ist sein praktischer Wert für die Pädagogik nach wie vor darin zu sehen, dass es das Augenmerk der Praktiker auf den Aufbau und die Förderung von Bewältigungskapazitäten lenkt und auf die Anleitung zu ihrer Nutzung. Zwar wird Resilienz mittlerweile nicht mehr als universell wirksame Kompensationsfähigkeit jeglicher Risikolage angesehen, die es lediglich pädagogisch „herzustellen" gilt; andererseits wurde sie aber auch nicht als bloßes Artefakt der Risikoforschung entlarvt. Die Anerkennung ihres prozesshaften und veränderlichen Charakters lenkt das Augenmerk vielmehr auf den Umstand, dass der Aufbau von Resilienz auch eine größere Flexibilität der pädagogischen Angebote verlangt. An dieser Stelle schließt sich der Kreis von wissenschaftlichem Interesse an bestimmten Formen kindlicher Entwicklung und pädagogischen Zielen der förderpädagogischen Praxis. Ein solcher Perspektivwechsel ist vielleicht nicht zuletzt deshalb von Bedeutung, weil sich die effektive Beseitigung von externen Risikofaktoren häufig als schwer durchführbar erwiesen hat.

Die Diskussionen der letzten Jahre zeigen ein neu erwachtes Interesse am Resilienzkonzept im Bereich der Prävention (Gabriel 2005; Wustmann 2005) und machen deutlich, dass das Resilienzkonzept nicht zu einer „neoliberalen" Verschiebung in der sozialpolitischen Bearbeitung von Risikolagen führen darf. Gerade die Komplexität und Variabilität dieses Phänomens und seine Abhängigkeit von sozialen Ressourcen demonstrieren eindrücklich, dass der Aufbau von Resilienz die Fokussierung von Unterstützungssystemen und nicht deren Abbau impliziert.

Auf einer erziehungswissenschaftlichen Reflexionsebene bietet sich hier die Gelegenheit, einen Paradigmenwechsel voranzutreiben: von der Polarität zwischen Risiko- und Schutzfaktoren als statischen Erziehungsprinzipien zu einer dynamischeren Sichtweise von Erziehung.

In der Gesamtheit der Beiträge dieses Bandes zeigt sich, dass die Folie von Risiko und Resilienz gewinnbringend auf vielfältige pädagogische und heilpädagogische Fragestellungen angewandt werden kann. Das damit eröffnete Reflexionsspiel bietet neue theoretische und praktische Zugänge zu pädagogischen Problemstellungen, und zwar unter Berücksichtigung ihrer antinomischen Grundstrukturen. Dadurch werden statische und eindimensionale Personen- und Defizitzuschreibungen aufgelöst, deren Überwindung die (Heil)pädagogik im Rahmen sozial-ökologischer Ansätze seit langem anstrebt. So werden auch komplexere Zugänge zu pädagogischen Aufgabenbereichen auf der Grundlage dynamischer Anlage-Person-Umweltinteraktionen eröffnet, und zwar gleichermaßen in ihren gefährdenden wie in ihren schützenden Potentialen für das erziehungs- und hilfebedürftige Individuum. Daraus wächst ein realistisch-optimistischer Blick auf moderne pädagogische Herausforderungen. In schwierigen Zeiten und angesichts der Folgen rasanter gesellschaftlicher Umbrüche können Pädagogen und Heilpädagogen auf diesen Optimismus immer weniger verzichten. Es ist das Anliegen dieses Buches, hierfür Gründe und Anstöße zu geben.

Den Autoren der Beiträge möchten wir für ihre Bereitschaft, bei diesem Buchprojekt mitzuwirken, unseren Dank aussprechen. Mit der Unterscheidung der weiblichen und männlichen Form verbinden wir keine ideologischen Absichten. Regina Schmitz und Angela Brosch haben an der Manuskriptbearbeitung entscheidenden Anteil.

Literatur

Beck, U. (1986): Risikogesellschaft. Suhrkamp, Frankfurt/M.
– (Hrsg.) (1997): Kinder der Freiheit. Suhrkamp, Frankfurt/M.
–, Giddens, A., Lash, S. (Hrsg.) (1996): Reflexive Modernisierung. Suhrkamp, Frankfurt/M.
Brater, M. (1997): Schule und Ausbildung im Zeichen der Individualisierung. In: Beck, U. (Hrsg), 149–174
Datenreport 2004. Zahlen und Fakten über die Bundesrepublik Deutschland. Teil 2. 2. Auflage. Statistisches Bundesamt (Hrsg.), Wiesbaden 2004
Coyne, J. C., Downey, G. (1991): Social factors and psychopathology: Stress, social support, and coping processes. Annual Review of Psychology 16, 401–425
Evers, A. (1993): Umgang mit Unsicherheit. Zur sozialwissenschaftlichen Problematisierung einer sozialen Herausforderung. In: Bechmann, G. (Hrsg.): Risiko und Gesellschaft. Westdeutscher Verlag, Opladen, 339–374
Gabriel, T. (2005): Resilienz – Kritik und Perspektiven. Zeitschrift für Pädagogik 51, 207–217
Guilford, J. P. (1967): The nature of human intelligence. McGraw-Hill, New York
Haeberlin, U. (1996a): Heilpädagogik als wertgeleitete Wissenschaft. Ein propädeutisches Einführungsbuch in Grundfragen einer Pädagogik für Benachteiligte und Ausgegrenzte. Haupt, Bern/Stuttgart/Wien
– (1996b): Gesellschaftliche Entsolidarisierungsprozesse: Braucht die Heilpädagogik neue ethische Grundlagen? In: Opp, G., Peterander, F. (Hrsg.): Focus Heilpädagogik – „Projekt Zukunft". Ernst Reinhardt, München/Basel, 172–184
Helsper, W. (1995): Pädagogisches Handeln in den Antinomien der Moderne. In: Krüger, H. H. (Hrsg.): Einführung in die Grundbegriffe und Grundfragen der Erziehungswissenschaft. Leske & Budrich, Opladen, 15–34
Jerusalem, M., Schwarzer, R. (1989): Selbstkonzept und Ängstlichkeit als Einflussgrößen für Stresserleben und Bewältigungstendenzen. Zeitschrift für Entwicklungspsychologie und Pädagogische Psychologie 21, 307–324
– (1990): Persönliche Ressourcen, Vulnerabilität und Stresserleben. Hogrefe, Göttingen
Keogh, B. K., Weisner, T. (1993): An ecocultural perspective on risk and protective factors in children's development: Implications for learning disabilities. Learning Disabilities Research and Practice, 8 (1), 3–10
Keupp, H. (1996): Aufwachsen in der Postmoderne: Riskanter werdende Chancen für Kinder und Jugendliche. In: Opp, G., Peterander, F. (Hrsg.): Focus Heilpädagogik – „Projekt Zukunft". Ernst Reinhardt, München/Basel, 130–139
Krüger, H.-H. (Hrsg.) (1997): Einführung in Theorien und Methoden der Erziehungswissenschaft. Leske & Budrich, Opladen
Laucht, M., Esser, G., Schmidt, M. H. (1997): Wovor schützen Schutzfaktoren? Anmerkungen zu einem populären Konzept der modernen Gesundheitsforschung. Zeitschrift für Entwicklungspsychologie und Pädagogische Psychologie 3, 260–270
Lenzen, D. (1996): Handlung und Reflexion. Beltz, Weinheim
Lösel, F., Bender, D. (1996): Risiko- und Schutzfaktoren in der Entwicklungspsychopathologie. Zur Kontroverse um patho- versus salutogenetische Modelle. In: Mandl, H. (Hrsg.): Bericht über den 40. Kongress der Deutschen Gesellschaft für Psychologie in München 1996. Hogrefe, Göttingen, 302–309

Luhmann, N. (1993): Die Moral des Risikos und das Risiko der Moral. In: Bechmann, G. (Hrsg.): Risiko und Gesellschaft. Westdeutscher Verlag, Opladen, 327–338

Masten, A. S., Best, K. M., Garmezy, N. (1990): Resilience and development: Contributions from the study of children who overcome adversity. Development and Psychopathology 2, 425–444

Olbrich, R. (1987): Die Verletzbarkeit des Schizophrenen: J. Zubins Konzept der Vulnerabilität. Der Nervenarzt 58, 65–71

Opp, G., Peterander, F. (1997): Gesellschaft im Umbruch – Die Heilpädagogik vor neuen Herausforderungen. Vierteljahresschrift für Heilpädagogik (VHN) 66, 135–139

Pestalozzi, J. H. (1927): Die Abendstunde eines Einsiedlers. Sämtliche Werke Bd. 1, 265–281. De Gruyter, Berlin

Rappaport, J. (1985): Ein Plädoyer für die Widersprüchlichkeit: Ein sozialpolitisches Konzept des „empowerment" anstelle präventiver Ansätze. Verhaltenstherapie und psychosoziale Praxis 2, 257–278

Richters, J. E., Martinez, P. E. (1993): Violent communities, family choices, and children's chances: An algorithm for improving the odds. Development and Psychopathology 5, 609–627

Rutter, M. (1985): Resilience in the face of adversity: Protective factors and resistance to psychiatric disorder. British Journal of Psychiatry, 147, 598–611

– (1990): Psychosocial resilience and protective mechanisms. In: Rolf J., Masten A. S., Cicchetti D., Nüchterlein K. H., Weintraub, S. (Eds.): Risk and protective factors in the development of psychopathology. Cambridge University Press, Cambridge, 181–214

– (2000): Resilience reconsidered: Conceptual considerations, empirical findings, and policy implications. In: Shonkoff, J. P., Meisels, S. J. (Hrsg.): Handbook of early childhood intervention. Cambridge University Press, Cambridge, 651–682

Scheithauer, H., Niebank, K., Petermann, F. (2000): Biopsychosoziale Risiken in der Entwicklung: Das Risiko- und Schutzfaktorenkonzept aus entwicklungspsychopathologischer Sicht. In: Petermann, F., Niebank, K., Scheithauer, H. (Hrsg.): Risiken in der frühkindlichen Entwicklung. Entwicklungspsychopathologie der ersten Lebensjahre. Hogrefe, Göttingen, 65–97

Schütze, F., Bräu, K., Liermann, U., Prokopp, K., Speth, M., Wiesemann, J. (1996): Überlegungen zu Paradoxien des professionellen Lehrerhandelns in den Dimensionen der Schulorganisation. In: Helsper, W., Krüger, H.-H., Wenzel, H. (Hrsg.): Einführung in Grundbegriffe und Grundfragen der Erziehungswissenschaft. Leske & Budrich, Opladen, 15–34

Werner, E. E., Smith, R. (1982): Vulnerable but invincible: A longitudinal study of resilient children and youth. McGraw-Hill, New York

–, – (1992): Overcoming the Odds. High Risk Children from Birth to Adulthood. Cornell University Press, New York

–, – (2001): Journeys from childhood to midlife: Risk, resilience, and recovery. Cornell University Press, New York

Winkler, M. (1994): Wo bleibt das Allgemeine? Vom Aufstieg der allgemeinen Pädagogik zum Fall der Allgemeinen Pädagogik. In: Krüger H.-H., Rauschenbach, Th. (Hrsg.): Einführung in die Arbeitsfelder der Erziehungswissenschaft. Leske & Budrich, Opladen, 93–115

Wustmann, C. (2005): Die Blickrichtung der neueren Resilienzforschung. Zeitschrift für Pädagogik 51, 192–206

Zinnecker, J. (2000): Kindheit und Jugend als pädagogische Moratorien. In: Benner, D., Tenorth, H.-E. (Hrsg.): Bildungsprozesse und Erziehungsverhältnisse im 20. Jahrhundert. Zeitschrift für Pädagogik, 42. Begleitheft. Beltz, Weinheim, 36–68

Zubin, J., Spring, B. (1977): Vulnerability – A new view of schizophrenia. Journal of Abnormal Psychology 86, 103–126

I. Grundlagen der Resilienzforschung

Entwicklung zwischen Risiko und Resilienz

von Emmy E. Werner

Wir wissen alle, dass vielfältige biologische, psychologische und soziale Risikofaktoren die kindliche Entwicklung bedrohen. Wir sehen aber auch häufig Kinder und Jugendliche, die sich trotz chaotischen Familiensituationen und körperlichen Behinderungen zu leistungsfähigen und stabilen Persönlichkeiten entwickeln. Heute rücken diese Kinder in das Zentrum unserer Aufmerksamkeit. Pädagogen, Psychologen, Psychiater und Soziologen in Nordamerika und Europa suchen jetzt nach den vielfältigen Wurzeln dieser kindlichen Widerstandskraft.

Ich werde jetzt einen kurzen Überblick über amerikanische Längsschnittstudien geben, die schützende Faktoren und Prozesse in der Entwicklung und Erziehung von Risikokindern dokumentiert haben.

Die Mehrheit der amerikanischen Längsschnittstudien untersuchte das Leben von Kindern, die trotz elterlicher Arbeitslosigkeit, Armut, Psychose oder Drogensucht die Schule erfolgreich durchlaufen hatten. Einige Forscher konzentrierten ihre Aufmerksamkeit auf Scheidungskinder, die die Folgen familiärer Dissonanz und Trennung gut bewältigen konnten. Kinderärzte und Psychologen haben ferner die Entwicklung und Erziehung von Kindern dokumentiert, die trotz Geburtskomplikationen und körperlichen Behinderungen einen bemerkenswerten Grad von Widerstandskraft zeigen. Im 21. Jahrhundert entdecken Psychiater und Entwicklungspsychologen auch bei Kindern, die Naturkatastrophen und Bürgerkriege überlebt haben, individuelle Ressourcen.

Der Begriff „protektiv" oder „schützend" beschreibt in diesem Zusammenhang Faktoren oder Prozesse, die dem Kind oder Jugendlichen helfen, sich trotz hohem Risiko normal zu entwickeln. „Resilienz" oder „Widerstandskraft" ist das Produkt dieser schützenden Einflüsse. Die Forscher, die schützende Faktoren und Prozesse in der Entwicklung und Erziehung von „Risiko"-Kindern studieren, müssen mehrere methodische Probleme lösen:

1. wie man die Anpassung der Kinder in verschiedenen Altersstufen bewertet;
2. wie man „erfolgreiche" Anpassung operational definiert;
3. wie man eine Vergleichsgruppe zu Kindern mit einem niedrigen Entwicklungsrisiko findet und
4. wie lange man beide Gruppen beobachtet.

Das Endprodukt der Entwicklung wird in diesen Längsschnittstudien in vielfältiger Weise definiert – entweder als Fehlen von Lern- oder Verhaltensproblemen oder als erfolgreiche Bewältigung der Entwicklungsaufgaben der Kindheit und Jugend (gemäß dem Eriksonschen Schema). Die meisten Studien sind nur über kurze Zeiträume angelegt und haben als Brennpunkt das Schulalter. Es gibt wenige Längsschnittstudien, die im Kleinkindalter anfangen und die Jungen und Mädchen bis in das Erwachsenenalter verfolgen.

Eine Ausnahme ist die Kauai-Längsschnittstudie, an der ich seit mehr als drei Jahrzehnten mitarbeite. Bereits in der pränatalen Entwicklungsperiode begann ein Team von Kinderärzten, Psychologen und Mitarbeiter der Gesundheits- und Sozialdienste den Einfluss einer Vielzahl biologischer und psychosozialer Risikofaktoren, kritischer Lebensereignisse und schützender Faktoren in der Entwicklung von 698 Kindern zu studieren, die im Jahre 1955 auf der Insel Kauai in Hawaii geboren wurden.

Wir haben diese Population im Geburtsalter, im Alter von 1, 2, 10, 18, 32 und jetzt auch im Alter von 40 Jahren erfasst (Werner 1993, 1995, 1997; Werner/Smith 1992, 1998). Bei etwa 30% der überlebenden Kinder in dieser Studienpopulation bestand ein hohes Entwicklungsrisiko, weil sie in chronische Armut hinein geboren wurden, geburtsbedingten Komplikationen ausgesetzt waren und in Familien aufwuchsen, die durch elterliche Psychopathologie und dauerhafte Disharmonie belastet waren. Zwei Drittel dieser Kinder, die im Alter von zwei Jahren schon vier oder mehr Risikofaktoren ausgesetzt waren, entwickelten dann auch schwere Lern- oder Verhaltensprobleme in der Schulzeit, wurden straffällig und hatten psychische Probleme im Jugendalter.

Auf der anderen Seite entwickelte sich ein Drittel dieser Kinder trotz der erheblichen Risiken, denen sie ausgesetzt waren, zu leistungsfähigen, zuversichtlichen und fürsorglichen Erwachsenen. Im Alter von 40 Jahren gibt es in dieser Population im Vergleich mit der normalen Altersgruppe die niedrigste Rate an Todesfällen, chronischen Gesundheitsproblemen und Scheidungen. Trotz einer schweren ökonomischen Rezession (nach der Verwüstung der Insel durch einen Orkan) haben all diese Erwachsenen Arbeit und keiner benötigt Hilfe vom Sozialdienst. Keiner von ihnen hat Konflikte mit dem Gesetz. Ihre Ehen sind stabil, sie schauen hoffnungsvoll und positiv in ihre Zukunft und haben viel Mitgefühl für andere Menschen in Not.

Die Ergebnisse unserer Längsschnittstudie mit asiatischen hawaiianischen Kindern stimmen mit den Berichten von anderen amerikanischen Forschern überein. Die lebensbegünstigenden Eigenschaften und sozialen Bindungen innerhalb der Familie und Gemeinde, die wir in Kauai dokumentiert haben, scheinen Schutzfaktoren zu sein, die in vielen Fällen ethnische und geographische Grenzen überschreiten und einen größeren Einfluss auf den Lebensweg der Kinder ausüben als spezifische Risikofaktoren oder stresserzeugende Lebensereignisse.

1 Schützende Faktoren im Kind (lebensbegünstigende Eigenschaften)

Unsere Ergebnisse mit den widerstandsfähigen Kindern von Kauai und Berichte von anderen Längsschnittstudien in San Francisco, Topeka, Kansas, Minneapolis, Minnesota und Chicago zeigen, dass diese Jungen und Mädchen Temperamentseigenschaften besitzen, die bei Sorge- und Erziehungspersonen positive Reaktionen auslösen. Bereits als Baby wurden sie als „aktiv", „gutmütig" und „liebevoll" bezeichnet. Sie hatten als Kleinkinder, wie auch später als Erwachsene, ein hohes Antriebsniveau, waren gesellig und gut ausgeglichen. Als diese Kinder das Vorschulalter erreichten, waren sie schon sehr unabhängig, aber sie hatten auch die Fähigkeit, Hilfe zu erbitten, wenn dies erforderlich war.

Mein Kollege Tom Boyce, Professor der Pädiatrie an der Universität von Kalifornien, studiert das Kreislaufsystem und die Immunmechanismen von diesen Kleinkindern. Er begann seine Forschung mit der Beurteilung der immunologischen Reaktionen von fünfjährigen Kindern. Sie wurden zuerst eine Woche vor Schulanfang und dann zwölf Wochen lang nach dem Eintritt in die Schule beobachtet. Zufällig kam es in San Francisco zu einem schweren Erdbeben in der Mitte der Beobachtungsperiode. Die Kinder mit niedrigen immunologischen Reaktionen sechs Wochen vor dem Erdbeben hatten eine viel niedrigere Rate von Infektionskrankheiten nach dem Erdbeben als die Kinder mit a-priori-höheren Abwehrreaktionen (Boyce et al. 1991).

Boyce und seine Mitarbeiter (Barr et al. 1994) haben auch beobachtet, dass es schon bei Kleinkindern erhebliche Unterschiede in der Schmerzempfindung gibt. Kinder mit Krebserkrankungen, die ihre Aufmerksamkeit von den schmerzhaften klinischen Untersuchungen ablenkten, hatten eine größere Schmerztoleranz als Kleinkinder, für die die klinischen Untersuchungen der Brennpunkt ihrer Aufmerksamkeit wurde. Sie hatten auch weniger Angst vor der Untersuchung und ihr Puls und systolischer Blutdruck war ausgeglichener. Diese „Distractors" und „Attenders" sind anscheinend Typen, deren Lebensanpassung schon in der Kleinkindheit sehr stabil ist.

Wir wissen mehr über die lebensbegünstigenden Eigenschaften bei älteren Kindern, da die meisten nordamerikanischen Längsschnittstudien sich mit dem Schulalter befassen. Die Ergebnisse dieser Studien sind ähnlich, ganz gleich ob die Kinder in Hawaii, Kalifornien, Minnesota, Missouri, Maryland oder New York wohnen und ganz gleich, ob sie weiß, schwarz oder asiatisch sind. Leistungsfähigkeit und Wirksamkeit sind universelle Faktoren in der Entwicklung von Schulkindern, die trotz ungünstiger Lebensumstände „normal" aufwachsen.

Die Grundschullehrer in der Kauai-Studie waren positiv beeindruckt von den Kommunikations- und praktischen Problemlösungsfähigkeiten dieser Kinder. Obgleich sie intellektuell nicht hochbegabt waren, nutzten diese Kinder, was immer sie als Talente mitbrachten, effektiv aus. Gewöhnlich hatten sie ein spezielles Interesse oder Hobby, das sie mit einem Freund oder einer Freundin teilten. Solche Interessen und Aktivitäten waren nicht geschlechtsabhängig. Ähnliche Ergebnisse wurden aus Studien mit Kindern berichtet, die widerstandsfähige Sprösslinge psychotischer Eltern waren (Anthony 1987; Radke-Yarrow/Brown 1993) und die sich trotz chaotischer Familiensituationen normal entwickelt haben (Seifer et al. 1992).

In allen Längsschnittstudien im Schulalter zeigt sich, dass Intelligenz und schulische Kompetenz positiv mit individueller Widerstandsfähigkeit korrelieren. Die Korrelation wird größer, wenn die Kinder älter werden und ist in der Jugendzeit höher als im Kleinkindalter. Intelligente Kinder schätzen stresserzeugende Lebensereignisse realistisch ein und benutzen eine Vielfalt flexibler Bewältigungsstrategien im Alltag und vor allem in Notsituationen.

Ein anderer schützender Faktor im Leben widerstandsfähiger Kinder, der in unserer Kauai-Studie gefunden und von verschiedenen Studien mit anderen Risikokindern in den Vereinigten Staaten bestätigt wurde, ist die Fähigkeit zu überlegen und zu planen. Diese Jungen und Mädchen waren der Überzeugung, dass sie ihr Schicksal und ihre Lebenswelt durch eigene Handlungen positiv beeinflussen können.

Durch die Meisterung frustrierender Situationen, entweder durch ihre eigene Initiative oder mit Hilfe anderer Menschen, entwickelten diese Kinder auch Vertrauen in sich selbst. „Planful Competence", Leistungsfähigkeit in der Schule und die Fähigkeit, realistisch die Zukunft zu planen, waren stark mit erfolgreicher Adaptation im Erwachsenenalter korreliert (Clausen 1993; Werner/Smith 2001).

Die widerstandsfähigen Jugendlichen in unserer Kauai-Studie verhielten sich nicht stereotyp wie Mädchen oder Jungen. Beide Geschlechter waren selbstbewusst, aber auch fürsorglich, leistungsfähig und sympathisch. Sie zeigten diese Tendenzen auch im Alter von 32 und 40 Jahren in ihrem Umgang mit ihren Ehegatten, Kindern und Mitarbeitern.

2 Schützende Faktoren in der Familie

Trotz der Belastungen durch familiäre Dissonanz, elterlicher Psychopathologie oder körperlichen Behinderungen hatten die widerstandsfähigen Kinder in unserer Studie die Chance, eine enge Bindung mit mindestens einer kompetenten und stabilen Person aufzubauen, die auf ihre Bedürfnisse eingegangen war. Längsschnittstudien mit den Sprösslingen psychotischer Eltern und mit Kindern, die missbraucht wurden, stimmen alle darin überein, dass die widerstandsfähigen Kinder unter diesen Umständen zumindest am Anfang ihres Lebens ein grundlegendes Vertrauen entwickeln konnten (Egeland et al. 1993; Herrenkohl et al. 1994; Musick et al. 1987).

Ein Erstgeborenes in einer kleinen Familie, wo das nächste Kind erst zwei Jahre später geboren wird, hat anscheinend eine größere Chance, eine chaotische Familiensituation erfolgreich zu überstehen, als das spätgeborene Kind einer großen Familie, in der ein Kind gleich nach dem anderen kommt (Furstenberg et al. 1989; Werner/Smith 1992). Ein wichtiger Schutzfaktor in unserer Kauai-Studie war die Schulbildung der Mutter und ihre Kompetenz im Umgang mit ihrem Baby und Kleinkind. Andere Forscher berichteten über ähnliche Ergebnisse mit Müttern verschiedener ethnischer und kultureller Gruppen in Nordamerika, Südamerika und Ostafrika.

In Familien mit einer psychisch kranken oder psychotischen Mutter können Großeltern (vor allem die Großmutter), ältere Geschwister und auch Tanten eine wichtige Rolle als stabile Pflegepersonen und Identifikationsmodelle spielen. Die widerstandsfähigen Kinder scheinen ein besonderes Talent zu besitzen, solche „Ersatzeltern" zu finden. Diese Kinder übernehmen auch oft selbst die Sorge für jüngere Geschwister und Familienmitglieder, die krank oder behindert sind („required helpfulness").

Die Kauai-Studie und eine Studie mit resilienten Kindern in Berkeley, Kalifornien (Block/Gjerde 1986) fanden, dass sich Erziehungsorientierungen, die die kindliche Resistenzfähigkeit stärken, bei Jungen und Mädchen unterscheiden. Widerstandsfähige Jungen kommen oft aus Haushalten mit klaren Strukturen und Regeln, in denen ein männliches Familienmitglied (Vater, Großvater, älterer Bruder oder Onkel) als Identifikationsmodell dient und Gefühle nicht unterdrückt werden. Widerstandsfähige Mädchen kommen oft aus Haushalten, in denen sich die Betonung von Unabhängigkeit mit der zuverlässigen Unterstützung einer weiblichen Fürsorgeperson verbindet (Mutter, Großmutter, ältere Schwester oder Tante).

Eine religiöse Überzeugung ist ebenfalls ein Schutzfaktor im Leben von Risikokindern. Sie gibt den widerstandsfähigen Jungen und Mädchen Stabilität, das Gefühl, dass ihr Leben Sinn und Bedeutung hat und den Glauben, dass sich trotz Not und Schmerzen die Dinge am Ende richten werden. Diese Überzeugung spielte eine große Rolle im Leben der japanischen, hawaiianischen und philippinischen Kinder in Kauai, ganz gleich ob sie Buddhisten, Mormonen, Katholiken oder Protestanten waren. Auch als sie erwachsenen waren, war ein solcher Glaube immer noch ein wichtiger Schutzfaktor in ihrem Leben (Werner/Smith 1992).

Andere Forscher haben eine starke religiöse Überzeugung bei afroamerikanischen Jugendlichen gefunden, die erfolgreich Armut und rassistische Vorurteile überwunden haben. Der israelische Soziologe Anton Antonovsky (1987) nennt diese Überzeugung „a sense of coherence". Kinder, die moderne Bürgerkriege überlebten und als Erwachsene Mitgefühl mit ihren Mitmenschen haben, berichten, dass ihnen ein solcher Glaube viel geholfen hat (Dalianis 1994).

3 Schützende Faktoren in der Gemeinde

Unsere Untersuchung in Kauai und eine Anzahl anderer Längsschnittstudien in Nordamerika haben übereinstimmend gezeigt, dass widerstandsfähige Kinder und Jugendliche dazu neigen, sich auf Verwandte, Freunde, Nachbarn und ältere Menschen in der Gemeinde zu verlassen und bei ihnen Rat und Trost in Krisenzeiten zu suchen.

Die Verbindungen mit Freunden aus stabilen Familien sowie mit deren Eltern helfen den widerstandsfähigen Kindern, eine positive Lebensperspektive zu entwickeln. Von diesen Verbindungen profitieren besonders Scheidungskinder und Sprösslinge psychotischer Eltern (Anthony 1987; Wallerstein/Kelly 1980; Wallerstein/Blakeslee 1989). Solche Freundschaften sind auch im Erwachsenenalter sehr stabil, vor allem für die Frauen (Werner/Smith 1992).

Ein Lieblingslehrer ist häufig ein positives Rollenmodell für diese Kinder. Alle resilienten Kinder in der Kauai-Längsschnittstudie konnten auf mehrere Lehrer in der Grundschule oder höheren Schule hinweisen, die sich für sie interessierten und sie herausforderten. Diese Kinder gehen gern zur Schule und machen sie in vielen Fällen zu einer zweiten Heimat. Der britische Psychiater Michael Rutter (1994) fand, dass positive Erfahrungen in der Schule den Einfluss von Stress im Elternhaus lindern können. Drei Arten von Schulaktivitäten scheinen besonders bedeutungsvoll für „Risiko"-Kinder zu sein:

1. *Aktivitäten, die ihnen helfen, wichtige Erziehungs- oder Berufsziele zu erreichen;*
2. *Aktivitäten, die das kindliche Selbstgefühl verstärken und*
3. *Aktivitäten, die anderen Menschen in Not helfen.*

4 Schützende Prozesse: Verbindungen zwischen protektiven Faktoren im Kind und seiner Umwelt

Im Lebenslauf der widerstandsfähigen Kinder unserer Studie gibt es eine gewisse Kontinuität in der Verbindung lebensbejahender Eigenschaften und schützender Faktoren in der Familie und der Gemeinde. Ihre individuelle Disposition führt sie dazu, eine Umwelt auszuwählen, die sie schützt und die ihre Fähigkeiten und ihr Selbstbewusstsein verstärkt.

Es gibt zum Beispiel eine positive Verbindung zwischen dem gutmütigen, ausgeglichenen Temperament von Kleinkindern und der Unterstützung, die sie von Pflegepersonen erhalten. Die gleichen Kinder erhalten dann auch in der Schulzeit mehr Unterstützung von Erwachsenen innerhalb der Familie und in der Nachbarschaft. Eine höhere Intelligenz und Leistungsfähigkeit in der Grundschule ist ebenfalls positiv mit der Unterstützung von Lehrern und Freunden in der Jugendzeit verknüpft und führt zu einem größeren Selbstwertgefühl im Erwachsenenalter.

Die Schulbildung der Eltern (vor allem der Mutter) ist positiv mit der Unterstützung der Jungen und Mädchen im Kleinkind- und Schulalter assoziiert. Eltern, die eine höhere Schulbildung haben, erziehen Kinder mit besseren Kommunikations- und Problemlösungsfähigkeiten. Sie haben auch gesündere Kinder, die weniger in der Schule fehlen und deswegen bessere Leistungen zeigen.

Die lebensbegünstigenden Eigenschaften der widerstandsfähigen Kinder und die Unterstützung, die sie in ihrer Familie und Gemeinde fanden, waren wie Stufen einer Wendeltreppe, die mit jedem Schritt und Tritt das Kind zu einer erfolgreichen Lebensbewältigung führten. Der Lebensweg war nicht immer gradlinig, aber aufwärts gerichtet und führte die Kinder zur Entwicklung einer leistungsfähigen und zuversichtlichen Persönlichkeit, die hoffnungsvoll in die Zukunft blickt.

Der Einfluss von schützenden Faktoren auf die Anpassungsfähigkeit der Kinder scheint auf den verschiedenen Entwicklungsstufen zu variieren. Konstitutionelle Dispositionen – Gesundheitszustand und Temperamentseigenschaften – haben ihren größten Einfluss in der Säuglingszeit und im Kleinkindalter. Kommunikations- und Problemlösungsfähigkeiten ebenso wie das Vorhandensein verantwortlicher, kompetenter „Ersatzeltern" und Lehrer spielen eine zentrale Rolle als schützende Faktoren in der Schulzeit. In der Adoleszenz sind interne Kontrollüberzeugungen und Zielbestimmtheit wichtige Schutzfaktoren. Die sozialen Verbindungen in der Familie und Gemeinde korrelieren positiv mit einer erfolgreichen Lebensbewältigung in der Kindheit und Jugendzeit, vor allem für die Jungen. Leistungsfähigkeit, Selbstvertrauen, enge Freunde und ein starker Glaube oder Lebenssinn waren wichtige Schutzfaktoren im Erwachsenenalter, vor allem für die Frauen in unserer Stichprobe.

Viele widerstandskräftige Jungen und Mädchen verließen das negative Milieu ihrer Familie und Gemeinde nach der Schulzeit und suchten sich eine Umwelt aus (in Hawaii, in anderen Staaten oder sogar im Ausland), die mit ihren Lebensvorstellungen und Fähigkeiten besser übereinstimmte. Sie fanden dort ihre schützende Nische.

5 Die Balance zwischen Vulnerabilität und Resilienz

Die Ergebnisse von Längsschnittstudien mit „Risiko"-Kindern geben uns eine neue Perspektive: Sie zeigen uns die selbstkorrigierenden Tendenzen, mit denen sich die meisten Kinder vor ungünstigen Lebensumständen schützen können, vorausgesetzt, dass schwere Schädigungen des Zentralnervensystems nicht vorliegen. Die Längsschnittstudien zeigen uns auch erhebliche individuelle Unterschiede in den Reaktionen dieser Kinder sowohl auf negative wie auch auf positive Aspekte ihrer Entwicklung und Erziehung.

Wir müssen im Auge behalten, dass es eine veränderliche Balance zwischen stresserzeugenden Lebensereignissen, die die kindliche Vulnerabilität verstärken, und schützenden Faktoren im Leben der Kinder gibt, die ihre Widerstandskraft stärken. Dieses Gleichgewicht kann sich mit jedem Lebensabschnitt verschieben und ist auch abhängig vom Geschlecht des Kindes und dem kulturellen Kontext, in dem es lebt.

Die meisten Studien in Nordamerika haben gezeigt, dass Jungen verletzlicher sind als Mädchen, wenn sie chronischer und intensiver familiärer Disharmonie in der Kindheit ausgesetzt sind. Es gibt auch mehr Jungen als Mädchen mit körperlichen Behinderungen und Lernschwierigkeiten in der Grundschule. Am Ende der Adoleszenz scheinen die Mädchen verletzlicher zu sein und mehr psychische Probleme zu zeigen. Aber dieser Trend kehrt sich im Erwachsenenalter wieder um. In unserer Kauai-Studie gab es mehr Frauen als Männer mit Verhaltensproblemen, die sich im Alter zwischen 18 bis 40 Jahren eingegliedert haben. In den Entwicklungsländern ist es hingegen immer ein höheres Risiko, ein Mädchen zu sein, da die meisten Frauen vom Kleinkindalter bis zum Erwachsenenalter chronisch unterernährt und kränklich sind.

Wir sahen in der Kauai-Studie, dass zwei Töchter von psychotischen Eltern, die keine Lern- oder Verhaltensprobleme in der Kindheit und Adoleszenz zeigten, psychische Probleme in ihrem dritten Lebensjahrzehnt entwickelten. Andere „Risiko"-Kinder, die als Erwachsene leistungsfähig und erfolgreich waren, hatten Angst, dass die Drogensucht ihrer Eltern oder Geschwister einen negativen Einfluss auf ihre eigenen Kinder ausüben könnte. Sie versuchten sich emotional von ihrer Stammfamilie zu distanzieren, aber das war für sie sehr schmerzhaft, und sie entwickelten psychosomatische Symptome – zum Beispiel Kopf- und Rückenschmerzen (Werner/Smith 1992).

Diese Fälle waren in der Minderheit; die Mehrheit der „Risiko"-Kinder in unserer Studie hatte im Erwachsenenalter ihr Schicksal erfolgreich bewältigt. Im dritten und vierten Jahrzehnt ihres Lebens hatten die Untersuchungsteilnehmer noch viele Gelegenheiten, ihre Situation erheblich zu verbessern. Sie fanden neue Chancen in ihrer Arbeit, in ihrer Ehe, im Militärdienst und im Besuch von Weiterbildungsangeboten der Volkshochschule.

Die protektiven Faktoren und Prozesse, die wir in unserer Längsschnittstudie dokumentierten, waren nicht auf das Schulalter beschränkt.

Wir fanden zum Beispiel, dass die meisten Männer und Frauen, die als Kinder Lernschwierigkeiten hatten, als Erwachsene ihr Leben erfolgreich bewältigt haben – vorausgesetzt, dass sie nicht geistig behindert waren. Fünfzig Prozent gingen in die Volkshochschule und 75% hatten stabile Ehen und Berufe. Keiner war arbeitslos. Die Männer arbeiteten meistens in technischen Berufen, die Frauen in der Touristenindustrie. Es gab aber auch

Ausnahmen: 10% kamen mit dem Gesetz in Konflikt und 25% hatten Probleme am Arbeitsplatz.

Die erfolgreichen Männer und Frauen, die früher in der Schule Lernschwierigkeiten hatten, akzeptierten ihre Einschränkungen (z. B. im Lesen und Schreiben) und besaßen realistische Leistungserwartungen. Sie hatten auch viel Hilfe von ihrer Familie, ihren Freunden und Ehegatten. Die Ergebnisse anderer Studien von Erwachsenen mit Lernschwierigkeiten in Kalifornien (Spekman et al. 1992) und im amerikanischen Mittelwesten (Vogel et el. 1993) stimmen mit unseren Resultaten überein.

Die erfolgreichen Männer und Frauen in dieser Population waren nicht passiv, sondern überzeugt davon, ihre Lebenswelt effektiv beeinflussen zu können. Sie hatten gelernt, berufliche Herausforderungen und Fehlschläge zu überstehen, ohne Geduld und Selbstvertrauen zu verlieren. In Stresssituationen suchten sie die Unterstützung und den Rat ihrer Familien und ihrer Mitarbeiter. Sie hatten eine realistische Einschätzung ihrer Talente und zeigten, trotz ihrer Einschränkungen, eine hohe Leistungsmotivation.

6 Implikationen für Forschung und Praxis

Die Ergebnisse der Längsschnittstudie von Risikokindern, die ihre Leben erfolgreich bewältigten, lassen uns hoffen. Das ist eine positive Perspektive für Eltern, Pädagogen, Kinderärzte, Psychologen und alle anderen Professionellen, die mit Kindern arbeiten, welche in schwierigen Lebensumständen aufwachsen oder körperlich behindert sind. Solange eine Balance zwischen Risiko- und Schutzfaktoren für diese Kinder hergestellt werden kann, können wir auch mit schwierigen Bedingungen umgehen.

Interventions- und/oder Präventionsprogramme sollten sich auf die Kinder und Jugendlichen konzentrieren, die verletzlich sind, weil ihnen die wesentlichen lebensbegünstigenden Eigenschaften und sozialen Verbindungen fehlen, die notwendig wären, um negative Lebensbedingungen überwinden zu können. Die Erfassung und Diagnose, d.h. die erste Phase von Interventionsprogrammen für diese Kinder, darf sich aber nicht nur auf die Risikofaktoren in ihrer Lebenswelt konzentrieren, sondern muss auch die schützenden Faktoren in der Schule, der Nachbarschaft und der Gemeinde einschließen, die bereits existieren und verwendet werden können, um die Leistungsfähigkeit und das Selbstwertgefühl dieser Jungen und Mädchen zu steigern.

Wir wissen, dass erfolgreiche Programme, die die Resilienz von Hoch-Risiko-Kindern vergrößern, umfassend, intensiv und flexibel sein müssen. Kompetente und fürsorgliche Erwachsene müssen nicht kurzfristig, sondern mehrere Jahre lang mit diesen Kindern arbeiten (Schorr 1988). In den USA gibt es im Augenblick zwei Interventionsprogramme für Risikokinder, die erfolgreich sind:

Das erste Programm, „Project Head Start", konzentriert sich auf Kleinkinder im Alter von 3–5 Jahren, die eine pädagogische Hilfe benötigen. Die meisten Kinder in diesem Programm sind arm, 15% sind körperlich behindert. Sie werden von allein stehenden Müttern oder Großmüttern erzogen. Das zweite Programm ist das „Big Brother/Big Sister"-Projekt für ältere Kinder und Jugendliche. Eine „große Schwester" oder ein „großer Bruder" freundet sich mit einem jüngeren Kind an, das im Schulalter ist. Diese Kinder kommen aus chaotischen Familiensituationen, in denen der Vater oft nicht zu Hause ist. Sie finden jetzt einen jungen Menschen, der ein positives Rollenmodell für sie darstellt und sich mit ihnen ein- oder zweimal jede Woche über einen Zeitraum von ein bis zwei Jahren trifft. Beide Programme sind erfolgreich: sie vermindern Lernprobleme bei den jüngeren Kindern und Drogensucht und Straffälligkeiten bei den Jugendlichen (Tierney et al. 1995; Werner 1997).

Wir brauchen dringend mehr Forschung, die uns zeigt, wie man weitere erfolgreiche Interventionsprogramme für Hoch-Risiko-Kinder in der Schule und Gemeinde organisieren und evaluieren kann.

Ich glaube, dass die Forschung, die sich mit Risiko- und Schutzfaktoren beschäftigt, auch eine genetische Perspektive betrachten muss. Ich spreche hierbei nicht von „Rassenforschung", sondern über die vielfältigen Beobachtungen aus Familienstudien, die berichten, dass kritische Lebensereignisse, z. B. elterliche Psychopathologie, Drogensucht und auch die Scheidung der Eltern, verschiedene Kinder in derselben Familie mehr oder weniger belasten. Wir sollten bei Risikokindern den Einfluss genetischer Veranlagungen und des Familienmilieus auf die Lebensbewältigung von Geschwistern (vor allem Zwillingen) sorgfältig studieren (Rende/Plomin 1993).

Es wäre auch wünschenswert, herauszufinden, welche Schutzfaktoren und Prozesse universell sind, und wie die Kultur die kindliche Resistenz beeinflusst. Wir wissen, dass in den Entwicklungsländern die Schulbildung der Mutter (ein Schutzfaktor) einen bedeutsamen Einfluss auf die Lebensbewältigung und Leistungsfähigkeit ihrer Kinder hat. Unterernährung (ein Risiko) korreliert mit einem passiven Temperament und niedrigen Energieniveau, so dass die Resistenz der meisten Kinder in der Welt erheblich unterdrückt ist.

Die Resilienzforschung braucht eine universelle Perspektive und eine dynamische Theorie, die Raum lässt für selbstkorrigierende Tendenzen im Entwicklungsprozess. Ich habe in unserer Kauai-Studie das Schema der Lebensstufen von Erikson benutzt; die Verbindung zwischen Schutzfaktoren im Kind und seiner Umwelt, die wir in unserer Längsschnittstudie dokumentieren, scheint indes die Nützlichkeit der Theorie von Scarr und McCartney (1983) zu belegen, die beschreibt, wie Menschen ihre eigene Umwelt konstruieren.

Literatur

Anthony, E. J. (1987): Children at high risk for psychosis growing up successfully. In: Anthony, E. J., Cohler, B. (Eds.): The Invulnerable Child. Guilford Press, New York

Antonovsky, A. (1987): Unravelling the mystery of health: How people manage stress and stay well. Jossey-Bass, San Francisco

Barr, R. G., Boyce, W. T., Zeltzer, L. K. (1994): The stress-illness association in children: A perspective from the biobehavioral interface. In: Haggerty, R. J., Sherrod, L. R., Garmezy, N., Rutter, M. (Eds.): Stress, Risk and Resilience in Children and Adolescents. Cambridge University Press, Cambridge

Block, J., Gjerde, P. F. (1986): Early antecedents of ego resiliency in late adolescence. Paper presented at the Annual Meeting of the American Psychological Association, Washington/DC

Boyce, W. T., Chesterman, E. A., Wara, D., Cohen, F., Folkman, S., Martin, N. (1991): Immunologic changes occuring at kindergarten entry respiratory illness following the Loma Prieta earthquake. Pediatric Research 29/4, 8 A

Clausen, J. A. (1993): American Lives. The Free Press, New York

Dalianis, M. K. (1994): Early trauma and adult resiliency: A mid-life follow-up study of young children whose mothers were political prisoners during the Greek Civil War. Doctoral dissertation, Karolinks Institute, Stockholm

Egeland, B., Carlson, L., Stroufe, L. A. (1993): Resilience as process. Special issue: Milestones in the development of resilience. Development and Psychopathology, 5, 517–528

Furstenberg, F. F., Brooks-Gunn, J., Morgan, S. P. (1989): Adolescent Mothers in Later Life. Cambridge University Press, Cambridge

Herrenkohl, E. C., Herrenkohl, R. C., Egolf, B. (1994): Resilient early school-age children from maltreating homes: outcomes in late adolescence. American Journal of Orthopsychiatry, 64, 301–309

Musick, J. S., Stott, F. M., Spencer, K. K., Goldman, J. et al., (1987): Maternal factors related to vulnerability and resiliency in young children at risk. In: Anthony, E. J., Cohen, B. (Eds.): The Invulnerable Child. Guilford Press, New York

Radke-Yarrow, M., Brown, E. (1993): Resilience and vulnerability in children of multiple-risk families. Development and Psychopathology, 5, 581–592

Rende, R., Plomin, R. (1993): Families at risk for psychopathology: Who becomes affected and why? Development and Psychopathology, 5, 529–540

Rutter, M. (1994): Stress research: Accomplishments and tasks ahead. In: Haggerty, R. J., Sherrod, L. R., Garmezy, N., Rutter, M. (Eds.): Stress, Risk and Resilience in Children and Adolescents. Cambridge University Press, Cambridge

Scarr, S., McCartney, L. (1983): How people make their own environments: A theory of genotype environment effects. Child Development 54, 424–435

Schorr, L. (1988): Within Our Reach: Breaking the Cycle of Disadvantage. Doubleday, New York

Spekman, N. J., Goldberg, R. J., Herman, K. L. (1992): Learning disabled children grown up: A search for factors related to success in the young adult years. Learning Disabilities Research and Practice 7, 161–170

Seifer, R., Sameroff, A. J., Baldwin, C. P., Baldwin, A. (1992): Child and family factors that ameliorate risk between 4 and 13 years of age. Journal of the American Academy of Child and Adolescent Psychiatry 31, 893–903

Tierney, J. P., Großmann, J. B., Resch, N. L. (1995): Making a difference: An impact study of Big Brothers/Big Sisters. Private. Public Ventures, Philadelphia

Vogel, S. A., Hruby, P. J., Adelman, P. B. (1993): Educational and psychological factors in successful and unsuccessful college students with learning disabilities. Learning Disabilities Research and Practice 8, 28–34

Wallerstein, J. S., Blakeslee, S. (1989): Second Chances: Men, Women and children a Decade after Divorce. Tocknor and Fields, New York
–, Kelley, J. B. (1980): Surviving the Break-Up: How Children and Parents Cope with Divorce. Basic Books, New York
Werner, E. E. (1993): Risk, resilience and recovery: Perspectives from the Kauai Longitudinal Study. Development and Psychopathology 5, 503–515
– (1995): Resilience in development. Current Directions in Psychological Science 4, 81–85
– (1997): The value of applied research for Head Start: A cross-cultural and longitudinal Perspective. National Head Start Association Journal of Research and Evaluation 1
– (1998): Vulnerable but Invincible: A Longitudinal Study of Resilient Children and Youth. Adams, Bannister/Cox
–, Smith, R. S. (1992): Overcoming the Odds: High Risk Children from Birth to Adulthood. Cornell University Press, Ithaca/New York
–, – (2001): Journeys from Childhood to Midlife: Risk, Resilience, and Recovery. Cornell University Press, Ithaca/New York

Biologische Aspekte der Resilienz

von Martin Holtmann und Manfred Laucht

Dass biologische Faktoren die individuelle Vulnerabilität und Widerstandsfähigkeit gegen Belastungen beeinflussen, scheint seit langem unzweifelhaft. Die Suche nach biologischen Merkmalen, die moderierend auf die Effekte psychosozialer Belastungen einwirken, hat in die Risikoforschung längst Einzug gehalten und zu einer Vielzahl empirisch fundierter Resultate und z. T. daraus abgeleiteter präventiver Strategien geführt, auch für psychiatrische Störungsbilder (Laucht et al. 2000; Rutter/Silberg 2002). Erst in den vergangenen Jahren wurde auch von der Schutzfaktoren-Forschung den bisher weitgehend vernachlässigten biologischen Aspekten der Resilienz vermehrt Beachtung geschenkt. Verglichen mit der Studienlage zu biologischen Risikofaktoren liegen aber erst wenige gesicherte Befunde vor (Curtis/Cicchetti 2003; Holtmann et al. 2004).

Das vorliegende Kapitel gibt eine Übersicht über die bisherigen Bemühungen, biologische Korrelate von Resilienz zu identifizieren. Die meisten der dargestellten Befunde beziehen sich auf emotionale und antisoziale Störungen. Dies ist weniger eine Auswahl der Übersichtlichkeit willen, sondern spiegelt den gegenwärtigen Forschungsstand in der Literatur wider.

1 Resilienz gegen affektive Störungen

Ein Ausgangspunkt, um biologischen Aspekten von Resilienz nachzugehen, ist die außergewöhnliche interindividuelle Variabilität im affektiven Umgang mit emotional herausfordernden oder belastenden Situationen. Die individuellen Unterschiede in der emotionalen Reaktivität und Regulation hat Davidson (2000) mit dem Begriff „affektiver Stil" benannt.

Während einige Individuen durch Belastungen und Stress lang anhaltend emotional beeinträchtigt werden, kommt es bei anderen trotz vergleichbarer Belastung zu einer raschen Erholung ohne weitergehende gravierende Auswirkungen auf das psychische Wohlbefinden. Das Aufrechterhalten oder rasche Wiederherstellen eines hohen Maßes positiven Affekts und Wohlfühlens im Angesicht ausgeprägter Widrigkeiten wird von einigen Autoren als *affektive Resilienz* bezeichnet (Davidson 2000). Dies meint nicht, dass resiliente Individuen keinen negativen Affekt erlebten, sondern dass dieser Affekt *nicht anhaltend* ist und nicht zu dauerhafter psychopathologischer Beeinträchtigung führt.

Von Bedeutung für affektive Vulnerabilität oder Resilienz scheint insbesondere der zeitliche Ablauf der emotionalen Antwort auf belastende Ereignisse zu sein, d. h. wie lange die affektive Reaktion auf eine Belastung anhält und wie schnell danach Erholung einsetzt. Eine der wichtigsten psychophysiologischen Untersuchungen zur Prüfung des zeitlichen Verlaufs einer affektmodulierten Antwort ist die Messung des Schreckreflexes (startle reflex). Der Schreckreflex ist eine rasche, protektive Antwort der Muskulatur auf überraschende oder aversive Reize; Teil dieser Antwort ist u. a. der Lidschlussreflex.

Sutton et al. (1997) untersuchten anhand des Schreckreflexes den Zeitverlauf der emotionalen Antwort. Dazu bestimmten sie die Stärke des Lidschlussreflexes zu mehreren Zeitpunkten vor, während und im zeitlichen Verlauf nach der Präsentation von affektiv stimulierenden Bildern und fanden in Abhängigkeit von deren emotionaler Bewertung eine starke interindividuelle Variabilität. Eine zügige Normalisierung des Schreckreflexes nach dem Ende der Präsentation wird von den Autoren interpretiert als Ausdruck der Fähigkeit, sich nach aversiven Stimuli schneller zu erholen, und gilt ihnen somit als biologisches Korrelat affektiver Resilienz (Davidson, 2000).

In einer Folgeuntersuchung konnten Larson et al. (1998) einen engen Zusammenhang zwischen dem emotional-modulierten Schreckreflex und der Lateralisierung frontaler kortikaler Hirnaktivierung aufzeigen. Die interindividuelle Variabilität der präfrontalen Hirnaktivität ist verbunden mit Unterschieden in der emotionalen Reaktivität (Wheeler et al. 1993). Individuen mit einer vermehrten linksseitigen präfrontalen Aktivierung reagieren insgesamt positiver auf präsentierte Reize. Schon im Alter von zehn Monaten lässt sich die kindliche Reaktion auf eine vorübergehende, kurze Trennung von der Mutter vorhersagen durch das Aktivierungsmuster der frontalen Hirnaktivität (Davidson/Fox 1989). Kleinkinder, die auf die Trennung von der Mutter entspannter reagierten, zeigten zuvor vermehrte linksfrontale Aktivierung, Kinder, die weinten, eine stärkere rechtsfrontale Aktivierung. Ähnliche Unterschiede fanden sich bei Erwachsenen, die in einem experimentellen Design mit negativen Stimuli konfrontiert wurden. Eine vermehrte linksfrontale Aktivierung erwies sich als Prädiktor für einen positiveren Umgang mit der experimentellen Belastung (Wheeler et al. 1993). Auch die Bewertung von affektiven Stimuli als positiv oder negativ ist eng mit dem Muster frontaler Aktivierung verknüpft (Sutton/Davidson 2000). Individuen mit stärkerer linksfrontaler Aktivierung bewerten Situationen eher als positiv.

Ein konzeptuelles Problem des dargestellten Ansatzes liegt darin, dass möglicherweise die vermeintlichen protektiven Faktoren nur Risikofaktoren mit „umgekehrten Vorzeichen" sind (Laucht et al. 1997). Inwieweit die postulierten biologischen Korrelate affektiver Resilienz auch außerhalb des Labors von protektiver Bedeutung im Umgang mit belastenden Ereignissen sind, wird durch die vorliegenden Untersuchungen nicht dargelegt und kann nur in der längsschnittlichen Verfolgung von Individuen nach Belastungen beantwortet werden.

Unter molekulargenetischen Korrelaten von Resilienz werden genetisch beeinflusste Unterschiede in der Sensitivität gegenüber spezifischen Umweltrisiken verstanden (Rutter/Silberg, 2002). Ausgangspunkt einer Arbeit aus der Dunedin Study, einer epidemiologischen Längsschnittuntersuchung von der frühen Kindheit bis zum Alter von 26 Jahren an über 1000 Individuen, war die Frage, warum belastende Lebensereignisse bei einigen Individuen im weiteren Verlauf zu einer depressiven Entwicklung führen, während andere sich als resilient erweisen (Caspi et al. 2003). Die Studie konzentrierte sich dabei auf das serotonerge System, das in vielfacher Weise mit depressiven Störungen in Verbindung gebracht wird. Die Autoren fanden, dass ein funktioneller Polymorphismus in der Promotor-Region des Serotonin-Transporter-Gens (5-HTT) den Einfluss belastender Lebensereignisse im Alter von 21 bis 26 Jahren (Arbeitslosigkeit, finanzielle Probleme, Obdachlosigkeit, schwere Erkrankungen, Beziehungsprobleme) auf Depressivität mit 26 Jahren moderiert. Individuen mit einer oder zwei Kopien des kurzen Allels des 5-HTT-Gens zeigten in Abhängigkeit von belastenden Lebensereignissen mehr depressive Symptome, klinisch manifeste Depressionen und erhöhte Suizidalität, während für das lange Allel homozygote Individuen sich trotz vergleichbarer Belastungen als resilient erwiesen. Auch für belastende Kindheitserlebnisse fand sich die protektive Wirkung des langen Allels. Wichtig festzuhalten ist, dass zwischen dem 5-HTT-Genotyp und Depression *kein direkter Zusammenhang* besteht, sondern dass die protektive oder die risikoerhöhende genetische Ausstattung *nur in Gegenwart belastender Lebensereignisse* zum Tragen kommt. Depressionen, die zeitlich vor den Belastungen auftraten, waren unabhängig vom Genotyp.

2 Resilienz gegen Persistenz aggressiven und dissozialen Verhaltens

Antisoziales Verhalten in der Jugend ist ein anerkannter Risikofaktor für eine spätere delinquente Entwicklung (Moffitt 1993). Aber bei weitem nicht alle aggressiven und dissozialen Jugendlichen entwickeln sich zu delinquenten Erwachsenen. Wie diese unterschiedlichen Verläufe antisozialen Verhaltens zustande kommen, ist weitgehend unklar. So ist überraschend wenig darüber bekannt, welche Faktoren aggressive Jugendliche von einer späteren delinquenten Karriere abhalten (Reiss/Roth 1993).

Ein niedriger Ruhepuls gilt als am besten repliziertes biologisches Korrelat antisozialen Verhaltens bei Kindern und Jugendlichen (Ortiz/Raine 2004). Komplementär hierzu konnten Raine et al. (1995) in einer prospektiven Untersuchung zeigen, dass sich ehemals aggressive Jugendliche, die mit 29 Jahren nicht länger delinquent waren, sowohl von Delinquenten als auch von im Jugendalter unauffälligen jungen Erwachsenen dadurch unterschieden, dass sie im Alter von 15 Jahren einen höheren Ruhepuls, erhöhte Hautleitfähigkeit und höhere kardiovaskuläre Reaktivität im Sinne einer verstärkten Orientierungsreaktion aufgewiesen hatten. Demgegenüber wiesen später fortgesetzt Delinquente niedrigere basale Herzfrequenzen und Hautleitfähigkeitswerte sowie eine geringere Zahl an Spontanfluktuationen der Hautleitfähigkeit auf.

Ein vergleichbares Ergebnis fanden Brennan et al. (1997) an Söhnen delinquenter Väter, die selbst aber nicht delinquent wurden. Auch diese Jungen zeigten eine verstärkte psychophysiologische Orientierungsreaktion sowohl im Vergleich zu delinquenten Söhnen delinquenter Väter als auch zu unauffälligen Söhnen nicht-delinquenter Väter. Diese Studie macht deutlich, dass das (genetische oder soziale) Risiko, einen delinquenten Vater zu haben, in seiner Auswirkung durch die individuelle psychophysiologische Funktionsweise modifiziert wird. Insbesondere die erhöhte basale Herzfrequenz gilt den Autoren als biologisches Korrelat von Resilienz gegen fortgesetzte Delinquenz (Raine 2002; Ortiz/Raine 2004).

Noch ist unklar, wie der Mechanismus dieser protektiven Wirkung im Einzelnen zu denken ist: Die verstärkte Orientierungsreaktion könnte als Hinweis auf eine leichtere Konditionierbarkeit gedeutet werden. Möglicherweise sind das relativ hohe Arousal und die verstärkte Orientierungsreaktion bei den nicht fortgesetzt aggressiven Jugendlichen das Korrelat einer gelungeneren Informationsverarbeitung und besseren Aufmerksamkeitsleistung (Raine et al. 1995).

Diese Hypothese wird gestützt durch eine weitere Studie, in der Raine et al. (1996) einen anderen psychophysiologischen Parameter, die Halberholungszeit der Hautleitfähigkeit, erfassten. Diese bezeichnet die Zeitspanne, innerhalb der die Hautleitfähigkeit nach einem aversiven Reiz wieder die Hälfte ihrer Ausgangsamplitude erreicht hat. Aggressive Jugendliche, die im weiteren Verlauf nicht delinquent wurden, zeigten eine bessere Konditionierbarkeit und eine schnellere Erholung der Hautleitfähigkeit als später Delinquente. Die Erholung der Hautleitfähigkeit wird als Ausdruck einer gelungenen Verarbeitung emotionaler Stimuli und als Aufgeschlossenheit gegenüber Umweltreizen gewertet. Offenbar handelt es sich dabei um ein vorteilhaftes psychophysiologisches Profil: Gute Konditionierbarkeit und eine offene, aufmerksame Haltung könnten gegen eine delinquente Entwicklung schützen, indem sie Lernprozesse erleichtern, die einer erfolgreichen Sozialisation zugrunde liegen, insbesondere klassisches Konditionieren und passives Vermeidungslernen (Raine et al. 1996). Auch Moffitt (1993) führt an, dass Jugendliche mit auf die Adoleszenz beschränkter Aggressivität offenbar zugänglicher für kontingente Maßnahmen von Verstärkung und Bestrafung sind als Jugendliche mit anhaltender Aggressivität.

Raine et al. (2001) konnten neben den peripher-physiologischen Korrelaten von Resilienz bei im Kindesalter misshandelten, aber in der Folge nicht aggressiven jungen Erwachsenen mit Hilfe der funktionellen Kernspintomographie auch Hinweise für Besonderheiten kortikaler Aktivierung finden. Erwachsene, die als Kinder misshandelt worden waren, aber keine dissoziale Entwicklung genommen hatten, zeigten eine signifikant erhöhte Aktivierung der rechten Hemisphäre, insbesondere des Gyrus temporalis superior, gegenüber Kontrollen, während gewalttätige Erwachsene mit ähnlichen Kindheitsbelastungen eine rechtshemisphärische Dysfunktion aufwiesen. Die Autoren interpretieren dieses Ergebnis im Licht anderer bildgebender Befunde, die einen Zusammenhang zwischen rechtshemisphärischer Aktivierung und Konditionierung durch Angst, Emotionsverarbeitung, sozialem Rückzug und Schmerzwahrnehmung nahe legen. Nach ihrer Überzeugung stellt die verstärkte Aktivierung des Temporallappens einen protektiven Mechanismus im Hinblick auf eine aggressive Entwicklung dar, indem sie zu einer besseren Ansprechbarkeit auf kontingente Interventionen, zu besserer Emotionsverarbeitung, adäquatem sozialen Rückzug (anstelle von sensationssuchendem Verhalten) und zu feinerer Schmerzwahrnehmung führt.

Aufwachsen unter Armutsbedingungen gilt als weiterer Risikofaktor für die Entstehung antisozialer Verhaltensstörungen (Bradley/Corwyn 2002). Im Rahmen einer Studie an über 1000 Zwillingspaaren verglichen Kim-Cohen et al. (2004) Kinder aus armen Familien, die aggressive und dissoziale Verhaltensprobleme entwickelt hatten, mit denjenigen, deren Entwicklung unter den gleichen Bedingungen günstiger verlaufen war. Mit Hilfe verhaltensgenetischer Methoden ließen sich Unterschiede in der Resilienz der Kinder gegen materiell deprivierende Lebensbedingungen zu annähernd 70% auf genetische Einflüsse zurückführen. Als wichtiger vermittelnder Faktor erwies sich das Ausmaß der emotionalen Wärme der Mutter im Umgang mit dem Kind – ein Merkmal mütterlichen Verhaltens, das in erheblichem Umfang durch Gen-Umwelt-Interaktionen beeinflusst wurde. Darüber, welche Gene im Einzelnen als biologische Korrelate der Resilienz anzusehen sind, besteht noch weitgehend Unklarheit.

Ausgehend von dem gut belegten Zusammenhang zwischen der Erfahrung von Misshandlung im Kindesalter und der späteren Entwicklung antisozialer Persönlichkeitszüge (Luntz/Widom 1994) widmete sich die Arbeitsgruppe der Dunedin-Studie der Frage, warum einige in der Kindheit misshandelte junge Erwachsene antisoziale Persönlichkeitszüge entwickeln und andere nicht (Caspi et al. 2002). Im Rahmen der Längsschnittuntersuchung konnte gezeigt werden, dass ein funktioneller Polymorphismus im Gen des Enzyms Monoaminooxidase A (MAOA) die Auswirkungen von kindlicher Misshandlung beeinflusste. Jungen mit einem Genotyp, der mit hoher MAOA-Aktivität im Gehirn einhergeht, entwickelten trotz vergleichbarer früherer Belastung durch Misshandlung in der Folge signifikant seltener antisoziale Verhaltensweisen als Jungen mit niedriger Enzymaktivität. Der Unterschied im antisozialen Verhalten zwischen den Gruppen mit niedriger und hoher MAOA-Aktivität nahm mit dem Ausmaß der früheren Misshandlung zu. Auf die Entwicklung nichtmisshandelter Kinder hatte der Polymorphismus keinen Effekt. Sowohl die Misshandlungen in der Kindheit als auch das nachfolgende antisoziale Verhalten wurden unter Berücksichtigung verschiedener Quellen mit multiplen Instrumenten erfasst, und das methodisch sorgfältige Design der Studie kontrollierte eine Vielzahl potentiell konfundierender Faktoren wie Intelligenz und Schichtzugehörigkeit. Auch beeinflusste der MAOA-Genotyp nicht das Risiko misshandelt zu werden. Die höhere MAOA-Aktivität kann somit nach Überzeugung der Autoren als biologisches Korrelat von Resilienz gegen spätere psychische Folgen von Misshandlung im Kindesalter gelten. Damit ist epidemiologische Evidenz dafür gefunden, dass der Genotyp die individuelle Reaktion auf Umweltstressoren im Sinne einer Gen-Umwelt-Interaktion modifizieren kann. Bis zu einer Replikation dieses Befundes sind Schlussfolgerungen für Prävention und Therapie zurückhaltend zu ziehen, zumal der genaue Mechanismus der Gen-Umwelt-Interaktion unklar ist.

3 Resilienz gegen Abhängigkeitserkrankungen

Als Maß für die Kommunikation zwischen verschiedenen Kortex-Arealen hat sich u. a. die *EEG-Kohärenz* etabliert; sie beschreibt die funktionelle Koppelung von Hirnarealen (Lopes da Silva 1991). Michael et al. (1993) untersuchten die EEG-Kohärenz bei alkoholabhängigen Patienten, Verwandten ersten Grades solcher Patienten (als Risikogruppe) und gesunden Kontrollen ohne familiäre Abhängigkeitsbelastung. Bei Verwandten alkoholkranker Patienten, denen ein erhöhtes Risiko zugeschrieben wird, eine Abhängigkeit zu entwickeln, die selbst aber nicht erkrankten, fanden sich im Vergleich zu den beiden anderen Gruppen erhöhte Kohärenzen frontal und parietal. Dieses Muster funktioneller Koppelung wird von den Autoren als Resilienzmarker bei Personen mit hohem Suchtrisiko gedeutet.

Unter den molekulargenetischen Markern von Resilienz gegenüber Suchterkrankungen sind genetische Varianten (Polymorphismen) der alkoholmetabolisierenden Enzyme Alkoholdehydrogenase (ADH) und Aldehyd-Dehydrogenase (ALDH) bislang am besten untersucht (Shibuya 1993). Vor allem in asiatischen Populationen ist eine Mutation in der mitochondrialen Form der ALDH weit verbreitet, die mit einer verminderten Enzymaktivität und einem verlangsamten Abbau von Alkohol einhergeht. Als Folge steigt die Blutkonzentration des toxischen Metaboliten Acetaldehyd schon bei geringen Alkoholmengen an und führt zu den bekannten unangenehmen Wirkungen auf das ZNS. Dies bewahrt die Träger dieser Mutante meist vor einem exzessiven Alkoholkonsum und der Entwicklung einer Alkoholabhängigkeit. Besonders geschützt sind diejenigen Personen, welche sowohl entsprechende Mutanten von ALDH-2 als auch von ADH-2 in sich tragen.

Dass mit Befunden wie diesen die Erforschung der molekulargenetischen Grundlagen von Resilienz gegen Suchterkrankungen nicht erschöpft ist, wird einsichtig, wenn man berücksichtigt, dass Suchterkrankungen wie Suchtverhalten verhaltensgenetischen Studien zufolge zu über 50% genetisch determiniert sind (Tyndale 2003). Dabei ist die Frage der Vererbungswege bislang noch unzureichend geklärt. Unbestritten ist lediglich, dass eine Vielzahl von Genen an der Vererbung von Abhängigkeitserkrankungen beteiligt ist. Eine wichtige Rolle bei der Aufrechterhaltung und Verstärkung von abhängigem Verhalten spielen Gene, die die Funktionsweise verschiedener Neurotransmittersysteme beeinflussen. Eine Gemeinsamkeit aller Suchterkrankungen ist eine erhöhte dopaminerge Aktivität im mesolimbisch-mesokortikalen Bereich des ZNS, des so genannten Belohnungssystems (Spanagel/Weiss 1999). Alkohol und andere Suchtmittel aktivieren das Belohnungssystem und lösen positive Gefühle aus.

Eigene Untersuchungen zeigen, dass Jugendliche, die eine Mutante des Dopamin-D4-Rezeptorgens tragen, mit einem höheren Suchtrisiko belastet sind, d.h. früher mit dem Konsum von Alkohol und Tabak beginnen und diese Substanzen exzessiver konsumieren (Laucht et al. 2006). Diese bei ca. einem Fünftel der europäischen Population vorkommende Mutante geht mutmaßlich mit einer verminderten Aktivität des dopaminergen Systems einher. Ein signifikant geringerer Tabakkonsum fand sich dagegen bei Jugendlichen mit einer genetischen Variante des Dopamin-D3-Rezeptors (Laucht et al. in Vorb.). Heterozygote Träger dieser Variante, die ca. 40% der Population aufweisen, waren als Jugendliche häufiger Nichtraucher bzw. rauchten seltener als Träger anderer Genotypen.

Ein weiteres System, dessen Einfluss auf die Entwicklung einer Alkoholabhängigkeit diskutiert wird, ist das CRH-(corticotropin-releasing hormone)-System, dem eine entscheidende Rolle bei der Steuerung der Stressreaktion zukommt (Sarnyai et al. 2001). CRH ist an der Vermittlung der zentralnervösen Wirkungen verschiedener psychoaktiver Substanzen beteiligt und steht möglicherweise in Zusammenhang mit der stress-reduzierenden Wirkung von Alkohol. In einer eigenen Untersuchung neigten homozygote Träger einer seltenen Variante des CRH1 Rezeptorgens als Jugendliche weniger zu einem exzessiven Alkoholkonsum als Träger der häufigeren Variante: Sie waren seltener betrunken und wiesen weniger Episoden so genannten Rauschtrinkens (engl. „binge drinking") auf, bei dem innerhalb kurzer Zeit größere Mengen Alkohol konsumiert werden (Treutlein et al. 2006). Bei den zuletzt berichteten Befunden ist zu beachten, dass Wirkungsweise und -wege der untersuchten genetischen Variationen bislang unzureichend geklärt sind. Solange dies der Fall ist, muss ihre Interpretation als Beleg für eine genetische Grundlage von Resilienz als vorläufig angesehen werden.

4 Geschlechtsspezifische biologische Korrelate von Resilienz

In den gängigen Aufzählungen von Schutzfaktoren finden biologische Faktoren, denen eine protektive Wirkung in Hinblick auf psychopathologische Entwicklungen zugeschrieben wird, kaum Erwähnung (Laucht et al. 1997). Meist wird als einziges biologisch verankertes Merkmal für den Zeitraum der Kindheit die Eigenschaft „weibliches Geschlecht" angeführt. Dies fußt auf der Beobachtung, dass Jungen von in der Kindheit beginnenden (Entwicklungs-)Störungen wesentlich häufiger betroffen sind als Mädchen. Zahn-Waxler (1993) spricht daher von dem „myth of the benign childhood of girls".

Tatsächlich sind die deutlichen Geschlechtsunterschiede, die nicht nur in der Kindheit bei einigen psychiatrischen Störungsbildern beobachtet werden (Newman et al. 1996), ein nahe liegender und viel versprechender Ansatzpunkt zur Eingrenzung biologischer Grundlagen von Resilienz (Crick/Zahn-Waxler 2003; Rutter et al. 2003). So könnte etwa angesichts des deutlichen Überwiegens des männlichen Geschlechts bei der Dyslexie, bei autistischen Störungen, der Aufmerksamkeits-Defizit-/Hyperaktivitäts-Störung oder der früh beginnenden Form antisozialen Verhaltens eine erhöhte Resilienz von Mädchen hinsichtlich dieser Störungen postuliert werden. Gleiches gilt für Jungen in Hinblick auf depressive Störungen in der Adoleszenz und Essstörungen. Am Beispiel der geschlechtsspezifischen Psychopathologie wird exemplarisch deutlich, dass Resilienz nicht eine zeitlich stabile, übergreifende Eigenschaft ist, die das jeweilige Individuum generell „unbesiegbar" macht (Werner/Smith 1992), sondern dass es sich um ein *kontextabhängiges Phänomen* handelt: So geht offenbar die schnellere biologische und zerebrale Reifung von Mädchen in der Kindheit zunächst einher mit einer verbesserten Widerstandsfähigkeit gegenüber neuropsychiatrischen Entwicklungsstörungen; im weiteren Verlauf allerdings bringt u. a. die hormonelle Umstellung, die mit der Pubertät einhergeht, im Vergleich zu den Jungen ein erhöhtes Risiko von Psychopathologie mit sich, insbesondere bei sich besonders früh entwickelnden Mädchen (Caspi et al. 1993; Graber et al. 1997; Rutter et al. 2003).

Trotz der ausgedehnten Literatur über biologische und psychopathologische Unterschiede zwischen Jungen und Mädchen (Ellis/Ebertz 1998) ist über die zugrunde liegenden kausalen Mechanismen der psychopathologischen Geschlechtsdifferenz noch wenig bekannt (Crick/Zahn-Waxler 2003; Rutter et al. 2003).

Jenseits der distalen genetischen Faktoren spielen mutmaßlich die unterschiedlichen Sekundärfolgen aus der Tatsache, dass ein Individuum genetisch weiblich oder männlich ist, eine wesentliche Rolle bei der Entstehung geschlechtsspezifischer Resilienz oder Vulnerabilität. So sind männliche und weibliche Föten schon in utero unterschiedlichen hormonellen und immunologischen Einflüssen ausgesetzt, die möglicherweise die Gehirnentwicklung geschlechtsspezifisch beeinflussen (Collaer/Hines 1995). Im Lauf der kindlichen Entwicklung könnten dann indirekte hormonelle Effekte wirksam sein: Beispielsweise gibt es Anhalt für einen hormonellen Einfluss auf geschlechtstypisches kindliches Spielverhalten und kindliche Aggressivität (Collaer/Hines 1995). Unterschiede in der Hirnentwicklung zwischen Jungen und Mädchen sind bekannt; so werden sowohl sprachliche als auch räumliche Stimuli unterschiedlich verarbeitet (Shaywitz et al. 1995). Inwieweit diese Unterschiede aber mit der geschlechtsspezifischen Resilienz in Zusammenhang stehen und wie der Mechanismus dieser Wechselwirkung aussieht, ist völlig offen. Zudem bleibt unklar, ob es sich bei dem Phänomen der geschlechtsspezifischen Psychopathologie im Hinblick auf bestimmte Störungsbilder um eine besondere Widerstandsfähigkeit des einen oder eher um eine besondere Vulnerabilität des anderen Geschlechts handelt. Der Nachweis einer spezifischen Interaktion von Risiko und Resilienz im Sinne eines Puffereffektes (Rutter 1990; Laucht et al. 1997) ist für die geschlechtsgebundene Resilienz häufig nicht erbracht. Gleichwohl erscheint es wahrscheinlich, dass Jungen und Mädchen sich in ihrer Widerstandsfähigkeit gegenüber spezifischen Stressoren unterscheiden und dass biologische Mechanismen an diesen Unterschieden beteiligt sind (Rutter et al. 2003).

5 Probleme und Chancen der biologischen Resilienzforschung

Ein potentieller Nutzen der Identifikation von Schutzfaktoren liegt darin, dass davon ausgehend neue Ansatzpunkte für die Entwicklung präventiver Interventionen gefunden werden können. Dieses Ziel kann neben der Minimierung oder dem Ausschalten von Risikofaktoren auch durch die Unterstützung von Schutzfaktoren erreicht werden (Dunst/Trivette 1997). Inwieweit die Beeinflussung biologischer Korrelate von Resilienz diesem präventiven Ziel dienen kann, ist aber kaum untersucht (Curtis/Cicchetti 2003). Bisherige Studien haben sich überwiegend auf den Nachweis der Plastizität biologischer Parameter beschränkt und aufgezeigt, dass etwa das Ausmaß der psychophysiologischen Aktivierung, der Schreckreflex oder bestimmte EEG-Parameter gezielt modifizierbar sind (eine Übersicht findet sich in Holtmann et al. 2004). Die resilienzfördernde Wirkung dieser Interventionen wurde bisher nicht untersucht, und es liegen kaum prospektive Studien vor, welche die Langzeitwirkungen der Modifikation biologischer Merkmale verfolgten. Unklar ist auch, in welcher zeitlichen Nähe nach einer Risikoexposition die Beeinflussung von Resilienzfaktoren noch wirksam ist (Curtis/Cicchetti 2003; Luthar et al. 2000).

Die begrenzte Aufmerksamkeit, die biologische Aspekte von Resilienzprozessen bisher gefunden haben, macht die Notwendigkeit verstärkter Forschung in diesem Bereich deutlich. Die Betonung der Rolle biologischer

Korrelate für Resilienzprozesse darf dabei nicht verwechselt werden mit einem biologistischen Determinismus und Reduktionismus, der psychologische Aspekte zu ephemeren Verhaltensmarkern degradiert (Curtis/ Cicchetti 2003). Die künstliche Dichotomie von Biologie und Psychologie widerspricht den Forschungsergebnissen der vergangenen Jahre, die auf allen Ebenen innerhalb des menschlichen Organismus komplexe Wechselwirkungen belegen konnten (O'Connor et al. 2003; Rutter/Silberg 2002). Wie die Studien von Caspi et al. (2002; 2003) beispielhaft zeigen, eröffnet gerade die Identifizierung verhaltensrelevanter genetischer Polymorphismen die Möglichkeit, die Interaktion von Genotyp und Umwelteinflüssen genauer zu untersuchen.

Bei allen methodischen und konzeptuellen Schwierigkeiten können die angeführten Beispiele schon jetzt den theoretischen Nutzen der Berücksichtigung biologischer Korrelate von Resilienz für die Entwicklungspsychopathologie und Präventionsforschung belegen.

Glossar genetischer Begriffe

Allel: eine von mehreren Ausprägungen eines Gens an einem Genort. Typischerweise ist ein Allel („normale DNA-Sequenz") häufig und andere Allele (Mutationen) sind selten.

Genotyp: genetische Ausstattung eines Individuums oder die Kombination von Allelen an einem Genort

Heterozygoter Genotyp: liegt vor, wenn die zwei Allele an einem bestimmten Genort auf beiden Chromosomen unterschiedlich sind

Homozygoter Genotyp: liegt vor, wenn die zwei Allele eines bestimmten Genorts auf beiden Chromosomen gleich sind

Mutation: eine erbliche Veränderung in der normalen DNA-Sequenz an einem bestimmten Genort

Polymorphismus: eine häufig auftretende Mutation. „Häufig" ist typischerweise definiert als eine Allelfrequenz von zumindest einem Prozent. Ein Polymorphismus wird als *funktionell* bezeichnet, wenn er sich auf die Funktionsfähigkeit des durch das Gen kodierten Proteins auswirkt.

Literatur

Bradley, R. H., Corwyn, R. F. (2002):. Socioeconomic status and child development. Annual Review of Psychology 53, 371–99

Brennan, P. A., Raine, A., Schulsinger, F., Kirkegaard-Sorensen, L., Knop, J., Hutchings, B., Rosenberg, R., Mednick, S. A. (1997): Psychophysiological protective factors for male subjects at high risk for criminal behavior. American Journal of Psychiatry 154, 853–855

Caspi, A., Lynam, D., Moffitt, T. E., Silva, A. (1993): Unravelling girl's delinquency: Biological, dispositional, and contextual contributions to adolescent misbehavior. Developmental Psychology 29, 19–30

–, McClay, J., Moffitt, T. E., Mill, J., Martin, J., Craig, I. W., Taylor, A., Poulton, R. (2002): Role of genotype in the cycle of violence in maltreated children. Science 297, 851–854

–, Sugden, K., Moffitt, T. E., Taylor, A., Craig, I. W., Harrington, H., McClay, J., Mill, J., Martin, J., Braithwaite, A., Poulton, R. (2003): Influence of life stress on depression: moderation by a polymorphism in the 5-HTT gene. Science 301, 386–389

Collaer, M. L., Hines, M. (1995): Human behavioral sex differences: a role for gonadal hormones during early development? Psychological Bulletin 118, 55–107

Crick, N. R./Zahn-Waxler, C. (2003): The development of psychopathology in females and males: current progress and future challenges. Development and Psychopathology 15, 719-742

Curtis, W. J./Cicchetti, D. (2003): Moving research on resilience into the 21st century: theoretical and methodological considerations in examining the biological contributors to resilience. Development and Psychopathology 15, 773–810

Davidson, R. J. (2000): Affective style, psychopathology, and resilience: brain mechanisms and plasticity. American Psychologist 55, 1196–214

–, Fox, N. A. (1989): Frontal brain asymmetry predicts infants' response to maternal separation. Journal of Abnormal Psychology 98, 127–131

Dunst, C. J., Trivette, C. M. (1997): Early intervention with young at-risk children and their families. In: Ammerman, R. T., Hersen, M. (Eds.): Handbook of prevention and treatment with children and adolescents. Intervention in the real world context. Plenum, New York, 157–180

Ellis, L., Ebertz, L. (1998): Males, females, and behavior: Towards biological understanding. Praeger, Westport/CT

Graber, J. A., Lewinsohn, P. M., Seeley, J. R., Brooks-Gunn, J. (1997): Is psychopathology associated with the timing of pubertal development? Journal of the American Academy of Child and Adolescent Psychiatry 36, 1768–1776

Holtmann, M., Poustka, F., Schmidt, M. H. (2004): Biologische Korrelate der Resilienz im Kindes- und Jugendalter. Kindheit und Entwicklung 13, 201–211

Kim-Cohen, J., Moffitt, T. E., Caspi, A., Taylor, A. (2004): Genetic and environmental processes in young children's resilience and vulnerability to socioeconomic deprivation. Child Development 75, 651–668

Larson, C. L., Sutton, S. K., Davidson, R. J. (1998): Affective style, frontal EEG asymmetry and the time course of the emotion-modulated startle. Psychophysiology 35 (Suppl. 1), 52 (abstract)

Laucht, M., Esser, G., Schmidt, M. H. (1997): Wovor schützen Schutzfaktoren? Anmerkungen zu einem populären Konzept der modernen Gesundheitsforschung. Zeitschrift für Entwicklungspsychologie und Pädagogische Psychologie 29, 260–270

–, Esser, G., Schmidt, M. H. (2000): Längsschnittforschung zur Entwicklungsepidemiologie psychischer Störungen: Zielsetzung, Konzeption und zentrale Befunde der Mannheimer Risikokinderstudie. Zeitschrift für Klinische Psychologie und Psychotherapie 29, 246–262

–, Becker, K., El Faddagh, M., Hohm, E., Schmidt, M. H. (2005): Association of the DRD4 exon III polymorphism with smoking in fifteen-year-olds: a mediating role for novelty seeking? Journal of the American Academy of Child and Adolescent Psychiatry 44, 477–484

–, Becker, K., Blomeyer, D., Schmidt, M. H. (2006): Novelty seeking involved in mediating the association between the DRD4 exon III polymorphism and heavy drinking in adolescents. Biological Psychiatry, Epub ahead of print (Aug 28)

–, Frank, J., Becker, K., Schmidt, M. H., Schumann, G. (in Vorbereitung): Dopamine D2, D3 and D4 receptor and transporter gene polymorphisms and adolescent smoking

Lopes da Silva, F. (1991): Neural mechanisms underlying brain waves: from neural membranes to networks. Electroencephalography and Clinical Neurophysiology 79, 81–93

Luntz, B. K., Widom, C. S. (1994): Antisocial personality disorder in abused and neglected children grown up. American Journal of Psychiatry 151, 670–674

Luthar, S. S., Cicchetti, D., Becker, B. (2000): The construct of resilience: a critical evaluation and guidelines for future work. Child Development 71, 543–562

Michael, A., Mirza, K. A., Mukundan, C. R., Channabasavanna, S. M. (1993): Interhemispheric electroencephalographic coherence as a biological marker in alcoholism. Acta Psychiatrica Scandinavica 87, 213–217

Moffitt, T. E. (1993): Adolescent-limited and life-course-persistent antisocial behavior: A developmental taxonomy. Psychological Review 100, 674–701

Newman, D. L., Moffitt, T. E., Caspi, A., Magdol, L., Silva, P. A., Stanton, W. R. (1996): Psychiatric disorder in a birth cohort of young adults: prevalence, comorbidity, clinical significance, and new case incidence from ages 11 to 21. Journal of Consulting and Clinical Psychology 64, 552–562

O'Connor, T. G., Caspi, A., Defries, J. C., Plomin, R. (2003): Genotype-environment interaction in children's adjustment to parental separation. Journal of Child Psychology and Psychiatry 44, 849–56

Ortiz, J., Raine, A. (2004): Heart rate level and antisocial behavior in children and adolescents: a meta-analysis. Journal of the American Academy of Child and Adolescent Psychiatry 43, 154–162

Raine, A. (2002): Annotation: the role of prefrontal deficits, low autonomic arousal, and early health factors in the development of antisocial and aggressive behavior in children. Journal of Child Psychology and Psychiatry 43, 417–434

–, Park, S., Lencz, T., Bihrle, S., LaCasse, L., Widom, C. S., Al-Dayeh, L., Singh, M. (2001): Reduced right hemisphere activation in severely abused violent offenders during a working memory task: An fMRI study. Aggressive Behavior 27, 111–129

–, Venables, P. H., Williams M. (1995): High autonomic arousal and electrodermal orienting at age 15 years as protective factors against criminal behavior at age 29 years. American Journal of Psychiatry 152, 1595–1600

–, Venables, P. H., Williams, M. (1996): Better Autonomic Conditioning and Faster Electrodermal Half-Recovery Time at Age 15 as Possible Protective Factors Against Crime at Age 29. Developmental Psychology 32, 624–630

Reiss, A. J., Roth, J. A. (1993): Understanding and preventing violence. National Academy Press, Washington/DC

Rutter, M. (1990): Psychosocial resilience and protective mechanisms. In: J. Rolf, A. S. Masten, D. Cicchetti, K. H. Nuechterlein, S. Weintraub (Eds.): Risk and protective factors in the development of psychopathology. Cambridge University Press, New York, 181–214

–, Caspi, A., Moffitt T. E. (2003): Using sex differences in psychopathology to study causal mechanisms: unifying issues and research strategies. Journal of Child Psychology and Psychiatry 44, 1092–1115

–, Silberg, J. (2002): Gene-environment interplay in relation to emotional and behavioral disturbance. Annual Review of Psychology 53, 463–90
Sarnyai, Z., Shaham, Y., Heinrichs, S. C. (2001): The role of corticotropin-releasing factor in drug addiction. Pharmacological Review 53, 209–43
Shaywitz, B. A., Shaywitz, S. E., Pugh, K. R., Constable, R. T., Skudlarski, P., Fulbright, R. K., Bronen, R. A., Fletcher, J. M., Shankweiler, D. P., Katz, L., et al. (1995): Sex differences in the functional organization of the brain for language. Nature 373, 607–609
Shibuya, A. (1993): Genotypes of alcohol dehydrogenase and aldehyde dehydrogenase and their significance for alcohol sensitivity. Nippon Rinsho 51, 394–399
Spanagel, R., Weiss, F. (1999): The dopamine hypothesis of reward: past and current status. Trends in Neuroscience 22, 521–527
Sutton, S. K., Davidson, R. J. (2000): Prefrontal brain electrical asymmetry predicts the evaluation of affective stimuli. Neuropsychologia 38, 1723–1733
–, Davidson, R. J., Donzella, B., Irwin, W., Dottl, D. A. (1997): Manipulating affective state using extended picture presentation. Psychophysiology 34, 217–226
Treutlein, J., Kissling, Ch., Frank, J., Wiemann, S., Depner, M., Saam, Ch., Lascorz, J., Wellek, S., Soyka, M., Preuss, U., Rujescu, D., Spanagel, R., Heinz, A., Laucht, M., Mann, K., Schumann, G. (2006): Genetic association of the human corticotropin releasing hormone receptor 1 (hCRHR1) with binge drinking and alcohol intake patterns in two independent samples. Molecular Psychiatry 11, 594–602
Tyndale, R. F. (2003): Genetics of alcohol and tobacco use in humans. Annals of Medicine, 35, 94–121
Werner, E. E., Smith, R. S. (1992): Overcoming the odds: High risk children from birth to adulthood. Cornell University Press, New York
Wheeler, R. E., Davidson, R. J., Tomarke, A. J. (1993): Frontal brain asymmetry and emotional reactivity: A biological substrate of affective style. Psychophysiology 30, 82–89
Zahn-Waxler, C. (1993): Warriors and worriers: Gender and psychopathology. Development and Psychopathology 5, 79–89

Resilienz im Spiegel entwicklungsneurobiologischer Erkenntnisse

von Gerald Hüther

1 Der neue Blick der Hirnforscher

Mit der Einführung der so genannten bildgebenden Verfahren hat sich der Blick der Hirnforscher gleich in mehrfacher Hinsicht dramatisch erweitert. Die bis dahin vorwiegend an Gehirnen von Versuchstieren gemachten Beobachtungen und gewonnenen Erkenntnisse konnten nun im Hinblick auf ihre Übertragbarkeit auf das menschliche Gehirn überprüft werden. Dabei wurde deutlich, dass das Verhalten von Tieren in viel stärkerem Maß als beim Menschen von artspezifischen Verhaltensprogrammen bestimmt wird, d. h. von den genetisch determinierten neuronalen Verschaltungsmustern, die diesen Reaktionsmustern zugrunde liegen. Die subjektive Bewertung einer Wahrnehmung erwies sich beim Menschen als entscheidend dafür, welche regionalen Netzwerke in einer bestimmten Situation aktiviert, welche in ihrer Aktivität unterdrückt werden.

Die das Denken, Fühlen und Handeln des Menschen bestimmenden neuronalen Verschaltungsmuster und synaptischen Verbindungen erwiesen sich zudem als weitaus plastischer als man lange Zeit angenommen hatte. Die initial angelegten Verschaltungen werden im Laufe des Lebens in Abhängigkeit von der Art ihrer Nutzung weiterentwickelt, überformt und umgebaut („experience-dependent plasticity"). Der beim Menschen wichtigste und hinsichtlich seiner Bedeutung für die Nutzung der im Gehirn angelegten neuronalen Netzwerke am nachhaltigsten wirksame Einfluss, lässt sich am Zutreffendsten mit dem Begriff „Erfahrung" umschreiben. Gemeint ist damit das im Gedächtnis eines Individuums verankerte Wissen über die in seinem bisherigen Leben eingesetzten Strategien des Denkens und Handelns. Je nachdem wurden diese entweder besonders erfolgreich oder besonders erfolglos angewandt, in dieser Weise immer wieder bestätigt und deshalb auch für die Lösung zukünftiger Probleme als entweder besonders geeignet bzw. ungeeignet beurteilt.

Solche Erfahrungen sind immer das Resultat der subjektiven Bewertung der eigenen Reaktionen auf eine wahrgenommene und als bedeutend eingeschätzte Veränderung der Außenwelt. Sie unterscheiden sich darin von allen (passiven) Erlebnissen und (passiv) übernommenen Kenntnissen und Fertigkeiten, denen kein oder noch kein Bedeutungsgehalt für die eigene Lebensbewältigung beigemessen wird. Aufgrund der normalerweise bereits während der frühkindlichen Entwicklung stattfindenden und im späteren Leben aktiv vollzogenen Einbettung des Menschen in ein immer komplexer werdendes soziales Beziehungsgefüge, sind die wichtigsten Erfahrungen, die ein Mensch im Lauf seines Lebens machen kann, psychosozialer Natur.

Keine andere Spezies kommt mit einem derart offenen, lernfähigen und durch eigene Erfahrungen in seiner weiteren Entwicklung und strukturellen Ausreifung formbaren Gehirn zur Welt wie der Mensch. Nirgendwo im Tierreich sind die Nachkommen beim Erlernen dessen, was für ihr Überleben wichtig ist, so sehr und über einen vergleichbar langen Zeitraum auf Fürsorge und Schutz, Unterstützung und Lenkung durch die Erwachsenen angewiesen, und bei keiner anderen Art ist die Hirnentwicklung in solch hohem Ausmaß von der emotionalen, sozialen und intellektuellen Kompetenz dieser erwachsenen Bezugspersonen abhängig wie beim Menschen. Bekanntlich sind diese Fähigkeiten bei den Erwachsenen, die für die Gestaltung der Entwicklungsbedingungen eines Kindes maßgeblich sind, unterschiedlich gut entwickelt; daher können die genetischen Potenzen zur Ausformung hochkomplexer, vielseitig vernetzter Verschaltungen im Gehirn der betreffenden Kinder nicht immer in vollem Umfang entfaltet werden. Die Auswirkungen optimaler bzw. suboptimaler Entwicklungsbedingungen werden allerdings meist erst dann sichtbar, wenn die heranwachsenden Kinder Gelegenheit bekommen, ihre emotionale, soziale und intellektuelle Kompetenz unter Beweis zu stellen, z. B. in der Schule.

Gerade im Hinblick auf die Resilienzforschung haben sich eine ganze Reihe bisher vertretener, aber nicht wissenschaftlich überprüfter Annahmen als fatale Irrtümer erwiesen. Das gilt für die lange Zeit aufrecht erhaltene und bis heute vorgenommene Trennung zwischen der Hirnentwicklung und der Entwicklung des Verhaltens, Denkens und Fühlens, ja selbst des Gedächtnisses, ebenso wie für die Vorstellung, dass der Prozess der strukturellen Ausreifung des menschlichen Gehirns gegen Ende des 3. Lebensjahres weitgehend abgeschlossen sei. Inzwischen ist deutlich geworden, wie eng die Entwicklung dieser Funktionen an die Ausformung und Reifung cerebraler Strukturen gebunden ist. Um diese Strukturen ausbilden zu können, suchen und brauchen bereits Neugeborene die lebendige Interaktion mit andern Menschen. Die bereits intrauterin entstandenen neuronalen Verknüpfungen bilden nur ein vorläufiges Muster für einen noch kontext- und nutzungsabhängig herauszuformenden späteren Zustand. Durch neue Wahrnehmungen werden die dabei synchron aktivierten neuronalen Netzwerke miteinander verknüpft. Immer dann, wenn später die gleichen neuronalen Netze erneut aktiviert werden, kommt es zum „Wiedererkennen" der betreffenden Wahrnehmung.

In den letzten zehn Jahren ist es den Hirnforschern vor allem mit Hilfe der so genannten bildgebenden Verfahren gelungen, den nachhaltigen Einfluss früher Erfahrungen nachzuweisen. Diese sind maßgeblich dafür, welche Verschaltungen zwischen den Milliarden Nervenzellen besonders gut gebahnt und stabilisiert und welche nur unzureichend entwickelt und ausgeformt werden.

Neue Erfahrungen, die ein Mensch im Laufe seines Lebens macht – und dafür haben die Molekularbiologen inzwischen zahlreiche Belege zusammengetragen –, wirken bis auf die Ebene der Gene. Sie führen dazu, dass z. B. Nervenzellen damit beginnen, neue Gensequenzen abzuschreiben und andere stillzulegen. Neue Erfahrungen verändern also die Genexpression. Im Gehirn geschieht das bis in hohe Alter und bildet die Grundlage für die lebenslange Plastizität und Lernfähigkeit dieses Organs. Allerdings machen wir die meisten Erfahrungen nicht am Ende, sondern am Anfang unserer Entwicklung. Während dieser Phase ist die erfahrungsabhängige Neuroplastizität – und damit die erfahrungsabhängige Modulation der Genexpression – zumindest im Gehirn am stärksten ausgeprägt.

Nie wieder im späteren Leben ist ein Mensch so offen für neue Erfahrungen, so neugierig, so begeisterungsfähig und so lerneifrig und kreativ wie während der Phase der frühen Kindheit. Aber dieser Schatz verkümmert allzu leicht und allzu vielen Kindern geht ihr Entdeckergeist und ihre Lernfreunde bereits verloren, bevor sie in die Schule kommen. Die Ursache dieses allzu häufig zu beobachtenden Phänomens sind nicht die Kinder und – wie die Hirnforscher inzwischen herausgefunden haben – auch nicht die Gehirne dieser Kinder.

Aus diesem Grund kann die Suche nach Resilienz- oder Vulnerabilitäts-Faktoren im Gehirn lediglich dazu führen, dass sich bestimmte Veränderungen der Organisation einzelner Bereiche und Teilsysteme beschreiben lassen, die mit einer stärker oder schwächer ausgeprägten Resilienz einer Person korrelieren. Die entscheidende Frage, nämlich, wie es zu diesen Veränderungen gekommen ist, lässt sich nicht mit einem noch besseren Blick in das Gehirn beantworten. Sie erschließt sich nur durch eine genauere Analyse der Bedingungen, unter denen die betreffende Person aufgewachsen ist und unter denen sie oft schon während der frühen Kindheit Gelegenheit hatte, ihr Gehirn auf eine besondere Weise zu benutzen und damit nutzungsabhängig zu strukturieren.

2 Neuronale Netzwerke, globalisierende Transmittersysteme und synaptische Plastizität

Die Informationsverarbeitung im Gehirn wird heute als ein gleichzeitig seriell und parallel ablaufender Prozess der Aktivierung bzw. Hemmung multifokaler, eng miteinander verschalteter neuronaler Netzwerke verstanden. Jedes dieser Netzwerke besitzt strukturell festgelegte Verschaltungsmuster mit anderen Netzwerken, die im Verlauf der Individualentwicklung herausgebildet und zeitlebens durch die Art ihrer Nutzung umgeformt und überformt werden („experience-dependent plasticity").

Von besonderer Bedeutung für die Verarbeitung und Verankerung emotionaler Erfahrungen sind die Verschaltungen zwischen den für die Entstehung emotionaler Erregungen zuständigen neuronalen Netzwerken in den ontogenetisch und phylogenetisch älteren limbischen Hirnregionen und den für kognitive Verarbeitungsprozesse zuständigen neokortikalen Netzwerken. Hier sind die Hirnforscher auf intensive reziproke Verschaltungen zwischen den limbischen Gebieten (cingulärer Kortex, Hypothalamus, Hippocampus und Amygdala) und einer Vielzahl anderer Hirnstrukturen (im Hirnstamm, im Striatum, in paralimbischen und neokortikalen Regionen) gestoßen. In Tierversuchen konnte gezeigt werden, dass diese komplexen Verschaltungen entscheidend an der Regulation motivationaler, affektiver und emotionaler Reaktionen beteiligt sind. Sie bilden offenbar auch beim Menschen das erfahrungsabhängig herausgebildete neurobiologische Substrat, das für die Integration äußerer und innerer Zustandsbilder verantwortlich ist. Es ermöglicht die gleichzeitige sensorische, kognitive und autonome Verarbeitung und die Verankerung emotionaler Erfahrungen.

Die Aktivität und die Effizienz der in verschiedenen Bereichen des ZNS operierenden, lokalen Netzwerke wird durch „überregionale" Systeme mit weitreichenden und z. T. überlappenden Projektionen beeinflusst und aufeinander abgestimmt („harmonisiert"). Diese Systeme unterscheiden sich – aufgrund der unterschiedlichen Reichweite ihrer Projektionen – durch das Ausmaß der von ihnen erzeugten „globalisierenden" Wirkungen; aufgrund der unterschiedlichen Wirkungen der von ihnen benutzten Signalstoffe (Azetylcholin, Catecholamine, Histidin, Peptide, Serotonin) differieren sie auch hinsichtlich der von ihnen jeweils ausgelösten Effekte. Manche dieser überregionalen, harmonisierenden Transmittersysteme sind tagsüber ständig aktiv und kaum durch äußere Faktoren beeinflussbar (z. B. serotonerges System), andere werden erst mit der Wahrnehmung neuartiger Reize (noradrenerges System) oder bei erfolgreicher Bewältigung eines Problems (dopaminerges System) aktiviert.

Neben ihrer Funktion als Modulatoren, der in weit auseinanderliegenden lokalen Netzwerken generierten neuronalen Aktivität, haben diese großen, globalen Transmittersysteme eine weitere trophische, stabilisierende Funktion: Die in den distalen Projektionsgebieten ausgeschütteten Transmitter stimulieren die Produktion und Freisetzung von Wachstumsfaktoren durch benachbarte Astrocyten und nachgeschaltete Nervenzellen. Damit tragen sie in jeweils charakteristischer Weise zur Stabilisierung bzw. Bahnung der in den und zwischen den lokalen Netzwerken angelegten synaptischen Verschaltungen bei.

Sowohl die Ausformung der reziproken kortikolimbischen Verschaltungen als auch die Ausreifung dieser globalisierenden Transmittersysteme ist in besonderem Maße während der frühkindlichen Entwicklung, aber auch noch im erwachsenen Hirn durch verschiedene Faktoren beeinflussbar. Eine besondere Rolle spielen hierbei psychosoziale Herausforderungen bzw. Belastungen, die sowohl mit einer Aktivierung emotionaler limbischer Netzwerke wie auch bestimmter globalisierender Transmittersysteme einhergehen; über die Stimulation einer neuroendokrinen Stressreaktion sind sie entscheidend an der adaptiven Modifikation und Reorganisation neuronaler Verschaltungen beteiligt.

3 Neuronale und neuroendokrine Aktivierungsprozesse als Folge psychischer Belastungen

Die Wahrnehmung neuartiger und durch assoziative Verarbeitung als bedrohlich eingestufter Reizkonstellationen geht mit der Generierung eines unspezifischen Aktivitätsmusters in gedächtnisspeichernden, assoziativen, kortikalen und subkortikalen Strukturen einher. Eine besondere Rolle spielt hierbei der präfrontale Kortex, eine Region die insbesondere für die Interpretation sensorischer multimodaler Eingänge und für antizipatorische Phänomene verantwortlich ist. Die Aktivierung dieser assoziativen Kortexareale bewirkt die Generierung eines charakteristischen Aktivierungsmusters im limbischen System. Innerhalb des limbischen Systems ist die Amygdala von besondere Bedeutung, da hier die eingehenden Erregungsmuster durch Aktivierung angeborener, phylogenetisch alter neuronaler Netzwerke mit einer affektiven Qualität versehen werden. Durch absteigende Projektionen insbesondere zu den noradrenergen Kerngebieten im Hirnstamm kommt es zur Aktivierung noradrenerger kortikaler, limbischer und hypothalamischer Projektionen und zur Stimulation des peripheren sympathischen und adrenomedullären Systems. Aufsteigende Fasern dieser noradrenergen Neurone verstärken die Aktivierung im Bereich der Amygdala und der hypothalamischen Kerngebiete, sowie – über Aktivierung mesokortikaler dopaminerger Projektionen – im Bereich des präfrontalen Kortex. Auf diese Weise entsteht ein sich aufschaukelndes Erregungsmuster zwischen Kortex, limbischem System und den zentralen catecholaminergen Kerngebieten, das – wenn es nicht durch andere Eingänge unterdrückt wird – zur Aktivierung der neuroendokrinen Stress-Achse (Hypothalamo-hypophyseo-adrenomedulläres System) führt.

Die Besonderheiten der Stressreaktion beim Menschen ergeben sich aus der enormen Ausdehnung des assoziativen Kortex und der daraus resultierenden Fähigkeit zur langfristigen Speicherung äußerst komplexer Gedächtnisinhalte, zur Bewertung und Kontrolle von Emotionen und zur Steuerung situationsgerechten Verhaltens. Die Vorerfahrung eines Individuums mit einem bestimmten Stressor, das Ausmaß der subjektiv empfundenen Kontrollierbarkeit eines Stressors und nicht zuletzt psychosoziale Faktoren („social support", „social status") spielen beim Menschen eine entscheidende Rolle für die Art und die Intensität der durch eine psychische Belastung ausgelösten Reaktionen. Bei allen sozial organisierten Säugetieren und insbesondere beim Menschen ist psychosozialer Konflikt die wichtigste und häufigste Ursache für die Aktivierung der Stressreaktion. Besonders empfindlich sind Individuen mit einem unzureichend entwickelten Repertoire an sozialen Verhaltens-(Coping-)Strategien. Rasche, unerwartete Veränderungen des sozialen Rahmens, für den erfolgreiche Coping-Strategien entwickelt wurden, etwa Veränderungen des sozialen Beziehungsgefüges, sind für solche Menschen schwer bewältigbar. Eine weitere häufige Ursache für unkontrollierbaren Stress ist die Unerreichbarkeit von vorgestellten Zielen und die Unerfüllbarkeit von als zwingend empfundenen Bedürfnissen und Wünschen innerhalb des gegebenen soziokulturellen Kontexts. Ebenso wie ein Defizit an relevanter Information die Ursache für inadäquates Verhalten und damit psychosozialen Stress darstellt, kann auch ein Informationsüberschuss zu Handlungsunfähigkeit und damit einhergehenden unkontrollierbaren Stressbelastungen führen, weil es nicht gelingt, die vorhandenen Informationen hinsichtlich ihrer aktuellen Relevanz zu klassifizieren.

4 Verankerung von Erfahrungen bei der Bewältigung von Herausforderungen

Die Reaktion auf eine neue Herausforderung beginnt, wie jede Reaktion auf eine Störung des bisherigen Aktivierungsmusters im Gehirn, mit einer unspezifischen Aktivierung kortikaler und limbischer Hirnstrukturen, die zur Stimulation des zentralen und peripheren noradrenergen Systems führt („arousal"). Sobald im Zuge dieser unspezifischen Aktivierung eine Möglichkeit zur Lösung der betreffenden Anforderung gefunden wird, kommt es mit der Aktivierung der an dieser Verhaltensreaktion beteiligten neuronalen Verschaltungen zum Erlöschen der initialen unspezifischen Aktivierung. Vor allem die verstärkte Ausschüttung von Noradrenalin in den initial aktivierten cortikalen und limbischen Hirnregionen führt zu einer ganzen Reihe von funktionellen und metabolischen Veränderungen in Nerven- und Gliazellen, die direkt oder indirekt dazu beitragen, dass es zu einer Stabilisierung und einer Verbesserung der Effizienz der in die Antwort involvierten neuronalen Verschaltungen kommt. Wiederholt auftretende, kontrollierbare psychosoziale Belastungen (oder besser: Herausforderungen) führen so zu einer sukzessiven Stabilisierung, Bahnung und verbesserten Effizienz der in die Antwort involvierten neuronalen Netzwerke und Verschaltungen. Sehr komplexe, verschiedenartige und vielseitig kontrollierbare Belastungen sind offenbar notwendig, um die individuellen genetischen Möglichkeiten zur Strukturierung eines entsprechend komplexen Gehirns nutzen zu können.

Wenn eine Belastung auftritt, für die eine Person keine Möglichkeit einer Lösung durch ihr eigenes Handeln sieht, an der sie mit all ihren bisher erworbenen Reaktionen und Strategien scheitert, so kommt es zu einer so genannten „unkontrollierbaren Stressreaktion". Sie ist durch eine lang anhaltende Aktivierung cortikaler und limbischer Strukturen sowie des zentralen und peripheren noradrenergen Systems gekennzeichnet, die sich wechselseitig so weit aufschaukelt, dass es schließlich auch zur Aktivierung des HPA-Systems mit einer massiven und lang anhaltenden Stimulation der Cortisolausschüttung durch die Nebennierenrinde kommt. Solche unkontrollierbaren Belastungen haben andere, weitreichendere Konsequenzen auf die im Gehirn angelegten Verschaltungen als die soeben beschriebenen kontrollierbaren Stressreaktionen. Beobachtungen an Versuchstieren deuten darauf hin, dass vor allem die aus unkontrollierbaren Belastungen resultierenden massiven und langanhaltenden Erhöhungen der Glucocorticoid-Spiegel zur Destabilisierung der bereits angelegten synaptischen Verbindungen und neuronalen Netzwerke führt. Im Zuge unkontrollierbarer Belastungen wird die Noradrenalinausschüttung vermindert, der cerebrale Energieumsatz gehemmt und die Bildung neurotropher Faktoren unterdrückt. Halten derartige Belastungen länger an, so kann es sogar zur Degeneration noradrenerger Axone im Kortex und zum Absterben von Pyramidenzellen im Hippokampus kommen. Verhaltensbiologische Untersuchungen zeigen in diesem Zusammenhang einen sehr interessanten Effekt: Hohe Spiegel von Glucokortikoiden, wie sie physiologischerweise bei unkontrollierbarem Stress erreicht werden, fördern die Auslöschung von erlernten Verhaltensreaktionen und führen zur Elimination vor allem solcher Verhaltensweisen, die für eine erfolgreiche Beendigung des Stress-Reaktionsprozesses ungeeignet sind.

Die Aneignung neuer Bewertungs- und Bewältigungsstrategien, grundlegende Veränderungen im Denken, Fühlen und Handeln werden durch die vorangehende Destabilisierung und Auslöschung unbrauchbar gewordener Muster erst ermöglicht. Es ist in diesem Zusammenhang bezeichnend, dass vor allem Umbruchphasen wie die Pubertät, die zu psychosozialen Neuorientierungen zwingen, besonders häufig mit lang anhaltenden, unkontrollierbaren psychischen Belastungen einhergehen. Damit tragen beide Arten von Stressreaktionen, also die kontrollierbaren Herausforderungen wie auch die unkontrollierbaren Belastungen, in jeweils spezifischer Art und Weise zur Strukturierung des Gehirns bei, d. h. zur Selbstorganisation neuronaler Verschaltungsmuster im Rahmen der jeweils vorgefundenen äußeren, psychosozialen Bedingungen bei: Herausforderungen stimulieren die Spezialisierung und verbessern die Effizienz bereits bestehender Verschaltungen. Sie sind damit wesentlich an der Weiterentwicklung und Ausprägung bestimmter Persönlichkeitsmerkmale beteiligt. Schwere, unkontrollierbare Belastungen ermöglichen durch die Destabilisierung einmal entwickelter, aber unbrauchbar gewordener Verschaltungen die Neuorientierung und Reorganisation von bisherigen Verhaltensmustern.

5 Herausformung und Bedeutung innerer Haltungen als Grundlage der Bewertung und der Reaktion auf Belastungen

Kinder kommen bereits mit deutlich mehr vorgeburtlich gemachten und in ihrem Hirn verankerten Erfahrungen zur Welt als bisher angenommen. Diese pränatal gemachten Erfahrungen bilden das Fundament für alle weiteren Lernerfahrungen. Und diese Erfahrungen machen Kinder, indem sie sich zu dem, was sie erfahren und was es in der Welt zu entdecken gibt, in Beziehung setzen. Genau wie wir als Erwachsene, müssen auch Kinder versuchen, jede neue Wahrnehmung und jede neue Erfahrung an etwas anzuknüpfen, was bereits da ist, was sie schon wissen und können, was ihnen also bereits irgendwie vertraut ist. Und wie bei uns Erwachsenen ist auch die Bereitschaft von Kindern, sich auf etwas Neues einzulassen, etwas Neues anzuprobieren um so größer, je sicherer sie sind und je größer das Vertrauen ist, mit dem sie sich in die Welt hineinwagen. Jede Art von Verunsicherung, von Angst und Druck erzeugt in ihrem Gehirn eine sich ausbreitende Unruhe und Erregung. Unter diesen Bedingungen können die dort über die Sinneskanäle eintreffenden Wahrnehmungsmuster nicht mit den bereits abgespeicherten Erinnerungen abgeglichen werden. Es kann so nichts Neues hinzugelernt und im Gehirn verankert werden. Oft wird die Erregung und damit einhergehende Durcheinander im Kopf sogar so groß, dass auch bereits Erlerntes nicht mehr erinnert und genutzt werden kann. Das einzige was dann noch funktioniert, sind ältere, sehr früh entwickelte und sehr fest eingefahrene Denk- und Verhaltensmuster. Das Kind fällt dann zurück in solche Verhaltensweisen, die immer dann aktiviert werden, wenn es anders nicht mehr weiter geht: Angriff (Schreien, Schlagen), Verteidigung (nichts mehr hören, sehen, wahrnehmen wollen, stur bleiben, Verbündete suchen) oder Rückzug (Unterwerfung, Verkriechen, Kontaktabbruch). Jedes Kind verliert so seine Offenheit, seine Neugier und sein Vertrauen – und damit die Fähigkeit, sich auf Neues einzulassen. Dieser Zustand ist für Kinder genau so schwer auszuhalten wie für Erwachsene. Sie fühlen sich ebenso ohnmächtig und beschämt und reagieren mit Wut, Zorn oder gar mit Resignation auf die erlebte Enttäuschung.

Die Gefahr, dass Kinder in solche Situationen geraten, lässt sich nur dadurch abwenden, indem ihnen Gelegenheit geboten wird, genau das wieder zu finden, was sie mehr als alles andere brauchen, um sich mit anderen Menschen und dem, was sie in der Welt erleben, in Beziehung zu setzen: Vertrauen. Nichts ist in der Lage, das Durcheinander im Kopf besser aufzulösen, und die zum Lernen erforderliche Offenheit und innere Ruhe wieder herzustellen, als dieses Gefühl von Vertrauen. Deshalb suchen alle Kinder enge Beziehungen zu Menschen, die ihnen Sicherheit bieten und ihnen bei der Lösung von Problemen behilflich sind, die ihnen nicht nur sagen, sondern selbst vorleben, worauf es im Leben ankommt und ihnen auf diese

Weise Orientierung bei der Entdeckung ihrer eigenen Möglichkeiten zur Gestaltung ihres Lebens bieten.

Die eigenen Eltern sind normalerweise diejenigen Personen, denen Kinder, wenn sie auf die Welt kommen, zunächst vorbehaltlos vertrauen. Wenn sich das Baby von ihnen verstanden fühlt und seine Bedürfnisse nach Nahrung, Wärme, Zärtlichkeit und Anregungen erfüllt werden, fühlt es sich in ihrer Gegenwart geschützt und geborgen. Diese Sicherheit bietende Bindungsbeziehung ist die Voraussetzung dafür, dass ein Kind bereits im ersten Lebensjahr so viel Neues aufnehmen, Neues ausprobieren, und die dabei gemachten Erfahrungen in seinem Hirn fest verankern kann. Die so entstandenen komplizierten Muster von Nervenzellverschaltungen ermöglichen es ihm, zunehmend komplizierte Bewegungen zu steuern, erste Zusammenhänge und Regeln zu erkennen und daraus eigene logische Schlüsse zu ziehen und entsprechend zu handeln. Damit diese anfangs noch sehr lockeren Verschaltungsmuster gefestigt werden können, brauchen Kinder viel Ruhe und Zeit zum aufmerksamen Beobachten und zum intensiven Üben und Ausprobieren. Kinder lernen am besten, wenn sie den Lernstoff selbst bestimmen können. Sie sind geborene Entdecker und genießen es, ihre Neugier auszuleben. Wer keine Fehler macht, kann auch nichts hinzulernen. Deshalb erschließen auch schon Kinder die Welt durch Versuch und Irrtum – und je häufiger sie die Erfahrung machen, dass sie bereits allein in der Lage sind, ein Problem zu lösen, desto stärker wächst ihr Selbstvertrauen, ihr Mut und ihre Sicherheit. Wenn sich dann noch jemand mit ihnen gemeinsam über jede gelungene Lösung freut, wächst auch ihr Vertrauen, dass sie selbst in der Lage sind, einen anderen Menschen glücklich zu machen. Soziale Resonanz nennen die Hirnforscher dieses Phänomen der wechselseitigen Verstärkung von Gefühlen, das dazu führt, dass der Funke der Begeisterung überspringt.

Vertrauen ist das Fundament, auf dem alle unsere Entwicklungs-, Bildungs- und Sozialisierungsprozesse aufgebaut werden und das ein Kind auch später, wenn es erwachsen wird mehr als alles andere braucht, um sich der Welt und anderen Menschen offen, ohne Angst und Verunsicherung zuwenden und auch schwierige Situationen meistern zu können. Dieses Vertrauen muss während der Kindheit auf drei Ebenen entwickelt werden,

1. als Vertrauen in die eigenen Möglichkeiten, Fähigkeiten und Fertigkeiten zur Bewältigungen von Problemen,
2. als Vertrauen in die Lösbarkeit schwieriger Situationen gemeinsam mit anderen Menschen und
3. als Vertrauen in die Sinnhaftigkeit der Welt und ihr Geborgen- und Gehaltensein in der Welt.

Eltern, die selbst verunsichert sind oder ständig verunsichert werden, bieten die schlechtesten Voraussetzungen dafür, dass dieses Vertrauen wachsen kann.

Die Ausbildung sicherer Bindungsbeziehungen ist die erste und wichtigste Voraussetzung dafür, dass auch die weiteren Schritte eines langen und komplizierten Sozialisationsprozesses gelingen können. Im Verlauf dieses Prozesses lernt jedes Kind, sein Gehirn auf eine bestimmte Weise zu benutzen, indem es dazu angehalten, ermutigt oder auch gezwungen wird, bestimmte Fähigkeiten und Fertigkeiten stärker zu entwickeln als andere, auf bestimmte Dinge stärker zu achten als auf andere, bestimmte Gefühle eher zuzulassen als andere, also sein Gehirn allmählich so zu benutzen und zu entwickeln, dass es sich damit in der Gemeinschaft in die es hineinwächst zurechtfindet. Damit es Kindern gelingt, sich im heutigem Wirrwarr von Anforderungen, Angeboten und Erwartungen zurechtzufinden, brauchen sie Orientierungshilfen, also äußere Vorbilder und innere Leitbilder, die ihnen Halt bieten und an denen sie ihre Entscheidungen ausrichten. Nur unter dem einfühlsamen Schutz und der kompetenten Anleitung durch erwachsene „Vorbilder" können Kinder vielfältige Gestaltungsangebote auch kreativ nutzen und dabei ihre eigenen Fähigkeiten und Möglichkeiten erkennen und weiterentwickeln. Nur so kann im Frontalhirn ein eigenes, inneres Bild von Selbstwirksamkeit stabilisiert und für die Selbstmotivation in allen nachfolgenden Lernprozessen genutzt werden. Die Herausbildung komplexer Verschaltungen im kindlichen Gehirn kann nicht gelingen,

- *wenn Kinder in einer Welt aufwachsen, in der die Aneignung von Wissen und Bildung keinen Wert besitzt (Spaßgesellschaft),*
- *wenn Kinder keine Gelegenheit bekommen, sich aktiv an der Gestaltung der Welt zu beteiligen (passiver Medienkonsum),*
- *wenn Kinder keine Freiräume mehr finden, um ihre eigene Kreativität spielerisch zu entdecken (Funktionalisierung),*
- *wenn Kinder mit Reizen überflutet, verunsichert und verängstigt werden (Überforderung),*
- *wenn Kinder daran gehindert werden, eigene Erfahrungen bei der Bewältigung von Schwierigkeiten und Problemen zu machen (Verwöhnung),*
- *wenn Kinder keine Anregungen erfahren und mit ihren spezifischen Bedürfnissen und Wünschen nicht wahrgenommen werden (Vernachlässigung).*

Das gemeinsame Merkmal all dieser ungünstigen Rahmenbedingungen für die kindliche Hirnentwicklung ist der Mangel an lebenswirklichen Problemen und Herausforderungen, die Kinder aus eigener Anstrengung bewältigen können, so dass sie entsprechende Erfahrungen machen, die ihr Selbstbild und ihre Beziehungsfähigkeit stärken.

Die Entscheidung, wann eine Belastung kontrollierbar bleibt und ab wann sie unkontrollierbar zu werden beginnt, trifft jedes Kind, auch jeder Erwachsene, für sich allein, und zwar auf der Grundlage seiner bisher gemachten Erfahrungen. Diese individuellen Erfahrungen sind entscheidend dafür, wie ein Problem bewertet und mit welchen Strategien die Wiederherstellung des emotionalen Gleichgewichtes angestrebt wird.

Schon in frühesten Jahren erkunden diejenigen Kinder, die eine sichere Bindung zu mindestens einer erwachsenen Bezugsperson aufgebaut haben, deutlich mehr ihre neue, fremde Umwelt, sind mutiger, weltoffener und neugieriger, als diejenigen Kinder, die eine unsichere Bindung aufweisen. Das bedeutet, dass eine sichere Bindung die entscheidende Basis dafür ist, sich auf die Belastungen und Risiken neuer Situationen einzulassen und sich mit diesen aktiv auseinander zu setzen. Sie ist gewissermaßen das erste und wichtigste Fundament, auf dem ein Mensch lernen kann, auf seinen eigenen Füßen zu stehen, eigene Erfahrungen zu machen und sich in der Welt zurechtzufinden. Um die genetischen Potenzen zur Ausbildung eines komplexen, vielfach vernetzten und zeitlebens lernfähigen menschlichen Gehirns entfalten zu können, brauchen Kinder sichere emotionale Beziehungen und vielfältige, unterschiedliche Herausforderungen und Anregungen. Nur so können sie sich selbst erproben und eigene Kompetenzen entwickeln. Nur wer diese Grunderfahrungen von emotionaler Geborgenheit und eigener Kompetenz machen konnte, ist später in der Lage, auch eine eigene Vorstellung von sich selbst zu entwickeln, zu lernen über seine Stellung und seine Rolle in der Welt nachzudenken, und dabei seine eigenen Möglichkeiten zur Erschließung und Gestaltung dieser Welt zu entdecken. Diese Vorstellungen sind innere Bilder, die einem Menschen Halt und Sicherheit bieten und an denen er sich im Verlauf seiner weiteren Entwicklung orientiert. Sie sind im Lauf der eigenen Entwicklung gewachsene und immer neu bestätigt gefundene innere Überzeugungen, aus denen ein Mensch in schwierigen Situationen das schöpfen kann, was er dringender braucht als alles andere, um immer wieder neuen Mut für einen neuen Anfang zu finden.

Aus sich selbst heraus kann ein Kind diese Haltungen ebenso wenig entwickeln wie die Fähigkeit, sich in einer bestimmten Sprache auszudrücken. Es braucht dazu andere Menschen, die diese Haltungen zum Ausdruck bringen. Und, was noch viel wichtiger ist, es muss mit diesen Menschen in einer engen emotionalen Beziehung stehen. Sie müssen ihm wichtig sein, und zwar so, wie sie sind, mit allem, was sie können und wissen, auch mit dem, was sie nicht wissen und nicht können. Es muss sie mögen, nicht weil sie besonders hübsch, besonders schlau oder besonders reich sind, sondern weil sie so sind, wie sie sind. Kinder können einen anderen Menschen so offen, so vorbehaltlos und so um seiner selbst willen lieben. Sie übernehmen deshalb auch die Haltungen und die Sprache der Menschen, die sie lieben am leichtesten.

Daniel Stern hat solche Momente einer Beziehung, in der ein Kind, auch noch ein Erwachsener in seinem Innersten berührt wird, „now moments" genannt. Es handelt sich dabei um seltene, nicht gezielt herbeiführbare, meist in einer liebevollen Beziehung zugelassene Momente, in denen der betreffende Mensch eine tief greifende Erfahrung macht. Indem er sich für sich selbst öffnet, erfährt er, dass er in Verbindung zu etwas in ihm kommt, was ihn stärkt. Meist handelt es sich dabei um sehr frühe Erfahrungen des Verbundenseins und des Über-sich-hinauswachsen-Könnens. Die damit einhergehende Empfindung erfasst den ganzen Menschen. Sie breitet sich bezeichnenderweise nicht nur im Gehirn, sondern im ganzen Körper – und auch in den Beziehungen nach außen, also auch zu anderen Menschen – aus und es kann sich dann all das zurückbilden, was sich bei den betreffenden Menschen bisher als Folge des verlorenen Zuganges zu, und der Abtrennung von seinen eigenen Ressourcen herausgebildet hatte: Die Einengungen seiner Beziehungsfähigkeit, die Rigidität seiner körperlichen Regelmechanismen, die maladaptiven Verschaltungsmuster in seinem Gehirn und damit auch die Ressourcen-schwächenden Muster, die sein bisheriges Fühlen, Denken und Handeln bestimmt hatten. Was dann möglich wird, ist Wachstum. Und das unterscheidet sich in fast jeder Hinsicht von dem, was wir Entwicklung nennen.

Literatur

Hüther, G. (1996): The central adaptation syndrome: Psychosocial stress as a trigger for adaptive modifications of brain structure and brain function. Progress in Neurobiology 48, 569–612
– (1997): Biologie der Angst. Vandenhoeck & Ruprecht, Göttingen
– (1998): Stress and the adaptive self-organization of neuronal connectivity during early childhood. International Journal of Developmental Neuroscience 16, 297–306
– (1999): Die Evolution der Liebe. Vandenhoeck & Ruprecht, Göttingen
– (2001): Bedienungsanleitung für ein menschliches Gehirn. Vandenhoeck & Ruprecht, Göttingen
– (2004): Die Macht der inneren Bilder. Vandenhoeck & Ruprecht, Göttingen
–, Adler, L., Rüther, E. (1999): Die neurobiologische Verankerung psychosozialer Erfahrungen. Zeitschrift für Psychosomatische Medizin 45, 2–17
–, Bonney, H. (2002): Neues vom Zappelphilipp. Walter Verlag, Düsseldorf
–, Krens, I. (2005): Das Geheimnis der ersten neun Monate. Walter Verlag, Düsseldorf
Gebauer, K., Hüther, G. (2001): Kinder brauchen Wurzeln. Walter Verlag, Düsseldorf
–, Hüther, G. (2002): Kinder suchen Orientierung. Walter Verlag, Düsseldorf
–, Hüther, G. (2003): Kinder brauchen Spielräume. Walter Verlag, Düsseldorf
–, Hüther, G. (2004): Kinder brauchen Vertrauen. Patmos Verlag, Düsseldorf
Nitsch, C., Hüther, G. (2004): Kinder gezielt fördern. Gräfe & Unzer, München

Von generellen Schutzfaktoren zu spezifischen protektiven Prozessen: Konzeptuelle Grundlagen und Ergebnisse der Resilienzforschung

von Friedrich Lösel und Doris Bender

Die Forschung zur Resilienz ist heute einer der wichtigsten Zweige der Entwicklungspsychopathologie (vgl. Cicchetti 2003). Gefragt wird zum Beispiel, warum sich manche Personen trotz hoher Risiken psychisch gesund entwickeln, warum sie kritische Lebensereignisse relativ gut bewältigen oder warum sie Traumata rascher und besser verarbeiten als andere. Die Ergebnisse hierzu haben eine erstaunliche Flexibilität der menschlichen Entwicklung gezeigt und das Verständnis sowohl für die normale als auch die psychopathologische Entwicklung vermehrt. So können verschiedene Bedingungen zu denselben Erlebens- und Verhaltensproblemen führen (Equifinalität) und bestimmte Bedingungen unterschiedliche Entwicklungsergebnisse haben (Multifinalität; vgl. Cicchetti/Rogosch 1996). Darüber hinaus hat die Beachtung protektiver Faktoren und Prozesse eine echte Erweiterung der traditionellen Risikoforschung erbracht (Rutter 1985).

Die systematische Forschung zu Resilienz und protektiven Faktoren ging Ende der siebziger Jahre von Nordamerika und Großbritannien aus (vgl. Garmezy 1981; Rutter 1979; Werner/Smith 1982) und etablierte sich Ende der achtziger Jahre auch in Deutschland (z. B. Lösel et al. 1989). In den ersten beiden Jahrzehnten der Forschung lag der Schwerpunkt auf relativ allgemeinen protektiven Faktoren für eine psychisch gesunde Entwicklung. Eine Schutzfunktion gegen verschiedene Störungen zeigten z. B. folgende Merkmale (Bender/Lösel 1998; Lösel/Bliesener 1990):

1. *Eine stabile emotionale Beziehung zu mindestens einem Elternteil oder einer anderen Bezugsperson;*
2. *ein emotional positives, unterstützendes und Struktur gebendes Erziehungsklima;*
3. *Rollenvorbilder für ein konstruktives Bewältigungsverhalten bei Belastungen;*
4. *soziale Unterstützung durch Personen außerhalb der Familie;*
5. *dosierte soziale Verantwortlichkeiten;*
6. *Temperamentsmerkmale wie Flexibilität und Annäherungstendenz;*
7. *kognitive Kompetenzen wie z. B. eine zumindest durchschnittliche Intelligenz;*
8. *Erfahrungen der Selbstwirksamkeit und ein positives Selbstkonzept;*
9. *ein aktives und nicht nur reaktives oder vermeidendes Bewältigungsverhalten bei Belastungen und*
10. *Erfahrungen der Sinnhaftigkeit und Struktur in der eigenen Entwicklung.*

Diese und andere potentielle Schutzfaktoren überprüften wir in einer Untersuchung mit einer Hochrisikogruppe von Jugendlichen aus 27 Heimen der Wohlfahrtspflege (z. B. Bender et al. 1996; Bliesener/Lösel 1992; Lösel 1994a; Lösel/Bliesener 1990, 1994; Lösel et al. 1989, 1990, 1992). Wir folgten dabei dem Moderatorkonzept protektiver Faktoren von Rutter (1985) und verglichen zwei Gruppen, die jeweils ein hohes Risiko für Erlebens- und Verhaltensprobleme aufwiesen. Im einen Fall entwickelten diese aggressives, delinquentes sowie teilweise auch internalisierendes Problemverhalten (Deviante), im andern Fall blieben sie psychosozial relativ gesund (Resiliente). Protektive Faktoren sagen diese Entwicklungsunterschiede voraus bzw. moderieren den Zusammenhang zwischen Risiko und Verhaltensproblemen. Die beiden Gruppen wurden auf der Basis von Fallkonferenzen, einem Risikoindex aus 70 Items, Erziehereinschätzungen und Selbstberichten gebildet. Sie hatten im Risikoindex ähnlich hohe Werte, die im Durchschnitt etwa beim 90. Perzentil einer Normalstichprobe von Schülern lagen. Bei unserer Risikodiagnose erfassten wir neben objektiven Faktoren (z. B. Scheidung der Eltern, Arbeitslosigkeit, schlechte Wohnverhältnisse) auch subjektive Belastungen (z. B. erlebte Elternkonflikte, Vernachlässigung, Alkoholprobleme und finanzielle Schwierigkeiten), wobei der subjektive Risikoindex erwartungsgemäß stärker mit den berichteten Verhaltensproblemen korrelierte. Dieser Zusammenhang war am höchsten bei den Devianten, mittelstark in einer Normalgruppe und sehr gering bei den Resilienten. Dies war ein deutlicher Hinweis auf Puffereffekte bei den letzteren.

Obwohl wir mit Heimzöglingen eine Hochrisikogruppe untersuchten, konnten wir auch noch nach zwei Jahren eine Reihe von protektiven Effekten feststellen. Stabil resiliente Jugendliche zeigten ein flexibleres und weniger impulsives Temperament, hatten eine realistischere Zukunftsperspektive, waren in ihrem Bewältigungsverhalten aktiver und weniger vermeidend, erlebten sich als weniger hilflos und mehr selbst vertrauend, waren leistungsmotivierter und in der Schule besser als die Jugendlichen mit Verhaltensstörungen. Sie hatten öfter eine feste Bezugsperson außerhalb ihrer hoch belasteten Familien, waren zufriedener mit der erhaltenen sozialen Unterstützung, hatten eine bessere Beziehung zur Schule und erlebten ein harmonischeres und zugleich normorientierteres Erziehungsklima in den Heimen. Etwa zwei Drittel der Jugendlichen blieben über die Zeit hinweg stabil resilient oder deviant. Bei den anderen war vor allem das erlebte Erziehungsklima im Heim dafür bedeutsam, ob sie sich in ihrem Problemverhalten positiv oder negativ veränderten. Günstige Effekte hatte ein autoritatives Klima (Baumrind 1989), das durch Zuwendung/Harmonie und Normorientierung/Kontrolle gekennzeichnet ist.

Wenngleich unsere Studie im mitteleuropäischen Kulturkreis durchgeführt wurde, sich auf das Jugendalter beschränkte und eine Hochrisikogruppe außerhalb des familiären Kontexts betraf, stimmen ihre Ergebnisse gut mit der nach wie vor wichtigsten Langzeitstudie zur Resilienz überein, die Werner und Smith (1982, 1992) an einer Geburtskohorte auf der Hawaii-Insel Kauai durchführten (siehe Werner, in diesem Band). Auch in anderen Untersuchungen wurden diese und ähnliche Schutzfaktoren immer wieder bestätigt (vgl. Masten 2001), zum Beispiel in Studien an Kindern mit psychisch gestörten Eltern, aus Scheidungsfamilien, aus Familien mit einem gravierenden sozialen Abstieg, aus Familien mit Misshandlung und Vernachlässigung, aus Familien mit multiplen Belastungen, aus der Heimerziehung, aus gewalttätigen Nachbarschaften oder aus Kriegsgebieten und Flüchtlingsfamilien (vgl. Bender/Lösel 1998).

Dass sich in solch unterschiedlichen Problemfeldern ein Kernbereich von Merkmalen ergibt, die für die seelisch gesunde Entwicklung von Kindern und Jugendlichen bedeutsam sind, spricht für relativ breit wirksame protektive Faktoren (vgl. Basic Behavioral Science Task Force 1996). Sie können jedoch auch als allgemeine Ressourcen für eine gesunde Entwicklung angesehen werden, da sie teilweise sowohl bei geringem als auch bei hohem Risiko die kompetente Entwicklung von Kindern fördern (Masten/Powell 2003). Ein solches Wissen kann von Bedeutung sein, wenn Ergebnisse der Resilienzforschung in die Praxis übertragen werden, z. B. in die Gesundheitsförderung, Sozialarbeit, Pädagogik oder Familienhilfe in der Dritten Welt (Lösel 1994b; Vanistendael 1995). Gleichzeitig zeigte die weitere Differenzierung der Forschung, dass neben den Gemeinsamkeiten in Ergebnissen auch ihre Unterschiede bedeutsam sind. Diese können vielfältig bedingt sein, z. B. durch das jeweilige Forschungsdesign, die untersuchten Entwicklungsrisiken, die Störungsformen und Kriterien für Resilienz, das Alter und Geschlecht der Stichproben, durch den Untersuchungszeitraum, die Datenquellen, die Auswertungsmethoden, den engeren und weiteren sozialen Kontext oder durch verschiedene bio-psycho-soziale Ebenen. Der Forschungsschwerpunkt hat sich so teilweise von allgemeinen Schutzfaktoren zu spezifischen protektiven Prozessen verlagert. In der vorliegenden Arbeit wird dies an ausgewählten Problemstellungen der neueren Resilienzforschung erläutert. Diese werden an eigenen und anderen Forschungsbeispielen skizziert. Wir erörtern Fragen

1. der zugrunde liegenden Resilienzkriterien,
2. des methodischen Designs,
3. der Kumulation von Faktoren,
4. der Multifinalität von Risiko- und Schutzfaktoren,
5. der Beziehung von Resilienzprozessen zum weiteren sozialen Kontext,
6. der Beziehung zu biologischen Faktoren und
7. von Geschlechtsunterschieden.

Abschließend werden einige Schlussfolgerungen für die weitere Forschung und Praxis gezogen.

1 Kriterien für Resilienz

Die Kriterien für Resilienz sind in der Forschung sehr unterschiedlich. In der pathogenetischen Perspektive definiert man sie als Abwesenheit bestimmter Störungen oder Verhaltensprobleme trotz vorhandener Risiken (z. B. Luthar/Zigler 1991). Diese störungsspezifische Definition ist insofern sinnvoll, als auch die Risikofaktoren und Entwicklungsbedingungen für verschiedene Störungen differieren. „Resiliente" Jugendliche, die keine gravierenden Aggressions- oder Delinquenzprobleme zeigen, können gleichwohl die weniger augenfälligen internalisierenden Störungen wie Angst, Depressivität oder psychosomatische Beschwerden aufweisen. So fand Luthar (1991), dass aus stark belasteten Verhältnissen kommende, aber sozial kompetente Kinder ähnlich hohe Depressions- und Angstwerte aufwiesen wie die Vergleichsgruppe der wenig kompetenten Kinder. Gleichzeitig waren diese Erlebensprobleme deutlich ausgeprägter als die der kompetenten Kinder aus einem weniger belasteten Milieu. Ähnlich fand Farrington (1987), dass Jungen, die trotz Herkunft aus einem kriminogenen Milieu kein delinquentes Verhalten zeigten, Symptome der Nervosität und des sozialen Rückzugs aufwiesen.

Solche Ergebnisse legen nahe, Resilienz nicht an zu engen Kriterien festzumachen. Dafür sprechen auch die zahlreichen Befunde zur Komorbidität von Erlebens- und Verhaltensproblemen (Caron/Rutter 1991). So gehen z. B. nicht selten externalisierende und internalisierende Probleme miteinander einher und weisen teilweise ähnliche ätiologische Konstellationen auf (z. B. Loeber et al. 1998). Allerdings bestehen nicht nur hinsichtlich der Risiken Unterschiede, sondern auch hinsichtlich potentieller Schutzfaktoren und -mechanismen. So hat sich wiederholt gezeigt, dass eine überdurchschnittliche Intelligenz Risiken für antisoziale Entwicklungen abpuffern kann (z. B. Lösel/Bliesener 1994; McCord/Ensminger 1997). Kausale Mechanismen dürften darin liegen, dass intelligente Kinder besser in der Lage sind, zu planen, negative Konsequenzen wahrzunehmen, nicht-aggressive Verhaltensalternativen zu entwickeln und Konflikte verbal zu lösen. Forschungen zur Neuropsychologie (Moffitt 1993a), zur Selbstkontrolle (Gottfredson/Hirschi 1990) und zur sozialen Informationsverarbeitung (z. B. Crick/Dodge 1994) weisen in eine ähnliche Richtung (vgl. Lösel/Bliesener 2003).

Andererseits hat man aber auch in einigen Studien festgestellt, dass Intelligenz eine Risikofunktion für depressive und andere internalisierende Störungen haben kann (z. B. Luthar 1991; nur für Frauen: McCord/Ensminger 1997). Dies lässt sich dadurch erklären, dass intelligente Personen in ihren Umweltwahrnehmungen mehr differenzieren und so möglicherweise sensibler auf Stress reagieren als andere. Eine bei geringem Stress positive Funktion der Intelligenz könnte so bei stärkerer Belastung zu einer mehr internalisierenden Problemverarbeitung und Symptomatik beitragen (Luthar et al. 1992).

Manche Autoren haben vorgeschlagen, Resilienz nicht nur durch die Abwesenheit von Erlebens- und Verhaltensstörungen, sondern durch positive Indikatoren der Kompetenz zu definieren (z. B. Luthar 1991). Hierbei wird die erfolgreiche Bewältigung bestimmter Entwicklungsaufgaben berücksichtigt und damit eine höhere Schwelle der Resilienz vorausgesetzt. Allerdings gibt es für solche Operationalisierungen keine klaren Entwicklungsnormen (Masten/Coatsworth 1995). Wie Kaufman et al. (1994) gezeigt haben, ergeben sich auch unterschiedliche Ergebnisse je nachdem, ob soziale Kompetenz, schulische Leistung oder fehlende klinische Symptome als Resilienzkriterien herangezogen werden (vgl. auch Masten/Powell 2003). Dies zeigt, dass keine Patentlösung für die Definition von Resilienz existiert, sondern diese jeweils auf die Zielsetzung einer Studie abgestimmt werden muss. Dementsprechend dürfen aber Befunde mit sehr engen Resilienzkriterien nicht einfach generalisiert werden.

2 Methodisches Design

In der Resilienzforschung besteht Konsens darüber, dass der Begriff des „protektiven Faktors" eigentlich irreführend ist, wenn nur die positive Ausprägung der jeweiligen Merkmale protektiv wirkt (vgl. Luthar et al. 2000; Luthar/Zelazo 2003). Die negative Ausprägung hat häufig eine Risikofunktion, d. h. sie korreliert mit dem Auftreten einer Störung. Die negative Ausprägung kann sogar eine Vulnerabilitätsfunktion haben, indem sie die Risikofunktion anderer Variablen zusätzlich erhöht (vgl. Rutter 1990). Dieses Problem der „zwei Seiten einer Medaille" besteht nicht nur bei dichotomen Merkmalen, sondern auch bei quantitativen Variablen, insbesondere wenn Merkmalsausprägung und Problemverhalten linear zusammenhängen (Hawkins et al. 1992). Während das Konzept des Schutzeffekts im Moderatorkonzept somit immer auf eine bestimmte Risikokonstellation bezogen ist, widmen sich andere Ansätze explizit der Polarität von Risiko- und Schutzfaktoren.

Zum Beispiel untersuchten Stouthamer-Loeber et al. (1993) in ihrer Pittsburgh Study drei Kohorten von Jungen der 1., 4. und 7. Klassen. Sie teilten die Werteverteilungen potentieller Risiko- und/oder Schutzfaktoren jeweils am 25. und 75. Perzentil separat für die einzelnen Stichproben ein. Genauso gruppierten sie die Jungen nach ihrer Delinquenz. Es ergab sich so eine Kontingenztabelle mit 3 x 3 Zellen. Risiko- und Schutzeffekte wurden durch den jeweiligen Vergleich zwischen vier benachbarten Zellen geprüft. Ein Teil der Merkmale zeigte nur Risikoeffekte (z. B. Aufmerksamkeitsdefizit/Hyperaktivität, positive Einstellung zur Antisozialität, Stress der Eltern, Kriminalität in der Nachbarschaft). Ein anderer Teil wies sowohl Risiko- als auch protektive Effekte auf (z. B. die Zuverlässigkeit der Jungen, ihr Interesse an der Schule, delinquente Freunde, die Beziehung zu den

Eltern und die Kontrolle durch sie). Ausschließliche Schutzeffekte eines Merkmals fanden sich nicht.

Farrington (1994) wandte in seiner Cambridge Study in Delinquent Development ein ähnliches Design prospektiv an. Geprüft wurde, inwieweit Prädiktoren im Alter von 8–10, 12–14, und 16–18 Risiko- und/oder Schutzeffekte hinsichtlich der offiziellen und selbst berichteten Delinquenz im Alter von 10–16, 17–20 und 21–32 Jahren hatten. Die theoretisch plausibelsten und konsistentesten protektiven Effekte hatten das elterliche Interesse an der Schullaufbahn ihrer Kinder, gute Schulleistungen und intellektuelle Fähigkeiten der Jungen sowie ein gewisser sozialer Rückzug und kein Kontakt zu delinquenten Peergruppen. Öfter als bei Stouthamer-Loeber et al. (1993) hatten Variablen am einen Pol einen deutlichen protektiven Effekt, jedoch nur einen schwachen oder keinen signifikanten Risikoeffekt am anderen Pol. Farrington (1994) untersuchte anhand derselben Daten zugleich Interaktionseffekte, indem er die protektive Funktion der positiven Merkmalspole gegenüber verschiedenen Risiken prüfte. Hierbei ließen sich nur sehr wenige protektive Effekte nachweisen. Fergusson und Horwood (2003) untersuchten eine Geburtskohorte in Neuseeland bis ins junge Erwachsenenalter von 21 Jahren (CHD-Studie) und fanden keinen einzigen Moderatoreffekt protektiver Merkmale.

Diese teilweise ähnlichen, teilweise aber unterschiedlichen Ergebnisse weisen darauf hin, dass wir in der Resilienzforschung vermehrt Replikationen und multimethodale Analysen benötigen (vgl. Cicchetti 2003). Interaktionseffekte sind in der Regel schwerer zu sichern, da bei den differenzierten Merkmalskombinationen die Teilstichproben sehr klein werden können. Auch die Art der Operationalisierung spielt eine wichtige Rolle. Bei Farrington (1994) ergaben sich z. B. manche protektiven Effekte nur bei selbst berichteter Delinquenz, andere nur bei offizieller Straffälligkeit. Ähnlich fanden z. B. Lösel und Bliesener (1990) unterschiedliche Effekte je nachdem, ob die Verhaltensprobleme mittels Selbstbericht oder Erzieherurteil erfasst wurden. Werden auch die protektiven Variablen durch Selbstauskunft operationalisiert, sind vor allem bei Querschnitts- oder kurzen Längsschnitterhebungen methodische Konfundierungen möglich. Da Verhaltenseinschätzungen von Eltern, Gleichaltrigen, Lehrern und anderen Experten sowie Selbstberichte zumeist nur mäßig korrelieren (Achenbach et al. 1987; Lösel et al. 2005), sind nach Möglichkeit multiple Settings und multiple Informanten zu berücksichtigen.

3 Kumulation von Faktoren

In vielen Studien zur Resilienz werden protektive Prozesse hinsichtlich einzelner Risiken untersucht (z. B. Scheidung, Armut, psychische Störung oder Kriminalität der Eltern). Die Entwicklungspsychopathologie hat jedoch gezeigt, dass einzelne Risiken zumeist nur niedrig mit Erlebens- und Verhaltensstörungen korrelieren (Fergusson/Horwood 2003; Lösel 1991). Erst mit der Kumulation mehrerer Risiken steigt die Wahrscheinlichkeit von Verhaltensstörungen deutlich an (Hawkins et al. 1998; Lösel/Bliesener 2003). Einzelne Risiken können zwar Marker für komplexere pathogene Prozesse darstellen, dies muss aber nicht der Fall sein. So haben distale Faktoren wie Armut oder Scheidung manchmal nur dann einen klaren Risikoeffekt, wenn dieser durch proximale Faktoren wie Ablehnung, Gleichgültigkeit oder Inkonsistenz in der Kindererziehung vermittelt wird. Besteht zum Beispiel in armen Familien ein harmonisches Klima und günstiges Erziehungsverhalten, so verliert das sozioökonomische Merkmal seine Risikofunktion. Die betreffenden Kinder sind eigentlich nicht resilient, sondern nur einem geringeren Risiko ausgesetzt gewesen als jene, bei der distale und proximale Risiken zusammenkommen (Rutter 1996).

Je mehr Risikofaktoren vorliegen, desto geringer ist die verbleibende Varianz für potentielle Schutzmechanismen. Protektive Effekte lassen sich demnach bei stark kumulierten Risiken am schwersten nachweisen, obwohl sie gerade in diesen Fällen am wichtigsten sind, weil sie höchstwahrscheinlich ungünstige Entwicklungsverläufe zum Positiven beeinflussen. Rutter (1990) und andere betonen, dass ein protektiver Effekt gerade dann vorliegt, wenn bei hohem Risiko die Wahrscheinlichkeit oder der Grad einer Störung vermindert wird, bei geringem Risiko aber kein derartiger Zusammenhang besteht. So fanden Stattin et al. (1997) in einer Längsschnittstudie an schwedischen Wehrpflichtigen, dass Personen, die mehrere soziale Risiken (z.B. Scheidung der Eltern, finanzielle Probleme, väterlicher Alkoholismus) aufwiesen oder kumuliertes Risikoverhalten gezeigt hatten (z.B. Alkoholmissbrauch, Schulschwänzen, Polizeikontakte), besonders häufig straffällig wurden. Verfügten sie jedoch über mehrere personale Ressourcen (z.B. guter Intellekt, emotionale Kontrolle, soziale Reife, Energie), so war ihr Risiko gegenüber denjenigen ohne diese protektiven Faktoren deutlich verringert. Diese Unterschiede waren weit weniger ausgeprägt, wenn nur geringe Risiken vorlagen oder wenn die Männer nur über wenige Ressourcen verfügten. Derartige Befunde zeigen, dass nicht nur die Kumulation von Risikofaktoren, sondern auch die potentieller Schutzfaktoren für Resilienz bedeutsam sind. Je mehr Belastungen und Risiken vorliegen, desto mehr Ressourcen sind auf der protektiven Seite erforderlich. Wir haben mit den Ergebnissen aus unserer eingangs geschilderten Studie ein einfaches Modell kumulativer Risiko- und Schutzfaktoren geprüft (vgl. Lösel et al. 1992).

Insgesamt scheinen die Daten den Modellannahmen zur kumulativen Wirkung von Merkmalen zu entsprechen (vgl. Abb. 1). Allerdings zeigen unsere Befunde, dass protektive Faktoren bereits bei einer geringen Risikobelastung einen kompensatorischen Effekt hatten. Dieser Unterschied zu Stattin et al. (1997) kann darauf zurückzuführen sein, dass unsere Jugendlichen aus einem Multiproblem-Milieu mit allgemein hohem Risiko kamen.

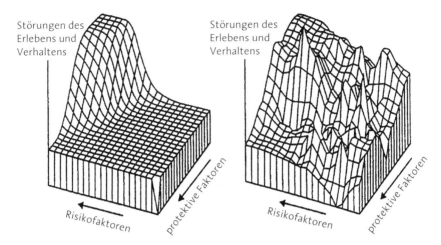

Abb. 1: *Hypothetisches Modell (links) und empirischer Zusammenhang (rechts) zwischen der Ausprägung von Risikofaktoren, protektiven Faktoren und der Wahrscheinlichkeit bzw. Intensität von psychischen Störungen/Gesundheitsproblemen*

Wenngleich die Kumulation von Risiko- und Schutzfaktoren stärkere Effekte bringt, sind die zugrunde liegenden kausalen Prozesse generell schwieriger zu klären, als dies bei einzelnen Konstrukten der Fall ist.

4 Multifinalität von Risiko- und Schutzfaktoren

Zu den wichtigsten Erkenntnissen der neueren Entwicklungspsychopathologie gehört es, dass Risiko- oder Schutzfaktoren ein „Doppelgesicht" haben können. Das heißt, unter bestimmten Umständen kann der ansonsten „günstige" Pol eines Merkmals zu einer Störungsentwicklung beitragen und umgekehrt der „ungünstige" Pol eine protektive Funktion haben. Ein Beispiel hierfür ist das Selbstwerterleben. Junge Menschen, die Selbstvertrauen und ein positives Selbstwertgefühl haben, bewältigen leichter multiple Entwicklungsrisiken (Cowen et al. 1997; Lösel/Bliesener 1994). Sie verarbeiten auch spezifische Belastungen und Traumata besser, zum Beispiel die elterliche Scheidung (Hetherington/Elmore 2003) oder Misshandlungen in der Familie (Cicchetti/Rogosch 1997). Selbst wenn nur wenig soziale Schutzfaktoren vorhanden sind, scheinen Selbstvertrauen und Selbstwerterleben ein konstruktives Bewältigungsverhalten zu fördern, das im Sinne der Selbstorganisation zur Resilienz beiträgt (Cicchetti/Rogosch 1997; Cowen et al. 1997). Auf Grund dieser und anderer Ergebnisse hält die Basic Behavioral Science Task Force (1996) ein positives Selbstkonzept für einen zentralen Schutzfaktor gegenüber vielfältigen Stressoren und Entwicklungsrisiken.

Diese Funktion ist allerdings weniger klar, wenn man Probleme der Aggressivität und Dissozialität betrachtet. Auch gegen solche Verhaltensstörungen kann ein gutes Selbstvertrauen protektiv wirken (Farrington 1994; Werner/Smith 1992). Ein besonders ausgeprägtes bzw. unrealistisch überhöhtes Selbstwerterleben scheint jedoch hier ein Risiko darzustellen (vgl. Baumeister et al. 1996; Wyman 2003). Nach Hughes et al. (1997) haben aggressive Kinder bereits im Alter von 7 Jahren stärker idealisierende und überhöhte Selbstbeurteilungen hinsichtlich ihrer Kompetenz oder ihrer sozialen Beziehungen als nicht-aggressive Kinder. Dies mag teilweise eine fragile Abwehrtendenz sein. Ein überhöhtes Selbstbild kann jedoch zur Folge haben, dass Individuen andere abwerten und sich nicht angemessen behandelt fühlen. Diese Informationsverarbeitungsprozesse tragen wiederum zum eigenen aggressiven Verhalten bei und verfestigen sich durch die verzerrte subjektive Erfahrung (Crick/Dodge 1994; Lösel/Bliesener 2003). Besonders deutlich wird dies bei so genannten soziopathischen Persönlichkeiten, deren grandioses Selbstwerterleben und andere egozentrische Kognitionen mit manipulativem, aggressivem und uneinfühlsamem Verhalten sowie einer geringen Motivation und Fähigkeit zur Änderung einhergehen (vgl. Lösel 1998). Die günstige oder ungünstige Funktion eines Faktors kann somit eine Frage der Dosierung sein.

Multifinalität kann auch bei der Wirkung sozialer Ressourcen vorliegen. So ist zwar meistens davon auszugehen, dass ein befriedigendes soziales Netzwerk und Unterstützung durch Angehörige und Freunde Entwicklungsrisiken und Belastungen abpuffern (z. B. Werner/Smith 1992). In unserer Studie an Jugendlichen aus einem Multiproblem-Milieu hat sich aber auch gezeigt, dass sich die protektive Funktion der sozialen Unterstützung ins Gegenteil verkehren kann (Bender/Lösel 1997). Bei jenen Jugendlichen, die zum ersten Erhebungszeitpunkt mit der erfahrenen Unterstützung zufrieden waren, blieb das Ausmaß der externalisierenden Verhaltensprobleme relativ stabil. Das heißt, zufriedene Jugendliche mit geringen Verhaltensproblemen waren weiterhin unauffällig, und die zufriedenen dissozialen Jugendlichen behielten ihr Problemverhalten bei. Dagegen trug ein als unbefriedigend erlebtes soziales Netzwerk bei den wenig gestörten Jugendlichen zu einer Verstärkung von Problemen bei und bei den auffälligen zu einer Abschwächung. In diesen Fällen sind die negativen Einflüsse des sozialen Netzwerks wahrscheinlich darauf zurückzuführen, dass dissoziale Jugendliche sich eher gleich gesinnten Peergruppen anschließen und diese wiederum das eigene Problemverhalten verstärken (Tremblay et al. 1995). Negative Einflüsse sozialer Unterstützung sind auch in anderen Problemfeldern beobachtet worden (Baumann et al. 1998).

5 Beziehungen zum weiteren sozialen Kontext

Der Großteil der Forschung zur Resilienz beschäftigt sich mit individuellen und mikrosozialen Faktoren, die Einflüsse der Gemeinde oder der makrosozialen Ebene sind dagegen weit weniger untersucht (Boyce et al. 1998; Cicchetti/Aber 1998). Die Konzentration von ökonomisch deprivierten Familien, eine geringe nachbarschaftliche Bindung oder gehäufte Gewalt in der Umgebung können aber durchaus zu Verhaltensproblemen beitragen (vgl. Gorman-Smith/Tolan 1998; Hawkins et al. 1998). Die Forschung auf diesem Gebiet ist allerdings mit Problemen konfrontiert:

1. *In vielen entwicklungspsychopathologischen Studien leben die Stichproben in ähnlichen Nachbarschaften, wodurch sich nur wenig ökologische Varianz ergibt.*
2. *Dort, wo genügend ökologische Unterschiede bestehen, sind Merkmale des Individuums und der Familie teilweise stark konfundiert.*
3. *Zusammenhänge auf der Gemeinde- bzw. Aggregatebene müssen nicht jenen auf der individuellen Ebene entsprechen.*
4. *Menschen sind nicht nur passives Objekt von Einflüssen des sozialen Kontexts, sondern sie wählen auch ihre Umgebung aus und wirken aktiv auf sie ein. Zum Beispiel sind misshandelnde Eltern weniger an einer nachbarschaftlichen Integration interessiert, wechseln häufiger die Wohnung als fürsorgliche Eltern und beschreiben ihr Umfeld als weniger unterstützend als andere Familien in diesem Gebiet (vgl. Bender/Lösel 2005a, b).*

Der weitere soziale Kontext scheint sowohl direkte als auch indirekte Einflüsse zu haben. Zum Beispiel beobachteten Gorman-Smith und Tolan (1998) einen Haupteffekt des Ausmaßes der Gewalt in den untersuchten Gemeinden auf die Aggressivität von Jugendlichen. Die wahrgenommene Familienstruktur stand mit der nachbarschaftlichen Gewalt in Wechselwirkung, nicht aber die Kohäsion, Einstellungen und Erziehungsmuster in der Familie. Dagegen stellten Richters und Martinez (1993) fest, dass die Gewalt in der Gemeinde nur dann einen Effekt auf die Fehlanpassung von Kindern hatte, wenn sie mit Instabilität und Unsicherheit in den jeweiligen Familien einherging. Lynch und Cicchetti (1998) fanden, dass die Gewalt in der Umgebung mit der Misshandlung in der Familie bei der Entwicklung kindlicher Verhaltensstörungen zusammenwirkte. Eine günstige Wohnumgebung hatte keine Schutzfunktion. Die Familie kann aber eine solche Funktion in einer deprivierten und gewalttätigen Nachbarschaft haben, indem sich manche Eltern und Jugendliche stärker vom Umfeld abgrenzen (Seidman et al. 1998).

Da Gemeindefaktoren in unterschiedlicher Weise wirksam werden können, haben Kupersmidt et al. (1995) simultan Risiko-, Schutz- und andere Effekte untersucht. Geprüft wurde der Einfluss der Risikofaktoren Ethnizität, Einkommen und Familienstruktur auf die Aggression und die Peer-Beziehungen von Kindern. Anhand der Aggregatdaten von Stadtvierteln unterschieden sie zwei Cluster von Nachbarschaften: Mittelklasseviertel, in denen hauptsächlich weiße Bürger mit höherem Einkommen und Bildungsniveau lebten, und Unterschichtviertel mit vielen Alleinerziehenden, Sozialhilfeempfängern und niedrigen Schulabschlüssen. Auf der Ebene der Individualdaten wurden die Familien je nach Einkommen, ethnischer Zugehörigkeit und Familienstruktur in 8 Typen gruppiert. Es zeigte sich kein Haupteffekt des Nachbarschaftstypus auf das aggressive Verhalten und die Peer-Beziehungen der Kinder. Dagegen bestanden Interaktionen zwischen Familien- und Nachbarschaftstypus. So hatte z. B. eine Mittelschichtumgebung einen protektiven Effekt hinsichtlich des aggressiven Verhaltens von Kindern aus schwarzen Unterschichtfamilien mit alleinerziehendem Elternteil. In Mittelschichtnachbarschaften wurden Kinder aus weißen Unterschichtfamilien mit alleinerziehenden Elternteilen öfter von Gleichaltrigen zurückgewiesen, und Kinder aus weißen Mittelschichtfamilien mit beiden Elternteilen hatten mehr Spielkameraden als Kinder aus Unterschichtfamilien. Derartige Ergebnisse zeigen, dass bestimmte Nachbarschaften in mancher Hinsicht protektiv und in anderer Hinsicht als Risiko wirken können. Es deutet sich auch an, dass eine besonders deprivierte Wohnumgebung eher bei solchen Jugendlichen zur Entwicklung von Verhaltensproblemen beiträgt, die aus relativ intakten Familien stammen und in der Kindheit noch wenig auffällig waren (Wikström/Loeber 2000).

6 Beziehungen zu biologischen Prozessen

Die Resilienzforschung verneint zwar eine angeborene Invulnerabilität (Rutter 1985), nimmt jedoch ein enges Zusammenspiel biologischer, psychologischer und sozialer Risiko- und Schutzmechanismen an. Nur wenige Studien haben bislang biologische und genetische Variablen als protektive Faktoren einbezogen (Cicchetti 2003). Die meisten Studien befassen sich indirekt mit der biologischen Ebene, indem man Merkmale mit relativ hoher Heritabilität wie die Intelligenz oder das Temperament untersucht. Auf die potentielle Schutzfunktion kognitiver Fähigkeiten wurde oben bereits eingegangen. Ähnliche protektive Effekte scheint auch ein einfaches Temperament zu haben. Solche Kinder zeigen feste Rhythmen in den Körperfunktionen, sind gegenüber neuen Situationen flexibel und annäherungsbereit, emotional ausgeglichen und soziabel (vgl. Chess/Thomas 1985). Kinder mit schwierigem Temperament haben dagegen nicht nur genetisch mitbedingt ungünstigere Entwicklungsvoraussetzungen, sondern diese werden verstärkt durch selbst unter Stress stehende Eltern, die negativ auf die Kinder reagieren und so nach Art eines Kreislaufs Verhaltensprobleme bekräftigen und verfestigen (Bender/Lösel 2005a, b; Rutter 1990).

Biologische Einflüsse auf die Entwicklung von kindlichen Erlebens- und Verhaltensstörungen sind zum Beispiel die genetische Übertragung (Ciba Foundation, 1996), Prozesse der autonomen Untererregung (Raine 1997), die hormonelle Regulation (Brain/Susman 1997), die Neurotransmitterfunktionen (Berman et al. 1997), pränatale Schädigungen (Steinhausen et al. 1993) oder Geburtskomplikationen (Brennan et al. 1997). Schwangerschafts- und Geburtskomplikationen können z. B. zu neurologischen und neuropsychologischen Problemen führen, die zu antisozialem Verhalten beitragen (Koglin 2003; Moffitt 1993b). Es handelt sich aber wahrscheinlich um keine direkten Effekte, sondern es ist vor allem die Kombination mit elterlicher Zurückweisung, Armut oder familiärer Instabilität bedeutsam (Brennan et al. 1997). Auch die Bindungsforschung legt eine solche Interaktion nahe: Demnach können sich gravierende soziale Deprivationen in der neuronalen Entwicklung niederschlagen und wiederum auf Verhaltensprobleme rückwirken, die mit der Deprivation einhergehen (Kraemer 1997). Eine niedrige Pulsrate bzw. geringe autonome Erregbarkeit hängt relativ konsistent mit aggressivem Verhalten von Kindern und Jugendlichen zusammen (Raine 1997). Und umgekehrt ist ein erhöhtes „Arousal" ein protektiver Faktor gegen antisoziale Entwicklungen (Lösel/Bender 1997; Lösel et al. 1998; Raine et al. 1995). Diese Zusammenhänge finden sich aber vor allem dann, wenn geringe familiäre Risiken vorliegen, also primär dispositionelle Faktoren zum Tragen kommen. Auch auf der hormonellen Ebene sind keine einfachen kausalen Einflüsse bei der Entwicklung von Verhaltensstörungen anzunehmen, sondern Wechselwirkungen mit sozialen und psychologischen Faktoren (Brain/Susman 1997).

Interaktionen zwischen genetischen und sozialen Faktoren fand man in der Dunedin-Studie aus Neuseeland. Diese untersuchte zu mehreren Messzeitpunkten eine Geburtskohorte vom dritten bis zum 26. Lebensjahr (Caspi et al. 2002). Hintergrund der Analyse sind Forschungsergebnisse, die verdeutlicht haben, dass Kindesmisshandlung die Entwicklung der verschiedenen Neurotransmittersysteme beim Kind beeinflussen und biochemische, funktionale und strukturelle Veränderungen bewirken kann (vgl. Glaser 2000; Kaufman/Charney 2001). Zum anderen scheint eine veränderte zentralnervöse Aktivität der Neurotransmitter Serotonin und Noradrenalin mit aggressivem Verhalten einherzugehen (Berman et al. 1997). Das Enzym Monoaminooxidase A (MAOA) spielt im Stoffwechsel dieser Neurotransmitter eine entscheidende Rolle. Gendefekte in der MAOA-Aktivität wurden ebenfalls mit aggressivem Verhalten bei Mensch und Tier in Zusammenhang gebracht (Rowe 2001). Caspi et al. (2002) fanden, dass ein funktionaler Polymorphismus des Gens, das für das Enzym MAOA kodiert, die Auswirkungen von Kindesmisshandlung moderiert. In ihrer Kindheit misshandelte Jungen des Genotyps einer niedrigen MAOA-Aktivität entwickelten signifikant häufiger dissoziales und gewalttätiges Verhalten im frühen Erwachsenenalter als nicht misshandelte desselben Genotyps. Demgegenüber erwies sich eine hohe MAOA-Aktivität als protektiv. Misshandelte Jungen dieses Genotyps zeigten verglichen mit den nicht misshandelten keine Unterschiede im dissozialen Verhalten. Nach ersten Auswertungen scheinen diese Ergebnisse auch für Frauen zuzutreffen (Caspi et al. 2002). Allerdings sind die Analysen beim weiblichen Geschlecht insofern schwieriger, als das Gen für die MAOA-Expression auf dem X-Chromosom liegt und es bei der Frau somit zwei Gene mit eventuell unterschiedlichem Expressionslevel gibt.

Neuere Ergebnisse der Entwicklungspsychopathologie legen darüber hinaus nahe, dass „soziale" und „biologische" Einflüsse nicht immer klar trennbar sind. Zum Beispiel zeigen sich deutliche verhaltensgenetische Komponenten in Merkmalen, die eigentlich als „sozial" gelten (Plomin 1994; Rowe 1994). Dazu gehören z.B. kritische Lebensereignisse, elterliche Zuwendung, Erziehungsstile oder soziale Unterstützung. Genetische Komponenten sozialer Familienmerkmale können auf verschiedene Weise wirksam werden (Pike et al. 1996):

1. *Kinder können Umwelten mit den Genen der Eltern vererbt bekommen.*
2. *Eltern oder andere Erzieher können auf die genetisch beeinflussten Persönlichkeitseigenschaften der Kinder reagieren.*
3. *Kinder können sich Umweltnischen suchen, die ihrem Genotyp am besten entsprechen.*

Während die ersten beiden Wege bei jüngeren Kindern plausibel sind, spielt die aktive Selektion von Umwelten im späteren Alter eine wichtige Rolle, zum Beispiel beim Anschluss an bestimmte Peergruppen oder bei der Partnerwahl (Quinton et al. 1993).

Die Betonung der biologischen Einflüsse bedeutet nicht, dass Verhalten als genetisch determiniert anzusehen ist. Dies wird oft missverstanden. Der Genotyp setzt zwar die Grenzen der Reaktionsnorm, selbst bei relativ hohen genetisch bedingten Anteilen an der Populationsvarianz bleibt aber erheblicher Spielraum für Umwelteinflüsse auf den Phänotyp.

7 Geschlechtsunterschiede

Das Geschlecht ist ein wesentlicher Faktor für differentielle Ergebnisse in der Resilienzforschung. Mädchen und Jungen unterscheiden sich in der Prävalenz vieler Erlebens- und Verhaltensprobleme. Zum Beispiel entwickeln die Mädchen öfter stabile Formen internalisierender Störungen, während Jungen mehr externalisierende Auffälligkeiten zeigen (Costello/Angold 1995; McCord/Ensminger 1997). Außerdem scheinen Jungen häufiger multiple Risiken aufzuweisen und im ersten Lebensjahrzehnt gegenüber biologischen Risiken und familiären Defiziten vulnerabler zu sein als Mädchen.

Aber auch innerhalb bestimmter Problemfelder bestehen Unterschiede. Beispielsweise differieren die Geschlechter im Bereich der Antisozialität hinsichtlich der typischen Verhaltensmuster, des Beginns und des zeitlichen Verlaufs (Loeber/Stouthamer-Loeber 1998). Insbesondere im Schulalter zeigen Mädchen nicht nur weniger, sondern auch mehr indirekte, nicht-körperliche Formen der Aggression (Crick/Grotpeter 1995; Lösel/Bliesener 1999, 2003). Im Zusammenhang mit ihrem Reifungsvorsprung enden antisoziale Entwicklungen oft früher als bei Jungen (z. B. Elliott 1994). Derartige Unterschiede müssen berücksichtigt werden, um in Resilienzstudien die psychosoziale Gesundheit versus Störung für beide Geschlechter angemessen zu operationalisieren.

Es bestehen aber auch Geschlechtsunterschiede darin, wie direkte und indirekte Schutzfaktoren in der Entwicklung zusammenwirken. Zum Beispiel spielen nach den Ergebnissen der Kauai-Studie im Kindesalter bei Jungen stärker Strebungen nach Autonomie und Selbsthilfe eine protektive Rolle, bei Mädchen mehr soziale Orientierungen (Werner/Smith 1982). Im Jugendalter scheinen nach unserer Hochrisikostudie bei Mädchen soziale Ressourcen einflussreicher zu sein als bei Jungen (Bender/Lösel 1997). Ähnliches beobachteten wir im weniger belasteten Milieu: Hier waren sowohl bei Mädchen als auch bei Jungen vor allem die Beziehungen zur Peergruppe dafür bedeutsam, ob in hohem Ausmaß Substanzen konsumiert und delinquentes Verhalten gezeigt wurde (Lösel/Bliesener 1998). Bei den Mädchen waren aber die Familienbeziehungen einflussreicher und ein relativ wenig belastendes und zugleich normorientiertes Familienklima hatte einen protektiven Effekt. Im jungen Erwachsenenalter bestanden in der Kauai-Studie ebenfalls Geschlechtsunterschiede in den sozialen Ressourcen. Die resilienten Frauen waren häufiger verheiratet, hatten öfter Kinder und hielten auch die Gemeinsamkeit und Intimität mit dem Partner für wichtiger als die Männer (Werner/Smith 1992). Für die resilienten Männer war dagegen öfter die Trennung von längerfristigen Partnerinnen eine Belastung und sie gingen weniger feste Beziehungen ein. Die Meidung enger Beziehungen könnte ein Schutzmechanismus der Distanzierung sein, aber auch ein Preis dafür, dass es ihnen gelungen ist, ihre Entwicklungsrisiken in anderen Lebensbereichen erfolgreich zu meistern.

Derartige Ergebnisse bedeuten nicht, dass die Unterstützung in engen Partnerschaften bei Männern weniger protektiv wirkt. Wie zum Beispiel Sampson und Laub (1993) zeigten, ist es neben der beruflichen Einbindung vor allem eine feste und emotional befriedigende Partnerschaft, die zu einer positiven Entwicklung ehemals delinquenter Jugendlicher beiträgt. Quinton et al. (1993) stellten fest, dass junge Männer, die in Heimen und unter schwierigen Umständen aufgewachsen sind, durch ihre Bindung an eine zuverlässige und unterstützende Ehefrau oder Partnerin Halt bekommen und sich resilient entwickelt haben. Diese Ergebnisse entsprachen jenen bei Frauen aus ähnlichen Verhältnissen. Bei den beiden Geschlechtern deutete sich jedoch ein unterschiedlicher Entwicklungsmechanismus an: Bei den jungen Frauen war insbesondere ihr Planungsverhalten wesentlich dafür, dass sie trotz Herkunft aus einem Multiproblem-Milieu einen nicht-devianten Partner wählten, der sie unterstützte und mit dem sie ein fürsorgliches Verhalten gegenüber ihren Kindern entwickelten (Pickles/Rutter 1991). Bei den resilienten Männern schien die günstige Partnerwahl dagegen ein weniger geplanter Selektionsprozess zu sein (Quinton et al. 1993). Für diese bei jungen Frauen aktivere Gestaltung der eigenen Entwicklung könnten Prozesse der Emanzipation eine Rolle spielen (Werner 1989). Es ist aber auch zu berücksichtigen, dass es wesentlich mehr alkoholabhängige, delinquente und antisozial-persönlichkeitsgestörte Männer als Frauen gibt. Dadurch ist das Risiko, an einen unzuverlässigen Partner zu „geraten", für junge Frauen aus schwierigen Verhältnissen größer als für entsprechende Männer.

Eine wesentliche Aufgabe der weiteren Resilienzforschung ist es, die hier zugrunde liegenden vermittelnden Prozesse und Mechanismen näher aufzuklären. Angesichts der weit überwiegenden Resilienzforschung aus dem anglo-amerikanischen Raum stellt sich dabei auch die Frage, inwieweit solche Unterschiede transkulturell übertragbar sind.

Schlussfolgerungen und Perspektiven

In unserem Beitrag ist deutlich geworden, dass bestimmte Merkmale des Temperaments, der kognitiven Kompetenz, der Selbstwahrnehmung und -bewertung, der emotionalen Bindung an Bezugspersonen, des erlebten Erziehungsklimas und der sozialen Unterstützung eine relativ breite Schutzwirkung haben können. Zugleich zeigt sich aber, dass je nach Störungsart, Personen- und Kontextmerkmalen die Risiko- und Schutzfaktoren unterschiedliche Auswirkungen haben, so dass wir jeweils problemspezifisch fragen müssen „Risiko wofür?" und „Schutz wogegen?". Die nähere Aufklärung solcher differentiellen Entwicklungsprozesse ist inzwischen die zentrale Aufgabe der Resilienzforschung (vgl. Luthar/Zelazo 2003). Es hat sich gezeigt, dass dabei unter anderem folgende Fragen wichtig sind: Unterschiede der Untersuchungsmethode und die Generalisierbarkeit von Ergebnissen; das Zusammenwirken kumulierter Risiko- und Schutzfaktoren und deren Multifinalität; die Verknüpfung von individuell-psychologischen und mikrosozialen Prozessen mit Einflüssen des weiteren sozialen Kontexts einerseits sowie der genetischen und neurologisch-physiologischen Ebene andererseits; die systematische Klärung von Geschlechtsunterschieden in den zugrundeliegenden Entwicklungsprozessen (vgl. Lösel/Bender 2003). Auf andere noch wenig geklärte Fragen der Resilienzforschung konnte hier nicht eingegangen werden. Dazu gehören z. B. die Weitergabe protektiver Mechanismen von resilienten Eltern an die nächste Generation (Werner 1993), Resilienz als Systemgeschehen wie z. B. in stabilen Partnerschaften (Bender/Lösel 2003; Lösel/Bender 1998) oder protektive Funktionen des gesellschaftlichen, politischen und kulturellen Kontexts (Hawkins et al. 1992; Rutter 1996).

Erforderlich ist auch eine stärkere Verknüpfung der zumeist korrelativ-längsschnittlichen Forschung in der Entwicklungspsychopathologie und der quasi-experimentellen Präventions- und Interventionsforschung (vgl. Loeber/Farrington 1994; Lösel 1996). Dadurch können Resilienzmechanismen in praktische Maßnahmen umgesetzt werden. In den letzten Jahren hat man hierzu zahlreiche Ansätze der Prävention entwickelt. In diesen versucht man einerseits protektive Faktoren in der Familie, Schule und anderen sozialen Kontexten zu stärken, zum andern setzt man gezielt an den sozialen Kompetenzen und Ressourcen der Kinder an (vgl. Lösel 2004). In Deutschland gibt es allerdings nur wenige kontrollierte Evaluationen derartiger Programme (z.B. Lösel et al. 2006). International sind die Ergebnisse überwiegend positiv, doch mangelt es auch hier an Langzeitevaluationen mit „harten" Kriterien des Alltagsverhaltens (vgl. Lösel/Beelmann 2003). Mehr kontrollierte Forschung zur Reduzierung von Entwicklungsrisiken und zur Förderung von Schutzfaktoren ist deshalb dringend nötig. Aber auch ohne spezifische Programme ist die Forschung zur Resilienz für die Praxis bedeutsam. Wenn man Prozesse der Multifinalität und Flexibilität beachtet, kann dies in schwierigen sozialen Feldern Mut machen, vorhandene Stärken fördern („Empowerment"), Stigmatisierungen vermeiden und Burnout-Probleme bei Mitarbeitern vermindern. Andererseits kann die Diagnose von Ungleichgewichten zwischen Risiken und Schutzfaktoren zu einem gezielteren Einsatz von Ressourcen bei der Implementierung von Programmen beitragen. Die sozial- und gesundheitspolitische Konsequenz der Resilienzforschung ist es gerade nicht, naiv auf Prozesse der Selbstheilung zu vertrauen, sondern das Schlagwort von der „Hilfe zur Selbsthilfe" inhaltlich zu fundieren.

Literatur

Achenbach, T. M., McConaughy, S. H., Howell, C. T. (1987): Child/adolescent behavioral and emotional problems: Implications of cross-informant correlations for situational specifity. Psychological Bulletin 101, 213–232

Basic Behavioral Science Task Force (1996): Vulnerability and resilience. American Psychologist 51, 22–28

Baumann, U., Humer, K., Lettner, K., Thiele, C. (1998): Die Vielschichtigkeit von sozialer Unterstützung. In: Margraf, J., Neumer, S., Siegrist, J. (Hrsg.): Gesundheits- oder Krankheitstheorie? Saluto- versus pathogenetische Ansätze im Gesundheitswesen. Springer, Berlin, 101–113

Baumeister, R. F., Smart, L., Boden, J. M. (1996): Relation of threatened egotism to violence and aggression: the dark side of high self-esteem. Psychological Bulletin 103, 5–33

Baumrind, D. (1989): Rearing competent children. In: Damon, W. (Ed.): Child development today and tomorrow. Jossey-Bass, San Francisco, 349–378
Bender, D., Bliesener, T., Lösel, F. (1996): Deviance or resilience? A longitudinal study of adolescents in residential care. In: Davies, G., Lloyd-Bostock, S., McMurran, M., Wilson, C. (Eds.): Psychology, law, and criminal justice: International developments in research and practice. De Gruyter, Berlin, 409–423
–, Lösel, F. (1997): Protective and risk effects of peer relations and social support on antisocial behaviour in adolescents from multi-problem milieus. Journal of Adolescence 20, 661–678
–, – (1998): Protektive Faktoren der psychisch gesunden Entwicklung junger Menschen. Ein Beitrag zur Kontroverse um saluto- versus pathogenetische Ansätze. In: Margraf, J., Neumer, S., Siegrist, J. (Hrsg.): Gesundheits- oder Krankheitstheorie? Saluto- versus pathogenetische Ansätze im Gesundheitswesen. Springer, Berlin, 119–145
–, – (2003). Kohärenzsinn und andere Persönlichkeitsmerkmale als protektive Faktoren der Ehequalität. In: Grau, I., Bierhoff, H.-W. (Hrsg.): Sozialpsychologie der Partnerschaft. Springer, Berlin, 405–427
–, – (2005a): Misshandlung von Kindern. Risikofaktoren und Schutzfaktoren. In: Deegener, G., Körner, W. (Hrsg.): Kindesmisshandlung und Vernachlässigung. Ein Handbuch. Hogrefe, Göttingen, 317–346
–, – (2005b): Risikofaktoren, Schutzfaktoren und Resilienz bei Misshandlung und Vernachlässigung. In: Egle, U. T., Hoffmann, S. O., Joraschky, P. (Hrsg.): Sexueller Missbrauch, Misshandlung, Vernachlässigung. Schattauer, Stuttgart, 85–104
Berman, M. E., Kavoussi, R. J., Coccaro, E. F. (1997): Neurotransmitter correlates of human aggression. In: Stoff, D. M., Breiling, J., Maser, J. D. (Eds.): Handbook of antisocial behavior. Wiley, New York, 305–313
Bliesener, T., Lösel, F. (1992): Resilience in juveniles with high risk of delinquency. In: Lösel, F., Bender, D., Bliesener, T. (Eds.): Psychology and law: International perspectives. De Gruyter, Berlin/New York, 62–75
Brain, P. F., Susman, E. J. (1997): Hormonal aspects of aggression and violence. In: Stoff, D. M., Breiling, J., Maser, J. D. (Eds.): Handbook of antisocial behavior. Wiley, New York, 314–323
Brennan, P. A., Mednick, S. A., Raine, A. (1997): Biosocial interactions and violence: A focus on perinatal factors. In: Raine, A., Brennan, P. A., Farrington, D. P., Mednick, S. A. (Eds.): Biosocial bases of violence. Plenum Press, New York, 163–174
Boyce, W. T., Frank, E., Jensen, P. S., Kessler, R. C., Nelson, C. A., Steinberg, L., The MacArthur Foundation Research Network on Psychopathology and Development (1998): Social context in developmental psychopathology: Recommendations for future research from the MacArthur Network on Psychopathology and Development. Development and Psychopathology 10, 143–164
Caspi, A., McClay, J., Moffitt, T. E., Mill, J., Martin, J., Craig, I. W., Taylor, A., Poulton, R. (2002): Role of genotype in the cycle of violence in maltreated children. Science 297, 851–854
Caron, C., Rutter, M. (1991): Comorbidity in child psychopathology: concepts, issues and research strategies. Journal of Child Psychology and Psychiatry 32, 1063–1080
Chess, S., Thomas, A. (1985): Origins and evolution of behavior disorders. Bruner/Mazel, New York
Ciba Foundation (Ed.) (1996): Genetics of criminal and antisocial behavior. Wiley, Chichester
Cicchetti, D. (2003): Foreword. In: Luthar, S. S (Ed.): Resilience and vulnerability. Adaptation in the context of childhood adversities. Cambridge University Press, Cambridge, xix-xxvii
–, Aber, J. L. (1998): Editorial: Contextualism and developmental psychopathology. Development and Psychopathology 10, 137–141

–, Rogosch, F. A (1996): Equifinality and multifinality in developmental psychopathology. Development and Psychopathology 8, 597–600

–, – (1997): The role of self-organization in the promotion of resilience in maltreated children. Development and Psychopathology 9, 797–815

Costello, E. J., Angold, A. (1995): Developmental epidemiology. In: Cicchetti, D., Cohen D. J. (Eds.): Developmental psychopathology (vol. 1). Wiley, New York, 23–56

Cowen, E. L., Wyman, P. A., Work, W. C., Kim, J. Y., Fagen, D. B., Magnus, K. B. (1997): Follow-up study of young stress-affected and stress-resilient urban children. Development and Psychopathology 9, 565–677

Crick, N. R., Dodge, K. A. (1994): A review and reformulation of social information-processing mechanisms in children's social adjustment. Psychological Bulletin 115, 74–101

–, Grotpeter, J. K. (1995): Relational aggression, gender, and social psychological adjustment. Child Development 66, 710–722

Elliott, D. S. (1994): Serious violent offenders: Onset, developmental course, and termination – The American Society of Criminology 1993 presidential address. Criminology 32, 1–21

Farrington, D. P. (1987): Early precursors of frequent offending. In: Wilson, J. Q., Loury, G. C. (Eds.): From children to citizens, vol. 3. Springer, New York, 27–50

– (1994): Protective factors in the development of juvenile delinquency and adult crime. Invited lecture at the 6th Scientific Meeting of the Society for Research in Child and Adolescent Psychopathology. London, June 1994

Fergusson, D. M., Horwood, L. J. (2003): Resilience to childhood adversity: Results of a 21-year-study. In: Luthar, S. S. (Ed.): Resilience and vulnerability. Adaptation in the context of childhood adversities. Cambridge University Press, Cambridge, 130–155

Garbarino, J. (1990): Youth in dangerous environments: Coping with the consequences. In: Hurrelmann, K., Lösel, F. (Eds.): Health hazards in adolescence. De Gruyter, Berlin, 193–218

Garmezy, N. (1981): Children under stress: Perspectives on antecedents and correlates of vulnerability and resistance to psychopathology. In: Rabin, I. A., Aronoff, J., Barclay, A. M., Zucker, R. A. (Eds.): Further explorations in personality. Wiley, New York, 196–269

Glaser, D. (2000): Child abuse and neglect and the brain – A review. Journal of Child Psychology and Psychiatry 41, 97–116

Gorman-Smith, D., Tolan, P. (1998): The role of exposure to community violence and developmental problems among inner-city youth. Development and Psychopathology 10, 101–116

Gottfredson, M., Hirschi, T. M. (1990): A general theory of crime. Stanford University Press, Stanford

Hawkins, J. D., Catalano, R. F., Miller, J. Y. (1992): Risk and protective factors for alcohol and other drug problems in adolescence and early adulthood: Implications for substance abuse prevention. Psychological Bulletin 112, 64–105

–, Herrenkohl, T., Farrington, D. P., Brewer, D., Catalano, R. F., Harachi, T. W. (1998): A review of predictors of youth violence. In: Loeber, R., Farrington, D. P. (Eds.): Serious, violent juvenile offenders. Sage, Thousand Oaks, 106–146

Hetherington, E. M., Elmore, A. M. (2003): Risk and resilience in children coping with their parents' divorce and remarriage. In: Luthar, S. S. (Ed.): Resilience and vulnerability. Adaptation in the context of childhood adversities. Cambridge University Press, Cambridge, 182–212

Hughes, J. N., Cavell, T. A., Grossman, P. B. (1997): A positive view of self: Risk or protection for aggressive children? Development and Psychopathology 9, 75–94

Kaufman, J., Charney, D. (2001): Effects of early stress on brain structure and function: Implications for understanding the relationship between child maltreatment and depression. Development and Psychopathology 13, 451–471
–, Cook, A., Arny, L., Jones, B., Pittinsky, T. (1994): Problems defining resiliency: Illustrations from the study of maltreated children. Development and Psychopathology 6, 215–229
Koglin, U. (2003). Die soziale und emotionale Entwicklung von Kindern mit biologischen Risikofaktoren. Dissertation. Universität Erlangen-Nürnberg, Erlangen
Kraemer, G. W. (1997): Social attachment, brain function, aggression, and violence. In: Raine, A., Brennan, P. A., Farrington, D. P., Mednick, S. A. (Eds.): Biosocial bases of violence. Plenum Press, New York, 207–229
Kupersmidt, J. B., Griesler, P. C., DeRosier, M. E., Patterson, C. J., Davis, P. W. (1995): Childhood aggression and peer relations in the context of familiy and neighborhood factors. Child Development 66, 360–375
Loeber, R., Farrington, D.P. (1994): Problems and solutions in longitudinal and experimental treatment studies of child psychopathology and delinquency. Journal of Consulting and Clinical Psychology 62, 887–900
–, Farrington, D. P., Stouthamer-Loeber, M., Van Kammen, W. B. (1998): Antisocial behavior and mental health problems. Lawrence Erlbaum, Mahwah/NJ
–, Stouthamer-Loeber, M. (1998): Development of juvenile aggression and violence: Some common misconceptions and controversies. American Psychologist 53, 242–259
Lösel, F. (1991): Meta-analysis and social prevention: Evaluation and a study of the family hypothesis in developmental psychopathology. In: Albrecht, G., Otto, H.-U. (Eds.): Social prevention and the social sciences. De Gruyter, Berlin, 305–332
– (1994a): Protective effects of social resources in adolescents at high risk for antisocial behavior. In: Kerner, H.-J., Weitekamp, E. G. M. (Eds.): Cross-national longitudinal research on human development and criminal behavior. Kluwer, Dordrecht, 283–301
– (1994b): Resilience in childhood and adolescence. Children Worlwide 21, 8–11
– (1996): Working with young offenders. In: Hollin, C. R., Howells, K. (Eds.): Clinical approaches to working with young offenders. Wiley, Chichester, 57–82
– (1998): Treatment and management of psychopaths. In: Cooke, D. J., Forth, A. E., Hare, R. B. (Eds.): Psychopathy: Theory, research, and implications for society. Kluwer, Dordrecht, 303–354
– (2004): Multimodale Gewaltprävention bei Kindern und Jugendlichen. Familie, Kindergarten und Schule. In: Melzer, W., Schwind, H.-D. (Hrsg.): Gewaltprävention in der Schule. Nomos, Baden-Baden, 326–348
–, Beelmann, A. (2003): Effects of child skills training in preventing antisocial behavior: A systematic review of randomized evaluations. Annals of the American Academy of Political and Social Sciences 587, 84–109
–, –, Stemmler, M., Jaursch, S. (2006): Prävention von Problemen des Sozialverhaltens im Vorschulalter. Evaluation des Eltern- und Kindertrainings EFFEKT. Zeitschrift für Klinische Psychologie und Psychotherapie 35, 127–139
–, Bender, D. (1997): Heart rate and psychosocial correlates of antisocial behavior in high-risk adolescents. In: Raine, A., Farrington, D. P., Brennan, P., Mednick, S. A. (Eds.): Biosocial bases of violence. Plenum Press, New York, 321–324
–, – (1998): Risiko- und Schutzfaktoren in der Entwicklung zufriedener und stabiler Ehen. Eine integrative Perspektive. In: Hahlweg, K., Baucom, D. H., Bastine, R., Markman, H. J. (Hrsg.): Prävention von Trennung und Scheidung – Internationale Ansätze zur Prädiktion und Prävention von Beziehungsstörungen. Kohlhammer, Stuttgart, 27–66
–, – (2003): Protective factors and resilience. In: Farrington, D. P., Coid, J. W. (Eds.):

Early prevention of adult antisocial behaviour. Cambridge University Press, Cambridge, 130–204
–, –, Bliesener, T. (1998): Biosocial risk and protective factors for antisocial behavior in juveniles: Heart rate and family characteristics. Paper presented at the XVth Biennial Meetings of the International Society for the Study of Behavioral Development, July 1–4, 1998, Berne/Switzerland
–, Bliesener, T. (1990): Resilience in adolescence: A study on the generalizability of protective factors. In: Hurrelmann, K., Lösel, F. (Eds.): Health hazards in adolescence. De Gruyter, Berlin/New York, 299–320
–, – (1994): Some high-risk adolescents do not develop conduct problems: A study of protective factors. International Journal of Behavioral Development 4, 753–777
–, – (1998): Zum Einfluss des Familienklimas und der Gleichaltrigengruppe auf den Zusammenhang zwischen Substanzengebrauch und antisozialem Verhalten von Jugendlichen. Kindheit und Entwicklung 7, 208–220
–, – (1999): School bullying in Germany. In: Smith, P. K., Morita, Y., Junger-Tas, J., Olweus, D., Catalano, R., Slee, P. (Eds.): The nature of school bullying: A cross-national perspective. Routledge, London, 224–249
–, – (2003): Aggression und Delinquenz unter Jugendlichen. Untersuchungen von kognitiven und sozialen Bedingungen. Luchterhand, München
–, –, Köferl, P. (1989): On the concept of „invulnerability": Evaluation and first results of the Bielefeld project. In: Brambring, M., Lösel, F., Skowronek, H. (Eds.): Children at risk: Assessment, longitudinal research, and intervention. De Gruyter, Berlin/New York, 186–219
–, –, – (1990): Psychische Gesundheit trotz Risikobelastung in der Kindheit: Untersuchungen zur „Invulnerabilität". In: Seiffge-Krenke, I. (Hrsg.): Jahrbuch der Medizinischen Psychologie. Krankheitsverarbeitung von Kindern und Jugendlichen (Bd. 4). Springer, Berlin, 103–123
–, Kolip, P., Bender, D. (1992): Stress-Resistenz im Multiproblem-Milieu: Sind seelisch widerstandsfähige Jugendliche „Superkids"? Zeitschrift für Klinische Psychologie 21, 48–63
–, Stemmler, M., Beelmann, A., Jaursch, S. (2005): Aggressives Verhalten im Vorschulalter: Eine Untersuchung zum Problem verschiedener Informanten. In: Seiffge-Krenke, I. (Hrsg.): Aggressionsentwicklung zwischen Normalität und Pathologie. Vandenhoeck & Rupprecht, Göttingen, 141–167
Luthar, S. S. (1991): Vulnerability and resilience: A study of high-risk adolescents. Child Development 62, 600–616
–, Cicchetti, D., Becker, B. (2000). The construct of resilience: A critical evaluation and guidelines for future work. Child Development 71, 543–562
–, Zelazo, L. B. (2003): Research on resilience: An integrative review. In: Luthar, S. S. (Ed.): Resilience and vulnerability. Adaptation in the context of childhood adversities. Cambridge University Press, Cambridge, 510–549
–, Zigler, E. (1991): Vulnerability and competence: A review of research on resilience in childhood. American Journal of Orthopsychiatry 6, 6–22
–, –, Goldstein, D. (1992): Methodological and conceptual issues in research on childhood resilience. Journal of Child Psychology and Psychiatry 33, 361–373
Lynch, M., Cicchetti, D. (1998): An ecological-transactional analysis of children and contexts: The longitudinal interplay among child maltreatment, community violence, and children's symptomatology. Development and Psychopathology 10, 235–257
Masten, A. (2001): Ordinary magic: Resilience processes in development. American Psychologist 56, 227–238
–, Coatsworth, J. D. (1995): Competence, resilience, and psychopathology. In: Cicchetti, D., Cohen, D. J. (Eds.): Developmental psychopathology, vol. 2: Risk, disorder, and adaptation. Wiley, New York, 715–752

–, Powell, J. L. (2003): A resilience framework for research, policy, and practice. In: Luthar, S. S. (Ed.): Resilience and vulnerability. Adaptation in the context of childhood adversities. Cambridge University Press, Cambridge, 1–25
McCord, J., Ensminger, M. E. (1997): Multiple risks and comorbidity in an African-American population. Criminal Behaviour and Mental Health 7, 339–352
Moffitt, T. E. (1993a): Neuropsychology of conduct disorder. Development and Psychopathology 5, 135–151
– (1993b): Adolescence-limited and life-course-persistent antisocial behavior: A developmental taxonomy. Psychological Review 100, 674–701
Pickles, A., Rutter, M. (1991): Statistical and conceptual models of ‚turning points' in developmental processes. In: Magnusson, D., Bergman, L. R., Rudinger, G., Törestad, B. (Eds.): Problems and methods in longitudinal research: Stability and change. Cambridge University Press, Cambridge, 133–165
Pike, A., McGuire, S., Hetherington, E. M., Reiss, D., Plomin, R. (1996): Family environment and adolescent depressive symptoms and antisocial behavior: A multivariate genetic analysis. Developmental Psychology 32, 590–603
Plomin, R. (1994): Genetics and experience. Sage, Newbury Park/CA
Quinton, D., Pickles, A., Maughan, B., Rutter, M. (1993): Partners, peers, and pathways: Assortive pairing and continuities in conduct disorder. Development and Psychopathology 5, 763–783
Raine, A. (1997): Antisocial behavior and psychophysiology: A biosocial perspective and a prefrontal dysfunction hypothesis. In: Stoff, D. M., Breiling, J., Maser, J. D. (Eds.): Handbook of antisocial behavior. Wiley, New York, 289–304
–, Venables, P. H., Williams, M. (1995): High autonomic arousal and electrodermal orienting at age 15 years as protective factors against criminal behavior at age 29 years. American Journal of Psychiatry 152, 1595–1600
Richters, J. E., Martinez, P. E. (1993): Violent communities, family choices, and children's chances: An algorithm for improving the odds. Development and Psychopathology 5, 609–627
Rowe, D. C. (1994): The limits of family influence: Genes, experience, and behavior. Guilford, New York
– (2001): Biology and crime. Roxbury, Los Angeles
Rutter, M. (1979): Protective factors in children's responses to stress and disadvantage. In: Kent, M. W., Rolf, J. E. (Eds): Primary prevention in psychopathology, vol. 3. University Press of New England, Hanover/NH, 49–74
– (1985): Resilience in the face of adversity. Protective factors and resistance to psychiatric disorder. British Journal of Psychiatry 147, 598–611
– (1990): Psychosocial resilience and protective mechanisms. In: Rolf, J., Masten, A., Cicchetti, D., Nuechterlein, K., Weintraub, S. (Eds.): Risk and protective factors in the development of psychopathology. Cambridge University Press, Cambridge, 181–214
– (1996): Psychosocial adversity: Risk, resilience, and recovery. In: Verhofstadt-Denève, L., Kienhorst, I., Braet, C. (Eds.): Conflict and development in adolescence. DSWO Press, Leiden, 21–33
Sampson, R. J., Laub, J. H. (1993): Crime in the making: Pathways and turning points through life. Harvard University Press, Cambridge/MA
Seidman, E., Yoshikawa, H., Roberts, A., Chesir-Teran, D., Allen, L., Friedman, J. L., Aber, J. L. (1998): Structural and experiental neighborhood contexts, developmental stage, and antisocial behavior among urban adolescents. Development and Psychopathology 10, 259–281
Stattin, H., Romelsjö, A., Stenbacka, M. (1997): Personal resources as modifiers of the risk for future criminality. British Journal of Criminology 37, 198–223

Steinhausen, H.-C., Willms, J., Spohr, H. (1993): Long-term psychopathological and cognitive outcome of children with fetal alcohol syndrome. Journal of the Academy of Child and Adolescent Psychiatry 32, 990–994

Stouthamer-Loeber, M., Loeber, R., Farrington, D. P., Zhang, Q., van Kammen, W., Maguin, E. (1993): The double edge of protective and risk factors for delinquency: Interrelations and developmental patterns. Development and Psychopathology 5, 683–701

Tremblay, R. E., Masse, L. C., Vitaro, F., Dobkin, P. L. (1995): The impact of friends' deviant behavior on early onset of delinquency: Longitudinal data from 6 to 13 years of age. Development and Psychopathology 7, 649–667

Vanistendael, S. (1995): Growth in the muddle of life. Resilience: Building on people's strengths. International Catholic Child Bureau, Geneva

Werner, E.E. (1989): Vulnerability and resiliency: A longitudinal perspective. In: Brambring, M., Lösel, F., Skowronek, H. (Eds.): Children at risk: Assessment, longitudinal research, and intervention. DeGruyter, Berlin, 157–172

– (1993): Risk, resilience, and recovery: Perspectives from the Kauai longitudinal study. Development and Psychopathology 5, 503–515

–, Smith, R. S. (1982): Vulnerable but invincible. McGraw-Hill, New York

–, – (1992): Overcoming the odds. Cornell University Press, Ithaca/London

Wikström, P. O., Loeber, R. (2000): Do disadvantaged neighborhoods cause well-adjusted children to become adolescent delinquents? A study of male juvenile offending, individual risk and protective factors, and neighborhood context. Criminology 38, 1109–1142

Wyman, P. A. (2003): Emerging perspectives on context specificity of children's adaptation and resilience: Evidence from a decade of research with urban children in adversity. In: Luthar, S. S. (Ed.): Resilience and vulnerability. Adaptation in the context of childhood adversities. Cambridge University Press, Cambridge

„Biographie" und „Resilienz" – ein Versuch der Verhältnisbestimmung

von Rolf-Torsten Kramer

Mit „Biographie" und „Resilienz" werden hier zwei wissenschaftliche Konzepte in Beziehung gesetzt, die in unterschiedlichen Disziplinen entwickelt wurden und zugleich mit unterschiedlichen forschungsmethodischen Zugängen verknüpft sind. Gemeinsam ist jedoch beiden Konzepten, dass sie sich auf Entwicklungsprozesse von Subjekten beziehen. Der Beitrag fragt nach einer Verhältnisbestimmung dieser beiden Konzepte und einer möglicherweise fruchtbaren wechselseitigen Ergänzung.

Die Perspektive des Resilienzkonzeptes und dieses Bandes ist die einer Vergewisserung und Bezugnahme auf Entwicklungsprozesse von Kindern und Jugendlichen in pädagogischer Absicht. Angesichts der Vermutung über Risikolagen für Entwicklungsprozesse bei Kindern und Jugendlichen werden neben Risikofaktoren auch jene Faktoren in den Blick genommen, die scheinbar zu erwartende negative Karrieren abfedern, abstützen und stabilisieren, ja teilweise auch vollständig umkehren können. Jene stützenden Faktoren verbinden sich im Konzept der „Resilienz" mit der pädagogischen Absicht der Förderung und der Intervention – also der Absicht einer Stärkung derjenigen Faktoren (Kompetenzen und Umweltressourcen), die Kinder und Jugendliche in ihrer Entwicklung auch bei widrigen Ausgangslagen stärken (Opp et al. 1999).

Diese Absicht setzt nun aber voraus, dass ein empirisches und methodisch-kontrolliert gewonnenes Wissen darüber vorliegt, was denn diese (protektiven) Faktoren in Entwicklungsprozessen von Kindern und Jugendlichen sind. Eine breite Forschung – von der die anderen Beiträge des Bandes berichten – setzte ein. Indes, es blieb ein großes Problem dieses Zugangs bestehen. Mit der pädagogischen Interventionsabsicht verbindet sich eine prognostische Orientierung, die zum Ziel hat, über bestimmte Faktoren Entwicklungen als wahrscheinlich vorherzusagen. Dieser Ansatz konnte in der Breite weder für die Risikofaktoren noch für die protektiven Faktoren aufrechterhalten werden (Laucht 1999, 305). Immer wieder ließen sich empirische Belege auch genau für die gegenläufige Wirkung dieses oder jenes Faktors finden. Zwar sind die Befunde bezogen auf große Populationen in ihrer Wahrscheinlichkeitsaussage zutreffend. Jedoch eignen sich diese Aussagen kaum für eine individuelle Prognose (Laucht 1999, 304). So muss trotz der intensiven Forschungsbemühungen die Bestimmung solcher Faktoren und „mehr noch die Entschlüsselung ihrer Wirkungsweise(n) nach wie vor [als] eine ungelöste wissenschaftliche Aufgabe" bilanziert werden (Opp et al. 1999, 15).

In der kritischen Reflexion dieses Umstandes (dazu auch Teil 3 dieses Bandes) wurde die a-priori-Unterscheidung zwischen Risiko- und Schutzfaktor prinzipiell zurückgewiesen und das komplexe und „dynamische Wechselspiel beider Einflussfaktoren in individuellen Biographien" betont (Opp et al. 1999, 14). So liegt etwa die „Qualität von Resilienz darin, wie Menschen mit Lebensveränderungen umgehen und was sie hinsichtlich ihrer Lebenssituation tun. Diese Qualität ist durch frühe Lebenserfahrungen, durch das, was in der Kindheit, im Jugendalter geschieht und durch die Lebensumstände Erwachsener beeinflusst." (Rutter 1985, 608 hier zitiert nach Opp et al. 1999, 16).

In der Folge begab man sich auf die Suche nach übergreifenden Eigenschaftskonzepten im Sinne von übergeordneten Persönlichkeitseigenschaften – dies vielleicht auch, um die verfolgte Prognosewirkung doch noch für individuelle Interventionen nutzen zu können. Hierbei kommt neben Konzepten der „kognitiven Kompetenz" oder der „Selbstbewertung" gegenwärtig vor allem das Konzept „Temperament" ins Spiel.

In diesem Beitrag wird nun aus der Perspektive der Biographieforschung argumentiert. Mit dieser Perspektive verbindet sich zunächst eine grundlegend andere Blickrichtung. Statt der hochaggregierten Aussagen eines statistischen Zugangs interessieren hier vor allem der einzelne Fall und die jeweils individuelle Eigenlogik der Lebensgeschichte. Das Zusammenspiel von intrapersonalen und externen Variablen wird hier aus der Innensicht der handelnden Subjekte rekonstruiert. Diese Perspektive scheint damit prädestiniert dafür zu sein, die innerhalb der Resilienzforschung angemahnte fallbezogene prozesshafte Komplexität von Entwicklungsverläufen in den Blick zu nehmen. Inwieweit damit Anregungen oder Weiterführungen dieses pädagogischen Diskurses zu erwarten sind, soll im Weiteren diskutiert werden. Was also für Anregungen zu erwarten sind durch Biographieanalysen, biographietheoretische Annahmen und das Konstrukt „Biographie" wird in den folgenden fünf Abschnitten zu klären versucht.

1 Die Offenheit der Zukunft und die Autonomie der Lebenspraxis des psychischen oder biographischen Systems

Zunächst soll in einem ersten Schritt mit Bezug auf die Prognoseabsicht des Resilienzkonzeptes und der darin eingelagerten Annahme der Unvermeidbarkeit von Risiken hinsichtlich der notwendig zu treffenden Entscheidungen eines jeden Subjekts das Verständnis der Autonomie der Lebenspraxis kurz skizziert werden. Dabei beziehe ich mich auf Überlegungen von Ulrich Oevermann, die – gleichwohl sie nicht für die Biographieforschung entwickelt sind – eine grundlegende Bedeutung für das Konzept der „Biographie" haben.

Ausgangspunkt seiner Überlegungen ist die Annahme einer fundamentalen Differenz sozialer (bzw. humaner) Handlungen – also von Kultur – zur Natur. Damit verbindet sich die Vorstellung der prinzipiellen Sinnstrukturiertheit der sozialen Realität und der Regelgeleitetheit des menschlichen Handelns (z. B. Oevermann 1986, 22f, 1995, 34 und 1996a, 71). Der Übergang von Natur zu Kultur vollzieht sich mit der Sprachlichkeit und einer damit einhergehenden Aufspaltung der Welt in eine präsente und eine repräsentierende Wirklichkeit, d. h. mit der Differenz zwischen dem „Hier" und „Jetzt" einer Lebenspraxis und einer diese Wirklichkeit überschreitenden Welt von konstruierten Möglichkeiten. Somit kommt allen sozialen Gebilden die Eigenschaft eines Handlungszentrums mit dem „Status einer relativen Autonomie und eigenständigen Strukturierungskraft" zu (Oevermann 1981, 25). Was Oevermann hier im Konzept der „Lebenspraxis" für Sozialformationen auf sehr unterschiedlichen Aggregierungsebenen formuliert, gilt in besonderer Weise auch für die Lebensgeschichte des Subjektes – für seine „Biographie".

Durch die prinzipiell gegebene Möglichkeit der Konstruktion hypothetischer Optionen eröffnen sich für jedes Subjekt Handlungsalternativen und Handlungsspielräume. Diese müssen im konkreten Handeln jeweils durch eine Anschlussauswahl geschlossen werden. Der Entscheidungszwang ist damit konstitutiv für Lebenspraxen und damit natürlich auch für Kinder und Jugendliche. Zugleich macht die Rede von Handlungsalternativen nur Sinn, wenn auch tatsächlich Handlungsalternativen vorliegen, wenn also die Zukunft prinzipiell offen und nicht deterministisch vorentschieden ist. Von hier aus gesehen, ist das Problem der Prognose in Bezug auf individuelle Entwicklungsprozesse konstitutiv für Sozialität und insofern auch nicht zu umgehen. Prognosen sind in dieser Perspektive von vorneherein begrenzt. Sie sind jederzeit korrigierbar durch die tatsächlich in der Abfolge von Entscheidungen sich vollziehenden Entwicklungsverläufe. „Jede Lebenspraxis, ob indivduell oder kollektiv, vollzieht sich sequentiell, d. h. in eine prinzipiell offene Zukunft." (Oevermann 1996b, 6) Die Einschränkung von Prognosemöglichkeiten beinhaltet aber nicht, dass die Entwicklungsverläufe unkontrolliert, zufällig oder chaotisch verlaufen, denn die Annahme der prinzipiellen Sinnstrukturiertheit ist damit nicht aufgehoben. Sie findet ihre Entsprechung in der Annahme einer prinzipiellen „Re-Prognostizierbarkeit" von Fallgeschichten.

Die prinzipielle Sinnstrukturiertheit der Sozialität und die darin eingelagerte Eröffnung von Handlungsalternativen sowie die (selektiven) Anschlussentscheidungen fallen zusammen mit einer Sequentialität, die konstitutiv für humanes Handeln ist (z. B. Oevermann 1996b). Sie lässt sich analytisch aufschließen als Zusammenspiel zweier Parameter. Parameter I umfasst das Gesamt an bedeutungserzeugenden und zugleich Sequentialität herstellenden Regeln, die Spielräume und Möglichkeiten des Anschließens eröffnen. Parameter II umfasst das Gesamt an subjektiven Dispositionen einer Lebenspraxis, die dafür verantwortlich sind, welche eröffnete Anschlussmöglichkeit tatsächlich gewählt wird. Dazu zählt Oevermann etwa „die institutionalisierten Normen, sofern sie vom Subjekt internalisiert wurden, als auch die unbewussten Motive und Phantasien, die auf Individuierungsprozesse zurückgehenden bewusstseinsfähigen Lebensentwürfe und Selbstbilder" (Oevermann 1996c, 10).

Resilienz- und Risikofaktoren wären in dieser Perspektive jeweils auf konkrete Entscheidungssituationen zu beziehen, besonders auf jene, die mit Blick auf den kindlichen oder jugendlichen Entwicklungsprozess eine große Tragweite und langfristige Konsequenzen beinhalten. Sie sind daher nicht vorab festgelegt oder statisch zu denken, sondern von der je konkreten Situation abhängig. Sie können dabei ganz in Entsprechung der Innen-Außen-Differenz des Resilienzdiskurses dem Parameter I und dem Parameter II zugeordnet werden. Im Sinne von sozialen Ressourcen würde es im Parameter I um jene Faktoren gehen, die als Kontexte von Entscheidungssituationen den Spielraum von Anschlussmöglichkeiten eröffnen. Die so genannten personalen Ressourcen würden dagegen im Parameter II enthalten sein, also in jenen subjektiven Dispositionen, die motivierend in die getroffene Entscheidung eingegangen sind.

Nun wird natürlich gerade mit Blick auf Kinder und Kindheit die Annahme einer Entscheidungsautonomie der Lebenspraxis auf Skepsis stoßen. Wie lässt sich ein solches Modell vertreten angesichts des Umstandes, dass gerade Kinder aufgrund ihres Entwicklungsstandes vielfach nicht in der Lage sind, für sich selbst zu entscheiden oder auch Entscheidungssituationen als solche zu realisieren? Hier ist es wichtig, die veranschlagte „relative Autonomie" von einer „reflexiven Autonomie" zu unterscheiden, die erst dann vorliegt, wenn sich die Lebenspraxis ihrer eigenen Selektivität und Fallstrukturiertheit bewusst wird. Die Differenz liegt demnach genau dort, wo die Anschlussentscheidungen eines „relativ autonomen" Handlungszentrums nicht mehr abkürzungshaft unter Rückgriff auf geltende Routinen und Deutungen der einbettenden Gemeinschaften und Milieus gelingen. Da genau dies im Gefolge von Modernisierungstheorien für immer größere Teile der Bevölkerung vermutet wird – damit ja auch einen zentralen Bezugspunkt des Resilienzdiskurses darstellt (Opp et al. 1999, 10ff) –, soll im nächsten Schritt auf entsprechende Konzepte im Kontext der Biographieforschung eingegangen werden.

2 „Biographie", „Biographisierung" und „biographische Arbeit"

Wenn nun in diesem Abschnitt diejenigen Konzepte skizziert werden sollen, die sich modernisierungstheoretisch begründet auf die wachsende Anforderung an eine reflexiv-autonome Gestaltung des eigenen Lebens beziehen, dann ist zunächst knapp zu umreißen, was hier unter „Biographie" zu verstehen ist. In der Vielfalt von Positionen lege ich folgende – m. E. konsensuell verbürgte – Bestimmung zugrunde: „Biographie" ist zu verstehen als ein sozialwissenschaftliches Konstrukt über die Geordnetheit und Strukturiertheit des jeweils individuellen Gewordenseins eines Subjektes im lebensgeschichtlichen Verlauf, inklusive der in diese Strukturiertheit eingehenden Auseinandersetzung mit der sozialen Umwelt und der darin eingelagerten Lern- und Bildungsprozesse (also auch der Transformationen und Wandlungen) (z. B. Ecarius 1998; Hanses 2004a, 1). Als dieses Konstrukt beansprucht „Biographie" für sich, eine eigenständige Dimension sozialer Wirklichkeit abzugreifen und damit in seiner Erforschung eine eigenständige Erklärungs- und Aufschließungskraft für soziale Phänomene zu besitzen (z. B. Fuchs 1984; Krüger 1995). Dabei schließt das sozialwissenschaftliche Konzept Biographie an das „alltagsweltliche Konstrukt" an, das die Lebensgeschichte eines Menschen in seiner Ganzheitlichkeit und mit seinem zentralen Spannungsmoment zwischen „ureigenster Individualität" und „sozialer Eingebundenheit", zwischen „Regelhaftigkeit und Emergenz" bezeichnet (Krüger/Wensierski 1995, 190–191; Fischer/Kohli 1987, Dausien 2002). Es geht damit um die jeweils eigengesetzliche Prozesshaftigkeit von „Biographien zwischen autonomer Konstitution und heteronomer Produktion" (Krüger/Wensierski 1995, 191). „Biographie" konstituiert sich als „wechselseitig verschränkte[r] Prozess der Individuierung und Vergesellschaftung, der lebensweltlich über Sprechen und Interaktion vermittelt wird" (Ecarius 1998, 133). Von daher ist „Biographie" immer schon zu denken als in Interaktionsprozessen hervorgebracht. Krüger und Wensierski sprechen in diesem Zusammenhang von der kontext- und milieugebundenen Konstitution von Biographie (Krüger/Wensierski 1995, 192; Ecarius 1998, 144).

Mit dem Konstrukt „Biographie" verbindet sich nun die Annahme einer doppelten (zeitlichen und erfahrungsbezogenen) Dimensionierung. Einerseits umfasst „Biographie" eine je spezifische zeitlich geordnete Struktur von Erfahrung. Andererseits wirkt das jeweils konkret ausgebildete Ordnungssystem von Erfahrung im Sinne einer Orientierungsfunktion auf das gegenwärtige Handeln ein.

Wenn nun „Biographie" in Interaktionen hervorgebracht und in dieser Kontext- und Milieueinbindung von den Subjekten (ko-)konstruiert wird, dann setzt das die interaktiv eingebettete Selbstbezüglichkeit des Subjektes in der Konstitution von Erfahrung und in der Bearbeitung erlebter Ereignisse voraus. Durch eine zunehmende sozialstrukturelle Differenzierung moderner Gesellschaften (Beck 1986, Giddens 1996) erhöht sich nun der Zwang für das einzelne Subjekt, „sich des Vergangenen, des Erfahrenen und des Gewordenen zu vergewissern" (Ecarius 1998, 132 und 147f; Kraul/Marotzki 2002, 7f). „Das Subjekt ist gezwungen, die Welt und sich selbst ohne stabile gleich bleibende Verhältnisse zu definieren." (Ecarius 1998, 132)

Diese Zunahme an Selbstbezüglichkeit und autonomer Auseinandersetzung mit dem eigenen Leben wird als „Biographisierung" bezeichnet.

„Biographisierungsprozesse" treffen nun nicht nur für Erwachsene zu, sondern in immer stärkerem Maße auch für Kinder und kindliche Entwicklungsverläufe. Behnken und Zinnecker (2001) vertreten die Sichtweise, dass Prozesse des Abgleichens von Selbst- und Fremddeutungen mit dem Lebenslauf und der individuellen Biographie im Zuge gesellschaftlicher Modernisierungsprozesse bereits für die Lebensphase Kindheit anzunehmen sind (Behnken/Zinnecker 2001, 16f). Sie gehen mit Stern (1995) davon aus, dass die komplexen Voraussetzungen für „Biographizität", nämlich die Entwicklung eines biographischen Gedächtnisses, bereits relativ früh im Kindesalter entwickelt werden. Mit Hahn (1987) sprechen die Autoren von der Entstehung eines „Biographiegenerators", weil die Anlässe (auch für Kinder) zunehmen, über sich mit Bezug auf die eigene Lebensgeschichte nachzudenken und Auskunft zu geben (Behnken/Zinnecker 2001, 18f.). Kinder lernen frühzeitiger, „biographische Perspektiven für ihr Leben zu entwickeln" (Behnken/Zinnecker 2001, 19). Wie einige Jahre zuvor in der Jugendforschung, wandelt sich nun auch in der Kindheitsforschung das Akteurs- und Autonomieverständnis: „Kindern wird zunehmend die Rolle von biographischen Akteuren oder Subjekten zuerkannt. Das heißt, auch Kinder gestalten biographische Optionen und stehen unter gewissen Begründungszwängen." (Behnken/Zinnecker 2001, 19)

Dass nun in immer stärkerem Maße elementare Lebensentscheidungen reflexiv an die Biographie rückgebunden und durch soziale Kontexte und Einbindungen nur noch bedingt aufgefangen werden (auch Alheit 1995), führt in der Steigerung von Flexibilität, Reflexivität und Biographizität zu neuen biographischen Anforderungen und Strukturen. Für Marotzki verbinden sich diese Überlegungen mit der These, dass Subjekte somit „im hohen Maße auf biographische Arbeit verwiesen" sind (Kraul/Marotzki 2002, 8). Das Konzept der „Biographischen Arbeit" ist also der Versuch, die modernen Bildungsanforderungen und jene einer gesteigerten Selbstbezüglichkeit biographieanalytisch zu thematisieren.

Diese biographische Auseinandersetzung findet nun – nicht nur, aber vor allem – in Erzählungen statt, die Episoden oder das Gesamt der bisherigen Lebensgeschichte umschließen können und die in Interaktionsprozesse eingebunden sind. „Biographische Arbeit" beinhaltet also auch den Anspruch, in lebensgeschichtlichen Erzählungen Kontinuität und Dauerhaftigkeit herzustellen. Sie zielt auf die Herstellung und Wahrung von Sinn und Identität (Ecarius 1998, 143).

Die in diesem Abschnitt genannten biographietheoretischen Konzepte von „Biographisierung" und „biographischer Arbeit" sind wiederum anschlussfähig an die zu Anfang genannten strukturtheoretischen Überlegungen von Oevermann. Der lebensgeschichtliche Verlauf erscheint hier als sich in eine offene Zukunft durch autonome Entscheidung vollziehender Bildungsprozess und als Ausbildung einer Lebensgesetzlichkeit (Oevermann 1995, 40). Dabei wird an jedem Punkt nicht nur Zukunft gewonnen oder erobert; sondern es manifestiert sich in der unerbittlichen Logik des „point of no return" die Festlegung und Unwiederbringlichkeit von verworfenen Möglichkeiten (Oevermann 1995, 40). Dabei verweist Oevermann auch darauf, dass die Dispositionen eines Subjektes, die zur Auswahl einer Anschlussmöglichkeit aus einem Möglichkeitsraum führen, auch auf Schemata der Deutung und Einstellung zurückgehen, die als Habitusformation auf kollektive Identitäten und subkulturelle Milieus bezogen sind. Werden diese kollektiven Bezüge brüchig, erhöht sich die Notwendigkeit, Entscheidungen stärker an eigenen Orientierungen und Deutungen auszurichten.

Entscheidend ist, dass für Oevermann der Prozess der Individuierung selbst konstitutiv auf „biographische Arbeit" angewiesen ist. Individuierung wird von ihm verstanden als Ergebnis des Prozesses des subjektiv-intentionalen Verfügbarmachens der eigenen fallspezifischen objektiven Strukturen (Oevermann et al. 1979, 426). Strukturen des Subjektes sind dann das Ergebnis der Rekonstruktionen, die das sich bildende Subjekt an den unabhängig von seinen Vorausstattungen konstituierten Strukturen seines praktischen Handelns – angefangen mit den Struktureigenschaften der sozialisatorischen Interaktion – vornimmt (Oevermann et al. 1979, 353). Die Biographie wäre hier als Fallstrukturiertheit einer individuierten Lebenspraxis zu bestimmen, die aus den Selektionsentscheidungen und deren (selbst-)rekonstruktiver Aneignung resultiert.

Mit Bezug auf Mead fasst Oevermann diesen Prozess in der Spannung von „I" und „me". Das „I" lässt als Spontaneitätsinstanz in der gegenwärtigen Konkretion zukunftsoffener Entscheidungen praktisches Handeln emergieren und im „me" ist „die jeweils gegenwärtige Emergenz des ‚I' zur erinnerten und rekonstruierten Gegenwart geworden, mithin der Vergangenheit des Selbst, seiner Bildungsgeschichte hinzugefügt" (Oevermann 1991, 298). Dabei bestimmt Oevermann das „I" als nicht-reduzierbaren Kern der Autonomie einer Lebenspraxis und als Mitte der Entscheidungsinstanz einer Fallstruktur (Oevermann 1991, 308). Das „I" ist dann auch die Instanz, die mit der manifesten Krise der Lebenspraxis fertig werden muss und damit zugleich die Instanz der Entstehung des Neuen als Transformation der Fallstruktur (Oevermann 1991, 314f).

„Das ‚me' steht außerhalb dieser Subjektivität, es repräsentiert das durch Rekonstruktion in Begriffen des Allgemeinen objektiv gewordene Selbst, gewissermaßen die sich reproduzierende Fallstruktur" (Oevermann 1991, 315).

Für den pädagogischen Diskurs um Risiko- und Resilienzfaktoren implizieren die Konzepte der „Biographisierung" und der „biographischen Arbeit" eine Zunahme der spezifischen Anforderungen an die Lebensbewältigung, die einen selbstbezüglichen und selbstreflexiven Umgang mit dem eigenen Leben auch bereits in der Kindheit betreffen. Diese Anforderung wird dort etwa gefasst als ‚Re-Individualisierung' von Lebensrisiken und als fortschreitende „Verflüssigung kollektiver Sicherungsgarantien in den primären Lebensfeldern" (Opp/Fingerle/Freytag 1999, 10ff). Über die im Konzept der „biographischen Arbeit" markierte moderne Anforderung der Selbstbezüglichkeit und -reflexivität auch für Kinder besteht demnach Einigkeit. Faktoren, die diese Form der Selbstbezüglichkeit erschweren oder gar behindern, könnten durchaus problematische und riskante Folgen für Entwicklungsverläufe haben. Insofern wäre die Unterstützung und Flankierung der notwendigen „biographischen Arbeit" in den Entwicklungsverläufen von Kindern und Jugendlichen ein zentrales Aufgabenfeld der (Heil-)Pädagogik. Ansätze einer solchen Begleitung und Moderation der „biographischen Arbeit" finden sich in der biographisch orientierten sozialen Arbeit (z.B. der „biographischen Diagnostik" – Hanses 2000, 2004b), aber auch in den konzeptionellen Überlegungen zum autobiographisch-narrativen Interview in interventionsorientierten Arbeitsfeldern (Nittel 1994).

Wir können dem biographietheoretischen Diskurs auch entnehmen, dass zwar die Ausweitung der „biographischen Arbeit" in der Moderne zugenommen hat, der Modus selbst aber nicht neu ist, sondern konstitutiv zur Lebenspraxis gehört. Das soll jedoch kein Argument dafür sein, die pädagogische Verantwortung für die Flankierung und Unterstützung der „biographischen Arbeit" abzugeben. Es verweist uns aber darauf, dass in der pädagogischen Arbeit mit Kindern und Jugendlichen an die jeweils bereits vorliegende und schon ausgebildete „Biographisierung" angeknüpft werden kann. „Biographische Arbeit" kann in diesem Sinne als naturwüchsig vorliegende Fähigkeit der Subjekte gefasst werden, die als lebenspraktische Quelle gegebenenfalls zu unterstützen und zu moderieren ist. In diesem Sinne liegen mit dem jeweiligen Grad an „Biographisierung" und an „biographischer Arbeit" Ressourcen der Lebensbewältigung vor. Diese sind lebensgeschichtlich hervorgebracht und damit jeweils spezifisch konturiert. Inwieweit damit das biographische Gewordensein selbst als „Ressource" der Lebensbewältigung aufgefasst werden kann, soll nun im nächsten Abschnitt behandelt werden.

3 Biographisches Gewordensein als „Ressource"

Mit den bisherigen Ausführungen sollte deutlich geworden sein, dass in der jeweils individuellen Lebensgeschichte eine Struktur, d.h. ein konkreter Verweisungs- und Sinnzusammenhang entsteht, der die Art und Weise des Selbstbezuges und den Orientierungsrahmen eines Subjektes für sein gegenwärtiges Handeln präformiert. Das jeweilige biographische Gewordensein und die individuelle Erfahrungsaufschichtung sind gewissermaßen –

um es bildlich zu formulieren – das Gepäck, das jedes handelnde Subjekt in ständig neue Situationen mitbringt. Schütze spricht hier von lebensgeschichtlich eingebetteten und nach Lebenssituation variierenden biographischen Wahrnehmungs-, Orientierungs-, Deutungs- und Steuerungsmustern (vgl. Schütze 1981, 106). In diesem Sinne wird etwa für den Bereich der Professionstheorie aus der Sicht der Biographieforschung argumentiert, dass „der Einfluss der eigenen Biographien der professionellen Akteure auf ihr professionelles Handeln als Ressource oder auch ‚Barriere'" zu verstehen sei (Fabel/Tiefel 2004, 15; Marotzki 1999, 336; Hanses 2004a, 1).

Hier wird nun die Position vertreten, dass der jeweilige symbolische Verweisungszusammenhang einer Lebensgeschichte und der damit verbundene biographische Orientierungsrahmen generell als Ressource gefasst werden können, dies jedoch im positiven wie im negativen Sinne. Über die durch biographische Arbeit erfolgende Auseinandersetzung mit dem eigenen Leben und der darin stattfindenden Erfahrungsaufschichtung wird nämlich prädisponiert, wie sich ein Akteur gegenüber den Anforderungen z. B. einer Institution positionieren kann und welche Formen der Bearbeitung von etwaigen Problemen verfügbar sind. Dies wird z. B. an biographieanalytischen Studien zur Schülerbiographie sehr deutlich (Nittel 1992; Kramer 2002, 2006). Über „Biographie" als „Ressource" wird dort nachgezeichnet, warum und in welcher Form Kinder und Jugendliche an die schulische Anforderungsstruktur erfolgreich oder scheiternd anschließen können und wie sie im weiteren Verlauf ihr „Passungsverhältnis" zur Schule bearbeiten.

Genau mit dieser Fassung von Biographie als Ressource kann nun an den Resilienzdiskurs angeknüpft werden – und dies in einer Form, die vielleicht die dort diskutierten Schwierigkeiten zu lösen hilft. Das Konzept „Biographie" verhindert einen Einzelaspekte isolierenden Blick, weil hier immer die gesamte Gemengelage von biographischen Erfahrungen, Orientierungen und Deutungen im Mittelpunkt steht. Ob dann in dieser Hinsicht eine einzelne biographische Disposition einen Risiko- oder aber einen Resilienzfaktor darstellt, lässt sich eben erst mit seiner gesamtbiographischen Einbettung und mit Blick auf die jeweils konkrete Anforderungsstruktur (z. B. die einer Institution wie der Schule) festmachen.

Am ehesten lässt sich diese biographische Disponierung vermutlich mit dem Begriff des „Temperaments" innerhalb des Resilienzdiskurses in Übereinstimmung bringen. Jedoch verliert eine solche Disponierung innerhalb biographietheoretischer Annahmen den (quasi naturgegebenen) Charakter einer Wesensart des Subjektes. Es handelt sich in dieser Perspektive immer schon um symbolische Strukturierungen, die im Rahmen von Interaktionsprozessen konstituiert werden und in welche die Auseinandersetzung mit signifikanten Anderen und Opponenten ebenso eingeht wie die Internalisierung des verallgemeinerten Anderen (Schütze 1984, 79).

Alle weiteren Einzelaspekte, die zur Aufklärung der inneren Mechanik von Entwicklungsverläufen innerhalb des Resilienzdiskurses aber auch in der empirischen Bildungsforschung herangezogen werden – z. B. „Intelligenz", „Selbstwert" oder „Selbstwirksamkeitserwartung" – sind eigentlich in den Gesamtrahmen der „Biographie" einzustellen. Nur so kann ihre entwicklungsfördernde oder entwicklungshemmende Wirkung für Individuationsverläufe (mit den oben genannten Einschränkungen) prognostiziert werden.

Dieser biographische Gesamtrahmen unterliegt nun aber auch Veränderungen, was neben der unaufhebbaren Offenheit der Zukunft die Schwierigkeit von interventionsbezogenen Prognosen erhöht. Sie sind deshalb auf eine Prozess- bzw. Verlaufsperspektive angewiesen. Wie nun diese Prozessdimension innerhalb der Biographieforschung eingeholt wird, soll im nächsten Schritt verdeutlicht werden.

4 Die Prozessstrukturen des Lebensablaufs von Fritz Schütze – zwischen biographischem Handlungsschema und Verlaufskurve

Wie kein anderer hat Fritz Schütze die aktuelle erziehungswissenschaftliche Biographieforschung der Bundesrepublik Deutschland geprägt. Wie ein Subjekt eine Ereignisverkettung erfährt und ‚theoretisch' verarbeitet, wie ‚persönliche Schicksale' die Identität beeinflussen, sind hierbei die zentralen Fragen (Schütze 1983, 284). Dabei vertritt Schütze die These von den elementaren Prozessstrukturen des Lebensablaufs, „die (wenn auch z. T. nur spurenweise) in allen Lebensläufen anzutreffen sind" (Schütze 1983, 284). In diesem Ansatz ist zentral, wie bestimmte Ereignisse und Phasen in den gesamten Lebensablauf eines Biographieträgers eingebettet sind. Erst darüber erhalten sie ihre lebensgeschichtliche Relevanz. Was hier als faktischer Prozessablauf des Lebens angesprochen ist, bestimmt Schütze auch als „die ‚sequentielle' Struktur der Lebensgeschichte des Biographieträgers" – als „eine sequentiell geordnete Aufschichtung größerer und kleinerer in sich sequentiell geordneter Prozessstrukturen" (Schütze 1983, 284).

Wichtig ist nun, dass Schütze in seiner Konzeption einen äußeren Ereignisablauf trennt von seiner inneren Erfahrung und Verarbeitung. Das entscheidende Merkmal für seine Konzeption der Prozessstrukturen ist die Erfahrungshaltung, die der Biographieträger den Ereignisabläufen gegenüber einnimmt (vgl. Schütze 1984, 92). In den Prozessstrukturen unterscheidet Schütze vier grundsätzliche Arten der Haltung gegenüber lebensgeschichtlichen Erlebnissen: die Verlaufskurve, institutionelle Erwartungsmuster, biographische Handlungsschemata und Wandlungsprozesse (Schütze 1981; 1983; 1984, 92ff; 1995). Diese Prozessstrukturen beziehen sich auf systematische Haltungen des Biographieträgers zum Ereignisstrom, und sie ordnen systematisch Phasen der Lebensgeschichte unter generelle Erfahrungsprinzipien. Sie stehen somit für „elementare Aggregatzustände der Verknüpfungen der Ereigniserfahrungen", für

„Aggregatzustände der Erfahrungs- und Aktivitätswelt des Biographieträgers" (Schütze 1984, 93).

Das biographische Handlungsschema bezeichnet die Prozessstruktur mit dem intentional-aktiven Prinzip (vgl. Schütze 1981, 70ff; 1983, 288). Sie ist gekennzeichnet durch eine intentionale Ordnungsstruktur der lebensgeschichtlichen Prozesse, durch Aktivitätspotentiale und die Annahme, dass Interaktionsgegenüber erwartbar auf eigene Handlungsimpulse reagieren. Das biographische Handlungsschema zeigt sich im Verwirklichungsbestreben eines lebensgeschichtlichen Vorhabens mit jeweils spezifischen Motivations-, Ablaufs- und Ergebnismustern, die sich zu typischen Aktivitätszusammenhängen zusammenschließen.

Institutionelle Ablaufmuster und -erwartungen meinen die Prozessstruktur mit dem normativ-sachlichen Prinzip (vgl. Schütze 1981, 67ff; 1983, 288). Diese Prozessstruktur zeichnet sich dadurch aus, dass die biographischen Orientierungen dominant auf stabile gesellschaftliche Institutionalisierungsmuster bezogen sind, z. B. Phasen und Stadien des Lebenszyklus im Bereich der Familie oder der Berufskarriere. Diese Prozessstruktur wäre nach Schütze als Erfüllung und Abwicklung einzelner Erwartungsschritte zu konzipieren.

Verlaufskurven als dritte Prozessstruktur stehen für das konditionale Prinzip, das Prinzip des Getriebenwerdens durch sozialstrukturelle und äußerlich-schicksalhafte Bedingungen der Existenz. Verlaufskurven kennzeichnen lebensgeschichtliche Prozesse im Modus des Erleidens (vgl. Schütze 1981, 89). Sie sind durch besonders dichte konditionelle Verkettungen von Ereignissen charakterisiert (vgl. Schütze 1983, 288). Biographisch relevante Zusammenhänge treten dem Biographieträger als intentionsäußerliche Auslösebedingungen gegenüber und bewirken in der sequentiellen Struktur eine Veränderung von Merkmalsdimensionen, Situations- und Selbstdefinitionen. Das Individuum ist hier nicht als Akteur bestimmt, sondern als Betroffener zu bezeichnen. Das Geschehen entstammt aus der Erfahrungssicht des Subjektes nicht den eigenen Aktivitätsimpulsen. Das Verlaufskurvenkonzept bezeichnet damit biographische Prozesse der Überwältigung von lebensgeschichtlichen Ereignissen und des konditionellen Reagierens. Verlaufskurven sind geprägt durch Fremdbestimmtheit, eine Reduktion von Handlungskompetenzen und -kapazität, ein Fremdwerden des eigenen Selbst und einen beschleunigten Identitätswandel. Orientierungs- und Aktivitätsaufmerksamkeiten werden dabei in starrer Weise auf Probleme der unmittelbaren Lebensbewältigung ausgerichtet (Schütze 1981, 89). Die innere Abfolgelogik von biographischen Verlaufskurven bildet einen Mechanismus, der nach Schütze nur durch erhebliche Anstrengungen (Kosten) des Biographieträgers oder von Verlaufskurvendritten bzw. -transformatoren (z. B. durch professionelle Intervention) vorzeitig überwunden werden kann.

Die Prozessstruktur des Wandlungsprozesses steht schließlich für das kreative Prinzip. Dabei ist für diese Prozessstruktur die Abgrenzung zu den anderen Prozessstrukturen eher unscharf, weil die oben genannten Ordnungsstrukturen des Lebensablaufes ebenfalls Wandlungen der Selbstidentität implizieren. Schütze geht es bei der Konzeption dieser Prozessstruktur aber um die Fokussierung auf Wandlungsprozesse und den Umstand, dass diese Wandlungen zum Orientierungsrahmen der biographischen Strukturierung gemacht werden. Insbesondere geht es hier um Prozesse der Entfaltung von Kreativitätspotentialen der Selbstidentität in Form einer überraschenden Freisetzung und Veränderung.

Nun muss man zu den knapp skizzierten und verdichteten Bestimmungen kategorialer Prozessstrukturen des Lebensablaufs immer dazu auch die Annahme der Ausdifferenzierungen, der Pluralisierung und Individualisierung von Lebensschicksalen berücksichtigen (Schütze 1981). Die Prozessstrukturen sind nicht als Homogenisierung biographischer Verläufe zu verstehen. Schütze selbst macht die Annahme unterschiedlicher Reichweiten der Prozessstrukturen stark und verweist auf parallele Kombinationen von Prozessstrukturen und jeweils konkret zu bestimmende Dominanzverhältnisse in den lebensgeschichtlichen Orientierungsstrukturen. Seinen Darstellungen kann man auch entnehmen, dass die Übergänge zwischen den jeweils dominanten Prozessstrukturen fließend und die Grenzen in den einzelnen Phasen nur analytisch zu bestimmen sind. So stehen einerseits handlungsschematische Impulse etwa in Form von situativen Bearbeitungs- und Kontrollschemata auch systematisch an der Stelle der Bearbeitung von Verlaufskurvenprozessen; andererseits können handlungsschematische Entwürfe in Verlaufskurvenprozesse umschlagen, wenn Aktivitäten nicht die angezielten Ergebnisse zeitigen (vgl. Schütze 1981, 104).

Bedeutsam scheint mir die Konzeption für den Resilienzdiskurs aber in der polaren Gegenüberstellung von negativer Verlaufskurve und biographischen Handlungsschemata und der jeweils entsprechenden Positionierung des Selbst zum Ereignisstrom. Jede Prozessstruktur impliziert somit eine bestimmte Lebensstimmung, biographische Relevanzstrukturen und spezifische kognitive und soziale Orientierungen, die – bezogen auf die zentralen Pole – zwischen Scham und Zufriedenheit, Bedrückung und Freude, Lebensentwertung (Misserfolg) und Lebensaufwertung (Erfolg) angesiedelt sind. Zugleich stehen sich damit zwei unterschiedliche Orientierungsformen und Aktivitätsvorstellungen kontrastierend gegenüber.

Für die Frage nach Risiko- oder Resilienzfaktoren würden diesbezüglich sinnvolle Anknüpfungsmöglichkeiten an die Biographieforschung vorliegen.

Es erscheint mir sinnvoll, im pädagogischen Diskurs über Risiko- und Resilienzfaktoren an die Bestimmungen der „Prozessstrukturen" von Schütze anzuknüpfen. Einerseits deshalb, weil damit die Prozesshaftigkeit und gesamtbiographische Einbettung von Entwicklungsverläufen gelingt. Damit entgeht man der Gefahr, in der Betrachtung von Entwicklungsverläufen statische oder durch die isolierte Betonung einzelner Personenmerkmale verkürzte Aussagen vorzunehmen, die sich dann in den daraus abgeleiteten Interventionen als problematisch herausstellen können. Andererseits ermöglicht die Anknüpfung an die „Prozessstrukturen" etwas zu fokussieren, das möglicherweise auch im Resilienzdiskurs mit den Konzepten des „Temperaments" oder der „Selbstbewertung" angezielt ist: Gemeint ist die grundlegende Haltung eines Akteurs gegenüber dem Ereignisstrom und die daraus resultierende lebensgeschichtliche Bestimmung des Selbst und seiner Aktivitätsimpulse.

In der polaren Gegenüberstellung von Handlungsschema und Verlaufskurve wird es zunächst die Verlaufskurve sein, die in einer pädagogischen Perspektive mit Risiken verknüpft ist und problematische Entwicklungen hervorbringen kann. Schütze selbst hat dazu ja eingängige Analysen vorgelegt, die verdeutlichen, wie im Modus des Getriebenwerdens immer stärker die Aktivitäts- und Bewältigungspotentiale zurückgefahren werden (Schütze 1983, 1995). Bei einem solchen Falle käme es in der pädagogischen Arbeit besonders darauf an, (als „Verlaufskurvenprozessor") die aktuelle Lebensbewältigung zu stabilisieren und mit dem Betroffenen Prozesse der „biographischen Arbeit" anzuregen. Das biographische Handlungsschema wird dagegen mit seinem Verwirklichungsstreben und der Freisetzung von Aktivitätspotentialen vor allem als Resilienzfaktor in den Blick kommen. Jedoch hat Schütze auch deutlich gemacht, dass eine solche formelhafte Betrachtungsweise ihrerseits Tücken aufweist und die Grenzen zwischen den Prozessstrukturen teilweise fließend sind. So kann das biographische Handlungsschema dann zur Aufschichtung von Verlaufskurvenpotential führen, wenn andere relevante Aktivitätsbereiche für den Akteur aus dem Blick geraten und die verfolgten Unternehmungen mit plötzlichen Schwierigkeiten konfrontiert werden. Im Einzelfall kommt es also dann auf die jeweils konkret vorliegende Ausformung der Prozessstrukturen in ihrer Eigenlogik an und darauf, dass der professionelle Akteur an die lebensgeschichtlich jeweils vorliegenden biographischen Ressourcen anknüpfen kann.

5 Ausblick: Reflexionsanforderungen und Gestaltungsgrenzen für die professionelle pädagogische Arbeit

Wenn nun abschließend versucht wird, einige Ableitungen aus der Verhältnisbestimmung zwischen den Konzepten „Biographie" und „Resilienz" für die pädagogische Praxis zu ziehen, dann ist wiederum grundlegend kurz auf die Strukturlogik professioneller pädagogischer Praxis einzugehen. Es ist vor allem Oevermann gewesen, der in der Bestimmung der Spezifik professionellen Handelns darauf gedrängt hat, dabei von der Rekonstruktion der typischen Handlungslogik und gewissermaßen vom typischen Handlungsproblem auszugehen (Oevermann 2004, 3; 1996). Dieses typische Handlungsproblem bestimmt Oevermann in der stellvertretenden Krisenbewältigung. Im Fokus der Aufrechterhaltung, Gewährleistung und Wiederherstellung der somatopsychosozialen Integrität des pädagogischen Handelns beinhaltet das

„somit stellvertretendes Handeln, stellvertretendes Deuten oder stellvertretende Bearbeitung von Praxisproblemen angesichts der Beschädigung, Blockierung, der zeitweisen Einschränkung oder noch nicht entfalteten lebenspraktischen Autonomie und zielt immer auf deren Generierung, Wiederherstellung oder Stärkung, um sich selbst überflüssig zu machen" (Helsper et al. 2001, 45).

Ein solches professionelles Handeln ist notwendig interventionspraktisch angelegt und damit auf eine nicht-ingenieuriale Wissensanwendung angewiesen (Oevermann 2004, 5; 1995, 137ff). Das bedeutet, dass die lebenspraktischen Interventionen nicht subsumtionslogisch und nach scheinbar bewährtem und feststehendem Wissen vollzogen werden können, sondern im Modus der Rekonstruktion der jeweiligen Eigenlogik des Falls. Gleichwohl ist gerade das professionelle Handeln einer gesteigerten Begründungsverpflichtung unterworfen (Oevermann 1996, 124). In diesem Sinne könnte man auch von einer gesteigerten Bewährungsdynamik sprechen, von einem lebenspraktischen Handeln in

„dritter Potenz: eine lebenspraktisch autonome Handlung, die stellvertretend für eine fremde Lebenspraxis sich um deren Stärkung für Problemlösungen bemüht und diese zum ‚Gegenstand' hat – also Praxis für eine andere Praxis ist – und dies als gesteigertes und mit besonderen Verantwortlichkeiten und Anspruchlichkeiten versehenes lebenspraktisches Handeln" (Helsper et al. 2001, 45).

Eine ähnlich gesteigerte Bewährungsdynamik finden wir auch in den Eltern-Kind-Beziehungen als naturwüchsige Formen der stellvertretenden Krisenbewältigung. Jedoch besteht hier der entscheidende Unterschied zum professionellen Handeln darin, dass das naturwüchsige stellvertretende Handeln nicht unter demselben Rationalisierungsdruck steht wie die professionelle Praxis.

„Denn Stellvertretung ... ist der professionalisierten Praxis rational nur in dem Maße möglich, in dem sie sich auf eine methodisch kontrollierte und nach expliziten Geltungskriterien bewährte erfahrungswissenschaftliche Wissensbasis berufen kann." (Oevermann 1996, 124)

Insofern es die professionelle pädagogische Praxis immer mit Interventionen in jeweils konkrete Lebenspraxen zu tun hat und damit mit einer mehr oder weniger beeinträchtigten jedoch grundlegend in Rechnung zu stellenden Autonomie dieser Lebenspraxis, wird sie immer auf das biographische System als Ganzes Bezug nehmen müssen. Selbst dort, wo die Bezüge stark ausdifferenziert und spezialisiert sind, ist damit das biographische System mindestens als „Abwesendes anwesend" (Kade 1997, 60). Daraus resultiert das Strukturmoment der Ungewissheit oder des Risikos für das pädagogische Handeln selbst (Kraul/Marotzki 2002, 8; Kade 1997, 64; Fabel/Tiefel 2004, 12) und das Agieren in Antinomien und Paradoxien (Helsper et al. 2001, 39ff; Schütze 1996).

Für das konkrete Handeln in pädagogischen Arbeitsfeldern ergeben sich nun aus diesen Bestimmungen zwei fundamentale Ableitungen. Erstens eine doppelte und in sich spannungsreiche Ausgestaltung der Professionellen-Klienten-Beziehung, die – wie Oevermann (1996, 2004) darlegt – als spannungsreiche Einheit aus diffusen und spezifischen Beziehungsanteilen besteht. Daraus leitet sich die Notwendigkeit eines jeweils erst herzustellenden pädagogischen Arbeitsbündnisses ab. Zweitens – und dieser Punkt soll hier im Weiteren fokussiert werden – erfordert das professionelle pädagogische Handeln ein rekonstruktives Vorgehen als Methode der Intervention, das in scharfem Kontrast zum abkürzungshaften Schema-F-Verstehen (Schütze 1996) zu entfalten ist. Die für jede Intervention erforderliche Diagnose kann also nicht im Sinne eines TÜV-Modells und durch Subsumtion erfolgen, sondern immer nur durch die Rekonstruktion der jeweils fallspezifischen Motivierung eines Mangels in der Ausübung der lebenspraktischen Autonomie (Oevermann 2004, 9).

Die Reflexionsanforderungen und die Gestaltungsgrenzen jeder Intervention sind nun mit den Ausführungen zum Strukturproblem des professionellen Handelns und seiner Bearbeitung markiert. Wie aber lassen sich die Ausführungen nun in Anregungen des Biographiekonzeptes für das interventionsbezogene pädagogische Handeln überführen? Dazu sollen die abschließenden Überlegungen als – sicherlich noch weiter zu führende – Antwort dienen.

Wenn das professionelle interventionsbezogene Handeln auf die hermeneutisch-rekonstruktive und einzelfallbezogene Aufschließung der Motivierungen eines Mangels angewiesen ist, dann sind einerseits unterschiedliche Motivierungskontexte in den Blick zu nehmen. Andererseits müssen einzelfallbezogene Aufschließungsverfahren im Kontrast zu subsumtiven Zuordnungen zu statistisch generierten Kategorien entwickelt werden. Es ist offensichtlich, dass sich dazu vor allem Verfahren der qualitativen Sozialforschung mit ihrer der Interventionslogik korrespondierenden Fallorientierung eignen. Solche Überlegungen und Entwicklungen hat es z. B. für das Feld der Sozialen Arbeit (Groddeck/Schuhmann 1994; Schütze 1993, 1994) und für das Feld des Lehrerhandelns (Ohlhaver/Wernet 1999; Beck et al. 2000) gegeben.

Hier soll nun jedoch mit Biographie nur ein Motivierungskontext im

Fokus stehen und nach brauchbaren methodischen Verfahren seiner Aufschließung gefragt werden. Neben den schon genannten Arbeiten von Hanses war es vor allem Dieter Nittel, der nach der Nähe und Verwendbarkeit des von Fritz Schütze entwickelten biographieanalytischen Ansatzes für die Interventionspraxis der Sozialen Arbeit gefragt hat (Nittel 1994). Er macht dabei deutlich, dass die analoge Aufklärungsintention sowie die Orientierung am Einzelfall gewissermaßen eine „Wahlverwandtschaft" hervorbringen (Nittel 1994, 151). Beiden Ansätzen geht es im hohen Maße um eine Sensibilisierung für biographische Konstellationen und ihr Gewordensein. Mit dem Ansatz von Schütze wird es nun aber möglich, den Eigenwert von „Biographie" als sozialwissenschaftliche und interventionspraktische Schlüsselkategorie zu erfassen. Mit dem autobiographisch-narrativen Interview und der narrationsstrukturellen Analyse hat Schütze zugleich zentrale Vorlagen für eine biographieorientierte Interventionspraxis geliefert (z. B. Schütze 1983). Der dabei innerhalb der Wissenschaftsdisziplinen notwendig einzuplanende Zeitaufwand im Sinne einer Handlungsdruckentlastetheit ist dann von Hanses (2000) auf die (v. a. auch zeitlichen) Praxiszwänge der sozialen Arbeit in seiner „biographischen Diagnostik" modifiziert worden.

Im Kern geht es darum, in Gesprächssituationen lebensgeschichtliche Thematisierungen aus dem Stegreif zu initiieren, die über die prozesshafte Hervorbringung und Konstellation der Verstrickung in eine etwaige Notlage sowie über deren subjektive Deutung Auskunft geben. Diese lebensgeschichtlichen Thematisierungen wären dann zunächst zu dokumentieren und anschließend einer handlungsdruckentlasteten Analyse zuzuführen. In diesen lebensgeschichtlichen Thematisierungen sind dann jeweils die Ressourcen und Bedingungen herauszuarbeiten, die als Risiko- oder Resilienzfaktoren für Entwicklungsverläufe relevant sind.

Ein solcher biographieanalytischer Zugang hätte dabei für die Kontroversen des Resilienzdiskurses zwei zentrale Vorteile. Erstens würde man die Unbestimmtheiten einer verkürzten und von statistischen Kategorien subsumtiv operierenden Zuweisung von Risiko- oder Resilienzfaktoren vermeiden. Das ist deshalb entscheidend, weil sich jeweils erst aus der konkreten biographischen Situation und der dort vorfindbaren fallspezifischen Konstellation von Faktoren rekonstruktiv herausarbeiten lässt, welche Faktoren im Hinblick auf eine etwaige Entwicklung als Risiko- und welche als Resilienzfaktoren zu bestimmen wären. Zweitens könnten in einem biographieanalytischen Zugriff die jeweils rekonstruktiv erschlossenen Risiko- oder Resilienzfaktoren immer auch in ihrer lebensgeschichtlichen Prozessperspektive und damit in ihrem jeweils spezifischen Gewordensein in den Blick kommen. Erst darüber könnte man dann begründet eine Vorstellung über die Struktur, die strukturelle Bezogenheit und den Grad der Widerständigkeit oder Transformierbarkeit eines Faktors gewinnen.

Dass also mit einem biographieanalytischen Zugang eine für die Intervention deutlich günstigere Begründungs- und Entscheidungsbasis vorhanden ist, sollte hiermit deutlich sein. Dass nun mit einer solchen methodischen Orientierung Prozesse der Professionalisierung für die Interventionspraxis zusammenfallen, ist vielfach belegt (z. B. Nittel 1994; Combe/Helsper 1996). Eine solche methodisch kontrollierte Fallorientierung wäre dabei bereits in der grundständigen Ausbildung vorzuhalten. Die stärkere Gewichtung von und Orientierung an methodischen Konzepten der einzelfallbezogenen, rekonstruktiven Aufschließung von Motivierungskontexten ist deshalb insgesamt für das Feld der heil- und rehapädagogischen Arbeit von großer Bedeutung.

Literatur

Alheit, P. (1995): „Biographizität" als Lernpotential: Konzeptionelle Überlegungen zum biographischen Ansatz in der Erwachsenenbildung. In: Krüger, H.-H., Marotzki, W. (Hrsg.): Erziehungswissenschaftliche Biographieforschung. Leske + Budrich, Opladen, 276–307
Beck, C., Helsper, W., Heuer, B., Stelmaszyk, B., Ullrich, H. (2000): Fallarbeit in der universitären LehrerInnenbildung. Professionalisierung durch fallrekonstruktive Seminare. Eine Evaluation. Leske + Budrich, Opladen
Beck, U. (1986): Risikogesellschaft. Auf dem Weg in eine andere Moderne. Suhrkamp, Frankfurt/M.
Behnken, I., Zinnecker, J. (2001): Die Lebensgeschichte der Kinder und die Kindheit in der Lebensgeschichte. In: Behnken, I., Zinnecker, J. (Hrsg.): Kinder, Kindheit, Lebensgeschichte. Ein Handbuch. Kallmeyer, Seelze-Velber, 16–32
Combe, A., Helsper, W. (Hrsg.) (1996): Pädagogische Professionalität. Untersuchungen zum Typus pädagogischen Handelns. Suhrkamp, Frankfurt/M.
Dausien, B. (2002): Biographie und/oder Sozialisation? Überlegungen zur paradigmatischen und methodischen Bedeutung von Biographie in der Sozialisationsforschung. In: Kraul, M., Marotzki, W. (Hrsg.): Biographische Arbeit. Leske + Budrich, Opladen, 65–91
Ecarius, J. (1998): Biographie, Lernen und Gesellschaft. Erziehungswissenschaftliche Überlegungen zu biographischen Lernen in sozialen Kontexten. In: Bohnsack, R., Marotzki, W. (Hrsg.): Biographieforschung und Kulturanalyse. Leske + Budrich, Opladen, 129–151
Fabel, M., Tiefel, S. (2004): Biographie als Schlüsselkategorie qualitativer Professionsforschung – eine Einleitung. In: Fabel, M., Tiefel, S. (Hrsg.): Biographische Risiken und neue professionelle Herausforderungen. VS Verlag, Wiesbaden, 11–40
Fischer, W., Kohli, M. (1987): Biographieforschung. In: Voges, W. (Hrsg.): Methoden der Biographie- und Lebenslaufforschung. Leske + Budrich, Opladen, 25–50
Fuchs, W. (1984): Biographische Forschung. Eine Einführung in Praxis und Methoden. Leske + Budrich Opladen
Giddens, A. (1996): Konsequenzen der Moderne. Suhrkamp, Frankfurt/M.
Groddeck, N., Schumann, M. (Hrsg.) (1994): Modernisierung Sozialer Arbeit durch Methodenentwicklung und -reflexion. Lambertus, Freiburg i. Br.
Hahn, A. (1987): Identität und Selbstthematisierung. In: Hahn, A., Kapp, V. (Hrsg.): Selbstthematisierung und Selbstzeugnis: Bekenntnis und Geständnis. Suhrkamp, Frankfurt a. M., 9–24
Hanses, A. (2000): Biographische Diagnostik in der sozialen Arbeit. Über die Notwen-

digkeit und Möglichkeit eines hermeneutischen Fallverstehens im institutionellen Kontext. In: neue Praxis 30, 357–379
- (2004a): Einleitung. In: Hanses, A. (Hrsg.): Biographie und soziale Arbeit. Institutionelle und biographische Konstruktionen von Wirklichkeit. Schneider Hohengehren, Baltmannsweiler, 1–5
- (2004b) (Hrsg.): Biographie und soziale Arbeit. Institutionelle und biographische Konstruktionen von Wirklichkeit. Schneider Hohengehren Baltmannsweiler

Helsper, W., Böhme, J., Kramer, R.-T., Lingkost, A. (2001): Schulkultur und Schulmythos. Rekonstruktionen zur Schulkultur I. Leske + Budrich, Opladen

Kade, J. (1997): Vermittelbar/nicht-vermittelbar. Vermitteln: Aneignen. Im Prozess der Systembildung des Pädagogischen. In: Lenzen, D., Luhmann, N. (Hrsg.): Bildung und Weiterbildung im Erziehungssystem. Suhrkamp, Frankfurt/M., 30–70

Kramer, R.-T. (2002): Schulkultur und Schülerbiographien. Das „schulbiographische" Passungsverhältnis. Rekonstruktionen zur Schulkultur II. Leske + Budrich, Opladen
- (2007): Das „schulbiographische Passungsverhältnis" und seine Konsequenzen für Reformprozesse in der Schule. In: Breidenstein, G., Schütze, F. (Hrsg.): Paradoxien in der Reform der Schule. Neue Sichtweisen durch qualitative Forschung. VS Verlag, Wiesbaden (im Druck)

Kraul, M., Marotzki, W. (2002): Bildung und Biographische Arbeit – Eine Einleitung. In: Kraul, M., Marotzki, W. (Hrsg.): Biographische Arbeit. Perspektiven erziehungswissenschaftlicher Biographieforschung. Leske + Budrich, Opladen, 7–21

Krüger, H.-H. (1995): Bilanz und Zukunft der erziehungswissenschaftlichen Biographieforschung. In: Krüger, H.-H., Marotzki, W. (Hrsg.): Erziehungswissenschaftliche Biographieforschung. Opladen, 32–54
–, von Wensierski, H. J. (1995): Biographieforschung. In: König, E., Zedler, P. (Hrsg.): Bilanz qualitativer Forschung. Bd. II: Methoden. Deutscher Studienverlag, Weinheim, 183–223

Laucht, M. (1999): Risiko- vs. Schutzfaktor? Kritische Anmerkungen zu einer problematischen Dichotomie. In: Opp, G., Fingerle, M., Freytag, A. (Hrsg.): Was Kinder stärkt. Erziehung zwischen Risiko und Resilienz. 1. Aufl. Ernst Reinhardt, München/Basel, 303–314

Marotzki, W. (1999): Erziehungswissenschaftliche Biographieforschung. Methodologie – Tradition – Programmatik. In: Zeitschrift für Erziehungswissenschaft 2, Heft 3, 325–341

Nittel, D. (1992): Gymnasiale Schullaufbahn und Identitätsentwicklung. Eine biographieanalytische Studie. Deutscher Studienverlag, Weinheim
- (1994): Biographische Forschung – ihre historische Entwicklung und praktische Relevanz in der Sozialen Arbeit. In: Groddeck, N., Schumann, M. (Hrsg.): Modernisierung sozialer Arbeit durch Methodenentwicklung und -reflexion. Lambertus, Freiburg i. Br., 147–188

Opp, G., Fingerle, M., Freytag, A. (1999): Erziehung zwischen Risiko und Resilienz. Neue Perspektiven für die heilpädagogische Forschung und Praxis. In: Opp, G., Fingerle, M., Freytag, A. (Hrsg.): Was Kinder stärkt. Erziehung zwischen Risiko und Resilienz. 1. Aufl., Ernst Reinhardt, München/Basel, 9–21

Oevermann, U. (1981): Fallrekonstruktion und Strukturgeneralisierung als Beitrag der objektiven Hermeneutik zur soziologisch-strukturtheoretischen Analyse. Unveröffentlichtes Manuskript, Frankfurt/M., 1–56
- (1986): Kontroversen über sinnverstehende Soziologie. Einige wiederkehrende Probleme und Missverständnisse in der Rezeption der „objektiven Hermeneutik". In: Aufenanger, S., Lenssen, M. (Hrsg.): Handlung und Sinnstruktur. Bedeutung und Anwendung der objektiven Hermeneutik. Kindt, München, 19–83

- (1991): Genetischer Strukturalismus und das sozialwissenschaftliche Problem der Erklärung der Entstehung des Neuen. In: Müller-Doohm, S. (Hrsg.): Jenseits der Utopie. Theoriekritik der Gegenwart. Suhrkamp, Frankfurt/M., 267–336
- (1995): Ein Modell der Struktur von Religiosität. Zugleich ein Strukturmodell von Lebenspraxis und von sozialer Zeit. In: Wohlrab-Sahr, M. (Hrsg.): Biographie und Religion. Zwischen Ritual und Selbstsuche. Campus, Frankfurt/M., 27–101
- (1996a): Theoretische Skizze einer revidierten Theorie professionalisierten Handelns. In: Combe, A., Helsper, W. (Hrsg.): Pädagogische Professionalität. Untersuchungen zum Typus pädagogischen Handelns. Suhrkamp, Frankfurt/M., 70–182
- (1996b): Konzeptualisierung von Anwendungsmöglichkeiten und praktischen Arbeitsfeldern der objektiven Hermeneutik. (Manifest der objektiv hermeneutischen Sozialforschung). Unveröffentlichtes Manuskript, Frankfurt/M., 1–37
- (1996c): Strukturale Soziologie und Rekonstruktionsmethodologie. Unveröffentlichtes Vortragsmanuskript, Frankfurt/M., 1–21
- (2004): Profession contra Organisation? Strukturtheoretische Perspektiven zum Verhältnis von Organisation und Profession am Beispiel der Schule. Vortragsmitschnitt vom 10.06.2004, 1–44
-, Allert, T., Konau, E., Krambeck, J. (1979): Die Methodologie einer „objektiven Hermeneutik" und ihre allgemeine forschungslogische Bedeutung in den Sozialwissenschaften. In: Soeffner, H.-G. (Hrsg.): Interpretative Verfahren in den Sozial- und Textwissenschaften. Metzler, Stuttgart, 352–433

Ohlhaver, F., Wernet, A. (Hrsg.) (1999): Schulforschung – Fallanalyse – Lehrerbildung. Diskussionen am Fall. Leske + Budrich, Opladen

Schütze, F. (1981): Prozeßstrukturen des Lebensablaufs. In: Matthes, J., Pfeifenberger, A., Stosberg, M. (Hrsg.): Biographie in handlungswissenschaftlicher Perspektive. Verlag der Nürnberger Forschungsvereinigung, Nürnberg, 67–156
- (1983): Biographieforschung und narratives Interview. In: Neue Praxis 3, 283–293
- (1984): Kognitive Figuren des autobiographischen Stegreiferzählens. In: Kohli, M., Robert, G. (Hrsg.): Biographie und soziale Wirklichkeit. Metzler, Stuttgart, 78–117
- (1993): Die Fallanalyse. Zur wissenschaftlichen Fundierung einer klassischen Methode der sozialen Arbeit. In: Rauschenbach, T., Ortmann, F., Karsten, M.-E. (Hrsg.): Der sozialpädagogische Blick. Lebensweltorientierte Methoden in der sozialen Arbeit. Juventa, Weinheim/München, 191–221
- (1994): Ethnographie und sozialwissenschaftliche Methoden der Feldforschung. Eine mögliche methodische Orientierung in der Ausbildung und Praxis der sozialen Arbeit. In: Groddeck, N., Schumann, M. (Hrsg.): Modernisierung sozialer Arbeit durch Methodenentwicklung und -reflexion. Lambertus, Freiburg i. Br., 189–297
- (1995): Verlaufskurven des Erleidens als Forschungsgegenstand der interpretativen Soziologie. In: Krüger, H.-H., Marotzki, W. (Hrsg.): Erziehungswissenschaftliche Biographieforschung. VS Verlag, Opladen, 116–157
- (1996): Organisationszwänge und hoheitsstaatliche Rahmenbedingungen im Sozialwesen: Ihre Auswirkung auf die Paradoxien des professionellen Handelns. In: Combe, A., Helsper, W. (Hrsg.): Pädagogische Professionalität. Untersuchungen zum Typus pädagogischen Handelns. Suhrkamp, Frankfurt/M., 183–275

Stern, D. (1995): Tagebuch eines Babys. Was ein Kind sieht, spürt, fühlt und denkt. 2. Aufl. Piper, München

Geschlecht als „Stärke" oder „Risiko"?
Überlegungen zur geschlechterspezifischen Resilienz

von Angela Ittel und Herbert Scheithauer

Einleitung

„What began as a quest to understand the extraordinary has revealed the power of the ordinary. Resilience does not come from rare and special qualities, but from the everyday magic of ordinary, normative human resources in the minds, brains, and bodies of children, in their families and relationships, and in their communities."

Ann Masten (1985)

Die Forschung zur Resilienz hat sich in den letzten Jahrzehnten zu einem breiten und vielfältigen Forschungsgebiet entwickelt. Ebenso vielfältig sind die Definitionen und Ansätze die formuliert wurden, um Resilienz herzuleiten und zu erklären. So werden einerseits biologische Erklärungen herangezogen, die Resilienz auf angeborene Anlagen oder Persönlichkeitsstrukturen zurückführen (Ramanaiah et al. 1999) und andererseits Erklärungen, basierend auf sozial-lerntheoretischen Modellen, die den Erwerb entwicklungsbedingter Fähigkeiten in Antwort auf besondere Gegebenheiten der Umwelt hervorheben.

Jüngere Konzeptualisierungen verstehen Resilienz als einen dynamischen Prozess, der durch die Interaktion zwischen Risiko- und Schutzfaktoren auf der individuellen, der Mikro- und der Makroebene bedingt wird und der den direkten Zusammenhang zwischen widrigen Lebensumständen und negativen psychosozialen Konsequenzen moderiert (Masten/Reed 2002; Scheithauer/Petermann 1999). Resilienz wird also nicht mehr als eine angeborene „Unverwundbarkeit" aufgefasst, sondern als kontextgebundene Fähigkeit, sich von negativen Erlebnisse zu erholen und trotz schwieriger Lebensumstände eine positive Entwicklung einzuschlagen (Garmezy 1991; Fonagy et al. 1994). Unter positiven Entwicklungsverläufen verstehen nach Masten und Reed (2002) drei Typen von Entwicklungsresultaten in der Kindheit und im Jugendalter:

1. *positive Selbst- und Fremdeinschätzung (z.B. Sozialverhalten, Lebenszufriedenheit);*
2. *Abwesenheit von Psychopathologie und Risikoverhalten;*
3. *erfolgreiche Bewältigung von Entwicklungsaufgaben.*

Dank einer Vielzahl von Studien in den letzten beiden Jahrzehnten wissen wir inzwischen eine Menge über die förderlichen und hinderlichen Bedingungen, die zu Entwicklungsverläufen in Kindheit und Jugendalter beitragen können. So wird auf der einen Seite die Bedeutung von Schutzfaktoren, wie etwa soziale Integration, soziale Kompetenz und familiale Kohäsion zur Förderung der Resilienz einer Person hervorgehoben. Auf der anderen Seite gelten Risikofaktoren, wie etwa Depression, gesundheitliche Risiken und negative soziale Interaktionen als Faktoren, die die Wahrscheinlichkeit einer resilienten Lebensführung (Olson et al. 2003) sowie die erfolgreiche Bewältigung von kulturell definierten Entwicklungsaufgaben (Havighurst 1972; Oerter/Dreher 1998) verringern.

Diese Faktoren weisen erhebliche geschlechterspezifische Varianzen in Prävalenz, Ausprägung und Bewältigungsmustern in Kindheit und Jugend auf (vgl. Holtmann et al. 2004; Alsaker/Bütikofer 2005), und so scheint es verwunderlich, dass sich bislang relativ wenige Studien explizit den geschlechterspezifischen Bedingungen der Entwicklung von Resilienz widmen. Weder die Rostocker Längsschnittstudie (Meyer-Probst/Teichmann, 1984) noch die Mannheimer Risikokinderstudie (Laucht et al. 2000) gehen explizit auf die geschlechterspezifische Bedeutung von Risiko- und Schutzfaktoren ein. Auch eine aktuelle Studie des Robert Koch Instituts zu Risiken und Gesundheit im Jugendalter (Bettge/Ravens-Sieberer 2003) streift dieses Thema nur am Rande. In der angloamerikanischen Literatur finden sich ebenso wenige Hinweise zur Geschlechterspezifität von Resilienz (für einen Überblick s. Olson et al. 2003). Weder wird dieses Thema in den Leitlinien für zukünftige Resilienzforschung von Luthar, Cicchetti und Becker (2000) aufgegriffen noch in der von Benard (2004) angefertigten ausführlichen Zusammenfassung der Ergebnisse bisheriger (hauptsächlich amerikanischer) Studien im Bereich der Resilienzforschung thematisiert. Der vorliegende Beitrag möchte daher speziell die Frage nach der geschlechterspezifischen Bedeutung von Resilienz aufgreifen und im Besonderen die Implikationen für die Entwicklung von Interventionen erörtern. Die Struktur für diese Darstellung bietet die Diskussion um weibliche und männliche Entwicklungsrisiken in Kindheit und Jugend, die in der (klinischen) Entwicklungspsychologie geführt wird (vgl. Alsaker/Bütikofer 2005).

1 Zum Konzept der Resilienz in der Entwicklungspsychologie

Das Resilienzkonzept hat vor allem seit der Popularisierung der „Positiven Psychologie", eine Forschungsrichtung, die von dem amerikanischen Psychologen Martin E.P. Seligman geprägt wurde (Carr 2004; Compton 2004), zunehmend auch das Interesse vieler Entwicklungspsychologen erfahren. Die bekanntesten entwicklungspsychologischen Längsschnittstudien in der Resilienzforschung sind die Isle-of-Wight-Studie (Rutter/Madge 1976; Rutter 1987) und die Kauai-Studie von Werner und Smith (1982, 1992). Im deutschsprachigen Raum sind die Rostocker Längsschnittstudie (Meyer-Probst/Teichmann 1984), die Mannheimer Studie zu Risikokindern (Laucht et al. 2000) und jüngst die bereits genannte Studie BELLA des Robert Koch Instituts (Ravens-Sieberer et al. 2002) anzuführen. Einen Überblick über Studien mit Bezug zur entwicklungspsychologischen Resilienzforschung und deren zentrale Ergebnisse findet man bei Egle, Hoffmann und Steffens (1997) sowie Scheithauer und Petermann (1999).

Im Gegensatz zur klinischen Psychologie, die sich mit den Bedingungen und Korrelaten von psychischer Krankheit und normativen Abweichungen befasst, ist hier das Ziel, die Entwicklung von bejahenden und stärkenden Eigenschaften und Fähigkeiten von Kindern und Jugendlichen darzustellen (Rutter 1999). Ausgangspunkt war die Beobachtung, dass – entgegengesetzt der Annahmen früher Studien zu Entwicklungsrisiken – viele Kinder, die verschiedenen belastenden Lebensereignissen ausgesetzt waren, im späteren Erwachsenenalter auf eine positive Lebensgestaltung verweisen können. So haben Werner und Smith (1982, 1992, 2001) in ihrer längsschnittlichen Studie zu Entwicklungsrisiken und Schutzfaktoren zeigen können, dass in einer Gruppe von 700 Kindern, die alle unter erschwerten Bedingungen aufwuchsen, nur einer von sechs der Studienteilnehmer mit negativen psychosozialen, gesundheitlichen und ökonomischen Schwierigkeiten im Erwachsenenalter zu kämpfen hatte. Darüber hinaus standen auch die Kinder und Jugendlichen, die schwerwiegende Ereignisse, wie Scheidung der Eltern, Tod eines Geschwisterkindes oder sozialen Ausschluss erlebt hatten, in ihrer sozialen, emotionalen und psychischen Anpassung Kindern, die diese Art von Ereignissen nicht erlebt hatten, in wenig nach. Diese Ergebnisse widersprachen der anfänglichen Überzeugung, formuliert in der klinischen Forschung, dass die Kumulation von Risikofaktoren unwiderruflich zu negativen Entwicklungsverläufen in Jugend und Erwachsenenalter führt. Stattdessen wurde deutlich, dass nicht die (fehlende) Anzahl an Risikofaktoren der entscheidende Faktor in der Vorhersage des Entwicklungsverlaufs ist, sondern dass die Relation von risikerhöhenden – im Sinne von Risikofaktoren – und risikomildernden Umständen – im Sinne von Schutzfaktoren – den weitaus wichtigeren Prädiktor für den Verlauf in der Entwicklung darstellt. Es geht also um komplexe Wechselwirkungsprozesse zwischen risikoerhöhenden und -mildernden Bedingungen im Entwicklungsverlauf (vgl. Scheithauer et al. 2000). Im Anschluss an die wegweisende Studie von Werner und Kollegen (Werner/Smith 1982) wurden in vielen Untersuchungen die Entwicklungsbedingungen unter unterschiedlichsten Risiko- und Schutzfaktoren von Kindern und Jugendlichen erörtert. Die durchgeführten Studien kommen zu einer weitgehend übereinstimmenden Liste von Risiko- und Schutzfaktoren, die von den jeweiligen Autoren auf unterschiedliche Weise kategorisiert werden. Es wird zwischen internen oder personalen Ressourcen und Risiken, und Faktoren, die von außerhalb auf die Person einwirken, unterschieden (Masten/Reed 2002; Scheithauer/Petermann 1999).

Luthar et al. (2000) fassen in Anlehnung an das ökologische Modell der Entwicklung (Bronfenbrenner 1981) die aus diesen Arbeiten resultierenden Faktoren auf drei Ebenen zusammen: vgl. auch Masten/Reed 2002):

1. *Individuelle Eigenschaften des Kindes, wie etwa Persönlichkeitsfaktoren oder chronische Krankheiten.*
2. *Mikrosoziale Faktoren der direkten Umwelt des Kindes, wie etwa das Erleben von familialen sozioökonomischen Risiken (Garmezy 1991), ungünstige Erziehungspraktiken oder negative Lebensereignisse (O'Doughtery-Wright 1990).*
3. *Faktoren innerhalb des Makrosystems, wie etwa Armut und negative Bedingungen in der Nachbarschaft (Masten/Garmezy 1985).*

In einer umfassenden Sichtung des Forschungsstandes zu Risiko- und Schutzbedingungen legen Scheithauer et al. (Scheithauer/Petermann 1999; Scheithauer et al. 2000) zur genaueren Einordnung der Begrifflichkeiten ein heuristisches Modell vor, aus dem deutlich hervorgeht, dass nur das Zusammenspiel zwischen

– der im Entwicklungsverlauf erworbenen, sekundären Verletzlichkeit (z. B. negatives Selbstwertgefühl), der vom frühen Kindesalter an bestehenden Vulnerabilität (z. B. aufgrund prä-, perinataler Risikofaktoren), umgebungsbezogenen Risikofaktoren (z. B. das Aufwachsen in Armut) sowie Phasen erhöhter Vulnerabilität (z. B. Übergang vom Kindergarten in die Schule) einerseits (= risikoerhöhende Bedingungen) und
– kind- (z. B. positives Temperament), umgebungsbezogenen Schutzfaktoren (z. B. positive Erzieherinnen-Kind-Interaktion), entwicklungsförderlichen Bedingungen (z. B. positive Eltern-Kind-Interaktion) und deren Zusammenspiel mit Entwicklungsaufgaben, die zu Kompetenz und Resilienzfaktoren führen (z. B. positives Selbstwertgefühl, positives Problemlöseverhalten) andererseits (= risikomildernde Bedingungen)

in der Bilanz eine mögliche Entwicklungsgefährdung sowie psychische Störungen erklären helfen.

Die Studien zu diesem Thema haben wertvolle Einblicke in Bedeutung, Korrelate, förderliche und hinderliche Faktoren in der Entfaltung von Resilienz erarbeitet. Allgemein gilt, dass eine stabile Persönlichkeit, Intelligenz, soziale Kompetenz und kommunikative Fähigkeiten, ein funktionierendes soziales Netzwerk und positive Schulerfahrungen mit der Fähigkeit, schwere Lebenskrisen zu bewältigen, einhergehen (Olson et al. 2003).

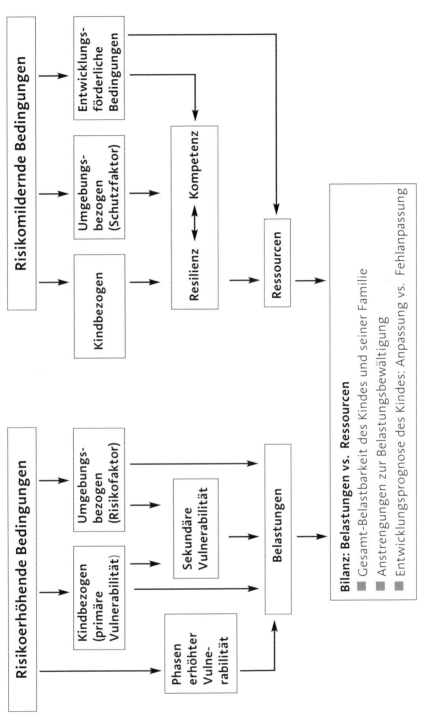

Abb. 1: Heuristisches Modell zu risikoerhöhenden und -mildernden Bedingungen (Scheithauer et al. 2000, 67).

Es wird deutlich, dass Risikofaktoren allerdings nicht allein durch das bloße Fehlen von Schutzfaktoren definiert werden (Laucht et al. 1997; Scheithauer/Petermann 1999); doch haben Studien in der Resilienzforschung wie auch in der Entwicklungspsychologie bisher die Unabhängigkeit von Risiko- und Schutzfaktoren zu wenig darstellen können und stellen sie häufig lediglich als konzeptuelle Schattenrisse gegenüber. Scheithauer und Petermann (1999) beginnen Schutzfaktoren von Risikofaktoren dadurch abzugrenzen, dass sie deren Moderatorwirkung auf Risikoeffekte darstellen. Schutzfaktoren nehmen erst in Anwesenheit von Entwicklungsrisiken eine protektive Wirkung an und moderieren die direkte Wirkung von Risikofaktoren auf die psychosoziale Anpassung. Schutzfaktoren zeichnen sich demnach durch ihre risikomildernde Wirkung, Risikofaktoren durch ihre risikoerhöhende Wirkung aus (s. Abb. 1). Da wir über die Auswirkungen von risikoerhöhenden Faktoren weitaus mehr wissen als über die Auswirkungen von risikomildernden Faktoren, fällt es noch schwer, diese Faktoren theoretisch und auch empirisch trennscharf darzustellen (Scheithauer/Petermann 1999). Inzwischen liegen aber Studien vor, die genaue Rückschlüsse darauf zulassen, welche Bedingungen im Kindes- und Jugendalter mit resilienten Entwicklungsverläufen einhergehen (s. Tab. 1).

2 Geschlecht – Stärke oder Risiko?

Viele Studien erörtern geschlechterspezifische Varianzen in der Prävalenz der genannten Risikofaktoren, wie zum Beispiel Ängstlichkeit, Depression und somatoforme Beschwerden (vgl. Alsaker/Bütikofer 2005). Depression, Ängstlichkeit, somatoforme Symptome und hohe Anfälligkeit für Komorbidität von Symptomen stehen in engem Zusammenhang zu geschlechterrollenbasierten Stressoren und der Erfahrung von negativen Lebensereignissen.

Zu beachten ist aber, dass in der frühen und mittleren Kindheit Jungen anfälliger sind für die negativen Auswirkungen von kritischen Lebensereignissen als Mädchen, doch kehrt sich dieses Verhältnis während der Pubertät um (vgl. Bull et al. 2005; Cicchetti 1990; Rutter 1996). Jugendliche Mädchen berichten von einer größeren Anzahl von kritischen Lebensereignissen, bewerten sie mit einer höheren emotionalen Valenz, berichten häufiger von negativen psychosozialen Auswirkungen (McDonough/Walters 2001) und leiden unter chronischem Stress mehr als die Jungen in ihrem Alter (Bull et al. 2005; Ptacek et al. 1992). In der Pubertät berichten Mädchen häufiger als Jungen davon, unter gesellschaftlichen Rollenerwartungen, wie zum Beispiel dem Ideal extrem dünn zu sein, zu leiden. Unsere Studien zeigen zudem, dass Schwestern auch heute noch häufiger als ihre Brüder Verantwortung in der Familie übernehmen müssen und diese Verantwortungsübernahme im Zusammenhang mit einer negativen psychosozialen Anpassung steht (Ittel 2006).

Tab. 1: Risikomildernde Faktoren im Kindes- und Jugendalter (adaptiert nach Scheithauer/Petermann, 2002, 134)

Risikomildernde, mit Resilienz einhergehende Faktoren auf der individuellen Ebene	Risikomildernde, mit Resilienz einhergehende Faktoren auf der Mikro- und Makroebene
Kindbezogene Faktoren	**Faktoren auf der Mikroebene**
– erstgeborenes Kind – positives Temperament (flexibel, aktiv, offen) – überdurchschnittliche Intelligenz – niedrige Emotionalität, hohe Impulskontrolle – spezielle Talente und Interesse an Hobbys	– stabile emotionale Beziehung zu einer Bezugsperson – offenes, unterstützendes Erziehungsklima – familiärer Zusammenhalt, unterstützende Geschwister – Kleine Familiengröße – „Gute" Ausbildung und Kompetenzen der Mutter – Modelle positiven Bewältigungsverhaltens – Mädchen: Unterstützung der Autonomie mit emotionaler Unterstützung – Jungen: Struktur und Regeln in häuslicher Umgebung – Übernahme von Aufgaben im Haus und Förderung eigenverantwortlichen Handelns – Positive Gleichaltrigenbeziehungen – Positive Schulerfahrungen
Erworbene Kompetenzen	
– positives Sozialverhalten – hohe Sprachfertigkeiten – positives Selbstwertgefühl und positive Selbstwirksamkeitsüberzeugung – aktives Bewältigungsverhalten – Fähigkeit, sich zu distanzieren – internale Kontrollattribuierung – Vorausplanendes Verhalten – Selbsthilfefertigkeiten	
	Faktoren auf der Makroebene
	– Gesellschaftliche Ideologien – Nachbarschaftsprogramme – Politische Maßnahmen

Geschlechterbedingte Varianzen in Möglichkeiten, Zugriff und Kontrolle von Ressourcen, kulturellen Stereotypen, Gesundheitsstatus, in Sozialisation und in geschlechtertypischen individuellen Verhaltensweisen sowie in der psychosozialen Anpassung von Mädchen und Jungen tragen zu einer unterschiedlichen Vulnerabilität für die Auswirkungen von schwierigen Lebensumständen bei. Mädchen werden häufiger als Jungen Opfer von kriminellen oder gewalthaltigen Überfällen und geben in Folge auch häufiger an, vor solchen Ereignissen Angst zu haben. Das Geschlecht determiniert die unterschiedliche Wirkung der Faktoren auf der Makroebene, wie zum Beispiel sozioökonomische Ressourcen, Gesundheit, soziale Position und gesellschaftliche Stellung von Mann und Frau.

Das heißt, wie von Masten/Reed (2002) erörtert, dass geschlechterspezifische Faktoren eine entscheidende Rolle auf allen Ebenen des Modells (d. h., der individuellen, der Mikro- und der Makroebene) der Risiko- und Schutzfaktoren in der Entwicklung von Resilienz einnehmen (vgl. Masten/Reed 2002). Im Folgenden wollen wir nun die geschlechterspezifisch relevanten Aspekte dieser Ebenen von Risiko- und Schutzfaktoren am Beispiel empirischer Befunde darstellen.

2.1 Geschlechterspezifische Aspekte auf der individuellen Ebene

Studien zeigen (Murphey/Moriarty 1976; Werner/Smith 1982), dass resiliente Jungen und Mädchen bereits in der frühen und mittleren Kindheit eine ganze Reihe von individuellen Charakteristika zeigen, die sie von nicht-resilienten Jungen und Mädchen dieser Altersgruppe unterscheiden (s. auch Tab. 1):

- *Resiliente Kinder werden als offene, freundliche und selbstbewusste Personen wahrgenommen.*
- *Sie zeigen eine ausgewogene Balance zwischen dem ihrem Alter angemessenen Autonomiebestreben und der notwendigen Kooperationsbereitschaft.*
- *Ein besonders interessantes Merkmal ist aber, dass resiliente Mädchen und Jungen im Gegensatz zu nicht resilienten Mädchen und Jungen für die entsprechende Altersgruppe gering ausgeprägte geschlechtertypische (Verhaltens-) Merkmale zeigen.*
- *Weiterhin weisen sich resiliente Mädchen durch eine gute körperliche Koordination aus,*
- *sind weniger schüchtern*
- *und zeigen größeres Interesse an ihrer Umwelt und an Aktivitäten, die als nicht geschlechtstypisch gelten, als ihre nicht resilienten Altersgenossinnen.*
- *Resiliente Jungen hingegen zeigen mehr Emotionen und Empathie und ebenfalls größeres Interesse an geschlechteruntypischen Aktivitäten als gleichaltrige, nicht-resiliente Jungen.*

Möglicherweise zieht die Entfaltung von geschlechteruntypischen Interessen und Verhaltensweisen nach sich, dass diese Mädchen und Jungen auf ein breiteres Repertoire an Reaktionsmöglichkeiten zurückgreifen können, das sich positiv auf die Entwicklung von Resilienz auswirkt.

Als weitere Faktoren gelten Störungen der psychosozialen Anpassung. Mädchen sind eher gefährdet, internalisierende Störungen wie Depression und Essstörungen zu entwickeln; Jungen hingegen neigen eher zu externalisierenden Störungen wie Aggression und Delinquenz (Alsaker/Bütikofer 2005; Leadbeater et al. 1999; vgl. Scheithauer 2003). Geschlechterspezifische Bedingungen von Resilienz sollten aber schon allein daher stärker in Betracht gezogen werden, da gefährdete Jugendliche häufig Risikoverhaltensweisen entwickeln, die der geschlechterspezifischen Norm entsprechen.

Aus diesen unterschiedlichen Störungsmustern ergeben sich spezielle weibliche und männliche Risikofaktoren im Zusammenhang mit geschlechterspezifischen Varianzen auf der individuellen Ebene in der Entwicklung von Resilienz, auf die wir im Folgenden näher eingehen möchten.

Weibliche Risikofaktoren. Im Übergang vom Kindes- zum Jugend- und Erwachsenenalter müssen Mädchen (wie Jungen) mit vielen Veränderungen umgehen (Steinberg 1990; Gunnar/Collins 1988). Gesundheitliche Gefahren, die Mädchen im Besonderen betreffen, schließen Selbstmord, Drogenmissbrauch, sexuell übertragene Krankheiten, frühe Schwangerschaften, gestörtes bis krankhaftes Essverhalten und Depression ein (Millstein et al. 1993, Alsaker/Bütikofer 2005). Zudem bekommen doppelt so viele Mädchen wie Jungen eine Depression diagnostiziert (Marcotte et al. 2002). Die Prävalenz von depressiven Störungen nimmt für Mädchen im Jugendalter enorm zu. Während sich im Kindesalter kaum geschlechterspezifische Unterschiede in der Ausprägung von Depression finden, ist die geschlechterspezifische Ausprägung im Jugendalter ähnlich der im Erwachsenenalter. Harrington (1993) erörtert, dass die Zunahme der diagnostizierten Depression mit der gleichzeitigen Abnahme an Schutzfaktoren einhergeht. Zudem werden Faktoren, die mit dem Risiko Depression einhergehen, wie geringe Autonomie, wenig assertives Handeln und Durchsetzungsvermögen in sozialen Beziehungen bei Mädchen weitaus häufiger festgestellt, als bei Jungen. Nur wenn diese Faktoren mit anderen entwicklungsbedingten Schwierigkeiten – wie ein geringes körperliches Selbstkonzept – einhergehen, entwickeln Mädchen eine höhere Rate an Depression als Jungen. Ein wesentlicher Faktor scheint, dass jugendliche Mädchen besonders viel Zeit damit verbringen, über sich und ihr Verhalten zu reflektieren (Rumination). Ob dieser Geschlechterunterschied hinsichtlich dieser Form der Selbstreflexion dem kognitiven Vorsprung geschuldet ist, den Mädchen meist gegenüber Jungen in der frühen Jugend aufweisen, bleibt fraglich, doch bedeutet die zunehmende Selbstreflexion der Mädchen einen eindeutigen geschlechterspezifischen Risikofaktor.

Der wichtigste Risikofaktor auf der individuellen Ebene der geschlechterspezifischen Resilienz bei Mädchen ist wohl das Timing der Pubertät. Eine früh einsetzende Pubertät ist mit einer negativen psychosozialen Anpassung und einem größeren Ausmaß an Problemverhalten eng verbunden (Stattin/Magnusson 1990). Mädchen, die die Pubertät (zu) früh erleben, also vor dem Alter von 12 Jahren, fühlen sich häufig überfordert, mit den Erwartungen ihrer Umwelt umzugehen, da diese nicht unbedingt mit ihrem kognitiven und emotionalen Entwicklungsniveau übereinstimmen. Sie gehen häufig früher sexuelle Beziehungen ein und sind einer größeren Menge an Risikofaktoren, die die Entfaltung von Kompetenzen zur resilienten Lebensführung vermindern, ausgesetzt als Mädchen deren Pubertät später beginnt. Veränderungen auf der Mikroebene, wie etwa ein Schulwechsel oder die Scheidung der Eltern, können zudem den Beginn der Pubertät anstoßen. Die Bewältigung von mehreren Entwicklungsaufgaben gleichzeitig, also die Veränderungen auf der individuellen Ebene, die pubertären Veränderungen sowie die Veränderungen im näheren sozialen Kontext, mögen eine große Überforderung darstellen und somit zu risikofördernden Faktoren werden.

Besonders für Mädchen, deren Pubertät früh einsetzt, stellt der starke Abfall in Selbstwert und Körperbild einen ernstzunehmenden Risikofaktor dar (Flammer/Alsaker 2002). Die mit der beginnenden Pubertät einhergehende Gewichtszunahme und die Verringerung von Lebenskraft und Motivation, Sport zu treiben, erhöhen den Druck, dem gesellschaftlich definierten Körperbild zu entsprechen. Früh pubertierende Mädchen berichten von einer inneren Distanzierung von ihrem Körper und der Unfähigkeit, ihre körperlichen Entwicklungen zu steuern. Das geringe Ausmaß an Vertrauen in ihren Körper und die geringe Ausprägung an Selbstwirksamkeit bedeuten weitere, auf der individuellen Ebene angesiedelte Risikofaktoren. Setzt die Pubertät später ein, haben Mädchen die Chance, diese Anforderungen konsekutiv zu bewältigen, und zwar zu einem Zeitpunkt, an dem ihre kognitiven Fähigkeiten bereits angemessen entwickelt sind. Doch auch Jungen sind in ihrer Entwicklung individuellen Risikofaktoren in Abhängigkeit von einer geschlechtertypischen Entwicklung ausgesetzt. Diese sollen im Folgenden darstellt werden.

Männliche Risikofaktoren. Die geschlechterspezifische Prävalenz und Ausprägung von Aggression ist in vielen Untersuchungen belegt worden (s. Scheithauer 2003, für einen Überblick). Während in der Kindheit Mädchen häufiger soziale Formen der Aggression zeigen, weisen im Jugendalter Jungen höhere Ausprägungen aller Varianten von aggressivem Verhalten auf (Ittel et al. 2005). Aggressives Verhalten gilt als eines der stabilsten Entwicklungsmerkmale einer Person und ist ein ausschlaggebender Prädiktor für späteres delinquentes Verhalten (Olweus 1979). Auch die geschlechterspezifische Verteilung der Delinquenz-Rate ist nicht umstritten: Jungen sind häufiger in norm- und gesetzesbrechende Verhaltensweisen involviert als Mädchen und weisen höhere Ausprägungen an aggressiv-dissozialem Verhalten auf als Mädchen. Zwar verringert sich die geschlechterspezifische Differenz in der Häufigkeit aggressiv-dissozialen Verhaltens im Jugendalter kurzzeitig, da auch Mädchen in dieser Entwicklungsphase höhere Ausprägungen von aggressiv-dissozialem Verhalten zeigen, doch sind es die

Jungen, die diese Form von negativem Verhalten über das Jugendalter hinweg beibehalten, während bei Mädchen die Prävalenz im späten Jugendalter wieder deutlich zurückgeht (vgl. Moffitt et al. 2001).

So, wie bei den Mädchen, steht auch bei Jungen der Zeitpunkt des Einsetzens der Pubertät im Zusammenhang mit ihrer psychosozialen Anpassung im weiteren Entwicklungsverlauf. Eine frühe Pubertät gilt auch für Jungen als risikofördernder Faktor, eine nicht-normative Entwicklung einzuschlagen. Diese Jungen sind häufig von dem körperlichen Entwicklungsvorsprung im Vergleich zu ihren Altersgenossen überfordert und neigen dazu, diesen wahrgenommenen Entwicklungsdruck durch „aufschneiderische", externalisierende Verhaltensweisen zu kompensieren (Silbereisen et al. 1989). Dabei ist besonders der Drogen- und Alkoholkonsum von männlichen Jugendlichen zu beachten, der nach Alsaker und Bütikofer (2005) möglicherweise auch auf einen Mangel an Bewältigungsstrategien dieser Jungen zurückzuführen ist. Eine mögliche Erklärung für die mangelnden Bewältigungsstrategien bieten Ansätze der Sozialisation in der frühen Kindheit. Eltern sprechen mit ihren Söhnen weniger über Gefühle als mit ihren Töchtern und fordern sie seltener dazu auf, ihre Gefühle zu verbalisieren und in der sozialen Interaktion zu bewältigen (Leaper 1991). So haben Jungen wenig Gelegenheit, zu lernen, mit ihren Gefühlen umzugehen.

Betrachtet man Faktoren auf der individuellen Ebene, die für die Entfaltung von Resilienz relevant sind, wird deutlich, dass beträchtliche geschlechterspezifische Varianzen in Risiko- und Schutzfaktoren berücksichtig werden müssen, um die Entwicklungsverläufe von Mädchen und Jungen in ihrer Gesamtheit zu verstehen. Bedenkt man die hier dargestellten Auswirkungen des pubertären Timings für Mädchen im Vergleich zu Jungen, dann muss festgehalten werden, dass Mädchen durch das frühere Einsetzen der Pubertät in einer anderen Lebensphase Risikofaktoren ausgesetzt sind und andere Schutzfaktoren „benötigen" als Jungen.

2.2 Geschlechterspezifische Faktoren von Resilienz auf der Mikro-Ebene

Die Darstellung der Bedeutung von interpersonalen Kontexten kann Aufschluss über die geschlechterspezifischen Bedingungen von Resilienzfaktoren auf der Mikro-Ebene geben. Interpersonale Beziehungen von Mädchen, ob im familialen Kontext oder zwischen Gleichaltrigen und Freunden, basieren auf einer hohen Bereitschaft, persönliche Informationen auszutauschen und sich gegenseitig ein hohes Maß an emotionaler Unterstützung zu bieten. Interpersonale Beziehungen von Jungen basieren hingegen eher auf gemeinsamen Aktivitäten und kompetetivem Austausch (Maccoby 1990). Daraus mag sich ergeben, dass Mädchen im Durchschnitt über mehr familiäre und soziale Unterstützung verfügen, diese leichter aktivieren können und eine höhere soziale Kompetenz aufweisen als Jungen (Diener/Fujita 1995; Ittel/Rosendahl 2006). Während der emotionale Austausch für Mädchen ein risikomildernder Faktor sein kann, mögen hingegen Konflikte in ihren Peer-, Freundschafts- und Familienbeziehungen eine risikoerhöhende Wirkung haben, da sie mehr unter diesen Konflikten leiden. Dies hängt mit der größeren Bedeutung der emotionalen Unterstützung für Mädchen zusammen.

Auf der familialen Ebene können geschlechterspezifische Sozialisationsmechanismen Aufschluss über geschlechterspezifische Auswirkungen hinsichtlich der Resilienz bieten. Westliche familiale Sozialisations- und Erziehungspraktiken in Kindheit und Jugend belohnen auch heute noch Jungen eher dafür, ihre Emotionen zu maskieren und sich körperlich auseinander zu setzen, und Mädchen eher dafür, ihre Emotionen zu zeigen und sich verbal mit anderen auseinander zu setzen (Brody 1999; Zeman/Garber, 1996). Eltern geben Mädchen weniger Freiraum, und jugendliche Mädchen berichten von häufigeren Konflikten mit den Eltern in der Aushandlung ihrer angestrebten Autonomie. Jungen hingegen haben schon früh einen weitaus größeren Bewegungsumkreis als Mädchen in ihrem Alter und werden in der Regel viel früher dazu ermutigt, autonom zu agieren. Auch unsere eigenen Studien (Ittel et al. 2005; Kuhl/Ittel 2006) mit Mädchen und Jungen im mittleren Jugendalter bestätigen, dass Mädchen sich mehr von ihren Eltern kontrolliert fühlen und dass geschlechterspezifische Erziehungspraktiken negativere Auswirkungen auf die psychosoziale Anpassung von Mädchen als auf die der Jungen haben.

Geschlechterspezifische Varianzen im Umgang mit schwierigen Lebenssituationen sind unter anderem auf die geschlechterspezifische Sozialisation im Elternhaus zurückzuführen. Dem traditionellen Rollenbild folgend, werden Mädchen weniger häufig als Jungen ermutigt, ihre Wünsche zu kommunizieren und durchzusetzen (Matud 2004). Mädchen, die offen und offensiv mit ihren Problemen umgehen, bringen sich in Gefahr, sozial in eine Außenseiterrolle gedrängt zu werden, da dieses Verhalten nicht den geschlechterspezifischen, normativen Erwartungen entspricht. Dem Rollenbild des „starken Mannes" entsprechend, spüren Jungen zum Beispiel vor allem im späteren Jugendalter einen verstärkten Leistungsdruck, der als risikofördernder Faktor wirksam werden kann. (vgl. auch Richter/Settertobulte 2003).

Gewöhnliche Sozialisationspraktiken sind mit den Ergebnissen und Schlussfolgerungen der Resilienzforschung unvereinbar. Festzuhalten ist, dass der geschlechterspezifischen Valenz von Erziehungsstilen in der Erklärung von Resilienz bei Jungen und Mädchen größere Beachtung zukommen sollte.

Ezzell, Cupit Swenson und Brondino (2000) sehen elterliche und familiäre Unterstützung als risikomildernden Faktor für die psychische Entwicklung von Jungen und Mädchen an und stellen fest, dass die soziale Unterstützung für Kinder, die starken Belastungen ausgesetzt sind, einen moderierenden Einfluss auf deren psychosoziale Anpassung und Resilienz nimmt.

Andere familiäre Risikobedingungen, wie zum Beispiel Misshandlungen oder Missbrauch, scheinen zunächst, beispielsweise im Zusammenhang mit aggressiv-dissozialem Verhalten, präpubertär risikoerhöhend für Jungen zu sein, während Mädchen zunächst keine auffallende negative Entwicklung zeigen und vermeintlich als resilient eingestuft werden. Tatsache ist aber, dass diese Mädchen mit massiven familiären Risikobelastungen im frühen Kindesalter bei Einsetzen der Pubertät ebenfalls ein höheres Risiko aufweisen, aggressiv-dissoziales Verhalten oder aber depressive Störungen zu entwickeln (vgl. Entwicklungsmodell von Silverthorn/Frick 1999).

2.3 Geschlechterspezifische Faktoren von Resilienz auf der Makro-Ebene

Der soziale Rollen-Ansatz (Eagly et al. 2000) beinhaltet die These, dass Mädchen und Jungen angehalten werden, unterschiedliche soziale Rollen wahrzunehmen und dass sie in Abhängigkeit dieser sozial definierten Rollen von unterschiedlichen Ressourcen und Möglichkeiten Gebrauch machen können; gleichzeitig sind sie aber auch Verletzbarkeiten und Schranken auf der gesellschaftlichen Ebene ausgesetzt. Zum Beispiel werden Mädchen dreimal häufiger als Jungen Opfer sexueller Gewalt und werden häufiger Zeugen von Gewalt im Elternhaus als Jungen, beides starke Prädiktoren für das Ausmaß von späterem delinquenten Verhalten (National Council of Research on Women 1998). Jungen hingegen sind, teilweise auch gesellschaftlich motiviert, eher bereit, körperliche Risiken einzugehen und in dieser Hinsicht eher gefährdet, gesundheitlichen Schaden zu nehmen.

Es finden sich immer wieder Hinweise, dass geschlechterspezifische Varianzen im Umgang mit schwierigen Lebenssituationen unter anderem auf die geschlechterspezifische Sozialisation zurückzuführen sind, besonders wenn diese auf einem traditionellen Rollenbild basiert. Die Identifizierung mit der gesellschaftlich definierten weiblichen und männlichen Geschlechterrolle bzw. -identität kann also für Mädchen und Jungen auf unterschiedliche Weise einen Schutz- bzw. Risikofaktor im Entwicklungsverlauf und im Umgang mit schwierigen Lebensbedingungen bedeuten. Mädchen setzten sich zudem zwei bis drei Jahre früher mit den normativen geschlechterspezifischen Erwartungen auseinander, mit geltenden Geschlechterrollen, der Bedeutung der sexuellen Reife und ihrer Stellung im näheren und weiteren sozialen und gesellschaftlichen Umfeld. Dementsprechend mögen die diskutierten Schutz- und Risikofaktoren eine unterschiedliche Relevanz in der gleichen Lebensphase für Mädchen und Jungen einnehmen.

Basierend auf der Erfahrung von unterschiedlichen Sozialisationsmechanismen und dem Erwartungsdruck, gesellschaftliche Rollen auszufüllen, ist anzunehmen, dass geschlechtsspezifische Unterstützung in der Entwicklung von Resilienz dringend nötig ist, um geschlechtertypische Risiko- und Schutzfaktoren angemessen zu adressieren.

Zusammenfassung

Vor dem Hintergrund der hier erörterten Überlegungen erscheint es nicht mehr sinnvoll, „weibliches Geschlecht" als Schutzfaktor anzuführen, wie dies vereinzelt geschieht (Laucht et al. 1997; vgl. auch zusammenfassend Scheithauer/Petermann 1999). Vielmehr wurde deutlich, dass risikomildernde und -fördernde Faktoren und deren Wirkweisen für Mädchen und Jungen unterschiedlich spezifiziert werden müssen.

Zusammenfassend kann gesagt werden, dass sich Jungen im Vergleich zu Mädchen eher an externen Schutz- und Risikofaktoren bedienen, wohingegen Mädchen eher durch internale Faktoren gefährdet oder gefördert werden. Zugleich ist festzuhalten, dass externalisierende Probleme häufiger bei Jungen, internalisierende dagegen häufiger bei Mädchen auftreten (Achenbach 1991). Dem muss in der Erfassung von geschlechterspezifischen risikomildernden und -fördernden Bedingungen bei der Konzeptualisierung von Resilienz Rechnung getragen werden. Allerdings sollte bemerkt werden, dass die dokumentierten Varianzen in der geschlechtsspezifischen Ausprägung einer „resilienten Lebensführung" teilweise abhängig davon sind, wie Resilienz in der jeweilgen Studie operationalisiert wurde. Luthar, Doernberger und Zigler (1993) stellten beispielsweise fest, dass eine überdurchschnittliche Anzahl an Mädchen hohe soziale Kompetenz aufwies und schlossen daraus, dass Mädchen demnach auch eher resilient sind als Jungen. War das Kriterium zur Definition der Resilienz hingegen strenger gefasst und wurden über die soziale Kompetenz hinaus auch andere Kompetenzen, wie zum Beispiel das Gefühl der Selbstwirksamkeit, mit eingeschlossen, dann verschwand der positive Geschlechtereffekt für die Mädchen zugunsten der Jungen.

Nur unter gleichzeitiger Berücksichtigung von Risiko- und Schutzfaktoren auf der individuellen Ebene sowie auf der Makro- und Mikroebene können wir das Zusammenspiel zwischen Geschlecht und Resilienz verstehen. Demzufolge wird der Bedarf an geschlechterspezifischen Maßnahmen in der Förderung von resilienter Lebensführung gegeben. Die Frage, ob Risiko- und Schutzfaktoren sowie deren Wirkweisen für Mädchen und Jungen getrennt spezifiziert werden müssen, wurde anhand der vorliegenden Darstellung deutlich. Genaueren Aufschluss hierzu können aber nur längsschnittlich angelegte Untersuchungen geben (Kinard 1998), in denen Wirkweisen einzelner Belastungen und Ressourcen spezifiziert und detailliert analysiert werden können.

Literatur

Achenbach, T. M. (1991): Manual for the Child Behaviour Checklist/4–18 and 1991 Profile. Burlington: VT-University of Vermont Department of Psychiatry

Alsaker, F. D., Bütikofer, A. (2005): Geschlechtsunterschiede im Auftreten von psychischen und Verhaltensstörungen im Jugendalter. Kindheit und Entwicklung 14 (3), 169–180

Benard, B. (2004): Resiliency. What we have learned. WestEd., San Francisco/CA

Bettge, S., Ravens-Sieberer, U. (2003): Schutzfaktoren für die psychische Gesundheit von Kindern und Jugendlichen – empirische Ergebnisse zur Validierung eines Konzepts. Gesundheitswesen 65 (3), 167–172

Brody, L. (1999): Gender, emotion, and family. Harvard University Press, Cambridge

Bronfenbrenner, U. (1981): Die Ökologie der menschlichen Entwicklung. Natürliche und geplante Experimente. Stuttgart, Klett-Cotta

Bull, H. D., Scheithauer, H., Groen, G., Petermann, F. (2005): Der Einfluss kritischer Lebensereignisse und chronischer Belastungen auf die Entwicklung von depressiven, Angststörungen und Störungen des Sozialverhaltens im Jugendalter: Ergebnisse einer Längsschnittstudie. Zeitschrift für Klinische Psychologie, Psychiatrie und Psychotherapie 53, 143–170

Carr, A. (2004): Positive Psychology: The science of happiness and human strengths. Brunner Routledge, London

Cicchetti, D. (1990): Perspectives on the interface between normal and atypical development. Development and Psychopathology 2 (4), 329–333

Compton, W. C. (2004): An introduction to Positive Psychology. Thompson Wadsworth, Belmont

Diener, E., Fujita, F. (1995): Resources, personal strivings, and subjective well-being: A nomothetic and idiographic approach. Journal of Personality and Social Psychology 68, 926–935

Eagly, A. H., Wood, W., Diekman, A. B. (2000): Social role theory of sex differences and similarities: A current appraisal. In: Eckes, T., Trautner, H. M. (Eds.): The developmental social psychology of gender Erlbaum, Mahwah/NJ, 123–174

Egle, U. T., Hoffmann, S. O., Steffens, M. (1997): Pathogene und protektive Entwicklungsfaktoren in Kindheit und Jugend. In: Egle, U. T., Hoffmann, S. O., Joraschky, P. (Hrsg.): Sexueller Missbrauch, Misshandlung, Vernachlässigung. Schattauer, Stuttgart, 3–20

Ezzell, C. E., Cupit Swenson, C., Brondino, M. J. (2000): The relationship of social support to physically abused children's adjustment. Child Abuse & Neglect, 24 (5), 641–651

Flammer, A., Alsaker, D. (2002): Entwicklungspsychologie der Adoleszenz. Hans Huber, Bern

Fonagy, P., Steele, M., Steele, H., Higgitt, A., Target, M. (1994): The Emmanuel Miller Memorial Lecture 1992. The theory and practice of resilience. Journal of Child Psychology and Psychiatry and Allied Disciplines 35, 231–257

Garmezy, N. (1991): Resilience in children's adaptation to negative life events and stressed environments. Pediatric Annals, 20 (9), 459–466

Gunnar, M. R., Collins, W. A. (Eds.) (1988): Development during the transition to adolescence. Minnesota Symposium on Child Psychology 21. Lawrence Erlbaum Associates, Hillsdale/NJ

Harrington, R. (1993): Predisposing and precipitating factors in depressive disorder in childhood and adolesence. Chichester, Wiley

Havighurst, R. J. (1972): Developmental tasks and education. David McKay Company, New York

Holtmann. M., Poustka, F., Schmidt, M. H. (2004): Biologische Korrelate der Resilienz im Kindes und Jugendalter. Kindheit und Entwicklung, 13 (4), 201–211
Ittel, A. (2006): Schwester und Bruder. Zur psychosozialen Anpassung in der Familie. Eingereicht zur Begutachtung
–, Kuhl, P., Werner, N. (2005): Familie, Geschlechterrolle und relationale Aggression. In: Ittel, A., von Salisch, M. (Eds.): Lügen, Lästern, Leiden lassen. Aggressionen in Kindheit und Jugendalter. Kohlhammer, Stuttgart, 135–156
–, Rosendahl, Y. (2006): Internetnutzung und Soziale Integration im frühen Jugendalter. In: Hoffman, D. (Hrsg.): Identität und Medien. Transcript Verlag, Bielefeld
Kinard, E. M. (1998): Methodological issues in assessing resilience in maltreated children. Child Abuse & Neglect 22 (7), 669–680
Kuhl, P., Ittel, A. (2006): Genderspecific parenting and outcomes. Manuskript in Vorbereitung
Laucht, M., Esser, G., Schmidt, M. H. (1997): Wovor schützen Schutzfaktoren? Anmerkungen zu einem populären Konzept der modernen Gesundheitsforschung. Zeitschrift für Entwicklungspsychologie und Pädagogische Psychologie 29, 260–270
–, Esser, G., Schmidt, M. H. (2000): Längsschnittforschung zur Entwicklungsepidemiologie psychischer Störungen: Zielsetzung, Konzeption und zentrale Befunde der Mannheimer Risikokinderstudie. Zeitschrift für Klinische Psychologie und Psychotherapie 29, 246–262
Leadbeater, B. J., Kuperminc, G. P., Blatt, S. J., Hertzog, C. (1999): A Multivariate model of gender differences in adolescents' internalizing and externalizing problems. Developmental Psychology 35, 1268–1282
Leaper, C. (1991): Influence and involvement in children's discourse: Age, gender, and partner effects. Child Development 62, 797–811
Luthar, S. S., Doernberger, C. H., Zigler, E. (1993): Resilience is not a unidimensional construct: Insights from a prospective study of inner-city adolescents. Development and Psychopathology 5, 703–717
–, Cicchetti, D., Becker, B. (2000): The construct of resilience: A critical evaluation and guidelines for future work. Child Development 71, 543–562
Maccoby, E. E. (1990): Gender and relationships: A developmental account. American Psychologist 45, 513–520
Marcotte, D., Fortin, L., Potvin, P., Papillon, M. (2002): Gender differences in depressive symptoms during adolescence: Role of gender-typed characteristics, self-esteem, body image, stressful life events, and pubertal status. Journal of Emotional and Behavioural Disorders 10, 29–42
Masten, A. S., Garmezy, N. (1985): Risk, vulnerability and protective factors in developmental psychology. In: Lahey, B. B., Kazdin, A. E. (Eds.): Advances in child clinical psychology. Plenum Press, New York, 1–52
–, Reed, M.-G. J. (2002): Resilience in development. In: Snyder C. R., Lopez, S. J. (Hrsg.): The handbook of positive psychology. Oxford University Press, Oxford, 74–88
Matud, P. M. (2004): Gender differences in stress und coping styles. Personality and Individual Differences 27, 1401–1415
McDonough, P., Walters, V. (2001): Gender and health: Reassessing patterns and explanations. Social Science and Medicine 52, 547–559
Meyer-Probst, B. Teichmann, H. (1984): Risiken für die Persönlichkeitsentwicklung im Kindesalter. VEB Thieme, Leipzig
Millstein, S. G., Petersen, A. C., Nightengale, E. O. (1993): Promotion of health behaviour in adolescence. Oxford University Press, New York
Moffitt, T. E, Caspi, A., Rutter, M., Silva, P. A. (2001): Sex differences in antisocial behaviour: Conduct disorder, delinquency, and violence in the Dunedin Longitudinal Study. Cambridge University Press, Cambridge/UK

Murphy, L., Moriarty, A. (1976): Vulnerability, coping, and growth from infancy to adolescence. University Press, New Haven

National Council on Research for Women (1998): The Girls Report: What we know & need to know about growing up female. New York/NY

O'Dougherty, M., Wright, F. S. (1990): Children born at medical risk: Factors affecting vulnerability and resilience. In: Rolf, J., Masten, A. S., Cicchetti, D., Nuechterlein, K. H., Weintraub, S. (Eds.): Risk and protective factors in the development of psychopathology. Cambridge University Press, New York, 408–423

Oerter, R., Dreher, E. (1998): Jugendalter. In: Oerter, R., Montada, L. (Hrsg.): Entwicklungspsychologie. Ein Lehrbuch. Psychologie Verlags Union, Weinheim, 310–395

Olson, C. A., Bond, L., Burns, J. M., Vella-Brodrick, D. A., Sawyer, S. M. (2003): Adolescent resilience: A concept analysis. Journal of Adolescence 26, 1–11

Olweus, D. (1979): Stability of aggressive reaction patterns in males. A review. Psychological Bulletin 86, 852–875

Ptacek, J. T., Smith, R. E., Zanas, J. (1992): Gender, appraisal, and coping: A longitudinal analysis. Journal of Personality 60, 747–770

Ramanaiah, N. V., Sharpe, J. P., Byravan, A. (1999): Hardiness and major personality factors. Psychological Reports 84, 497–500

Ravens-Sieberer, U., Schulte-Markwort, M., Bettge, S., Barkmann, C. (2002): Risiken und Ressourcen für die psychische Gesundheit von Kindern und Jugendlichen. Gesundheitswesen 64, 88–94

Richter, M., Settertobulte, W. (2003): Gesundheits- und Freizeitverhalten von Jugendlichen. In: Hurrelmann, K., Klocke, A., Melzer, W., Ravens-Sieberer, U. (Hrsg.): Jugendgesundheitssurvey – Internationale Vergleichsstudie im Auftrag der Weltgesundheitsorganisation WHO. Juventa, Weinheim, 99–158

Rutter, M., Madge N. (1976): Cycles of disadvantage. Gran Bretaña: Heinemann Educational Books, Kingston

– (1987): Psychosocial resilience and protective mechanisms. American Journal of Orthopsychiatry 57, 316–329

– (1996): Developmental psychopathology: Concepts and prospects. In: F. Lenzenweger, M., Haugaard, J. J. (Eds.): Frontiers of developmental psychopathology Oxford University Press, New York, 209–237

– (1999): Resilience Concepts and Findings: Implications for Family Therapy. Journal of Family Therapy 21, 119–144

Scheithauer, H. (2003): Aggressives Verhalten von Jungen und Mädchen. Hogrefe, Göttingen

–, Niebank, K., Petermann, F. (2000): Biopsychosoziale Risiken in der frühkindlichen Entwicklung: Das Risiko- und Schutzfaktorenkonzept aus entwicklungspsychopathologischer Sicht. In: Petermann, F., Niebank, K., Scheithauer, H. (Hrsg.): Risiken in der frühkindlichen Entwicklung. Entwicklungspsychopathologie der ersten Lebensjahre. Hogrefe, Göttingen, 65–97

–, Petermann, F. (1999): Zur Wirkungsweise von Risiko- und Schutzfaktoren in der Entwicklung von Kindern und Jugendlichen. Kindheit und Entwicklung 8, 3–14

–, – (2002): Prädiktion aggressiv/dissozialen Verhaltens: Entwicklungsmodelle, Risikobedingungen und Multiple-Gating-Screening. Zeitschrift für Gesundheitspsychologie 3, 21–40

Silbereisen, R. K., Petersen, A. C., Albrecht, H. T., Kracke, B. (1989): Maturational timing and the development of problem behaviour: Longitudinal studies in adolescence. Journal of Early Adolescence 9 (3), 247–268

Silverthorn, P., Frick, P. J. (1999): Developmental pathways to antisocial behavior: The delayed-onset pathway in girls. Development and Psychopathology 11, 101–126

Stattin, H., Magnusson, D. (1990): Pubertal maturation in female development. NJ Erlbaum, Hillsdale
Steinberg, L. (1990): Interdependence in the family: Autonomy, conflict, and harmony in the parent–adolescent relationship. In: Feldmann, S., Elliott, G. (Eds.): At the Threshold: The Developing Adolescents. Harvard University Press, Cambridge/MA, 225–276
Werner, E. E., Smith, R. S. (1982): Vulnerable but invincible: A longitudinal study of resilient children and youth. McGraw Hill, New York
–, Smith, R. (1992): Overcoming the odds: High-risk children from birth to adulthood. Cornell University Press, New York
–, – (2001): Journeys from childhood to the midlife: Risk, resilience, and recovery. Cornell University Press, New York
Zeman, J., Garber, J. (1996): Display rules for anger, sadness, and pain: It depends on who is watching. Child Development 67, 957–973

Resilienz im Alter aus der Sicht der Lebensspannen-Psychologie

von Ursula M. Staudinger und Werner Greve

1 Resilienz: Eine Begriffsklärung

Resilienz oder psychologische Widerstandsfähigkeit ist ein Konzept mit einer inzwischen recht beträchtlichen Forschungstradition. Der Begriff wurde eingeführt für Untersuchungen zur Pathologie der Entwicklung im Kindes- und Jugendalter (z. B. Garmezy, 1991; Rutter, 1987). Die in dieser Literatur gängige Definition versteht Resilienz als die Möglichkeit trotz vorliegender Risikofaktoren (mit Hilfe protektiver Faktoren) negative Konsequenzen zu vermeiden oder auch normales Funktionieren nach Rückschlägen wiederherzustellen. Der Begriff entstand im Kontext längsschnittlicher Studien mit Kindern, die aus sehr schwierigen familiären und finanziellen Verhältnissen stammten und trotzdem normale oder manchmal sogar positive Entwicklungsverläufe zeigten (z. B. Werner 1995). Schon hier wird deutlich, wie relevant dieser Begriff für die Betrachtung des Alterns ist, da das Alter als eine Lebensphase angesehen werden kann, die normativ durch eine Vielzahl vorliegender Beeinträchtigungen und Verluste gekennzeichnet ist (vgl. Staudinger et al. 1995). Die Frage nach Kontinuitäten, Diskontinuitäten, Erschöpfung oder Ausbau von Reserven in der Entwicklung vom Kindes- zum Erwachsenenalter gilt es zu berücksichtigen. Diskutiert werden dabei sowohl der „stählende" Effekt überstandener früherer Risikokonstellationen (z. B. Kagan/Zentner 1996) wie mögliche negative Konsequenzen deviantler oder pathologischer Verläufe in früheren Lebensabschnitten.

Von besonderer Bedeutung für den Phänomenbereich der Resilienz ist aus der Sicht der Lebensspannen-Psychologie der Begriff der *Plastizität von Entwicklung* (z. B. Baltes et al., 2006; Lerner 1984). Plastizität bezieht sich auf die latenten Möglichkeiten der Entwicklung des Einzelnen, also das, was (positiv wie negativ) unter den zu einem bestimmten Zeitpunkt realisierten Entwicklungsbedingungen nicht unbedingt sichtbar wird. Die Plastizität menschlicher Entwicklung wird beispielsweise deutlich an den enormen historischen, interindividuellen, aber auch intraindividuellen Unterschieden und den Unterschieden zwischen den Entwicklungsverläufen verschiedener Funktionsbereiche (z. B. Wahrnehmungsgeschwindigkeit vs. Wissen und Erfahrung). Die Plastizität oder Reservekapazität einer Person kann als ein Index für die Möglichkeit eines Individuums angesehen werden, mit Anforderungen und Herausforderungen der eigenen Entwicklung fertig zu werden. Eben hier schließt sich das Konzept der Resilienz an.

Wir betrachten Resilienz als eine Form von Plastizität, nämlich die Form, die sich mit dem Erhalt oder Wiedererlangen normaler Entwicklung beschäftigt (wobei dies keineswegs mit den gleichen Mitteln geschehen muss). Plastizität geht darüber hinaus und umfasst auch Prozesse des Unter- wie Überschreitens normaler Entwicklungsverläufe. Es rücken dabei also auch Prozesse der Optimierung von Entwicklung in den Blick, die nicht beachtet werden, wenn man sich ausschließlich mit Resilienz beschäftigt. Auch hier wird die Relevanz für altersbezogene Politik und Praxis deutlich.

In dieser Begriffsbestimmung schließen wir uns an die klassische Verwendung des Begriffes Resilienz im Sinne von Rutter und Garmezy an und unterscheiden uns von einigen Publikationen jüngeren Datums, in denen auch für Wachstumsphänomene unter beeinträchtigenden Bedingungen das Konzept der Resilienz vorgeschlagen wird (z. B. Ryff et al. 1998). Wir halten es aus epistemiologischen und strategischen Gründen für sinnvoller, diese beiden Phänomene begrifflich voneinander abzugrenzen (vgl. Staudinger et al. 1995). Auch für diese Position gibt es inzwischen weitere Unterstützung. So hat Carver (1998) die Verwendung des Begriffes „Thriving", also Blühen und Gedeihen, für diesen Phänomenbereich vorgeschlagen.

Im Folgenden möchten wir nun die theoretischen Bezüge zwischen Resilienz und Plastizität aufzeigen und darauf verweisen, dass es zwei Realisierungsbedingungen von Resilienz gibt. Zum einen gilt es Resilienz als „endogenes" Phänomen zu berücksichtigen. Dies ist immer dann der Fall, wenn Menschen unter bestimmten Bedingungen trotz vorliegender Beeinträchtigungen „von sich aus", das heißt ohne sichtbare externe Intervention, stabile Entwicklung zeigen. Zum zweiten kann Resilienz jedoch auch von außen unterstützt oder sogar verstärkt werden, beispielsweise durch altersfreundliche Umwelten. Es ist unmittelbar ersichtlich, dass diese Unterscheidung für Praxis und Politik sehr bedeutsam ist.

Seit der „Frühzeit" der Resilienzforschung in den 70er Jahren hat dieses Konzept eine wahre Flut an Untersuchungen angestoßen, die sukzessive auf verschiedene begriffliche und methodische Probleme gestoßen sind, die man dann wiederum versucht hat zu bearbeiten. Da ist zum Beispiel die Problematik der Abgrenzung zwischen Risiko- und protektiven Faktoren sowie der Zirkularität der Argumentation zu nennen. Weiterhin gibt es Kritik an der vornehmlichen Verwendung des variablenzentrierten Zugangs, der mit Gruppenmittelwerten und Wahrscheinlichkeiten arbeitet. Es wird dann dafür plädiert, diesen durch einen individuumszentrierten Zugang zu ergänzen, der die Risiko- und protektiven Konstellationen innerhalb einer Person in den Mittelpunkt stellt.

Im Folgenden soll, bevor wir zu dem angekündigten Literaturüberblick kommen, kurz auf einige der zentralen diskussionswürdigen Aspekte der Resilienzliteratur eingegangen werden.

1.1 Resilienz als Personeneigenschaft und Resilienz als relationales Konstrukt

Nicht selten wird Resilienz in der Literatur als eine (in gewissem Ausmaß genetisch verankerte) Persönlichkeitseigenschaft definiert. Natürlich kann man Resilienz als Persönlichkeitsdisposition verstehen und erforschen, wie etwa Block dies mit seinem Konstrukt der Ego-Resilienz getan hat (Block/Block 1980), das auch in der neueren Literatur verschiedentlich aufgegriffen worden ist (z. B. Klohnen 1996). Eine Konzeptualisierung von Resilienz als Persönlichkeitseigenschaft erscheint aus der Sicht der Entwicklungspsychologie der Lebensspanne wenig fruchtbar. Denn der Gebrauch von Resilienz als Persönlichkeitseigenschaft wird schwierig, wenn sich die jeweiligen Inhalte, also das, was eine resiliente Eigenschaft ausmacht oder nicht, erst aus der jeweiligen Lebens- oder besser Risikokonstellation heraus empirisch ermitteln. Bezeichnet man Resilienz auch unter diesen Bedingungen als Persönlichkeitseigenschaft, geht man am Phänomen vorbei und vernachlässigt den *relationalen Charakter* des Konstruktes.

Mit relationalem Charakter ist gemeint, dass Resilienz durch eine bestimmte Person-Situation-Konstellation definiert ist. Wir sprechen dann von Resilienz, wenn trotz vorliegender Risiken normale Entwicklung beobachtet wird (z. B. Staudinger et al. 1995; Staudinger et al. 1996). Die dieser Relation zugrunde liegenden Mechanismen müssen dann weiter erforscht werden. Neben der epidemiologisch orientierten Ermittlung der empirischen Ausprägung solcher Resilienzkonstellationen (z. B. Jessor 1993; Rutter/Rutter 1993) werden des Weiteren, besonders im Rahmen der entwicklungs- und selbstregulativen Forschung, die vermittelnden Mechanismen untersucht, die diesen Resilienzkonstellationen zugrunde liegen (z. B. Freund/Baltes 1999; Greve 1990; Heckhausen/Schulz 1995; Staudinger/Freund 1998; Staudinger/Fleeson 1996).

Den beiden Resilienztypen, Wiederherstellung normaler Funktionsfähigkeit nach erlittenem Trauma und Erhalt der Funktionsfähigkeit trotz vorliegender beeinträchtigender Umstände, muss im Alter eine dritte Art der Resilienz hinzugefügt werden, nämlich die des Verlustmanagements (Staudinger et al. 1995). Mit zunehmendem Alter gibt es mehr und mehr beeinträchtigende Ereignisse, die den Charakter nicht umkehrbarer Verluste tragen; sei es der Verlust von Personen oder der Verlust von körperlichen, geistigen und auch sozialen Funktionen. Auch der erfolgreiche Umgang mit dieser für das Alter so typischen Situation fällt unter die Überschrift der Resilienzkonstellation.

Schließt man sich einem relationalen Begriff von Resilienz an, so besteht der nächste Schritt in einer genaueren Spezifizierung der Elemente des postulierten Beeinträchtigungs-Ressourcen-Systems. Ein Element sind die Beeinträchtigungen, mit denen ein Individuum konfrontiert ist. Das andere Element sind die Ressourcen, die das Individuum in dieser Situation in die

Waagschale werfen kann. Sowohl auf der Beeinträchtigungs- als auch auf der Ressourcenseite sind psychologische von nicht-psychologischen (materiell, sozial, sozio-ökonomisch, biologisch) zu unterscheiden.

Weiterhin ist auf die zentrale Bedeutung des gewählten Entwicklungsindikators (z. B. subjektiv versus objektiv, psychologisch versus nicht-psychologisch) hinzuweisen. Je nach gewähltem Indikator können sich hier sehr unterschiedliche Konstellationen ergeben. Eine bestimmte psychologische Ressource mag beispielsweise zu einer Resilienzkonstellation beitragen, wenn man psychologische Indikatoren für Entwicklungserfolg einsetzt, aber nicht, wenn man objektive Indikatoren verwendet. Dementsprechend sei vor der schnellen Identifizierung von „Entwicklungsjokern" gewarnt. Drei Besonderheiten dieses Resilienzmodells seien noch weiter spezifiziert:

1. *den systemischen Charakter von Resilienzkonstellationen,*
2. *die Konstellationsabhängigkeit des beeinträchtigenden oder unterstützenden Charakters einer Bedingung und schließlich*
3. *die besondere Rolle von Selbst und Persönlichkeit in diesen Konstellationen.*

1. Zunächst zum *systemischen Charakter von Resilienzkonstellationen*: Mindestens zwei Systemdimensionen sind hier zu unterscheiden. Da ist zum einen die Frage nach der Vernetzung zwischen Lebens- und/oder Funktionsbereichen und zum anderen die Frage nach den kurz- und langfristigen Konsequenzen von Resilienzkonstellationen. Beispielsweise könnte eine Resilienzkonstellation im sozio-ökonomischen Bereich, etwa kompensatorisches Engagement im Beruf angesichts einer finanziellen Notlage, sehr negative Konsequenzen für den zwischenmenschlichen und auch den Bereich der Persönlichkeitsentwicklung haben. Oder es können erhöhte sportliche Aktivitäten zur Kompensation adoleszenter Minderwertigkeitsgefühle selbst dann, wenn sie den intendierten Zweck sozialer Anerkennung erreichen, mit langfristigen gesundheitlichen Schäden erkauft werden.

2. Die *Konstellationsabhängigkeit* dessen, was eine Beeinträchtigung und was eine Ressource ist, gilt es zweitens nicht aus dem Blick zu verlieren. Beispielsweise wird soziale Unterstützung erst dann zur Ressource, wenn die Person auch in der Lage ist, diese anzunehmen. Soziale Unterstützung kann im Extremfall sogar zur Beeinträchtigung werden (z. B. Herbert/Dunckel-Schettler 1992). Oder es gibt Befunde, die zeigen, dass Bewältigungsmechanismen, die in einer Beeinträchtigungssituation zu einer Resilienzkonstellation beitragen, einer anderen jedoch abträglich sind (vgl. z. B. Staudinger et al. 1996).

3. Was nun drittens *die besondere Rolle von Selbst und Persönlichkeit* angeht, so ist zu berücksichtigen, dass Selbst und Persönlichkeit nicht nur einen der wichtigen Funktionsbereiche bilden, der Ressourcen oder auch Risiken beisteuert, sondern auch eine „orchestrierende" Funktion in Resi-

lienzkonstellationen haben. Es bedarf einer „Exekutive", die Ressourcen erschließt, zuordnet und den Einsatz „supervidiert" (vgl. Staudinger et al. 1995).

1.2 Über die Beziehung zwischen Resilienz, „normaler" und „optimaler" Entwicklung

Es gibt eine weitere Facette in der Resilienzforschung, die zur Differenzierung Anlass gibt. Dies ist die Frage der Unterscheidung zwischen Resilienzkonstellationen bei Vorliegen „nicht-normativer" Entwicklungsbeeinträchtigungen (z. B. broken home, kranke/r Eltern oder Elternteil) und solchen Resilienzkonstellationen, die durch beeinträchtigende „normative" Entwicklungsbedingungen zustande kommen (z. B. Adoleszenzkrise, wachsende Morbidität im Alter). Ersteres bezeichnet üblicherweise Resilienzkonstellationen. Und zweiteres fällt üblicherweise unter die Bezeichnung „Entwicklungskrisen". Es gibt eine beachtliche Anzahl von Entwicklungstheoretikern, die davon ausgehen, dass Entwicklung ohne Krisen oder Beeinträchtigungen nicht möglich ist (z. B. Piaget 1970; Elder 1998; Erikson 1959; Filipp 1990). Der Übergang zwischen beiden Belastungsformen ist jedoch fließend. Besonders im höheren Erwachsenenalter treten normative und nicht-normative Beeinträchtigungen sehr nahe aneinander heran, beispielsweise wird das nicht-normative Entwicklungsereignis „Krankheit" bzw. „multiple Krankheiten" zunehmend normativ (vgl. Staudinger et al. 1996; Steinhagen-Thiessen/Borchelt 1996). In solchen Fällen scheint die Abgrenzung der „normalen" von der „nicht-normativen" Resilienzkonstellation oder die Trennung zwischen Entwicklungskrisen und Resilienz immer schwerer möglich. Es wird jedoch auch immer häufiger hinsichtlich des Kindes- und Jugendalters eine engere Verbindung zwischen der Erforschung pathologischer und „normaler" Entwicklung gefordert und diskutiert (vgl. z. B. Cicchetti/Cohen 1995).

1.3 Ergänzung der Untersuchung bestimmter Kontext- und Personeneigenschaften durch die Untersuchung struktureller Merkmale

Ein weiterer wichtiger Aspekt der Resilienzforschung liegt in dem Überschussgehalt an prädiktiver Information, der in Variablenkonstellationen (pro Person) zu finden ist. Aus eigenen Arbeiten sowie weiterer Literatur möchten wir diesem Hinweis Nachdruck verleihen (z. B. Greve 1997; Magnusson 1998; Staudinger et al. 1996). Eine Ressource kann nicht nur im Ausmaß der Intelligenz bestehen oder im Einsatz aktiver Bewältigungsmechanismen, also der Verfügung über einzelne Eigenschaften. Eine Ressource kann auch darin bestehen, dass man eine bestimmte Konstellation von Bewältigungsmechanismen einsetzt, dass man also etwa aus einem gewählten Set flexibel auf verschiedene Mechanismen zurückgreifen kann oder dass man entsprechend der Umstände internale aber auch externale Kontrollüberzeugungen hat (vgl. Staudinger/Pasupathi 2000). Hinweise auf den Überschussgehalt von Variablenkonstellationen gibt es auch aus Untersuchungen, die die intraindividuelle Variabilität von Personen über die Zeit auf eine bestimmte Variable, wie zum Beispiel die emotionale Befindlichkeit untersuchen (z. B. Eizenman et al. 1997). Eine wesentliche Ressource der Selbstregulation könnte beispielsweise in der Verfügbarkeit von Meta-Heuristiken liegen, die steuern, wann welche Ausprägung eines bestimmten Regulationsprozesses effektiv und effizient ist.

1.4 Aufklärung der vermittelnden Prozesse

Die Bedeutung der Prozessorientierung in der Resilienzforschung kann nicht genügend hervorgehoben werden. Das Schattendasein, das diese Art der Analyse und Untersuchung bisher geführt hat, ist wohl im Zusammenhang mit der stark epidemiologisch und psychiatrisch orientierten Forschungstradition zu sehen. Diese Forschung hat sich enorme Verdienste erworben im Nachweis von „Co-occurences", jedoch die Untersuchung der vermittelnden Prozesse bisher eher vernachlässigt.

Erkenntnisse über die vermittelnden Prozesse auch in ihrer diachronischen Logik zu gewinnen, ist u. a. auch deshalb von zentraler Bedeutung, da wir inzwischen aus verschiedenen Bereichen der Selbstregulationsforschung wissen, dass die Adaptivität von Selbstregulationsressourcen stark vom Zeitpunkt im Regulationsprozess abhängt (z. B. Staudinger 1997). Beispielsweise gibt es Hinweise, dass Realismus in der Phase der Zielsetzung sehr adaptiv, jedoch in der Phase der Zielumsetzung Optimismus effektiver ist (Taylor/Gollwitzer 1995). Oder in der Bewältigungsforschung wurde gezeigt, dass das Ruminieren nach einem Trauerfall im ersten halben Jahr funktional ist, jedoch dysfunktional wird, wenn es danach weiter anhält (z. B. Filipp/Klauer 1991; Wortman/Silver 1990). Ob etwas eine Ressource oder eine Beeinträchtigung ist, hängt also auch davon ab, wann das Verhalten oder die Eigenschaft zum Einsatz kommt. Es könnte in diesem Kontext produktiv sein, das Handlungssequenzmodell (Boesch 1971; Heckhausen 1974) systematischer als bisher auch in der Resilienzforschung einzusetzen.

Zusammenfassend lässt sich feststellen, dass die Betrachtung von psychologischer Resilienz aus der Perspektive der Lebensspannen-Psychologie den Blick auf Ressourcen und Plastizität menschlicher Entwicklung fokussiert, und damit neben das Defizitmodell eine Konzeption von besonders gelungener Entwicklung stellt. Die Thematisierung von Resilienz geht dabei jedoch über die Betrachtung der isolierten Person hinaus und rückt die Multidimensionalität sowie den systemischen Charakter von Resilienzkonstellationen in den Mittelpunkt, ohne die diachrone Dimension menschlicher Existenz sowohl im Hinblick auf die Aktual- wie die Ontogenese aus dem Blick zu verlieren. Insofern bietet sich die Lebensspannen-Psychologie als fruchtbarer Integrationsrahmen der Resilienzforschung an. Im Folgenden soll nun exemplarisch aus zwei zentralen psychologischen Funktionsbereichen Evidenz zur Resilienz im Alter dargestellt werden. Dabei wird gemäß der anfangs getroffenen Unterscheidung sowohl auf „endogene" als auch interventionsbedingte, „exogene" Resilienz eingegangen.

2 Empirische Evidenz zu Resilienzkonstellationen im Erwachsenenalter und Alter

2.1 Überblick über die Resilienzkonstellationen im kognitiven Bereich

Zunächst stellt sich die Frage, ob der Bereich der geistigen Leistungsfähigkeit im Alter Anlass zur Resilienz gibt. Hier ist die Forschungslage eindeutig. Die Antwort ist ein klares JA. Altersveränderungen in intellektuellen Fähigkeiten und kognitiven Prozessen beruhen auf einem komplexen Zusammenspiel biologisch bedingter Einbußen und kulturell vermittelter Zugewinne (Baltes et al. 2006; Brandtstädter/Greve 1994b). Das „Altern der Intelligenz" ist dementsprechend kein einheitlicher Prozess, sondern Individuen und Fähigkeiten altern in sehr unterschiedlicher Weise. So gibt es Personen, die auch im hohen Alter noch sehr kreativ und einsichtsvoll sind, genauso wie solche, deren kognitive Funktionen mit dem Alter stark nachlassen. Gleiches gilt für unterschiedliche Fähigkeiten: Zum Beispiel lässt die Mechanik des Geistes, etwa die Geschwindigkeit, mit der wir Wahrnehmungs- und Denkaufgaben durchführen, in der Regel mit dem Alter nach (z. B. Lindenberger/Baltes 1994). Fertigkeiten, die auf der Pragmatik des Geistes beruhen, die also auf Wissen und Lebenserfahrung aufbauen, können hingegen bis ins hohe Alter Zugewinne aufweisen (z. B. Staudinger/Baltes 1996). Die Lebensspannen-Psychologie hat aufgrund dieser Heterogenität des Gegenstandes ihr Augenmerk auf altersbedingte *Möglichkeiten* und *Grenzen* intellektueller Leistungen gerichtet und einseitige Fixierungen auf Abbau oder Zugewinn vermieden.

Die Mechanik des Geistes bietet also Anlass für Resilienzkonstellationen. Aufgrund der unterschiedlichen Entwicklungsverläufe der Mechanik und Pragmatik entstehen Spannungen, aber auch Optionen für adaptive Prozesse. Etwa ab dem 25. bis 30. Lebensjahr zeigt die Mechanik der Intelligenz Abbauerscheinungen, sei es in der Geschwindigkeit der Informationsverarbeitung, in der Gedächtnisleistung oder auch der Arbeitsgedächtniskapazität (z. B. Lindenberger 2000; Salthouse 1991), die es zu kompensieren gilt.

2.1.1 Hinweise auf „endogene" Resilienzkonstellationen im kognitiven Bereich

Betrachten wir zunächst empirische Hinweise auf „endogen" vorfindbare Resilienzkonstellationen im kognitiven Bereich, so betreffen diese die Pragmatik der Intelligenz. Es sind die bis ins höhere Lebensalter sich weiterentwickelnden Wissenskörper oder Erfahrungsschätze, die uns dazu verhelfen, die Abbauerscheinungen in der kognitiven Mechanik auszugleichen oder zu kompensieren. In der Untersuchung der Pragmatik des Geistes spielt das Expertise-Paradigma eine herausragende Rolle (vgl. Ericsson/Smith 1991).

Berufliche Expertise

Beispielsweise hat sich bei der Untersuchung beruflich erworbener Expertise gezeigt, dass man sich mit zunehmender Erfahrung in einem Bereich Strategien erwirbt, die es erlauben, beispielsweise verlangsamte Reaktionszeiten oder verschlechterte Gedächtnisleistungen auszugleichen. So konnte Salthouse zeigen, dass ältere Experten im Schreibmaschineschreiben ihre verlangsamten Anschlagzeiten durch weiteres Vorauslesen im Text ausgleichen, so dass sich ihre Schreibmaschinenleistung nicht von den jungen Experten unterscheidet (Salthouse 1984). Ebenso konnte man zeigen, dass mit zunehmender Expertise im Schach nicht mehr einzelne Figuren in ihrer Position auf dem Spielbrett erinnert werden, sondern sich vielmehr Konstellationen von Figuren zu einer Gedächtniseinheit (chunk) verdichten (z. B. Charness/Bosman 1990). Diese altersvergleichenden Untersuchungen von Experten zeigen also, dass ältere Personen aufgrund von Expertise in ihren Leistungen in diesem Bereich durchaus mit jüngeren vergleichbar bleiben. Allerdings haben diese Expertiseuntersuchungen auch gezeigt, dass ältere Experten jüngere nicht übertreffen können (z. B. Lindenberger et al. 1993).

Expertise in grundlegenden und existentiellen Fragen des Lebens

Es gibt einen weiteren Bereich kognitiver Leistungen, in dem eine endogene Resilienzkonstellation nachgewiesen werden konnte. Dies ist der Bereich der Lebenserfahrung und der Umgang mit schwierigen Lebensproblemen. In der höchsten Ausprägung spricht man auch von Weisheit. Auch hier konnte man zeigen, dass die Verluste in der Mechanik des Geistes kompensiert werden können durch Erfahrung. Es zeigte sich, dass in einem Altersbereich von 25 bis 75 Jahren, trotz nachlassender Leistungen im Bereich der Mechanik des Geistes, kein Abbau in der Urteilsfähigkeit im Bereich schwieriger und existentieller Lebensprobleme zu beobachten ist. Dieser Befund ist inzwischen über mehrere Studien hinweg und mit insgesamt über 600 Versuchsteilnehmern repliziert worden (z. B. Staudinger/Baltes

1996). Allerdings muss festgehalten werden, dass mit zunehmendem Alter im Durchschnitt kein Fortschritt in den weisheitsbezogenen Leistungen festzustellen ist. Weitergehende Untersuchungen konnten zeigen, dass Alter alleine nicht ausreicht, um weise zu werden. Es ist darüber hinaus etwa notwendig, dass die Abbauerscheinungen in der Mechanik schwächer ausgeprägt sind als im Durchschnitt und dass ein bestimmtes Persönlichkeitsprofil vorliegt (vgl. Staudinger 1999), das etwa durch Offenheit für neue Erfahrungen, Flexibilität, Kreativität, Interesse am eigenen Wachstum charakterisiert ist. Außerdem spielen natürlich die Erfahrungskontexte, die man im Laufe des Lebens und die Unterstützung oder Anleitung, die man im Umgang mit Lebensproblemen erfahren hat, eine wichtige Rolle.

2.1.2 Interventionsgestützte (exogene) Resilienzkonstellationen im kognitiven Bereich

Die zweite Art der Resilienzkonstellation im Bereich der geistigen Leistungsfähigkeit entsteht durch Intervention. Besonders hinsichtlich der Konsequenzen für Politik und Praxis ist dieser Forschungsbereich sehr relevant. Hier gibt es eine inzwischen lange und differenzierte Forschungstradition des Trainings geistiger Leistungen (z. B. Baltes/Lindenberger 1988; Verhaeghen et al. 1992). In dieser Literatur konnte gezeigt und repliziert werden, dass die interventionsgestützte kognitive Resilienz über die gesamte Lebensspanne erhalten bleibt. Bis ins hohe Alter hinein lassen sich, unter „normalen" Bedingungen, geistige Leistungen durch Training beträchtlich verbessern. Allerdings erreichen ältere Teilnehmer nach dem Training nicht das gleiche Ausmaß an Trainingsgewinn wie jüngere. Zudem führen Interventionen wohl nicht zu einer Umkehrung des vorher stattgefundenen Abbaus, sondern sind als der Erwerb von Strategien zu verstehen, die es erlauben, den Abbau in der Mechanik auszugleichen oder zumindest abzumildern. Es gibt Hinweise darauf, dass diese Trainingseffekte über längere Zeiträume erhalten bleiben, auch wenn diese Studien aufgrund der selektiven Stichprobenausfälle nur eingeschränkt interpretierbar sind (Staudinger et al. 1995; Willis/Schaie 1994). Der Transfer der Trainingsmaßnahmen auf nicht trainierte Aufgaben ist allerdings sehr begrenzt (Lindenberger 2000). Es konnte auch gezeigt werden, dass dieser Interventionserfolg sich nicht mehr einstellt, wenn die Zielperson gleichzeitig die Anzeichen einer beginnenden Demenz zeigt (unabhängig diagnostiziert; M. Baltes et al. 1992). Insofern kann die Trainierbarkeit oder die interventionsgestützte Resilienz als sensibler früher Indikator einer Demenz fungieren.

Ein zweiter Aspekt der Trainingsforschung beschäftigt sich mit dem Erreichen maximaler Leistungsniveaus (z. B. Baltes/Kliegl 1992). Mit Hilfe der Methode des testing-the-limits führt man junge und ältere Versuchsteilnehmer über eine Serie von Trainingssitzungen, in denen zunächst eine Strategie (z. B. Methode der Orte) zur Lösung einer kognitiven Aufgabe

(z. B. Erinnern von Wortlisten) eingeübt wird, mittels verkürzter Präsentationszeiten und/oder verlängerter Wortlisten an die Grenzen ihrer Leistungsfähigkeit heran. Es hat sich dabei gezeigt, dass die Leistungsreserven im Alter klar reduziert sind (Kliegl et al. 1989). Die kognitive Trainingsforschung demonstriert also gleichzeitig das Leistungspotential älterer Menschen, das durch geeignete Interventionen aktiviert werden kann, als auch die Grenzen dieses Potentials.

Angesichts der im hohen Lebensalter wachsenden Prävalenzzahlen für Alzheimersche Demenz und andere Demenzformen scheint es sinnvoll, den Befund der reduzierten oder gar nicht vorhandenen Leistungsreserve detaillierter zu diskutieren. Es gibt beispielsweise Evidenz, dass verlängerte Präsentationszeiten es auch dementen Personen ermöglichen, von den Trainingsmaßnahmen zu profitieren (z. B. Kopelman 1985). Ebenso konnte man demonstrieren, dass das Einbeziehen von früheren Kenntnissen in die kognitive Leistung es auch dementen Personen erlaubt, verbesserte Leistungen zu zeigen (z. B. Lipinska et al. 1992). Schließlich gibt es noch Hinweise auf Interventionserfolge bei Dementen aus dem Bereich des operanten Konditionierens. Der Vorteil operanten Konditionierens besteht unter anderem darin, dass es geringere Anforderungen an die kognitive Kapazität der zu konditionierenden Person stellt. In Studien von Camp und anderen wurde gezeigt, dass man durch die Kombination von Gedächtnistraining und operanten Strategien gute Erfolge auch bei Dementen erzielen kann (z. B. Camp et al. 1993; McKitrick et al. 1992). So konnte durch das wiederholte Abfragen des Namens einer Krankenschwester (mit korrektivem Feedback und Belohnung bei richtigem Erinnern) der Name dieser Schwester über einen Zeitraum von 6 Monaten von dementen Patienten erinnert werden. Diese Befunde belegen, dass die kreative Anwendung und Kombination von Methoden auch im Bereich pathologischer Entwicklungsverläufe im Alter noch Raum für interventionsgestützte Resilienz lässt.

2.2 Überblick über Resilienzkonstellationen im Bereich von Selbst und Persönlichkeit

Eine Vielzahl von nationalen und internationalen Studien belegt, dass die Funktionsfähigkeit und der insgesamt positive Status von Selbst und Persönlichkeit im Alter generell wenig oder gar nicht beeinträchtigt sind (z. B. Brandtstädter et al. 1993; Smith/Baltes 1996; Staudinger et al. 1996). Befindlichkeitsindikatoren wie das Selbstwertempfinden (Bengtson et al. 1985; Brandtstädter et al. 1993), das allgemeine Wohlbefinden (Brandtstädter/Wentura 1995; Ryff 1995), die Zufriedenheit mit dem eigenen Alter (Staudinger et al. 1996) oder die Überzeugung, das eigene Leben direkt oder unmittelbar kontrollieren zu können (M. Baltes 1995; Brandtstädter/Rothermund 1994) kovariieren mit dem Alter insgesamt nur wenig.

Dies gilt – freilich zunehmend abgeschwächt – bis in das höhere Alter hinein; erst im hohen Alter sind merkliche Einbußen für die Mehrzahl der Personen nach derzeitigem Stand zunehmend nicht nur unabwendbar, sondern auch kaum mehr kompensierbar (P. Baltes 1997). Bis zum 80. oder 85. Lebensjahr jedoch scheint Alter, pointiert gesagt, kein Risikofaktor für Lebensqualität und Wohlbefinden, zwei Indikatoren aus dem Bereich Selbst und Persönlichkeit, zu sein.

Dies wird dann zu einem erstaunlichen Befund, wenn man ihm die gut belegte Tatsache gegenüberstellt, dass entwicklungsbedingte Abbauprozesse und Funktionseinbußen in vielen Lebens- und Funktionsbereichen schon ab der Lebensmitte sichtbar werden. Die körperliche und geistige Leistungsfähigkeit lässt wie eben demonstriert nach, schwere Krankheiten und Behinderungen treten mit höherer Wahrscheinlichkeit als in jüngeren Jahren auf, die verbleibende Lebenszeit wird kürzer, durch die Verrentung werden berufliche Orientierungen genommen, wichtige Bezugspersonen sterben. Sowohl in Bezug auf die kognitive Entwicklung (z.B. Reischies/Lindenberger 1996) und die Veränderung der sensorischen Funktionen (Tesch-Römer/Wahl 1996) als auch in Bezug auf Morbidität (z.B. Steinhagen-Thiessen/Borchelt 1996; Gerok/Brandtstädter 1994) ist Alter durch eine Zunahme von faktischen Verlusten und Einbußen gekennzeichnet (zusammenfassend etwa P. Baltes et al. 1994; Bond et al. 1995). Diese sich kontinuierlich verschlechternde Bilanz aus Entwicklungsgewinnen und -verlusten wird offenbar auch von der alternden Person selbst so wahrgenommen (Heckhausen et al. 1989). Alter ist allerdings ein sehr grober Indikator für die Zunahme von Risiken, Belastungen und Verlusten (Staudinger/Fleeson 1996). Tatsächlich sind hier nicht nur verschiedene Aspekte (körperliche, kognitive, psychische, soziale etc.) zu trennen, die sich sehr unterschiedlich (teilweise sogar komplementär) entwickeln. Darüber hinaus sind vielmehr auch starke interindividuelle und situationale Unterschiede zu beachten, die zu einer wachsenden Heterogenität der aktuellen und chronischen Belastungen im Alter und durch das Alter führen. Gleichwohl macht gerade der scheinbare Widerspruch zwischen mit dem Alter wachsenden Belastungen und Verlusten einerseits und der phänotypischen Stabilität von Selbst und Wohlbefinden des alternden Menschen andererseits die Frage nach den Prozessen und Bedingungen dieser Resilienzkonstellation im Alter zu einer spannenden Forschungsfrage (Brandtstädter/Greve 1994a). Überraschenderweise ist die Anwendung des Resilienzkonzeptes auf die Erklärung der Stabilität von Selbst und Persönlichkeit im höheren Alter erst relativ spät versucht worden (Ryff et al. 1998). Staudinger, Marsiske und Baltes (1995) haben mit als erste dieses Konzept (zusammen mit dem Konzept der „Plastizität") in Bezug auf das höhere Erwachsenenalter diskutiert.

2.2.1 Persönlichkeitseigenschaften als Elemente von Resilienzkonstellationen

Ein Aspekt von Resilienz im Bereich Selbst und Persönlichkeit ist die Suche nach Persönlichkeitsfaktoren, die zu Resilienzkonstellationen beitragen, d.h. adaptive Prozesse begünstigen. So zeigen beispielsweise Befunde der Berliner Altersstudie, dass emotionale Labilität (im Sinne eines klassischen – psychometrischen – Persönlichkeitsfaktors) den Zusammenhang zwischen körperlichen Risiken und Wohlbefinden moderiert (Staudinger et al. 1996). Die Autor/innen argumentieren überzeugend, dass gerade das starke Erleben von – auch negativen – Gefühlen angesichts starker Belastungen adaptiv wirken kann, wenn dadurch dysfunktionale Defensivreaktionen („Verdrängen") vermieden werden können. Dem entspricht der Befund, dass unter Bedingungen sozio-ökonomischer Belastungen eine ausgeglichene Affektbalance eher protektiv ist als ein „Überschuss" positiver Emotionen. Andere überdauernde Aspekte der Persönlichkeit (zum Überblick siehe Staudinger/Pasupathi 2000), die sich in Resilienzkonstellationen als funktional erwiesen haben, sind die Zuverlässigkeit (Friedman et al. 1995), Offenheit für neue Erfahrungen (Costa/McCrae 1985) oder Selbstwirksamkeit (Bandura 1986) und Ichstärke (Block 1981).

2.2.2 Selbstregulative Prozesse als Teil von endogenen Resilienzkonstellationen

Im Grundsatz lassen sich beim Bewältigungsgeschehen zwei Reaktions*richtungen* unterscheiden. Drohenden oder tatsächlich eingetretenen Verlusten und Defiziten kann zunächst in vielfältiger Weise aktiv oder assimilativ begegnet werden (vgl. Brandtstädter/Greve 1994a). Das heißt, man versucht an der bedrohlichen oder kritischen Sachlage etwas zu verändern. Übrigens ist dies auch möglich, wenn man nicht mehr selbst die volle Handlungskontrolle über diesen Realitätsbereich hat. So kann auch in der aktiven „Delegation" von Kontrolle eine viel versprechende Bewältigungsoption liegen: Wenn ältere Menschen Anstrengungen, die sie nicht mehr selbst zu erbringen vermögen, an andere delegieren, dabei aber die Regie über Lokalisation, Umfang und Qualität behalten, kann auch diese Form der „proxy control" (M. Baltes 1995) das Problem lösen, ohne dass es dazu spezifischer Anpassungen bedarf. Kennzeichnend für diese aktiven Bewältigungsformen ist aber in allen genannten Fällen das Festhalten an den bedrohten Standards, Wert- und Zielorientierungen.

Jedoch ist nicht jedes Problem durch handelndes Problemlösen zu verringern. Endgültiges Scheitern oder irreversible Verluste sind auch durch Delegation nicht zu kompensieren. Jedoch auch in diesen Fällen können die möglichen emotionalen und psychischen Folgen (z. B. Verzweiflung, Trauer, Hoffnungslosigkeit oder Depression) offenbar in der Mehrzahl der Fälle reguliert oder ganz vermieden werden. Kennzeichnend für die hier einsetzenden Reaktionsformen ist, dass die Bewertung der bedrohten Lebens- und Funktionsbereiche sich derart verändern, dass die Belastung verringert oder gänzlich aufgelöst wird. Anpassungen des persönlichen Werte- und Präferenzsystems, Umdeutungen belastender Problemlagen, Perspektivenveränderungen und gezielte (Abwärts-)Vergleiche sind typische Beispiele für Prozesse, die gewissermaßen zu einer „Auflösung" der belastenden Problemlage beitragen und dadurch deren abträgliche Wirkung auf Wohlbefinden und Lebenszufriedenheit mindern. Am Ende dieser „akkommodativen" Prozesse (Brandtstädter/Greve 1994a; Brandtstädter/Renner 1990; Brandtstädter/Wentura 1995) steht eine veränderte Sicht der eigenen Person, ihrer Ziele und ihrer Lebenslage. Im Unterschied zu verleugnenden Problemvermeidungsreaktionen ist das Problem damit freilich tatsächlich und dauerhaft zum „Verschwinden" gebracht: Das Leugnen einer Erkrankung heilt sie nicht, aber ihre Relativierung oder Akzeptierung macht sie tatsächlich erträglich.

Wie bereits angedeutet, werden mit zunehmendem Alter angesichts irreversibler Einbußen und Verluste (z. B. Tod des Partners, chronische Erkrankungen oder progrediente Abbauprozesse) solche akkommodativen Reaktionen erfolgversprechender und wahrscheinlicher, die das Problem nicht aktiv zu lösen versuchen, sondern die entstandene Belastung auflösen (Brandtstädter/Renner 1990); die Funktionalität „assimilativer" Strategien verliert demgegenüber zunehmend an Dominanz (Brandtstädter 1998). Auch in den Daten der Berliner Altersstudie (Staudinger et al. 1996) zeigte sich verschiedentlich, dass mit dem Alter zunehmend akkommodative Bewältigungsformen neben assimilative hinzutreten (vgl. auch Staudinger/Fleeson 1996). Eben diese weisen dann auch den stärksten Zusammenhang mit der Zufriedenheit auf und tragen wesentlich zu der phänotypischen Stabilität des Selbst bei (Brandtstädter et al. 1993). Beispielsweise ließ sich wiederholt darstellen, dass akkommodative Bewältigungsreaktionen den Zusammenhang zwischen körperlichen Risken und Belastungen und der Zufriedenheit im Alter moderieren (Brandtstädter et al. 1993; Staudinger et al. 1996). Dem entspricht, dass nach Befunden der Berliner Altersstudie auch ein (zu) hohes Lebensinvestment mit zunehmendem Alter dann dysfunktionaler zu werden beginnt, wenn gleichzeitig körperliche Belastungen zunehmen (Staudinger et al. 1996). Gleichzeitig geht es freilich jenen Älteren am besten, die durch Belastungen nicht an einem hohen Investment gehindert werden (Staudinger/Fleeson 1996).

2.2.3 Die Selbstdefinition als Element endogener Resilienzkonstellationen im Alter

Die (phänotypische) Stabilität des Selbst im Erwachsenenalter und höheren Alter wird als ein *Indikator* für Resilienz diskutiert. Diese Stabilität ist auch deswegen überraschend, weil sozialpsychologische Arbeiten vielfach eine relativ hohe situationale Veränderbarkeit des Selbst gezeigt haben (Hannover 1996). Jedoch zeigen etwa Arbeiten zur „Selbst-Immunisierung" (Greve 1990; Greve/Wentura 2003), dass es möglich ist, identitätskonstitutive Selbstkonzeptaspekte trotz des *Eingeständnisses* von einzelnen, konkreten Veränderungen und Verlusten grundsätzlich weiterhin aufrecht zu erhalten. Dies wird unter anderem dadurch erreicht, dass die Diagnostizität etwa einer verlorenen oder reduzierten Fähigkeit (z. B. Namen oder Telefonnummern erinnern) für den jeweils übergeordneten Bereich (hier: Gedächtnis) verringert wird zugunsten der – kompensatorisch aufgewerteten – Diagnostizität anderer gedächtnisrelevanter Fertigkeiten (z. B. Gedichte erinnern). Hierzu ist es wichtig, ein Selbstkonzept zu haben, das für verschiedene Bereiche differenziert ausgestaltet ist. Denn gibt es für den Selbstbildausschnitt „gutes Gedächtnis" nur eine Operationalisierung, ist die Kompensation durch Ausweichen auf andere Anzeichen für ein gutes Gedächtnis schwierig (z. B. Freund/Smith 1997). Ebenso konnte die Selbstkonzeptforschung zeigen, dass Selbstdefinitionen facettenreich und integriert sein müssen.

Die Theorie einer Person über sich selbst kann auch dadurch immunisiert werden, dass man ihre Reichweite einschränkt: Die Überzeugung „Ich habe ein gutes Gedächtnis" wird dabei re-interpretiert als „Ich habe ein besseres Gedächtnis als andere in meinem Alter" oder sogar als „besser als alle anderen in meinem Altersheim". Auch das ist eine periphere Konzeptanpassung, die den Kern des Selbstbildes zunächst intakt lässt, ohne Realitäten zu bestreiten, zum Beispiel die Realität, dass Jüngere mittlerweile ein besseres Gedächtnis haben als man selbst. Derartige Prozesse erklären, wieso Menschen über die lange Spanne des Erwachsenenalters offenbar gleichzeitig sehr realistisch und realitätsorientiert und meist erfolgreich handeln können, obwohl sie sich teilweise erheblich verändern und entwickeln, und trotzdem gerade hier ein starkes Gefühl dafür bewahren können, dieselbe Person geblieben zu sein. Ryff (Ryff et al. 1998) verweist in ähnlichem Zusammenhang auf das Konzept der (optimalen) „Allostatis", d. h. der „stability through change" (Sterling/Eyer 1988, 638), das ursprünglich in Bezug auf physiologische Stabilität (etwa in Bezug auf kardiovaskuläre Belastungen bzw. Veränderungen) konzeptualisiert wurde.

3 Zusammenfassung und Ausblick

Die zusammenfassende Darstellung in den letzten Abschnitten zeigt, dass der Forschungsstand trotz der relativ kurzen Zeit, in der das Resilienz-Konzept mit Blick auf das höhere und hohe Erwachsenenalter diskutiert wird, ein recht hohes Niveau an Differenzierung und Substanz erreicht hat. Die angesichts verbreiteter Alternsstereotype überraschend hohe psychosoziale Widerständigkeit und Plastizität des alternden Menschen, seiner Persönlichkeit und Identität ebenso wie vieler Funktionsbereiche, steht dabei bislang im Vordergrund des Forschungsinteresses. Aus der Lebensspannen-Perspektive wird der Blick allerdings auch auf die Grenzen gelenkt, die im vierten Alter, also jenseits von 80–85 Jahren, besonders sichtbar werden, und auf die Tatsache, dass die Resilienz und Plastizität im Alter mehr und mehr auf externe Ressourcen angewiesen ist.

Literatur

Baltes, M. M. (1995): Verlust der Selbständigkeit im Alter: Theoretische Überlegungen und empirische Befunde. Psychologische Rundschau 46, 159–170
–, Kühl, K.-P., Sowarka, D. (1992): Testing for limits of cognitive reserve capacity: A promising strategy for early diagnosis of dementia? Journal of Gerontology 47, 165–167
Baltes, P. B. (1997): Die unvollendete Architektur der menschlichen Ontogenese. Implikationen für die Zukunft des vierten Lebensalters. Psychologische Rundschau 48, 191–210
–, Kliegl, R. (1992): Further testing of limits of cognitive plasticity: Negative age differences in a mnemonic skill are robust. Developmental Psychology 28, 121–125
–, Lindenberger, U. (1988): On the range of cognitive plasticity in old age as a function of experience: 15 years of intervention research. Behavior Therapy 19, 283–300
–, Mittelstraß, J., Staudinger, U. M. (Hrsg.) (1994): Alter und Altern. Ein interdisziplinärer Studientext zur Gerontologie. de Gruyter, Berlin
–, Lindenberger, U., Staudinger, U. M. (2006): Life-span theory in developmental psychology. In: Lerner, R. M. (Ed.): Handbook of child psychology (Vol. 1). Theoretical models of human development 6th ed. Wiley, New York, 569–664
Bandura, A. (1986): Social foundations of thought and action: A social cognitive theory. Prentice-Hall, Englewood Cliffs/NJ
Bengtson, V. L., Reedy, M. N., Gordon, C. (1985): Aging and self-conceptions: Personality processes and social contexts. In: Birren, J. E., Schaie, K. W. (Eds.): Handbook of the psychology of aging. 2nd ed. Van Nostrand Reinhold, New York, 544–593
Block, J. (1981): Some enduring and consequential structures of personality. In: A. I. Rabin (Ed.): Further explorations in personality. Wiley, New York, 27–43
– (1980): The role of ego-control and ego-resiliency in the organization of behavior. In: Collins, W. A. (Ed.): Development of cognition, affect, and social relations.: Erlbaum, Hillsdale/ NJ, 39–101
Boesch, E. E. (1971): Zwischen zwei Wirklichkeiten: Prolegomena zu einer ökologischen Psychologie. Huber, Bern
Bond, L. A., Cutler, S. J., Grams, A. (Eds.) (1995): Promoting successful and productive aging. Sage, Thousand Oaks/CA
Brandtstädter, J. (1998): Action perspectives on human development. In: Lerner, R. M. (Ed.): Handbook of child psychology (5th ed. Vol. 1: Theoretical models of human development). Wiley, New York, 807–866
–, Greve, W. (1994a): The aging self: Stabilizing and protective processes. Developmental Review 14, 52–80
–, – (1994b): Entwicklung im Lebenslauf als Kulturprodukt und Handlungsergebnis. Aspekte der Konstruktion und Kritik. In: Schneewind, K. A. (Hrsg.): Psychologie der Erziehung und Sozialisation. Pädagogische Psychologie (Enzyklopädie der Psychologie Bd.1, 41–71). Hogrefe, Göttingen

–, Renner, G. (1990): Tenacious goal pursuit and flexible goal adjustment: Explication and age-related analysis of assimilative and accommodative strategies of coping. Psychology and Aging 5, 58–67
–, Rothermund, K. (1994): Self-percepts of control in middle and later adulthood: Buffering losses by rescaling goals. Psychology and Aging 9, 265–273
–, Wentura, D. (1995): Adjustment to shifting possibility frontiers in later life: Complementary adaptive modes. In: Dixon, R. A., Bäckman, L. (Eds.): Compensating for psychological deficits and declines. Managing losses and promoting gains. Erlbaum, Mahwah/NJ, 83–106
–, –, Greve, W. (1993): Adaptive ressources of the aging self: Outlines of an emergent perspective. International Journal of Behavioral Development 16, 323–349
Camp, C. J., Foss, J. W., Stevens, A. B., Reichard, C. C., McKitrick, L. A., O'Hanlon, A. M. (1993): Memory training in normal and demented elderly populations: The E-I-E-I-O model. Experimental Aging Research 19, 277–290
Carver, C. S. (1998): Resilience and thriving: Issues, models, and linkages. Journal of Social Issues 54, 245–266
Charness, N., Bosman, E. A. (1990): Expertise and aging: Life in the lab. In T. H. Hess (Ed.): Aging and cognition: Knowledge organization and utilization. Elsevier, Amsterdam, 343–385
Cicchetti, D., Cohen, D. J. (1995): Perspectives on developmental psychopathology. In: Cicchetti, D., Cohen, D. J. (Eds.): Developmental psychopathology 1. Wiley, New York, 3–22
Costa, P. T., McCrae, R. R. (1985): The NEO personality inventory. Manual from S and from R. Psychological Assessment Resources, Odessa/FL
Eizenman, D. R., Nesselroade, J. R., Featherman, D. L., Rowe, J. W. (1997): Intraindividual variability in perceived control in an older sample: The MacArthur successful aging studies. Psychology & Aging 12, 489–502
Elder, G. H., Jr. (1998): The life course and human development. In: Lerner, R. M. (Ed.): Handbook of child psychology Vol. 1: Theoretical models of human development. 5th ed. Wiley, New York, 939–991
Ericsson, K. A., Smith, J. (Eds.) (1991): Toward a general theory of expertise: Prospects and limits. Cambridge University Press, Cambridge/MA
Erikson, E. H. (1959): Identity and the life cycle. International University Press, New York
Filipp, S. H. (Hrsg.) (1990): Kritische Lebensereignisse. 2. Aufl. Psychologie Verlags Union, München
–, Klauer, T. (1991): Subjective well-being in the face of critical life events: The case of successful coping. In: Strack, F., Argyle, M., Schwarz, N. (Eds.): The social psychology of subjective well-being (Vol. 21, 213-234). Pergamon Press, Oxford
Freund, A. M., Baltes, P. B. (1999): The role of selection, optimization, and compensation in successful aging. In: Brandtstädter, J., Lerner, R. M. (Eds.): Action and self-development: Theory and research through the life-span . Sage, Thousand Oaks/CA
–, Smith, J. (1997): Self-definition in old age. Zeitschrift für Sozialpsychologie 28 (1–2), 44–59
Friedman, H. S., Tucker, J. S., Schwartz, J. E., Tomlinson-Keasey, C., Martin, L. R., Wingard, D. L., et al. (1995): Psychosocial and behavioral predictors of longevity: The aging and death of the „Termites." American Psychologist 50, 69–78
Garmezy, N. (1991): Resilience in children's adaptation to negative life events and stressed environments. Pediatric Annals 20, 459–466
Gerok, W., Brandtstädter, J. (1994): Normales, krankhaftes und optimales Altern. Variations- und Modifikationsspielräume. In: Baltes, P. B., Mittelstraß J., Staudinger, U. M. (Hrsg.): Alter und Altern: Ein interdisziplinärer Studientext zur Gerontologie. de Gruyter, Berlin, 356–385

Greve, W. (1990): Stabilisierung und Modifikation des Selbstkonzeptes im Erwachsenenalter. Strategien der Immunisierung. Sprache & Kognition 9, 218–230
– (1997): Sparsame Bewältigung – Perspektiven für eine ökonomische Taxonomie von Bewältigungsformen. In: Tesch-Römer, C., Salewski, C., Schwarz, G. (Hrsg.): Psychologie der Bewältigung. Psychologie Verlags Union, Weinheim, 18–41
–, Wentura, D. (2003): Immunizing the self: Self-concept stabilization through reality-adaptive self-definitions. Personality and Social Psychology Bulletin 29, 39–50
Hannover, B. (1996): Das dynamische Selbst. Huber, Bern
Heckhausen, H. (1974): Motivationsanalysen [Analyses of motivation]. Springer, Berlin
Heckhausen, J., Dixon, R. A., Baltes, P. B. (1989): Gains and losses in development throughout adulthood as perceived by different adult age groups. Developmental Psychology 25, 109–121
–, Schulz, R. (1995): A Life-span theory of control. Psychological Review 102, 284–304
Herbert, T. B., Dunckel-Shetter, C. (1992): Negative social reactions to victims: An overview of responses and their determinants. In: Montada, L., Filipp, S.-H., Lerner, M.L. (Eds.): Life crises and experiences of loss in adulthood. Erlbaum, Hillsdale/NJ, 497–518
Jessor, R. (1993): Successful adolescent development among youth in high-risk settings. American Psychologist 48, 117–126
Kagan, J., Zentner, M. (1996): Early childhood predictors of adult psychopathology. Harvard Review of Psychiatry 3, 1–10
Kliegl, R., Smith, J., Baltes, P. B. (1989): Testing-the-limits and the study of age differences in cognitive plasticity of a mnemonic skill. Developmental Psychology 25, 247–256
Klohnen, E. C. (1996): Conceptual analysis and measurement of the construct of ego-resiliency. Journal of Personality and Social Psychology 70, 1067–1079
Kopelman, M. D. (1985): Rates of forgetting in Alzheimer-type dementia and Korsakoff's syndrome. Neuropsychologia 23, 623–638
Lerner, R. M. (1984): On the nature of human plasticity. Cambridge University Press, New York
Lindenberger, U. (2000): Intellektuelle Entwicklung über die Lebensspanne. Überblick und ausgewählte Forschungsbrennpunkte. Psychologische Rundschau 51, 132–141
–, Baltes, P. B. (1994): Aging and intelligence. In: Sternberg, R. J. (Ed.): Encyclopedia of intelligence (Vol. 1). Macmillan, New York, 52–66
–, Kliegl, R., Baltes, P. B. (1993): Professional expertise does not eliminate negative age differences in imagery-based memory performance during adulthood. Psychology and Aging 7, 585–593
Lipinska, B., Bäckman, L., Herlitz, A. (1992): When Greta Garbo is easier to remember than Stefan Edberg: Influences of prior knowledge on recognition memory in Alzheimer's disease. Psychology and Aging 7, 214–220
Magnusson, D. (1998): The logic and implication of a person-oriented approach. In: Cairns, R. B., Bergman, L. R. (Eds.): Methods and models for studying the individual. Sage, Thousands Oaks/CA, 33–64
McKitrick, L. A., Camp, C. J., Black, F. W. (1992): Prospective memory intervention in Alzheimer's disease. Journals of Gerontology 47, 337–343
Piaget, J. (1970): Piaget's theory. In: Mussen, P. H. (Ed.): Carmichaels manual of child psychology. Wiley, New York, 703–732
Reischies, F. M., Lindenberger, U. (1996): Grenzen und Potentiale kognitiver Leistungsfähigkeit im Alter. In: Mayer, K. U., Baltes, P. B. (Hrsg.): Die Berliner Altersstudie. Akademie Verlag, Berlin, 351–377
Rutter, M. (1987): Psychosocial resilience and protective mechanisms. American Journal of Orthopsychiatry 57, 316–331

- (1993): Developing minds: Challenge and continuity across the life span. Basic Books, New York
Ryff, C. D. (1995): Psychological well-being in adult life. Current Directions in Psychological Science 4, 99–104
–, Singer, B., Love, G. D., Essex, M. J. (1998): Resilience in adulthood and later life. Defining features and dynamic processes. In: Lomranz, J. (Ed.): Handbook of aging and mental health: An integrative approach. Plenum, New York, 69–96
Salthouse, T. A. (1984): Effects of age and skill in typing. Journal of Experimental Psychology: General 11, 345–371
–, (1991): Theoretical perspectives on cognitive aging. Lawrence Erlbaum, Hillsdale/NJ
Smith, J., Baltes, P. B. (1996): Altern aus psychologischer Perspektive. Trends und Profile im hohen Alter. In: Mayer, K. U., Baltes, P. B. (Hrsg.): Die Berliner Altersstudie. Akademie Verlag, Berlin, 221–250
Staudinger, U. M. (1999): Older and wiser? Integrating results on the relationship between age and wisdom-related performance. International Journal of Behavioral Development 23, 641–664
– (1997): Grenzen der Bewältigung und ihre Überschreitung. Vom Entweder-Oder zum Sowohl-Als-Auch und weiter. In: Tesch-Römer, C. T., Salewski, C., Schwarz, G. (Eds.): Psychologie der Bewältigung. Psychologie Verlags Union. Weinheim, 247–260
–, Baltes, P. B. (1996): Weisheit als Gegenstand psychologischer Forschung. Psychologische Rundschau 47, 1–21
–, Fleeson, W. (1996): Self and personality in old and very old age: A sample case of resilience? Development and Psychopathology 8, 867–885
–, Freund, A. M. (1998): Krank und „arm" im hohen Alter und trotzdem guten Mutes? Untersuchungen im Rahmen eines Modells psychologischer Widerstandsfähigkeit. Sonderheft der Zeitschrift für Klinische Psychologie 27, 78–85
–, Pasupathi, M. (2000): Life-span perspectives on self, personality and social cognition. In: Salthouse, T., Craik, F. (Eds.): Handbook of cognition and aging. Erlbaum, Hillsdale/NJ, 633–688
–, Marsiske, M., Baltes, P. B. (1995): Resilience and reserve capacity in later adulthood: Potentials and limits of development across the life span. In: Cicchetti, D., Cohen, D. (Eds.): Developmental psychopathology (Vol. 2). Wiley, New York, 801–847
–, Freund, A. M., Linden, M., Maas, I. (1996): Selbst, Persönlichkeit und Lebensgestaltung im Alter. Psychologische Widerstandsfähigkeit und Vulnerabilität. In: Mayer, K. U., Baltes, P. B. (Hrsg.): Die Berliner BASE. Akademie Verlag, Berlin, 321–350
Steinhagen-Thiessen, E., Borchelt, M. (1996): Körperliche Gesundheit und medizinische Versorgung im Alter. In: Mayer, K. U., Baltes, P. B. (Eds.): Die Berliner Altersstudie. Akademie Verlag, Berlin
Sterling, P., Eyer, J. (1988): Allostasis: A new paradigm to explain arousal pathology. In: Fisher, S., Reason, J. (Eds.): Handbook of life stress, cognition, and health. John Wiley & Sons, Chichester/UK, 629–649
Taylor, S. E., Gollwitzer, P. M. (1995): Effects of mindset on positive illusions. Journal of Personality and Social Psychology 69, 213–226
Tesch-Römer, C., Wahl, H.-W. (Hrsg.) (1996): Seh- und Höreinbußen älterer Menschen. Steinkopff, Darmstadt
Verhaeghen, P., Marcoen, A., Goossens, L. (1992): Improving memory performance in the aged through mnemonic training: A meta-analytic study. Psychology and Aging 7, 242–251
Werner, E. E. (1995): Resilience in development. Current Directions in Psychological Science 4, 81–85

Willis, S. L., Schaie, K. W. (1994): Cognitive training in the normal elderly. In: Forette, F., Christen, Y., Boller, F. (Eds.): Plasticité cérébrale et stimulation cognitive. Foundation Nationale de Gérontologie, Paris, 78–99

Wortman, C. B., Silver, R. C. (1990): Successful mastery of bereavement and widowhood: A life-course perspective. In: Baltes, P. B., Baltes, M. M. (Eds.): Successful aging. Perspectives from the behavioral sciences. Cambridge University Press, New York, 225–264

II. Resilienz als Arbeitskonzept in sozialen Arbeitsfeldern

Diagnostik und Intervention bei frühen Bindungsstörungen

von Karl-Heinz Brisch

Der englische Psychiater und Psychoanalytiker John Bowlby begründete in den 50er Jahren die Bindungstheorie (Bowlby 1958). Diese ist für das Verständnis von Schutz- und Risikofaktoren von großer Bedeutung. Sie ermöglicht es, sowohl gesunde Persönlichkeitsentwicklungen als auch Abweichungen in Form von Bindungsstörungen als schwerwiegende psychopathologische Erkrankungen zu erklären. Weiterhin können aus dem Verständnis der Bindungstheorie auch Möglichkeiten für die frühe Intervention und die Psychotherapie abgeleitet werden.

Die Bindungstheorie besagt, dass der Säugling im Laufe des ersten Lebensjahres auf der Grundlage eines biologisch angelegten Verhaltenssystems eine starke emotionale Bindung zu einer Hauptbindungsperson entwickelt. Erlebt der Säugling oder das Kleinkind Angst, wie etwa bei Trennung von der Hauptbindungsperson, bei Schmerz oder äußerer oder innerer Bedrohung, wird sein „Bindungssystem" als innere Verhaltensbereitschaft aktiviert. Je nach Bindungsmuster zeigt der Säugling hieraufhin verschiedene Bindungsverhaltensweisen: Diese sind dadurch gekennzeichnet, dass der Säugling nach der Bindungsperson sucht, ihr nachläuft und sich an ihr festklammert. Durch Weinen und ärgerlichen Protest bringt er zum Ausdruck, dass er die Trennung von der Bindungsperson verhindern möchte oder dass er ihre Nähe dringend benötigt. Ist die primäre Bindungsperson nicht erreichbar, so können auch andere sekundäre Bindungspersonen anstelle dieser ersatzweise aufgesucht werden, wie etwa der Vater, die Großmutter oder die Tagesmutter.

Das Bindungsverhalten hat sich evolutionsbiologisch zur Arterhaltung entwickelt. Diejenigen Säuglinge, die durch Bindungsverhalten Nähe und Schutz durch ihre Bindungsperson sicherstellen konnten, hatten vermutlich eine höhere Überlebenswahrscheinlichkeit, so dass sich dieses Verhalten in der Phylogenese durchsetzte. Für das unselbständige menschliche Neugeborene und Kleinkind ist die Schutzfunktion durch eine Bindungsperson von absolut lebenserhaltender Bedeutung. Ohne diese Schutzfunktion wäre der Säugling verloren (Bowlby 1988; Bowlby 2006a–c). Das Bindungssystem, das sich im ersten Lebensjahr entwickelt, bleibt während des gesamten Lebens aktiv. Auch Erwachsene suchen in Gefahrensituationen die Nähe zu anderen Personen auf, von denen sie sich Hilfe und Unterstützung erwarten (Parkes et al. 1991). Werden diese Bedürfnisse nach Bindungssicherheit befriedigt, so wird das Bindungssystem beruhigt und es kann als Ergänzung zum Bindungssystem das System der „Exploration" aktiviert werden. Ohne sichere emotionale Bindung ist keine offene uneingeschränkte Exploration möglich (Ainsworth/Bell 1970).

Werden die Bindungsbedürfnisse oder auch die Explorationswünsche nicht befriedigt, missachtet oder nur in sehr unzuverlässiger und unvorhersehbarer Weise beantwortet, so führt dies zu ambivalenten Gefühlen gegenüber der Bindungsperson, aber auch zu Wut und Enttäuschung sowie zu aggressiven Verhaltensweisen (vgl. auch Parens 1993; Parens et al. 1995).

1 Konzepte der Bindungsforschung

Durch intensive entwicklungspsychologische Forschungsarbeiten und Längsschnittstudien konnten verschiedene Konzepte der Bindungstheorie empirisch validiert werden (für einen umfassenden Überblick siehe Spangler/Zimmermann 1995; Brisch 1999; Brisch et al. 2002).

2 Konzept der Feinfühligkeit

Als Mitarbeiterin von John Bowlby untersuchte Mary Ainsworth die Bedeutung des feinfühligen Pflegeverhaltens der Bindungsperson (Ainsworth 1977). Sie fand heraus, dass Säuglinge sich an diejenige Pflegeperson binden, die ihre Bedürfnisse in einer feinfühligen Weise beantwortet. Dies bedeutet, dass die Pflegeperson die Signale des Säuglings richtig wahrnimmt und sie ohne Verzerrungen durch eigene Bedürfnisse und Wünsche auch richtig interpretiert. Weiterhin muss die Pflegeperson die Bedürfnisse angemessen und prompt – entsprechend dem jeweiligen Alter des Säuglings – beantworten. Je älter der Säugling wird, umso länger können die Zeiten sein, die ihm bis zur Bedürfnisbefriedigung zugemutet werden können.

Der Sensibilität der Mutter für die Signale ihres Säuglings sowie ihrer emotionalen Verfügbarkeit entspricht eine intrapsychische Repräsentation, die von George/Solomon (1989; 1999) auch als „internal model of caregiving" bezeichnet wird. Wenn Mütter in Interviews über ihr potentielles Verhalten in bindungsrelevanten Situationen befragt werden, so schildern sie – abhängig von ihrer eigenen Bindungshaltung – wie sie in solchen Situationen voraussichtlich gegenüber ihrem Kind reagieren würden. In der täglichen Pflege- und Spielerfahrung einer Mutter mit ihrem Kind werden aber auch Erinnerungen und Gefühle aus der eigenen Kindheit und den Bindungserfahrungen mit den eigenen Eltern wachgerufen. Die damit verbundenen angenehmen sowie emotional belastenden Gefühle und Bilder können durch Projektionen die Feinfühligkeit und das Verhalten gegenüber dem eigenen Kind bereichern oder auch erheblich behindern. Im schlimmsten Fall werden wiedererlebte Erinnerungen – etwa eine Missbrauchs- oder eine Verlassenheitserfahrung – mit dem eigenen Kind wiederholt (Fraiberg et al. 1980; Lieberman/Pawl 1993).

Forschungen aus jüngerer Zeit von Jaffe et al. (2001) haben das Konzept der elterlichen Feinfühligkeit in der Interaktion mit dem Säugling um die Bedeutung der Sprache ergänzt sowie auch auf den Einfluss des Rhythmus und der Zeit in der Interaktion hingewiesen.

Analysen der sprachlichen Interaktion zwischen Mutter und Säugling konnten eine sichere Bindungsentwicklung des Kindes vorhersagen, wenn die Mutter aufgrund ihrer Empathie in der Lage war, die affektiven Zustände ihres Säuglings angemessen zu verbalisieren (Meins 1997). Diese Ergebnisse sind bemerkenswert, weil sie darauf hinweisen, wie die Säuglinge nicht nur auf einer Verhaltensebene in der konkreten Pflege die Feinfühligkeit ihrer Bezugspersonen wahrnehmen und sich an diese sicher binden, sondern sich auch durch die empathische Verbalisierung von Affektzuständen verstanden fühlen. In diesem Zusammenhang weisen die Forschungsergebnisse von Fonagy et al. (1991; Steele et al. 1991) darauf hin, dass eine sichere Bindungsentwicklung auch die Fähigkeit des Säuglings zu einer selbstreflexiven mentalen Funktion fördert. Diese Fähigkeit ermöglicht dem Kind in zunehmendem Ausmaß, über sich, andere und die Welt in einer empathischen Weise nachzudenken und nachzuspüren. Darin könnte nach Fonagy ein wesentlicher Vorteil einer sicheren Bindung liegen.

3 Bindungsqualität des Kindes

Werden die Bedürfnisse des Säuglings in dieser von Ainsworth geforderten feinfühligen Art und Weise von einer Pflegeperson beantwortet, so besteht eine relativ große Wahrscheinlichkeit, dass der Säugling zu dieser Person im Laufe des ersten Lebensjahres eine *sichere Bindung* (Typ B) entwickelt. Dies bedeutet, dass er diese spezifische Person bei Bedrohung und Gefahr als „sicheren Hort" und mit der Erwartung von Schutz und Geborgenheit aufsuchen wird.

Wird die Pflegeperson eher mit Zurückweisung auf seine Bindungsbedürfnisse reagieren, so besteht eine höhere Wahrscheinlichkeit, dass der Säugling sich an diese Pflegeperson mit einer *unsicher-vermeidenden* Bindungshaltung (Typ A) bindet. Ein *unsicher-vermeidend* gebundenes Kind wird etwa nach einer *Trennungserfahrung* die Bindungsperson eher meiden oder nur wenig von seinen Bindungsbedürfnissen äußern. Es hat eine Anpassung an die Verhaltensbereitschaften seiner Bindungsperson gefunden. Nähewünsche werden vom Säugling erst gar nicht so intensiv geäußert, da er weiß, dass diese von seiner Bindungsperson auch nicht so intensiv mit Bindungsverhalten im Sinne von Nähe, Schutz und Geborgenheit gewähren beantwortet werden. Dies führt aber zu einer erhöhten inneren

Stressbelastung des Säuglings, die an erhöhten Werten für Cortisol erkannt werden kann (Spangler/Schieche 1998). Allerdings reagieren diese unsicher-vermeidend gebundenen Kinder bei extremer Aktivierung ihres Bindungssystems, wie etwa durch einen schweren Unfall, indem sie ihre Bindungsvermeidung aufgeben und sich hilfe- und schutzsuchend an ihre Mütter wenden. Auch die Mütter können in diesen Situationen großer Bedrohung und Angst ihre Säuglinge schützen. Das Beispiel soll verdeutlichen, dass bei diesen „vermeidenden" Mutter-Kind-Paaren die „Schwelle" für Bindungsverhalten sowohl bei den Kindern als auch bei ihren Müttern höher liegt als bei Mutter-Kind-Paaren, die auf einer sicheren Bindungsbasis interagieren.

Werden die Signale manchmal zuverlässig und feinfühlig, ein anderes Mal aber eher mit Zurückweisung und Ablehnung beantwortet, so entwickelt sich eine *unsicher-ambivalente* Bindungsqualität (Typ C) zur Bindungsperson, zum Beispiel zur Mutter. Diese Säuglinge mit einer unsicher-ambivalenten Bindung reagieren auf eine Trennung von ihrer Hauptbindungsperson mit einer intensiven Aktivierung ihres Bindungssystems, indem sie lautstark weinen und sich intensiv an die Bindungsperson klammern. Nach einer kurzen Trennung – wenn diese überhaupt gelingt – und der baldigen Rückkehr der Mutter sind sie für längere Zeit kaum zu beruhigen und können nicht mehr zum Spiel in einer ausgeglichenen emotionalen Verfassung zurückkehren. Während sie sich einerseits an die Mutter klammern, zeigen sie andererseits aber auch aggressives Verhalten. Wenn sie etwa bei der Mutter auf dem Arm sind, strampeln sie und treten nach der Mutter mit den Füßchen, während sie gleichzeitig mit ihren Ärmchen klammern und Nähe suchen. Dieses Verhalten wird als Ausdruck ihrer Bindungsambivalenz interpretiert.

Erst später wurde noch ein weiteres Bindungsmuster gefunden, das als *desorganisiertes und desorientiertes* Muster (Typ D) bezeichnet wurde (Main/Solomon 1986). Diese desorganisierten Bindungsverhaltensweisen, wie sie bereits bei 12 Monate alten Säuglingen beobachtet werden können (Main/Hesse 1990), sind insbesondere durch motorische Sequenzen von stereotypen Verhaltensweisen gekennzeichnet oder die Kinder halten im Ablauf ihrer Bewegungen inne und erstarren für die Dauer von einigen Sekunden, was auch als „Einfrieren" bezeichnet wird. Diese tranceartigen Zustände erinnern an dissoziative Phänomene. Nach einer Trennung von der Mutter laufen manche desorganisierten Kinder bei der Wiederbegegnung mit der Mutter auf diese zu, halten auf halbem Weg inne, drehen sich plötzlich um, laufen von der Mutter weg und oszillieren so in ihrem motorischen Verhalten „vor und zurück". Wieder andere bringen vorwiegend nonverbal deutliche Zeichen von Angst und Erregung zum Ausdruck, wenn sie mit ihrer Bindungsperson wieder zusammenkommen (Main/Hesse 1990).

4 Vorteile einer sicheren Bindung

Aus vielen Längsschnittstudien ist bekannt, dass ein sicheres Bindungsmuster ein Schutzfaktor für die weitere kindliche Entwicklung ist (Werner 2000; Werner 2001; Grossmann 2003). Sicher gebundene Kinder reagieren mit einer größeren psychischen Widerstandskraft („resilience") auf emotionale Belastungen, wie etwa eine Scheidung der Eltern. Eine unsichere Bindungsentwicklung dagegen ist ein Risikofaktor, so dass bei Belastungen häufiger eine psychische Dekompensation droht oder Konflikte in einer Beziehung weniger sozial kompetent geklärt werden. So zeigen Kinder mit unsicheren Bindungsmustern schon im Kindergartenalter in Konfliktsituationen weniger pro-soziale Verhaltensweisen und eher aggressive Interpretationen des Verhaltens ihrer Spielkameraden (Suess et al. 1992). Im Jugendalter sind sie eher isoliert, haben weniger Freundschaftsbeziehungen und schätzen Beziehungen insgesamt weniger bedeutungsvoll für ihr Leben ein (Brisch et al. 2002).

5 Bindungsrepräsentation (Bindungshaltung) der Bezugsperson

Durch ein spezifisches, halbstrukturiertes Erwachsenen-Bindungs-Interview (Main/Goldwyn 1982) gelang es, auch einen Aufschluss über die Bindungshaltung von Erwachsenen zu gewinnen. Es fanden sich ähnliche Bindungsstile wie bei den Kindern.

Erwachsene mit einer *sicheren* Bindungshaltung (Typ „free-autonomous") können im Interview frei und in einem kohärenten Sprachfluss über ihre Erfahrungen von Bindung, Verlust und Trauer sprechen, die sie mit ihren Eltern und wichtigen Bezugspersonen erlebt haben.

Erwachsene mit einer *unsicher-distanzierten* Bindungshaltung (Typ „dismissive") weisen zwischenmenschlichen Beziehungen und emotionalen Bindungen wenig Bedeutung zu.

Erwachsene mit einer *unsicher-verstrickten* Bindungshaltung (Typ „preoccupied") zeigen im Interview durch eine langatmige, oft inkohärente Geschichte und Beschreibung ihrer vielfältigen Beziehungen, wie emotional verstrickt sie zum Beispiel mit ihren Eltern und anderen Beziehungen bis ins Erwachsenenalter hinein noch sind.

Es wurde später noch ein weiteres Bindungsmuster im Zusammenhang mit ungelösten, traumatischen Erlebnissen gefunden, wie etwa nach *unverarbeiteten Verlusten* sowie nach *Missbrauchs- und Misshandlungserfahrungen* (Typ „unresolved loss and trauma") (Main/Hesse 1990; Hesse/Main 1999).

6 Bindungskontinuität zwischen den Generationen

Durch verschiedene Längsschnittstudien sowohl in Deutschland als auch in den USA und in England konnte nachgewiesen werden, dass mit einer Übereinstimmung von 75% sicher gebundene Mütter häufiger auch sicher gebundene Kinder haben, beziehungsweise Mütter mit einer unsicheren Bindungshaltung auch häufiger Kinder, die mit einem Jahr unsicher gebunden sind. Ähnliche Zusammenhänge, wenn auch nicht mit gleicher Intensität (nur 65% Übereinstimmung), fanden sich für die Beziehung zwischen der Bindungshaltung der Väter und der Bindungsqualität ihrer Kinder (van IJzendoorn/Sagi 1999).

Diese Studien weisen auf eine Weitergabe von Bindungsstilen und -mustern zwischen Generationen hin. Die eigene Bindungshaltung der Mutter (bzw. des Vaters) beeinflusst ihr Verhalten gegenüber ihrem Säugling. Es konnte nachgewiesen werden, dass sicher gebundene Mütter sich auch in der Pflegeinteraktion mit ihren Kindern feinfühliger verhielten als dies unsicher gebundene Mütter taten. Die Mutter-Kind-Interaktion scheint einer der wichtigen Prädiktoren zu sein, aus dem sich in Teilbereichen die Ausbildung der Bindungsqualität des Säuglings im ersten Lebensjahr erklären lässt (van IJzendoorn/Bakermans-Kranenburg 1997). Neuere Längsschnittstudien kamen allerdings zu dem Ergebnis, dass nur 36% der Varianz in der Bindungsentwicklung der Kinder durch die mütterliche Feinfühligkeit aufgeklärt wird (Raval et al. 2001). Dieses Ergebnis weist auf die Bedeutung anderer Einflussfaktoren hin.

7 Bindungsstörungen

In klinischen Stichproben von Patienten finden sich darüber hinaus verschiedene Bindungsstörungen, die auf tiefgreifendere Veränderungen und Deformierungen in der Bindungsentwicklung zurückzuführen sind (Brisch 1999; Zeanah/Emde 1994). Grundlegend bei allen Bindungsstörungen ist, dass frühe Bedürfnisse nach Nähe und Schutz in Bedrohungssituationen und bei ängstlicher Aktivierung der Bindungsbedürfnisse in einem extremen Ausmaß nicht adäquat, unzureichend oder widersprüchlich beantwortet wurden. Dies kann insbesondere bei vielfältigen abrupten Trennungserfahrungen des Kindes durch Wechsel der Betreuungssysteme, wie etwa bei Kindern, die in Heimen aufwuchsen, bei psychisch kranken Eltern oder bei erheblich chronisch sozialer Belastung und Überforderung der Eltern entstehen (etwa durch Krankheit, Armut, Verlust des Arbeitsplatzes).

Bindungsstörungen weisen mit den oben skizzierten Mustern der Bindungssicherheit beziehungsweise -unsicherheit kaum mehr Ähnlichkeiten auf. In bindungsrelevanten Situationen sind die Störungen in ihrem Bindungsverhalten so ausgeprägt, dass diese als Psychopathologie diagnostiziert werden können. Zwei extreme Formen der reaktiven Bindungsstörung können auch nach ICD 10 klassifiziert und diagnostiziert werden: Eine Form mit Hemmung (*Reaktive Bindungsstörung des Kindesalters*: F 94.1) und eine mit Enthemmung (*Bindungsstörung des Kindesalters mit Enthemmung*: F 94.2) des Bindungsverhaltens (Dilling et al. 1991). Eine Bindungsstörung sollte allerdings nicht vor dem 8. Lebensmonat wegen der in diesem Alter bekannten „Fremdenangst" diagnostiziert werden. Diese ist eine entwicklungsbedingte Durchgangsphase mit Angst des Säuglings gegenüber Fremden. Die psychopathologischen Auffälligkeiten sollten mindestens über einen Zeitraum von 6 Monaten und in verschiedenen Beziehungssystemen beobachtet worden sein.

Zusätzlich zu den in den internationalen Klassifikationssystemen bisher erfassten Formen von Bindungsstörungen können weitere klinisch klassifizierbare Typen diagnostiziert werden (Brisch 1999). Diese äußern sich klinisch darin, dass Kinder *kein Bindungsverhalten (Typ I)* zeigen. Auch in Bedrohungssituationen wenden sie sich an keine Bezugsperson, in Trennungssituationen zeigen sie keinen Trennungsprotest (Brisch/Hellbrügge 2006).

Eine weitere Form ist durch *undifferenziertes Bindungsverhalten (Typ II a)* gekennzeichnet. Solche Kinder zeigen eine soziale Promiskuität: Sie zeichnen sich durch undifferenzierte Freundlichkeit gegenüber allen Personen aus. Sie suchen in stressvollen Situationen zwar Trost, aber ohne die Bevorzugung einer bestimmten Bindungsperson. Sie erlauben jeder fremden Person, die sich in ihrer Nähe aufhält, sie auf den Arm zu nehmen und zu trösten.

Andere Kinder neigen zu einem deutlichen *Unfallrisikoverhalten (Typ II b)*: In Gefahrensituationen suchen sie nicht eine sichernde Bindungsperson auf, sondern begeben sich vielmehr durch zusätzliches Risikoverhalten in unfallträchtige Situationen. Auf diese Weise mobilisieren sie das Fürsorgeverhalten etwa ihrer Eltern, die nur angesichts der massiven Unfallbedrohung oder realen Verletzung ihres Kindes adäquates Bindungsverhalten zeigen.

Eine weitere Form der Bindungsstörung drückt sich durch *übermäßiges Klammern (Typ III)* aus. Diese Kinder, obwohl schon im Vorschulalter oder sogar im Schulalter, sind nur in absoluter, fast körperlicher Nähe zu ihrer Bezugs- und Bindungsperson wirklich ruhig und zufrieden. Sie sind aber dadurch in ihrem freien Spiel und in ihrer Erkundung der Umgebung entsprechend eingeschränkt, weil sie fast immer auf die Anwesenheit der Bindungsperson angewiesen sind. Sie wirken insgesamt sehr ängstlich und können sich kaum von ihrer Bindungsperson trennen, so dass sie in der Regel weder den Kindergarten noch die Schule besuchen oder außerhalb des familiären Rahmens mit anderen Kindern spielen können. Sie haben somit selten Freunde und wachsen von Gleichaltrigen sozial isoliert auf. Unvermeidlichen Trennungen setzen sie massiven Widerstand entgegen und reagieren mit größtem Stress und panikartigem Verhalten.

Andere Kinder wiederum sind im Beisein ihrer Bindungsperson übermäßig angepasst und in ihrem Bindungsverhalten *gehemmt (Typ IV)*. Sie reagieren in Abwesenheit der Bezugsperson weniger ängstlich als in deren Gegenwart und können in der Obhut von fremden Personen besser ihre Umwelt erkunden als in Anwesenheit ihrer vertrauten Bindungs- und Bezugsperson. Besonders nach Erfahrungen von körperlicher Misshandlung und bei Erziehungsstilen mit körperlicher Gewaltanwendung oder -androhung reagieren Kinder auf diese Art und Weise.

Bei einem weiteren Stil der Bindungsstörung verhalten sich Kinder oft *aggressiv (Typ V)* als Form der Bindungs- und Kontaktaufnahme. Solche Kinder haben zwar eine mehr oder weniger bevorzugte Bindungsperson, aber sowohl mit dieser als auch mit anderen Menschen nehmen sie über aggressive Interaktionsformen körperlicher wie auch verbaler Art Kontakt auf, wenn sie Bindungsnähe suchen. Dies führt aber in der Regel zur Zurückweisung, da der versteckte Bindungswunsch nicht gesehen wird. Auf diese Weise entsteht schnell ein Teufelskreis, der die zugrunde liegenden emotionalen Bedürfnisse verdeckt.

Manchmal ist die Bindungsstörung dadurch gekennzeichnet, dass es zu einer *Rollenumkehr (Typ VI)* kommt. Diese Kinder müssen für ihre Eltern, die zum Beispiel körperlich erkrankt sind oder an Depressionen mit Suizidabsichten und Ängsten leiden, als sichere Basis dienen. Sie können ihre Eltern nicht als Hort der Sicherheit benutzen, vielmehr müssen sie selbst diesen die notwendige emotionale Sicherheit geben. Dies hat zur Folge, dass die Ablösungsentwicklung der Kinder gehemmt und verzögert wird und eine große emotionale Verunsicherung besteht. Diese Kinder wenden sich in eigenen Gefahrensituationen und psychischer Not nicht an ihre Bindungspersonen, da sie dort keine Hilfe erwarten, weil diese mit sich und ihren Bedürfnissen ganz beschäftigt sind und den Kindern vielmehr Grund zur Sorge geben.

Im Rahmen von Bindungsstörungen kommt es manchmal auch zur Ausbildung von psychosomatischen Störungen, wie etwa Schrei-, Schlaf- und Essproblemen im Säuglingsalter. Auch ausgeprägte psychosomatische Reaktionen im Kleinkindalter, wie die psychogene Wachstumsretardierung bei emotionaler Deprivation, sind bekannt *(Typ VII)*.

8 Bindung, Trauma und desorganisierte Bindung

Forschungsergebnisse weisen darauf hin, dass es einen Zusammenhang zwischen desorganisiertem Bindungsmuster bei Kindern und ungelösten Traumata der Eltern gibt (Lyons-Ruth/Jacobvitz 1999). Der stärkste Prädiktor für eine desorganisierte Bindung ist die Kindesmisshandlung (siehe auch Lyons-Ruth/Block 1996). Der zweitstärkste Effekt auf die Entwicklung desorganisierter Bindung des Kindes besteht in erlebten Traumata der

Eltern (Lyons-Ruth/Jacobvitz 1999; Lyons-Ruth et al. 1990; Lyons-Ruth et al. 1986). Als Folge desorganisierter Bindung ergaben sich signifikant häufiger dissoziative Symptome und externalisierende Verhaltensstörungen (Lyons-Ruth 1996; Putnam 1993; Green/Goldwyn 2002).

Es gibt Studien, die einen Zusammenhang zwischen frühen Verhaltensproblemen – besonders bei Jungen – und unsicher-desorganisierter Bindung feststellten (Lyons-Ruth et al. 1993; Speltz et al. 1999). Es wurde eine Verbindung zwischen ungelösten Traumata der Eltern bzw. desorganisierten Bindungsmustern der Kinder *und* aggressiven Verhaltensproblemen und Defiziten sprachlicher Fertigkeiten dieser Kinder gefunden (Lyons-Ruth 1996).

9 Methoden der Bindungsdiagnostik

Feinfühligkeit in der Eltern-Kind-Interaktion und Störungen in der Eltern-Kind-Interaktion können am besten durch Videoaufzeichnungen und Mikroanalyse diagnostiziert werden. Situationen der Interaktion wie Wickeln, Spielen, Füttern bieten sich für Mutter- bzw. Vater-Kind-Aufnahmen an, die anschließend einer diagnostischen Analyse unterzogen werden. Die Diagnostik der elterlichen Feinfühligkeit nach der Skala von Ainsworth (1977) ist eine qualitative Einschätzung, die bei Bedarf durch mikroanalytische Methoden ergänzt werden kann (Esser et al. 1989).

Gerade in traumatisierten Eltern-Kind-Kontakten, wenn die Kinder bereits Gewalt und Missbrauch während der Säuglingszeit durch ihre Eltern erfahren haben, aber auch bei erheblicher Deprivation und emotionaler Unterversorgung der Kinder im Säuglingsalter sowie auch bei depressiven Müttern (Lyons-Ruth et al. 1990; Murray 1988; Murray et al. 2002) können ausgeprägte Interaktionsstörungen beobachtet werden, die bei Fortbestehen über das erste Lebensjahr hinaus zu Bindungsstörungen führen können.

10 Qualität der Bindungsentwicklung zwischen 12 und 24 Monaten in der „Fremden Situation"

Die Qualität der Bindungsentwicklung, wie sie oben beschrieben wurde, wird mit der von Ainsworth entwickelten „Strange Situation" (Fremde Situation) analysiert (Ainsworth/Wittig 1969). Diese kann etwa ab dem 12. Lebensmonat durchgeführt werden und ist bis zum 19. Lebensmonat valide. Dies dient als Grundlage für ein qualitatives und quantitatives Rating der Bindungsverhaltensweisen. Auf der Grundlage der Fremden Situation (Ainsworth/Bell 1970) können die Kinder in die Kategorien der Bindungsqualität als „sicher", „unsicher-vermeidend", „unsicher-ambivalent" und "unsicher-desorganisiert" eingeschätzt werden (Main/Solomon 1986). Auch die Diagnostik von Bindungsstörungen ist bereits in diesem Alter möglich (Brisch 1999; Brisch 2002b).

11 Diagnostik des Bindungsverhaltens im Vorschulalter

Auf der Grundlage der Fremden Situation wurde eine modifizierte Fremde Situation für das Kindergartenalter von Marvin/Brittner (1995; 1990) entwickelt. Die Qualität der Bindung kann in sicher, unsicher-vermeidend, unsicher-ambivalent sowie in verschiedene pathologische Bindungsmuster unterschieden werden. Hierzu gehört ein desorganisiertes Bindungsmuster ebenso wie ein zwanghaft-kontrollierendes. Die beiden letzteren Muster werden als Übergangsmuster zwischen Normalität und Psychopathologie angesehen.

12 Diagnostik des Bindungsverhaltens im Kindergartenalter

Für diese Altersgruppe gibt es verschiedene Puppenspiele, die mit Stammgeschichten arbeiten. Es gibt hierzu verschiedene Sammlungen von bindungsrelevanten Geschichten (Bretherton et al. 1990; Bretherton et al. 1990; George/Solomon 1994; Gloger-Tippelt et al. 2002). Den Kindern wird jeweils im Puppenspiel eine bestimmte Stammgeschichte mit bindungsrelevanten Inhalten vorgespielt. Die Kinder müssen dann im Puppenspiel diese spielend ergänzen und dazu erzählen. Auf der Grundlage der transkribierten Narrative oder der Videoaufzeichnung kann das Bindungsverhalten des Kindes valide und reliabel ausgewertet werden.

13 Bindungsklassifikation der Bezugspersonen

Die Pflege- und Bezugspersonen werden mit dem Erwachsenen-Bindungsinterview (Adult Attachment Interview) (Main/Goldwyn 1982) oder mit dem Adult Attachment Projective Test (AAP) von George et al. (1999) eingeschätzt. Beide Verfahren überprüfen die Bindungsrepräsentation der Erwachsenen und führen im Ergebnis zu den Kategorien von sicherer, unsicher-ambivalenter und unsicher-vermeidender Bindung sowie zur Kategorie „Bindung mit ungelöster Traumatisierung". Besonders die Kategorie „ungelöste Traumatisierung" der Bindungsperson ist für die Entwicklung der Kinder von Bedeutung, da sich hier (wie oben ausgeführt) transgenerationale Übereinstimmungen mit desorganisiertem Bindungsverhalten sowie mit Störungen in der Bindungsentwicklung von Kindern ergeben haben.

14 Fragebogeninstrumente in der Bindungsdiagnostik

Fragebögen ermitteln das Selbstkonzept von Bindung, während Bindungsinterviews Repräsentanzen und unbewusste Anteile von Arbeitsmodellen durch die „Überraschung des Unbewussten und der Abwehr" zu erfassen versuchen (Buchheim 2002; Buchheim et al. 1998).

Es ist sehr wahrscheinlich, dass durch Verhaltensbeobachtung, Interviews sowie projektive Verfahren jeweils andere Konstrukte von Bindung erfasst werden als durch den Einsatz von Fragebögen. Dennoch könnten Fragebögen als Screening-Instrument besonders für Kinder hilfreich sein.

15 Interventionsmöglichkeiten

Eltern-Säuglings-Psychotherapie

Wenn Eltern, Väter wie Mütter, traumatische Erfahrungen aus ihrer eigenen Kindheit mitbringen, die unverarbeitet sind, besteht eine große Wahrscheinlichkeit, dass sie in den Interaktionen mit ihrem Säugling sich nicht so feinfühlig verhalten wie etwa Eltern mit einem sicheren Bindungsmuster. Es besteht eine hohe Wahrscheinlichkeit dafür, dass Eltern, die selbst ein desorganisiertes bis bindungsgestörtes Muster haben, dieses in der Regel in beziehungsrelevanten Situationen aktivieren, in denen Bindung, Vertrauen, Sicherheit und Nähe gefordert sind. Die Pflege eines Säuglings umfasst typische Situationen, in denen das Bindungsmuster von Eltern aktiviert wird. Wir sprechen in diesem Kontext auch von dem „Bonding-Muster" der Eltern bzw. von dem „Caregiving"-Muster, das die bindungsrelevanten Fantasien, Vorstellungen und Handlungsmuster der Eltern repräsentiert. Eltern mit einem *unverarbeiteten* Trauma zeigen weniger Fähigkeiten, frühzeitig und ausreichend die Signale ihres Säuglings wahrzunehmen, diese richtig und angemessen zu interpretieren und prompt darauf zu reagieren. Dies ist in vielen Längsschnittstudien immer wieder nachgewiesen worden (Aviezer et al. 2003; Bakermans-Kranenburg et al. 2003; De Wolff/van IJzendoorn 1997; Grossmann et al. 1985; Leerkes/Crockenberg 2003; Meins 1999; van den Boom 1994; van den Boom 1997; van IJzendoorn et al. 2005; van IJzendoorn et al. 1995; Ward/Carlson 1995; Warren/Simmens 2005).

Wenn Eltern mit einem Säugling zur psychotherapeutischen Beratung oder auch Therapie kommen, der bereits aufgrund der unfeinfühligen elterlichen Verhaltensweisen interaktionelle Schwierigkeiten, wie Schlaf-, Fütter-, Ess- und Schreistörungen oder auch Bindungsstörungen zeigt, besteht oft eine große Anspannung in der Eltern-Kind-Beziehung. Die Eltern haben Angst, dass sie den Erwartungen, Ansprüchen und den eigenen Fantasien über eine gute Elternschaft nicht gerecht werden können. Gleichzeitig sind womöglich durch die Verhaltensweisen des Säuglings alte eigene traumatische Erfahrungen „getriggert" (ausgelöst) worden und hierdurch mit allen Affekten von Angst und Ohnmacht wie „Gespenster" aus der eigenen Vergangenheit in die Erinnerung zurückgekehrt (Fonagy et al. 1993; Fraiberg et al. 1980; Karr-Morse/Wiley 1997). Die Eltern müssen deswegen entweder den Säugling als Quelle der Angst vermeiden, oder sie versuchen, durch interaktionelle Handlungen, die im schlimmsten Fall für den Säugling weiter schädigend sein können, die interaktionellen Auslöser für ihre Angst auszuschalten und den entsprechenden Signalen des Säuglings zu entkommen. Der Säugling selbst erlebt in der Interaktion mit den Eltern ebenfalls erhebliche Angst, weil jede unfeinfühlige Reaktion und Pflegeinteraktion der Eltern den Säugling ängstigt und seine Sicherheitsgefühle und Bedürfnisse untergräbt. Die Eltern werden für den Säugling somit nicht zu einem Hafen der Sicherheit, sondern zu einer Quelle der Angst.

In dieser Situation, in der sowohl der Säugling als auch die Eltern sich wechselseitig Angst machen, ist es dringend angeraten, dass sich die Eltern um eine psychotherapeutische Beratung oder Hilfestellung bemühen. Oft ist eine solche Hilfsanfrage ein „Notfall", der rasche Beantwortung erfordert. Eine solche Konstellation birgt die Gefahr für potentielle Übergriffe und Misshandlungen in sich (Brisch 2002a).

In dieser Situation wenden sich die Eltern an den Therapeuten mit der Hoffnung, er möge für sie eine sichere emotionale Basis werden. Der Therapeut muss sich bewusst sein, dass die Eltern sich mit dem gesamten Muster ihrer eigenen Bindungsdesorganisation bis Bindungsstörung und einem hochgradig aufgeladenen und erregten Eltern-Kind-Interaktionssystem an ihn wenden und von ihm in der Bindungsübertragung erwarten, dass er für sie eine sichere emotionale Basis werden wird (Brisch 1999; 2005). Er sollte daher nach Möglichkeit feinfühlig alle elterlichen Signale wahrnehmen, um den Eltern möglichst rasch ein Gefühl potentieller emotionaler Offenheit, Bereitschaft und Sicherheit vermitteln zu können. Blickkontakt, feinfühlige Beantwortung von nonverbalen Signalen, ebenso wie von verbalen Anfragen und Informationsdefiziten sowie psychosoziale Maßnahmen, die die Eltern entlasten, sind hier von großer Hilfe.

Zur Diagnostik der Interaktionsstörungen wird der Therapeut sich zunächst die akute Anamnese anhören und dabei einen besonderen Fokus auf Auslöser- und Triggersituationen legen. Diese geben ihm bereits einen Hinweis auf gefährliche Situationen, in denen Eltern womöglich ihre Affekte nicht mehr kontrollieren könnten. Auf diese Weise sollen Hinweise gewonnen werden, in welcher Weise frühere eigene Erfahrungen der Pflege- und Betreuungspersonen zu einem Auslöserpunkt für interaktionelle Störungen mit dem Säugling geworden sind. Dabei wird man sehr differenziert zwischen verarbeiteten und unverarbeiteten traumatischen Ereignissen unterscheiden müssen. In der Regel benutzen wir zur genaueren Diagnostik der Pflege- und Bezugspersonen entweder das Erwachsenen-Bindungs-Interview (Adult Attachment Interview – AAI) oder auch den Bindungs-Projektions-Test (Attachment Projective Test – AAP). Beide Instrumente sind hervorragend geeignet, um einen Einblick in die Bindungs- und Traumageschichte der Eltern zu erlangen. Wir erklären den Eltern auch sehr genau, warum wir diese Erhebungen und Interviews durchführen, damit sie das Ausmaß der intensiven diagnostischen Phase nachvollziehen können.

Weiterhin führen wir eine Interaktionsdiagnostik durch. Hierzu beobachten wir die Interaktion der Eltern mit ihrem Säugling, sowohl in Spiel- als auch in Pflegeinteraktionen. Fütter- und Wickelinteraktionssituationen haben sich besonders zur Videodiagnostik bewährt. Wir beobachten getrennt sowohl die Mutter-Kind- als auch die Vater-Kind-Spielinteraktion sowie die Spielinteraktion zu dritt. Hierbei können auch trianguläre Prozesse beobachtet werden, was besonders dann von Bedeutung ist, wenn der Säugling die sichere Dyade der Eltern zu gefährden scheint, weil durch den Säugling als Dritten eine neue Konstellation und Instabilität in der Partnerschaft entstehen kann. Die Videoaufnahmen werden zunächst systematisch nach den Konzepten und Fragestellungen der Feinfühligkeit und der emotionalen Verfügbarkeit der Mutter evaluiert (Biringen et al. 1997; Biringen/Robinson 1991; Biringen et al. 1994). Wir registrieren sehr genau solche Interaktionsmomente, in denen die Eltern sehr feinfühlig auf die Signale und Bedürfnisse des Säuglings eingehen können, und solche finden sich in der Regel immer. Weiterhin beobachten wir aber auch sehr genau solche Interaktionsmomente, in denen die Eltern – zunächst unverständlich – die Signale eines Säuglings missachten oder geradezu grob unfeinfühlig darauf reagieren. Genau diese Momente geben uns Aufschluss und Hinweise auf Auslösermomente in der Interaktion und werden zu einem späteren Zeitpunkt Gesprächsthema.

Wenn wir mit den Eltern eine psychotherapeutische Intervention beginnen, stehen zunächst die positiven Interaktionsmomente ganz im Vordergrund. Wir betrachten gemeinsam mit ihnen die Videoaufnahme und zeigen ihnen auf dem Bildschirm, in welchen Momenten sie hervorragend und sehr feinfühlig adäquat und angemessen auf die Signale ihres Kindes reagiert haben. Dies ist ein wechselseitiges Belohnungssystem in der Eltern-Kind-Interaktion (Papoušek 2006). Es fördert die Selbstkompetenz und die Selbsteffektivität der Gefühle von Mutter- und Vaterschaft und führt auch zu einer Stärkung der therapeutischen Beziehung. Die Eltern sind entlastet, dass sie selbst anhand der Videoverstärkung und Rückmeldung auch in der Lage sind, intuitiv die Verhaltensweisen ihres Säuglings adäquat zu beantworten und dies auch im Video gesehen und anerkannt wird.

Wenn hierdurch die Vertrauensbasis zwischen Eltern und Therapeut weiter gestärkt wird, wagen wir in der Regel, mit den Eltern über Situationen zu sprechen, die uns ebenfalls aufgefallen sind. Diese stehen offensichtlich ganz im Gegensatz zu ihren sonstigen Fähigkeiten und Möglichkeiten und die wir nur auf dem Hintergrund ihrer biographischen Anamnese interpretieren und verstehen können. Wir fragen die Eltern, ob bestimmte schwierige Interaktionssequenzen, die wir ihnen im Videofeedback ebenfalls zeigen, bestimmte Ängste, Gefühle von Hilflosigkeit, Ohnmacht, Wut, Aggression oder anderen Affekten auslösten. Dies kann in eine verlängerte, dann mehr elternzentrierte psychotherapeutische Bearbeitung bei der Mutter oder beim Vater in dem gleichen Setting führen, zu dem die Eltern den Säugling auch mitbringen. Positive Interaktions- und Reaktionsweisen eines Elternteils mit dem Säugling und positive Interaktionen zwischen den Eltern, wie man sie in der Therapiesitzung beobachten kann, können ad hoc immer wieder auch aufgegriffen und mit einbezogen werden.

Fallbeispiel
Die 15 Monate alte E. (Name geändert), ein kleines blondes, zierliches Mädchen, wurde von ihrer Mutter zur ambulanten Diagnostik angemeldet, weil sie vom Kinderarzt hierzu überwiesen worden war. Die Mutter selbst hatte ihre kleine Tochter immer wieder beim Kinderarzt zu Gewichtskontrollen vorgestellt. Sie befürchtete, das Kind könne aufgrund verschiedener Ursachen, die von Allergie bis Wurminfektionen gingen, nicht ausreichend Ernährungsstoffe zu sich nehmen und daher nicht richtig gedeihen. Tatsächlich wuchs die kleine E. etwas verzögert entlang der unteren Gewichtskurve, wie sie für das Säuglingsalter erwartet wurde.

Zum Erstgespräch kamen eingeladen beide Eltern mit Kind. Die kleine, 15 Monate alte E. war ein blondes, sehr quirliges Mädchen, das bereits lief und 4-Wort-Sätze sprach. Das heißt, im Erstkontakt konnte eine kognitiv-verbale Entwicklung beobachtet werden, die eher dem Alter vorgezogen war. Die Eltern berichteten von einer sehr komplizierten Schwangerschaft, die wegen vorzeitiger Wehen mehrfach dazu geführt hatte, dass die Mutter über Wochen liegen und auch verschiedentlich stationär behandelt werden musste, allerdings immer nur für 1–2 Wochen. Diese dreimaligen stationären Aufenthalte während der Schwangerschaft hatten ihr große Angst bereitet, und insbesondere die Furcht vor einer Frühgeburt war sehr erheblich, da die Mutter bereits 2 Jahre zuvor eine Fehlgeburt im 3. Monat durchgemacht hatte. Als sie hierüber beim Erstgespräch berichtete, standen ihr die Tränen in den Augen. Der Vater hingegen betonte und intervenierte an dieser Stelle, dass er seinerseits im Gegensatz zu seiner Ehefrau die „Frühgeburt" sehr gut verkraftet habe.

Nach der Geburt hatte die Mutter große Schwierigkeiten mit dem Stillen, so dass sie nach 6 Wochen abstillte, obwohl sie sich eigentlich fest vorgenommen hatte, mindestens 6–8 Monate zu stillen. Sie hatte gehofft, dass damit die positiven Effekte des Stillens, insbesondere die Allergieprävention, ihrem Kind zugute kämen. Sie war über das frühzeitige Wegbleiben der Milch sehr gestresst, da sie sich den Start mit einem ersten Kind in ihren Phantasien ganz anders vorgestellt hatte. Gleichzeitig hatte sie eine neue Berufstätigkeit begonnen und mehr Verantwortung und Aufgaben übernommen. Die Ehepartner hatten sich seinerzeit wechselseitig Vorwürfe ge-

macht, da sie voneinander mehr Unterstützung erhofft hatten. Schon während des Gesprächs und während der Vorstellung ging die kleine E. in den Schilderungen der Eltern vollkommen unter. Seltsam allein und selbstvergnügt spielte sie in der Spielecke und schien die Eltern überhaupt nicht zu benötigen.

Bei der weiteren Diagnostik in den Bindungsinterviews wird deutlich, dass die Mutter als Kind selbst in der Adoleszenz eine Essstörung hatte. Darunter habe sie sehr gelitten und sich eigentlich von diesen schwierigen Zeiten nie so recht erholt. Bis heute sei das Essen für sie emotional nicht unproblematisch. Der Vater berichtete, dass er selbst immer wieder an Magengeschwüren leide und dass sein Vater an einem Darmkrebs verstorben sei, der kurz nach der Diagnosestellung trotz Operation relativ rasch zum Tod geführt habe. Hier wurde deutlich, dass einerseits die Mutter aufgrund der eigenen Essstörungsgeschichte durch das Essverhalten des Kindes hoch emotional erregbar war und dass andererseits der Vater Befürchtungen hatte, die Essstörungen seiner kleinen Tochter könnten wie bei seinem Vater mit ungeklärten Magen-Darm-Problemen zusammenhängen; er drängte daher auf invasive Diagnostik.

In den Aufnahmen zur Video-Interaktionsdiagnostik sowohl beim Spiel als auch beim Füttern zeigten sich beide Eltern sehr feinfühlig. Lediglich in dem Moment, als die kleine Tochter signalisierte, dass sie langsamer essen wollte oder auch offensichtlich genug gegessen hatte, und den Kopf leicht zur Seite drehte, wurden beide Eltern auffällig erregt und begannen, ihre kleine Tochter an Händen und Füßen festzuhalten.

In der Therapie konnte mit den Eltern das positive Interaktionsverhalten mit emotionaler Verfügbarkeit und Feinfühligkeit angeschaut und durch Videofeedback verstärkt werden; außerdem liessen sich auch die Szenen, in denen die Eltern unfeinfühlig anfingen, an der Tochter zu manipulieren und das Essverhalten zu steuern, eingehend besprechen. Hier wurde deutlich, dass insbesondere Zeichen der Tochter, die auf ein autonomes Nein, ausreichende Nahrungszufuhr, eine Pause oder eine langsame Fütterungsfrequenz hindeuteten, von der Mutter als Ablehnung, als „drohende Magersucht" und vom Vater als beginnendes Zeichen für eventuell vorhandene Magen-Darm-Probleme interpretiert wurden. Obwohl den Eltern rein kognitiv klar war, dass diese Vorstellungen und Fantasien rational nicht begründet und überzogen waren, war die affektive Situation trotzdem heftig: so als ob genau diese schlimmsten Befürchtungen jederzeit eintreten könnten. Aus dieser Sicht heraus erklärten wir den Eltern auch ihre überzogenen Verhaltensreaktionen und affektiven Erschütterungen. Erst als wir diese dann mit den Eltern in Einzelsitzungen getrennt für Vater und Mutter bearbeiten konnten, kam es relativ rasch zu einer Entspannung der Situation.

Therapieverlauf
In der Fremden Situation zur Bestimmung der Bindungsqualität von E., die sowohl mit der Mutter als auch mit dem Vater getrennt durchgeführt wurde, zeigte sich mit der Mutter ein deutlich unsicher-vermeidendes, mit dem Vater ein unsicher-ambivalentes Bindungsmuster. Die Mutter hatte zudem berichtet, dass die Tochter zuhause, selbst in Zeiten, wenn sie hungrig zu ihr kam, sofort aus der Küche lief und sich versteckte, wenn die Mutter ihrerseits mit dem Brei auf dem Teller ankam und sie füttern wollte. Inzwischen hatte die Mutter auch mehrfach beobachtet, dass die Tochter bei Bagatellunfällen weinend in der Ecke saß und sich nicht mehr an sie gewandt hatte, was sie sehr beunruhigte. Dies bedeutete, dass die Tochter bereits auf dem Wege war, eine eher bindungsgestörte Hemmung zu entwickeln, d.h. die Mutter als bindungssichere Basis nicht mehr zu nutzen. Sie zeigte über die Vermeidung hinaus auch Bindungshemmung, obwohl sie nach Bagatellunfällen sicherlich in ihrem Bindungsmuster aktiviert war und eigentlich die Mutter als sichere emotionale Basis hätte aufsuchen wollen. Durch die frühzeitige Intervention und die elternzentrierte Mutter-Vater-Säuglings-Psychotherapie konnte sehr rasch eine symptomatische Entspannung erreicht werden. Auf der Bindungsebene liess sich durch die feinfühlige Anleitung der Eltern die beginnende Bindungsstörung mit Hemmung des Bindungsverhaltens wieder rückgängig machen. Als die Tochter nochmals mit 23 Monaten mit der Mutter in der Fremden Situation gesehen wurde, zeigte sie ein beginnendes sicheres Bindungsmuster, d.h. sie reagierte sehr deutlich auf die Trennung von der Mutter und mit freudiger, Körperkontakt suchender Nähe zur Mutter auf deren Wiederkehr.

16 Ausblick

Bindungsstörungen können bereits im 1. bis 2. Lebensjahr sehr erfolgreich diagnostiziert werden. Hieran sollte sich eine dringend notwendige, frühzeitige psychotherapeutische Intervention anschließen. Diese wird aus unserer Erfahrung sehr positiv im Rahmen der Eltern-Säuglings-Psychotherapie durchgeführt und kann bindungsorientierte Herangehensweisen als Grundlage haben.

Hierbei ist besonders zu berücksichtigen, dass in der Regel auch das Bindungssystem der Eltern – vorwiegend durch traumatische Vorerfahrungen und eigene Bindungsdesorganisationen bis Bindungsstörungen – erheblich irritiert ist, wenn sich bereits eine Bindungsstörung beim Kind entwickelt hat. Jede therapeutische Herangehensweise muss daher sowohl die Bindungsnöte und -bedürfnisse der Eltern als auch die des Kindes im Auge haben. Die therapeutische Intervention muss ebenfalls sowohl auf die Bedürfnisse der Eltern als auch auf die des Kindes abgestimmt sein.

Angesichts der langfristigen Konsequenzen, die frühe Bindungsstörungen auf die gesamte Entwicklung haben können, ist eine frühe Intervention und Prävention von Bindungsstörungen durch rechtzeitige Beratung und Therapie dringend erforderlich, um emotionalen Störungsentwicklungen und Psychopathologien vorzubeugen (Egeland 2002; Farrell/Erickson 2002). Solange sich eine Bindungsstörung noch nicht emotional und im Verhalten fixiert hat, sind die Aussichten auf eine erfolgreiche Frühintervention und Psychotherapie nach unseren Erfahrungen sehr gut (Cramer et al. 1990; Cramer/Stern 1988; Robert-Tissot et al. 1996).

Literatur

Ainsworth, M. D. S. (1977): Feinfühligkeit versus Unempfindlichkeit gegenüber Signalen des Babys. In: Grossmann, K. E. (Hrsg.): Entwicklung der Lernfähigkeit in der sozialen Umwelt: Geist und Psyche. Kindler, München, 98–107
–, Bell, S. M. (1970): Attachment, exploration, and separation: Illustrated by the behaviour of one-year-olds in a strange situation. Child Development 41, 49–67
–, Wittig, B. (1969): Attachment and the exploratory behaviour of one-years-olds in a strange situation. In: Foss, B. M. (Hrsg.): Determinants of infant behaviour. Basic Books, New York, 113–136
Aviezer, O., Sagi-Schwartz, A., Koren-Karie, N. (2003): Ecological constraints on the formation of infant-mother attachment relations: When maternal sensitivity becomes ineffective. Infant Behaviour & Development 26, 285–299
Bakermans-Kranenburg, M. J., van IJzendoorn, M. H., Juffer, F. (2003): Less is more: Meta-analyses of sensitivity and attachment interventions in early childhood. Psychological Bulletin 129, 195–215
Biringen, Z., Emde, R. N., Pipp-Siegel, S. (1997): Dyssynchrony, conflict, and resolution: Positive contributions to infant development. American Journal of Orthopsychiatry 67, 4–19
–, Robinson, J. L. (1991): Emotional availability in mother-child interactions: A reconceptualisation for resarch. American Journal of Orthopsychiatry 61, 258–271
–, –, Emde, R. N. (1994): Maternal sensitivity in the second year: Gender-based relations in the dyadic balance of control. American Journal of Orthopsychiatry 64, 78–90
Bowlby, J. (1985): Über das Wesen der Mutter-Kind-Bindung. Psyche 13, 415–456
– (2006a): Bindung. Ernst Reinhardt, München, Basel
– (2006b): Trennung. Zorn und Angst. Ernst Reinhardt, München, Basel
– (2006c): Verlust. Trauer und Depression. Ernst Reinhardt, München, Basel
– (1988) A secure base: Clinical implications of attachment theory. Routledge, London. Dt. (1985): Elternbindung und Persönlichkeitsentwicklung. Therapeutische Aspekte der Bindungstheorie. Dexter, Heidelberg
Bretherton, I., Oppenheim, D., Buchsbaum, H., Emde, R. N. (1990): The MacArthur Story Stem Battery (MSSB). Unveröffentlichtes Manual. University of Wisconsin, Madison (MacArthur Narrative Group)
–, Prentiss, C., Ridgeway, D. (1990): Children's representations of family relationships in a story completion task at 37 and 54 months. In: Bretherton, I., Watson, M. (Hrsg.): Children's perspectives on the family, Volume 48. Jossey-Bass, San-Francisco, 85–105
Brisch, K. H. (1999/2005): Bindungsstörungen – Von der Bindungstheorie zur Therapie. 7. Aufl. Klett-Cotta, Stuttgart

- (2002a): Die Bedeutung von Vernachlässigung und Gewalt gegenüber Kindern und Jugendlichen aus der Sicht der Bindungstheorie. In: Finger-Trescher, U., Krebs, H. (Hrsg.): Misshandlung, Vernachlässigung und sexuelle Gewalt in Erziehungsverhältnissen. Psychosozial, Gießen, 91–104
- (2005): Eltern-Säuglings-Psychotherapie. In: Nissen, G., Warnke, A., Badura, F. (Hrsg.): Therapie altersabhängiger psychischer Störungen. Schattauer, Stuttgart, 1–10
- , Grossmann, K. E., Grossmann, K., Köhler, L. (Hrsg.) (2002): Bindung und seelische Entwicklungswege. Grundlagen, Prävention, klinische Praxis. 2. Aufl. Klett-Cotta, Stuttgart
- , Hellbrügge, T. (Hrsg.) (2006): Kinder ohne Bindung. Deprivation, Adoption und Psychotherapie. Klett-Cotta, Stuttgart

Buchheim, A. (2002): Bindung und Psychopathologie im Erwachsenenalter. In: Strauß, B., Buchheim, A., Kächele, H. (Hrsg.): Klinische Bindungsforschung. Schattauer, Stuttgart/New York, 214–230
- , Brisch, H., Kächele, H. (1998): Einführung in die Bindungstheorie und ihre Bedeutung für die Psychotherapie. Psychotherapie, Psychosomatik, Medizinische Psychologie 48, 128–138

Cramer, B. Robert-Tissot, C., Stern, D. N., Serpa-Rusconi, S., De Muralt, M., Besson, G., Palacio-Espasa, F., Bachmann, J. P., Knauer, D., Berney, C., D'Arcs, U. (1990): Outcome evaluation in brief mother-infant psychotherapy: A preliminary report. Infant Mental Health Journal 11, 278–300
- , Stern, D. N. (1988): Evaluation of changes in mother-infant brief psychotherapy: A single case study. Infant Mental Health Journal 9, 20–45

De Wolff, M. S., van IJzendoorn, M. H. (1997): Sensitivity and attachment. Child Development 68, 571–591

Dilling, H., Mombour, W., Schmidt, M. H. (1991): Internationale Klassifikation psychischer Störungen. ICD-10 Kapitel V (F). Klinisch-diagnostische Leitlinien. Hans Huber, Bern/Göttingen/Toronto

Egeland, B. (2002): Ergebnisse einer Langzeitstudie an Hoch-Risiko-Familien – Implikationen für Prävention und Intervention. In: Brisch, K. H., Grossmann, K. E., Grossmann, K., Köhler, L. (Hrsg.): Bindung und seelische Entwicklungsege – Grundlagen, Prävention und klinische Praxis. Klett-Cotta, Stuttgart, 305–324

Esser, G., Scheven, A., Petrova, A., Laucht, M., Schmidt, M. H. (1989): Mannheimer Beurteilungsskala zur Erfassung der Mutter-Kind-Interaktion im Säuglingsalter (MBS-MKI-S). Zeitschrift für Kinder- und Jugendpsychiatrie 17, 185–193

Farrell Erickson, M. (2002): Bindungstheorie bei präventiven Interventionen. In: Brisch, K. H., Grossmann, K. E., Grossmann, K., Köhler, L. (Hrsg.): Bindung und seelische Entwicklungswege – Grundlagen, Prävention und klinische Praxis, 289–303

Fonagy, P., Steele, M., Moran, G., Steele, H., Higgit, A. (1993): Measuring the ghost in the nursery: An empirical study of the relation between parents' mental represantations of childhood experiences and their infants' security of attachment. Journal of the American Psychoanalytic Association 41, 957–989
- , –, Steele, H., Moran, G. S., Higgit, A. C. (1991): The capacity for understanding mental states: The reflective self in parent and child and its significance for security of attachment. Infant Mental Health Journal 12, 201–218

Fraiberg, S., Adelson, E., Shapiro, V. (1980): Ghosts in the nursery. A psychoanalytic approach to the problems of impaired infant-mother relationship. In: Fraiberg, S. (Hrsg.): Clinical studies in infant mental health. Basic Books, New York, 164–196

George, C., Solomon, J. (1989): Internal working models of caregiving and security of attachment at age six. Infant Mental Health Journal 10, 22–237
- , Solomon, J. (1999): Attachment and caregiving: The caregiving behavioural system. In: Cassidy, J., Shaver, P. R. (Hrsg.): Handbook of attachment: Theory, research and clinical applications. Guilford, New York/London, 649–670

–, Solomon, S. (1994): Six-year-old attachment doll play procedures and classification system. Unveröffentlichtes Manuskript. Mills College, Oakland/CA
–, West, M., Pettem, O. (1999): The Adult Attachment Projective: Disorganization of adult attachment at the level of representation. In: Solomon, J., George, C. (Hrsg.): Attachment disorganization. Guilford, New York/London, 318–346
Gloger-Tippelt, G., Gomille, B., König, L., Vetter, J. (2002): Attachment representations in 6-year-olds: Related longitudinally to the quality of attachment in infancy and mothers' attachment representations. Attachment & Human Development 4, 318–339
Green, J., Goldwyn, R. (2002): Annotation: Attachment disorganisation and psychopathology: New findings in attachment research and their potential implications for developmental psychopathology in childhood. Journal of Child Psychology and Psychiatry 43, 835–846
Grossmann, K., Grossmann, K. E., Spangler, G., Suess, G., Unzner, L. (1985): Maternal sensitivity and newborns' orientation responses as related to quality of attachment in Northern Germany. In: Bretherton, I., Waters, E. (Hrsg.): Growing points of attachment theory and research: Serial No 209, Vol. 50. University of Chicago Press, Chicago, 231–256
Grossmann, K. E. (2003): Emmy Werner: Engagement für ein Lebenswerk zum Verständnis menschlicher Entwicklungen über den Lebenslauf. In: Brisch, K. H., Hellbrügge, T. (Hrsg.): Bindung und Trauma. Risiken und Schutzfaktoren für die Entwicklung von Kindern. 2. Aufl. Klett-Cotta, Stuttgart, 15–33
Hesse, E., Main, M. (1999): Second-generation effects of unresolved trauma in non-maltreated parents: Dissociated, frightened, and threatening parental behaviour. Psychoanalytic Inquiry 19, 481–540
Jaffe, J., Beebe, B., Feldstein, S., Crown, C. L., Jasnow, M. D. (2001): Rythms of dialogue in infancy: Coordinated timing in development. In: Overton, W. F. (Hrsg.): Monographs of the Society for Research in Child Development 66, No. 2. Blackwell, Boston/Oxford
Karr-Morse, O., Wiley, M. S. (1997): Ghosts from the nursery. Tracing the roots of violence. The Atlantic Monthly Press, New York
Leerkes, E. M., Crockenberg, S. C. (2003): The impact of maternal characteristics and sensitivity on the concordance between maternal reports and laboratory observations of infant negative emotionality. Infancy 4, 517–540.
Lieberman, A. F., Pawl, J. H. (1993): Infant-parent psychotherapy. In: Zeanah, C. H. (Hrsg.): Handbook of infant mental health. The Guilford Press, New York/London, 427–442
Lyons-Ruth, K. (1996): Attachment relationships among children with aggressive behaviour problems: The role of disorganized early attachment patterns. Journal of Consulting and Clinical Psychology 64, 64–73
–, Alpern, L., Repacholi, B. (1993): Disorganized infant attachment classification and maternal psychosocial problems as predictors of hostile-aggressive behaviour in the preschool classroom. Child Development 64, 572–585
–, Block, D. (1996): The disturbed caregiving system: Relations among childhood trauma, maternal caregiving, and infant affect and attachment. Infant Mental Health Journal 17, 257–275
–, Connel, D. B., Grunebaum, H. U. (1990): Infants at social risk: Maternal depression and family support services as mediators of infant development and security of attachment. Child Development, 85–98
–, Jacobvitz, D. (1999): Attachment disorganization: Unresolved loss, relational violence, and lapses in behavioural and attentional strategies. In: Cassidy, J., Shaver, P. R. (Hrsg.): Handbook of attachment. Theory, research and clinical applications. Guilford, New York/London, 520–554

–, Zoll, D., Connell, D., Grunebaum, H. (1986): The depressed mother and her one-year-old infant: Environmental context, mother-infant interaction and attachment and infant development. In: Tronick, E., Field, T. (Hrsg.): Maternal depression and infant disturbances. New directions for child development. Jossey-Bass, San Francisco/CA, 61–82

Main, M., Goldwyn, R. (1982): Adult attachment interview: Scoring and classification manual. Unpublished Manual. University of California, Department of Psychology, Berkeley

–, Hesse, E. (1990): The insecure disorganized/disoriented attachment pattern in infancy: Precursors and sequelae. In: Greenberg, M., Cicchetti, D., Cummings, E. M. (Hrsg.): Attachment during the preschool years: Theory, research, and intervention. University of Chicago Press, Chicago, 161–182

–, – (1990): Parents' unresolved traumatic experiences are related to infant disorganized attachment status: Is frightened and/or frightening parental behaviour the linking mechanism? In: Greenberg, M., Cicchetti, D., Cummings, E. M. (Hrsg.): Attachment in the preschool years: Theory, research, and intervention. University of Chicago Press, Chicago, 161–184

–, Solomon, J. (1986): Discovery of an insecure-disorganized/disoriented attachment pattern: Procedures, findings and implications for the classification of behaviour. In: Brazelton, T. B., Yogman, M. W. (Hrsg.): Affective development in infancy. Ablex, Norwood, 95–124

Marvin, R. S., Brittner, P. A. (1995): Calssification system for parental caregiving patterns in the preschool strange situation. Coding Manual. University of Virginia

–, Stewart, R. B. (1990): A family systems framework for the study of attachment. In: Greenberg, M. T., Cicchetti, D., Cummings, E. M. (Hrsg.): Attachment in the preschool years. The University of Chicago Press, Chicago, 51–86

Meins, E.(1997): Security of attachment and maternal tutoring strategies: Interaction within the zone of proximal development. British Journal of Developmental Psychology 15, 129–144

– (1999): Sensitivity, security and internal working models: Bridging the transmission gap. Attachment & Human Development 1, 325–342

Murray, L. (1988): Effects of postnatal depression on infant development: Direct studies of early mother-infant interactions. In: Kumar, R., Brockington, I. F. (Hrsg.): Motherhood and mental illness. Wright, London, 159–190

–, Dymond, M., Cooper, P. J. (2002): Psychotherapeutische Intervention, mütterlicher Bindungsstil und Bindung des Kindes. In: Brisch, K. H., Grossmann, K. E., Grossmann, K., Köhler, L. (Hrsg.): Bindung und seelische Entwicklungswege – Grundlagen, Prävention und klinische Praxis. 2. Aufl. Klett-Cotta, Stuttgart, 325–337

–, Fiori-Cowley, A., Hopper, R., Cooper, P. J. (1996): The impact of postnatal depression and associated adversity on early mother-infant interactions and later infant outcome. Child Development, 2512–2526

Papoušek, M. (2006): Bindungssicherheit und Intersubjektivität. Gedanken zur Vielfalt vorsprachlicher Kommunikations- und Beziehungserfahrungen. In: Brisch, K. H., Hellbrügge, T. (Hrsg.): Kinder ohne Bindung. Deprivation, Adoption und Psychotherapie. Klett-Cotta, Stuttgart, 61–90

Parens, H. (1993): Toward the prevention of experience-derived emotional disorders in children by education for parenting. In: Parens, H., Kramer, S. (Hrsg.): Prevention in mental health. Jason Aronson Inc., Northvale, New Jersey/London, 123–148

–, Scattergood, E., Singletary, W, Duff, A. (1995): Kindliche Aggressionen. Kösel, München

Parkes, C. M., Stevenson-Hinde, J., Marris, P. (Hrsg.) (1991): Attachment across the life cycle. Tavistock, London/New York

Putnam, F. W. (1993): Dissociative disorders in children: Behavioural profiles and problems. Child Abuse and Neglect 17, 39–45

Raval, V., Goldberg, S., Atkinson, L., Benoit, D., Myhal, N., Poulton L., Zwiers, M. (2001): Maternal attachment, maternal responsiveness and infant attachment. Infant Behavior & Development, 24, 281–304

Robert-Tissot, C., Cramer, B., Stern, D. N., Serpa-Rusconi, S., Bachmann, J.-P., Palacio-Espasa, F., Knauer, D., De Muralt, M., Berney, C., Mendiguren, G. (1996): Outcome evaluation in brief mother-infant psychotherapies: Report on 75 cases. Infant Mental Health Journal 17, 97–114

Spangler, G., Schieche, M. (1998): Emoional and adrenocortical responses of infants to the strange situation: The differential function of emotional expression. Interactional Journal of Behavioural Development 22, 681–706

–, Zimmermann, P. (Hrsg.) (1995): Die Bindungstheorie. Grundlagen, Forschung und Anwendung. Klett-Cotta, Stuttgart

Speltz, M., DeKlyen, M., Greenberg, M. T. (1999): Attachment in boys with early onset conduct problems. Developmental Psychopathology, 269–285

Steele, M., Moran, G. S., Steele, H., Higgitt, A. C. (1991): The capacity for understanding mental states: The reflective self in parent and child and its significance for security of attachment. Infant Mental Health Journal 13, 200–216

Suess, G. J., Grossmann, K. E., Sroufe, L. A. (1992): Effects of infant attachment to mother and father on quality of adaptation in preschool: From dyadic to individual organization of self. International Journal of Behavioral Development 15, 43–65

van de Boom, D. C. (1994): The influence of temperament and mothering on attachment and exploration: An experimental manipulation of sensitive responsiveness among lower-class mothers with irritable infants. Child Development 65, 1457–1477

– (1997): Sensitivity and attachment: Next steps for developmentalists. Child Development 64, 592–594

van IJzendoorn, M. H., Bakermans-Kranenburg, M. J. (1997): Intergenerational transmission of attachment: A move to the contextual level. In: Atkinson, L., Zucker, K. J. (Hrsg.): Attachment and psychopathology. Guilford, New/York/London, 135–170

–, Bakermans-Kranenburg, M. J., Juffer, F. (2005): Why less is more. From the dodo bird verdict to evidence-based interventions on sensitivity and early attachments. In: Berlin, L., Ziv J. Y., Amaya-Jackson, L., Greenberg, M. T. (Hrsg.): Enhancing early attachments. Theory, research, intervention, and policy. Guilford, New York, 297–312

–, Juffer, F., Duyvesteyn, M. G. C. (1995): Breaking the intergenerational cycle of insecure attachment: A review of the effects of attachment-based interventions on maternal sensitivity and infant security. Journal of Child Psycholoy and Psychiatry and allied Disciplines 36, 225–248

–, Sagi, A. (1999): Cross-cultural patterns of attachment: Universal and contextual dimensions. In: Cassidy, J., Shaver, P. R. (Hrsg.): Handbook of attachment – Theory, research and clinical applications. Guilford, New York/London, 713–734

Ward, M. J., Carlson, E. (1995): Associations among adult attachment representations, maternal sensitivity, and infant-mother attachment in a sample of adolescent mothers. Child Development 66, 69–79

Waren, S. L., Simmens, S. J. (2005): Predicting toddler anxiety/depressive symptoms: Effects of caregiver sensitivity of temperamentally vulnerable children. Infant Mental Health Journal 26, 40–55

Werner, E. E. (2000): Protective factors and individual resilience. In: Shonkoff, J. P., Meisels, S. J. (Hrsg.): Handbook of early childhood intervention. 2. Aufl. Cambridge Press, Cambridge, 115–132

– (2201): Protective factors in high-risk families: Perspectives from a 40-year longitudinal study. Pediatrics and Related Topics 40, 411–422

Zeanah, C. H., Emde, R. N. (1994): Attachment disorders in infancy and childhood. In: Rutter, M., Taylor, E., Hersov, L. (Hrsg.): Child and adolescents psychiatry: Modern approaches. 3. Aufl. Blackwell Scientific Publications, Oxford, 490–504

Frühförderung als protektive Maßnahme – Resilienz im Kleinkindalter

von Hans Weiß

1 Zum Stand der Diskussion des Resilienzkonzepts in der Frühförderung

In der Frühförderung wurden die Ergebnisse der Resilienzforschung bis in die 90er Jahre des vergangenen Jahrhunderts nur marginal zur Kenntnis genommen. Erst in den letzten Jahren haben sich im deutschen Sprachraum einige Veröffentlichungen mit dem Resilienzkonzept und dem ihm verwandten Forschungsansatz der Salutogenese (Antonowsky 1997) in der Frühförderung speziell befasst (Hintermair 2003; Kühl 2003; Steiner 2002).

Für die zögerliche Aufnahme des Resilienzkonzepts in die Frühförderung lassen sich verschiedene Gründe anführen: Viele Längsschnittstudien der Risiko- und Resilienzforschung zentrieren ihre Aufmerksamkeit auf die Entwicklung der untersuchten Kinder bis ins Jugend- und Erwachsenenalter. Während zudem Kinder mit manifesten Behinderungen eine Hauptgruppe der Frühförderung darstellen, hat die Resilienzforschung ihren Blick insbesondere auf Kinder mit primär psychosozial bedingten Entwicklungsgefährdungen gerichtet (Julius/Prater 1996, 229).

Eine weitgehende Fokussierung des Resilienzkonzepts in der Frühförderung auf Kinder mit psychosozialen Risiken zeigt sich in dem grundlegenden Beitrag „Protective factors and individual resilience" von Emmy E. Werner, die Kinder mit unterschiedlichen psychosozialen Risiken sowie „überlebende Kinder der neonatalen Intensivmedizin" als Adressaten früher Interventionsprogramme nennt (2000, 112).

Das gemeinsame Merkmal dieser Kinder liegt für Werner in der Tatsache, dass sie als „höchst verwundbar" einzuschätzen sind, „weil ihnen, zeitweise oder dauerhaft, einige der wesentlichen sozialen Bindungen fehlen, die Stress abzupuffern scheinen" (2000, 128; Übersetzung: H. W.). Kinder mit *manifesten*, also z. B. körperlichen und geistigen Behinderungen fehlen in dieser Auflistung (wobei allerdings jene, die wegen einer erheblich verfrühten Geburt und/oder sonstiger Komplikationen intensivmedizinisch behandelt werden müssen, ein erhöhtes Risiko für derartige Behinderungen aufweisen). Unter behinderten Kindern sind jedoch auch solche, die in Verbindung mit biologischen Schädigungen unter erschwerten psychosozialen Bedingungen leben und denen es an Stress abpuffernden, hinreichend verlässlichen Bindungserfahrungen und damit einer „sicheren Basis" (Bowlby 1988) mangelt, weil die Lebenswirklichkeit ihrer Eltern hoch belastet ist. Die Auswirkungen auf die Entwicklung dieser Kinder dürfen aus Sicht der

Vulnerabilitäts- und Resilienzforschung nicht unterschätzt werden. Im Blick auf Kinder mit Down-Syndrom stellt Rauh fest:

„Es gibt sogar Hinweise, dass alles, was die Entwicklung nicht-behinderter Kinder beeinträchtigt, auf die Entwicklung behinderter Kinder noch belastender wirkt, da sie den ungünstigen Einflüssen noch weniger Widerstand entgegen setzen können" (1997, 247).

Daher möchte ich in die folgenden Überlegungen neben Kindern mit psychosozialen Entwicklungsrisiken auch behinderte Kinder mit biologischen Schädigungen einbeziehen.

Allerdings sind zur Frage nach dem Stellenwert der Frühförderung als protektiver Maßnahme aufgrund des bisherigen Standes der Resilienzforschung wohl nur umrisshafte, gleichwohl bedeutsame Antworten möglich. Mit Werner ist festzuhalten: „Es darf nicht vergessen werden, dass sich, mit sehr wenigen Ausnahmen, die Forschung über individuelle Resilienz und protektive Faktoren auf Kinder konzentriert hat, die sich von sich aus mit informeller Unterstützung durch Bekannte und Verwandte ‚durchgewurstelt' haben, nicht auf Kinder, die Empfänger früher Interventionsleistungen waren" (2000, 128; Übersetzung: H. W.).

2 Für die Frühförderung bedeutsame Grundzüge des Resilienzkonzepts

Auch wenn mit Wustmann (2005, 192) Resilienz als „eine psychische Widerstandsfähigkeit von Kindern gegenüber biologischen, psychologischen und psychosozialen Entwicklungsrisiken" verstanden werden kann, ist sie kein angeborenes, stabiles und generell einsetzbares Persönlichkeitsmerkmal. Sie entwickelt sich vielmehr in der Auseinandersetzung mit widrigen situations- und lebensbereichsspezifischen Bedingungen auf der Grundlage und im Austausch mit Schutzfaktoren, auf die das Individuum in seiner Interaktion mit der Umwelt zugreifen kann (Abb. 1). Resilienz bezieht sich daher „auf einen dynamischen, transaktionalen Prozess zwischen Kind und Umwelt" (Wustmann 2005, 193); sie ist eine *relationale* (bezogen auf schwierige Lebensumstände und schützende Faktoren) und *relative* Größe, d.h., es gibt keine absolute Invulnerabilität (Gabriel 2005, 207). Es wäre also eine verkürzte individualistische Sichtweise, anzunehmen, das Kind erzeuge Resilienz „aus sich selbst heraus"; vielmehr ist sie „ohne unterstützende Interaktionen im Sozialen nicht zu denken" (Gabriel 2005, 213).

Die von der Resilienzforschung ermittelten personalen und sozialen Schutzfaktoren sind keine „feststehenden" und voneinander unabhängigen Einflussgrößen (Kühl 2003, 53 und 56), sondern stehen zueinander in dyna-

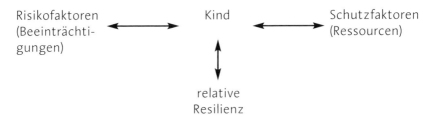

Abb.1: Der Prozesscharakter von Resilienz in einer „Beeinträchtigung-Ressourcen-Konstellation" (Staudinger 1999, 344)

mischen, wechselseitigen Bedingungsverhältnissen. Personale Ressourcen wie positive Temperamentseigenschaften (offen, kommunikationsfreudig), „die soziale Unterstützung und Aufmerksamkeit bei den Betreuungspersonen hervorrufen", oder ein aktives Bewältigungsverhalten, „z. B. die Fähigkeit, soziale Unterstützung zu mobilisieren" (Wustmann 2005, 196), sind nicht auf „genuine Persönlichkeitsmerkmale" (Klein 2002, 26) zu verkürzen; ihre Entwicklung bedarf vielmehr „unterstützender Interaktionen im Sozialen", z. B. mit einer dem Kind möglichst frühzeitig zur Verfügung stehenden verlässlichen Bezugsperson.

Um sich offen, kommunikationsfreudig und aktiv seiner Umwelt zuwenden zu können, muss der Säugling Fähigkeiten zur Selbstregulation seines Verhaltens, speziell der physiologischen und emotionalen Erregungszustände, entwickeln (Fries et al. 2005, 116f). Für diese grundlegende Entwicklungsaufgabe, die bei Kindern mit biologischen Risiken (z. B. extremer Frühgeburtlichkeit) oftmals erschwert ist, ist die Unterstützung durch ihm nahe stehende Erwachsene erforderlich. Diese sollten auf Verhaltensäußerungen seiner Befindlichkeit hinreichend feinfühlig-responsiv eingehen und ihn z. B. bei Quengeln und Schreien infolge emotionaler Erregung zu beruhigen suchen. Wie die Bindungsforschung aufzeigen konnte, ist der Säugling also auf „externe Regulationshilfen" im Rahmen früher Bindungsbeziehungen zur Entwicklung seiner Regulationskompetenzen angewiesen (Fries et al. 2005, 117). Selbst biologisch-genetisch fundierte Temperamentseigenschaften sind somit sozial überformt.

Umgekehrt wird in den Transaktionen zwischen Kind und Erwachsenem letzterer in seiner Responsivität bestärkt, wenn seine Zuwendungen vom Kind „beantwortet" werden. Insofern „lässt sich das komplexe Interaktionsverhalten zwischen Mutter [oder einer anderen Bezugsperson; H.W.] und Kind, das sich immer wechselseitig bedingt, nicht in einseitige Bedingungen von Ursache und Wirkung auflösen" (Klein 2002, 26). Werner, eine Pionierin der Resilienzforschung, wird nicht müde, die Bedeutung „unterstützender Interaktionen im Sozialen" für Resilienzprozesse hervorzuheben und damit zugleich eine Brücke zur Bindungstheorie und -forschung zu schlagen:

„Die Lebensgeschichten der widerstandsfähigen Kinder in unserer Längsschnittstudie lehren uns, dass sich Kompetenz, Vertrauen und Fürsorge auch unter sehr ungünstigen Lebensbedingungen entwickeln können, wenn sie Erwachsene treffen, die ihnen eine sichere Basis bieten, auf der sie Vertrauen, Autonomie und Initiative entwickeln können"

(Werner 1997, 202).

In ihrem für die Frühförderung von Kindern mit psychosozialen Risiken hoch anregenden Arbeitsbuch „The Early Years. Assessing and Promoting Resilience in Vulnerable Children" nennen Daniel und Wassell (2002, 13) drei Grundbausteine, die Resilienz stützen:

1. *eine sichere Basis, in der das Kind ein Gefühl der Zugehörigkeit und Sicherheit erlebt und die es ihm ermöglicht, sich aktiv explorierend mit seiner Umwelt auseinanderzusetzen;*
2. *eine gute Selbst-Wertschätzung, d.h. eine verinnerlichte Vorstellung, etwas wert zu sein und etwas zu können (Selbstvertrauen aufgrund von Kompetenzerfahrungen);*
3. *ein Gefühl der Selbst-Wirksamkeit, d.h. von Einfluss und Kontrolle, zusammen mit einem realitätsbezogenen Wissen der persönlichen Stärken und Grenzen.*

Daniel und Wassell (2002, 86) umschreiben diese drei Bausteine aus der Perspektive des Kindes folgendermaßen:

- *ICH HABE: „Ich habe Menschen, die mich gern haben, und Menschen, die mir helfen" (sichere Basis).*
- *ICH BIN: „Ich bin eine liebenswerte Person und respektvoll mir und anderen gegenüber" (Selbst-Wertschätzung).*
- *ICH KANN: „Ich kann Wege finden, Probleme zu lösen und mich selbst zu steuern" (Selbst-Wirksamkeit).*

Diese Vorstellungen von der Welt und von sich selbst – vergleichbar mit den „inneren Arbeitsmodellen" von Bowlby (2006) – resultieren aus internalisierten positiven Erfahrungen eines Kindes im Rahmen der Transaktionen zwischen ihm und seiner personalen und gegenständlichen Umwelt. Säuglinge, deren Kommunikationsangebote von familiären Bezugspersonen hinreichend feinfühlig „beantwortet" werden, machen von frühester Zeit an Erfahrungen, auf diese Personen „einwirken" zu können. Umgekehrt führen „mangelnde Feinfühligkeit bzw. emotionale Vernachlässigung … dazu, dass Säuglinge bereits im Alter von vier bis sechs Monaten ihre Kommunikationsangebote an ihre Umgebung wie Blickkontakt, mimische, akustische und motorische Aktivitäten aufgeben" (Fries et al. 2005, 119). Damit schränken sie selbst Gelegenheiten ein, Selbstwirksamkeit als wichtigen

Resilienz-„Baustein" zu erleben. – Bei einem Kind, das in ungünstigen Lebensumständen aufwächst, werden partielle positive Erfahrungen nur dann prägend sein können, wenn es für das Kind bedeutungsvolle Erfahrungen mit bedeutsamen Personen sind.

3 Die Frühförderung aus der Resilienz-Perspektive

Wie kann die Frühförderung zu solchen resilienzstärkenden Erfahrungen beitragen? Zunächst sei auf mögliche Gefahren hingewiesen, welche die „protektive Qualität" (Rutter; zit. nach Kühl 2003, 55) der Frühförderung einschränken.

3.1 Mögliche resilienzhemmende Wirkungen früher Interventionen

Resilienzhemmend kann Frühförderung vor allem dann wirken, wenn sie sich als ein – pointiert formuliert – „Reparaturmodell" begreift. Damit ist ein Verständnis von Frühförderung gemeint, das von der Annahme ausgeht, dass eine „von außen", d. h. von der Position der jeweiligen Fachdisziplin, an das Kind und seine Eltern herangetragene, sozusagen „verordnete" Förderung um so wirksamer ist, je häufiger, kontinuierlicher und intensiver sie durchgeführt wird. Diese Art der Frühförderung gründet im Gegensatz zu einem transaktionalen Entwicklungsmodell, wie es dem Resilienzkonzept entspricht, auf einem „exogenistischen Entwicklungsmodell" (Weiß et al. 2004, 100f). In diesem Modell werden spezifische Entwicklungsfortschritte *direkt* auf Umwelteinflüsse, hier „gezielte" Interventionen, zurückgeführt. Für die Frühförderung heißt dies, diagnostisch möglichst genau zu bestimmende (Entwicklungs-)Defizite in den Funktionsbereichen der Motorik, Perzeption, Kognition usw. durch systematische, programmartige Übungen (defizitorientierte Förderprogramme) pädagogisch-therapeutisch, wenn nicht zu beheben, so doch zu reduzieren und die Entwicklung der Kinder möglichst an die Altersnorm anzugleichen.

In der Logik dieses auf zeitliche Intensität ausgerichteten Förderverständnisses liegt es, die Eltern, vor allem die Mütter, in die fachlich bestimmten Förderprogramme als Ko-Therapeut/inn/en bzw. Ko-Pädagog/inn/en einzuspannen.

Sowohl bezogen auf die Eltern als auch auf die Kinder sind mit einem derartigen „reparaturorientierten" Fördermodell oftmals problematische Nebenwirkungen verbunden:

1. Die spontane Interaktion der Eltern mit ihrem Kind, soweit sie ihnen aufgrund der durch eine Behinderung verunsicherten elterlichen Identität und intuitiven elterlichen Verhaltensweisen überhaupt noch möglich

ist, droht durch die ihnen angesonnene ko-therapeutische oder ko-pädagogische Rolle in quasi-professionellen Interaktionsmustern zu erstarren.

2. Eine betont defizitorientierte Förderung spiegelt dem Kind einseitig seine Schwächen. Durch diese „fragmentierte Spiegelung" erlebt es sich nicht in seiner „Ganzheit" mit Stärken und Schwächen (Niedecken 1989, 188).

Von frühester Zeit an wird das Kind erleben, primär in *den* Aktivitäten Aufmerksamkeit zu erlangen, in die von anderen – gestützt auf das Urteil: „(noch) nicht adäquat" – korrigierend eingegriffen wird; dies muss für das Selbstwerden des Kindes mit Behinderung, für seine Selbstwert-Entwicklung und das Bewusstsein, Kontrolle über sich und die Umwelt zu gewinnen, erhebliche problematische Auswirkungen haben. Im Rahmen einer akzentuiert funktionsorientierten Förderung, die primär von den Defiziten des Kindes ausgeht und ihm diese widerspiegelt, wird das Kind schnell lernen, dass es zur handelnden Auseinandersetzung mit seiner Welt der permanenten Hilfe anderer bedarf, und sich wohl auch deren Hilfe bedienen. Dies kann, z. B. bei Kindern mit Down-Syndrom, zu einem *Vermeidungs-* oder *Ausweichverhalten* in Anforderungssituationen führen, mit dem sie sich vor „Selbstbildbeschädigungen" zu schützen trachten (Arens/Rauh 1999, 206). Die Kehrseite dieses subjektiv sinnhaften Verhaltens besteht darin, dass das behinderte Kind von sich aus weniger entwicklungsfördernde Anforderungssituationen suchen wird.

Oft wird solches Ausweichverhalten vorschnell der psychophysischen Schädigung selbst zugeschrieben. Dann gerät kaum in den fachlichen Blick, inwiefern dahinter eine „Vermeidungsmotivation" (Wishart), „eine Motivationshaltung der erlernten Hilflosigkeit" (Rauh 1997, 232) steht, als Folge voreiligen und unangemessenen förderbezogenen Eingreifens in die Handlungsansätze des behinderten Kindes in frühester Zeit, wie tastend und ungeschickt sie auch sein mögen. Wiegand hat auf Gefahren zu raschen (korrigierenden) Eingreifens in erste kindliche Handlungsansätze und auf damit verbundene resilienzhemmende Wirkungen hingewiesen:

„Das Kind wird in seiner Fähigkeit, aus sich herauszugehen, nicht erst dadurch beeinträchtigt, daß die Umwelt abweisend reagiert, sondern schon dadurch, daß sie das Kind mit ihrer Aktivität bedrängt, noch ehe es selbst aktiv werden konnte" (1988, 177).

Das Kind mit eigenen Aktivitäten zu *bedrängen* ist allerdings zu unterscheiden von *„stimulierender Feinfühligkeit"* (Datler 2004). Diese ist dann erforderlich, wenn Kinder aufgrund einer (schweren) Behinderung oder in hoch belasteten Lebensverhältnissen noch keine Ansätze zeigen, sich auf die Welt der Menschen und Dinge aktiv einzulassen, oder ihre Intention, handelnd auf die Mit- und Umwelt einzuwirken, aufgegeben haben. Dann liegt es an den Erwachsenen, durch feinfühlig stimulierende Beziehungs- und Tätigkeitsangebote den Willen des Kindes zu eigenen Aktivitätsansätzen erst bzw. wieder zu wecken.

3.2 Weiterentwicklungen und Probleme im Sinne einer Resilienz unterstützenden Frühförderung

Aus der Perspektive der Resilienzforschung bedeutsame Weiterentwicklungen und Neuansätze in der Frühförderung kann man seit den 1980er Jahren beobachten. Zwei Leitorientierungen als Antworten auf die angesprochenen Kritikpunkte seien genannt.

1. Gegen die Tendenz, „von außen" festgelegte Förderprogramme dem Kind zu verordnen und die Eltern in diese einzuspannen, wurden Ansätze entwickelt, die das vorfindbare Interaktionsgeschehen zwischen Eltern und Kind zu differenzieren und zu erweitern suchen; dabei sollen die spezifischen Bedürfnisse sowie Wahrnehmungs- und Erlebensweisen beider Interaktionspartner berücksichtigt werden (z. B. Byrne et al. 1988; Sarimski 1993). In solchen *interaktions- und beziehungsfokussierten* Ansätzen geht es darum, die Interaktions- und Beziehungsprozesse zwischen Eltern und Kind zu entlasten und zu stützen. Den Eltern werden Hilfen des Beobachtens, Interpretierens und Verstehens der oftmals veränderten Ausdrucks- und Kommunikationsweisen ihres behinderten Kindes und Hilfen in der Verständigung und im Umgang mit ihm gegeben. Speck bezeichnet die Frühförderung als „Deutungshilfe" für die Eltern, damit sie besser verstehen, „was das auffällige, ungewöhnliche Verhalten ihres behinderten Kindes *bedeutet*..." (1985, 56). Auf den Stellenwert eines solchen Ansatzes weist Rauh bei der Frage nach Art und Inhalt der Frühförderung von Kindern mit Down-Syndrom hin:

„Wahrscheinlich ist es in der frühen Entwicklungsphase der Kinder wichtiger [als intensive Förderprogramme durchzuführen; H. W.], die Eltern auf die oft sehr diskreten Signale ihrer Kinder, auf ihre verlangsamte Reaktionszeit und ihre hohe Frustrationsempfindlichkeit einzustimmen und dadurch eine sensible Kommunikation zwischen dem Kind und seinen Eltern zu fördern" (1992, 218).

2. Gegen die Tendenz, die Förderung des Kindes weitgehend oder gar ausschließlich auf seine Defizite abzustellen, haben Jetter (1984) aus der Sicht der „Kooperativen Pädagogik" sowie die „Reutlinger Projektgruppe Frühförderung" (Kautter et al. 1988) alternative Konzepte auf der Grundlage der Entwicklungstheorie Piagets entwickelt. Diese beziehen sich auf die

Eigenaktivität, Selbstgestaltung und *Selbstkompetenz* des Kindes und streben eine ganzheitliche Orientierung der Förderung an. Für die „Reutlinger Projektgruppe" bildet die Bindungstheorie eine zweite bedeutsame theoretische Grundlage ihres Ansatzes.

Dennoch ist Vorsicht bei der Annahme geboten, dass die Frühförderung in ihrer historisch gewachsenen und weiterentwickelten Konzept-, Methoden- und Organisationsvielfalt ihr resilienzförderndes Potential in der Arbeit mit entwicklungsgefährdeten Kindern, ihren Eltern und Familien hinreichend ausschöpft. Das als „Reparaturmodell" beschriebene Förderverständnis aus der Anfangszeit der Frühförderung dürfte bis heute nicht zur Gänze überwunden sein und könnte unter dem (Kosten-)Druck zu möglichst „effizienter" Förderung vielleicht sogar wieder an Einfluss gewinnen. Nach Klein (1996, 379) steht eine an der „Selbstbestimmung des kindlichen Handelns und der Befriedigung kindlicher Grundbedürfnisse" orientierte Spielförderung gegenüber funktionsorientierten Therapien „nicht hoch im Kurs".

Frühförderinnen, die dennoch eine Spielförderung im Sinne Kleins zu praktizieren suchen, erleben nicht selten Druck in der Weise, dass sie von Eltern, direkt oder „zwischen den Zeilen", zu hören bekommen, „sie spielen ja nur". Die Aufgabe, den Eltern dann die Bedeutung des Spiels des Kindes für seine Autonomieentwicklung, Kompetenzerweiterung – auf welchem basalen Niveau auch immer – und für die Entwicklung „realistischer Kontrollüberzeugungen" zu vermitteln, ist nach Klein jedoch schwierig (1996, 380).

Ferner ist die konsequente Umsetzung *interaktions- und beziehungsfokussierter* Förderansätze in der Praxis der Frühförderung auf breiter Basis noch nicht erfolgt (Fries et al. 2005, 115), selbst wenn manche ihrer Grundgedanken bekannt sind und in begrenztem Umfang handlungsleitenden Einfluss haben. So kommen Naggl und Thurmair in Gesprächen mit Frühförder-Fachpersonen, die mit Kindern und Familien in Armutslagen arbeiten, hinsichtlich eines Frühförderkonzepts, in dem „die Interaktion zwischen Mutter und Kind" „im Zentrum der Aufmerksamkeit steht" (2000, 225), zu folgender Einschätzung:

„Wir verfügen in der Frühförderung grundsätzlich noch nicht über gute Modelle für Situationen, in denen die Beziehungen zwischen Eltern und Kind konflikthaft sind. Die Arbeitsansätze schwanken etwas unentschieden zwischen der Entwicklungsförderung mit einem Kind, bei der diese Konflikte dann als Störungen des Förderprozesses auftauchen – ein Rückzug in die Zweiersituation mit dem Kind stellt dann oft die bessere Lösung dar – und einem Beratungsmodell mit Fokus auf der Interaktion ..." (227).

4 Ansatzpunkte für resilienzfördernde Kind-Umwelt-Transaktionen in der Frühförderung

Ausdrücklich sei vor der Fehlannahme gewarnt, Resilienz ließe sich durch gezielt einsetzbare erzieherische und therapeutische Maßnahmen „herstellen" (Göppel 1997, 286f). Resilienzfördernde Erfahrungen macht ein Kind vielmehr in seinen Transaktionen mit seiner Umwelt; daher kommt es darauf an, nach Ansatzpunkten zur Gestaltung dieser Kind-Umwelt-Transaktionen zu suchen. Die folgenden Überlegungen orientieren sich an den drei Grundbausteinen „sichere Basis", „Selbst-Wertschätzung" und „Selbst-Wirksamkeit", die in engem inneren Zusammenhang stehen (vgl. Kap. 2).

4.1 Bedingungen zur Ermöglichung einer „sicheren Basis" im engeren und weiteren Lebensumfeld des Kindes

1. In den letzten Jahren sind praxisnahe, auf der Bindungstheorie beruhende Konzepte zur Unterstützung und Förderung der Eltern-Kind-Interaktion und -Beziehung bei Kindern mit biologischen und psychosozialen Risiken entwickelt worden, die verstärkt Eingang in die Frühförderung finden sollten (z. B. Fries et al. 2005; Kißgen/Suess 2005; Ziegenhain et al. 2004). Es handelt sich meist um zeitlich begrenzte und niedrigschwellige Angebote mit dem Ziel, Eltern zu befähigen, die Bedürfnisse ihres Kindes aus dessen Perspektive wahrzunehmen und mit größerer Feinfühligkeit die Beziehung zu ihrem Kind zu gestalten (Fries et al. 2005). Hierzu werden mit Videoaufnahmen Interaktionssequenzen zwischen Mutter oder Vater und Kind festgehalten, so dass die Eltern selbst die individuellen Verhaltensweisen ihres Kindes, aber auch eigene angemessene Reaktionen entdecken können. Die Videoaufzeichnung dient also „vor allem der Erkennung der Stärken des handelnden Elternteils in der aufgezeichneten Interaktion" (Kißgen/Suess 2005, 127). „Gerade die Bilder von gelungenen Interaktionen ermöglichen den Eltern kindliche Verhaltensweisen oft unter einem ganz neuen Blickwinkel zu sehen und den Zusammenhang zwischen dem Verhalten des Kindes und ihrem eigenen neu zu verstehen" (Fries et al. 2005, 120).

Methodisch hat sich eine videogestützte Arbeit auch bei Eltern in gravierenden psychosozialen Belastungssituationen als hilfreich erwiesen, aber das Prinzip, an den *Kräften der Eltern* in der Interaktion anzusetzen und sie durch die Bestätigung gelungener Interaktionssequenzen zu stärken, ist nicht zwingend daran gebunden (Naggl/Thurmair 2000, 225–230). Bei der Umsetzung derartiger interaktions- und beziehungsorientierter Konzepte, speziell in der Frühförderung, bedarf es bestimmter Akzentuierungen:

– Auch wenn der Blick auf gelungene Interaktionssequenzen zwischen Eltern und Kind gerichtet wird, aktiviert eine beziehungsfördernde Beratung und Begleitung oftmals leidvolle Beziehungserfahrungen der Eltern mit ihrem Kind, aber auch Beziehungserfahrungen z.B. mit den eigenen Eltern, d.h., es handelt sich um ein Geschehen, das mit tiefer gehenden emotionalen Prozessen verbunden sein kann. Daher bedarf es zunächst des Aufbaus einer vertrauensvollen Beziehung zu den Eltern, was gerade bei jenen in Armut und sozialer Benachteiligung oftmals einen „langem Atem" erfordert. In diesem Sinne ist es ein „übergeordnetes Ziel" im „STEEP-Programm", einem bindungstheoretisch fundierten Beratungsansatz für „Hoch-Risiko-Familien" aus den USA, „den betreuten Eltern eine sichere Basis in der Beratung zur Verfügung zu stellen, von der aus sie Vergangenes aufarbeiten können, sich die Zukunft mit ihrem Kind zutrauen und diesem wiederum eine sichere Basis für dessen Entwicklung bieten können. Folglich ist die beraterische Beziehung intersubjektiv ausgerichtet und von grundlegendem Respekt geprägt" (Kißgen/Suess 2005, 125).

Eine respektvolle Haltung gerade in sog. „Multi-Problem-Familien" mit ihrer der Fachperson „fremden", oftmals chaotischen Lebenswelt ist nicht leicht durchzuhalten, dennoch aber bei entsprechender reflexiver Distanz möglich (Weiß 2004).

– Auf der Basis einer vertrauensvollen Beziehung und durch Ermutigungen der Fachperson wird es den Eltern leichter möglich, über Gefühle und Lebensereignisse, speziell belastende Beziehungserfahrungen mit ihrem Kind und eigene traumatische Erfahrungen in der „Beziehungsgeschichte" mit ihren Eltern, zu sprechen. Dies wirkt sich auf ihre „innere Wahrnehmung der Beziehung" (Sarimski 2000, 112) positiv aus und hilft ihnen, die Bedürfnisse des Kindes ein Stück weit besser wahrzunehmen und zu beachten (Daniel/Wassell 2002, 98).

– In den interaktions- und beziehungsfördernden Konzepten speziell bei Familien in schwierigen Lebenslagen (Armut, soziale Randständigkeit ...) wird die Bedeutung praktischer Hilfestellungen zur Alltagsgestaltung betont (Fries et al. 2005, 121). Im „STEEP-Programm" zählen dazu Hilfen zur Nutzung von Beratungs- und Unterstützungsangeboten „bezüglich Arbeitssuche, Schuldnerberatung, Gesundheitsvorsorge oder auch der Wohnungssuche. STEEP verbindet somit Elemente der Eltern-Kleinkind-Psychotherapie mit klassischen Methoden der Sozialen Arbeit. Zwar sind diese nicht Bestandteil der Ausbildung zur STEEP-Beraterin. Diese ist aber geschult, andere Dienste (z.B. Sozialamt) in Form eines Case-Managements in die Betreuung der Familie einzubeziehen. Durch diese lebenspraktische Seite des STEEP-Programms werden Hilfen wenn schon nicht aus einer Hand, so doch durch eine Hand koordiniert" (Kißgen/Suess 2005, 128).

Eine solche Lebensweltorientierung entspricht den Erfahrungen der Frühförderung bei Familien in psychosozialen Problemlagen, welche die Notwendigkeit „sozialarbeiterischer Elemente" (Naggl/Thurmair 2000, 230) und eines „Case-Managements" zum Einbezug flankierender sozialer Hilfen deutlich belegen (z. B. Klein 2000, 205).

Die Struktur und Arbeitsweise in den interdisziplinären Frühförderstellen bietet – sofern die erreichten Standards z. B. der Familienorientierung und Ganzheitlichkeit erhalten werden können – gute Voraussetzungen, um interaktions- und beziehungsfördernde Beratung und Begleitung stärker als bisher darin zu verankern. Allerdings ist auf eine mögliche problematische Tendenz aufmerksam zu machen: Die Darstellung solcher Interventionsansätze erweckt manchmal den Eindruck, als ob diese – gezielt und effizient eingesetzt – hocheffektiv elterliches Verhalten verändern könnten. Gegenüber einer eher „technisch" verstandenen Einflussnahme merkt Hintermair aus der Sicht des Salutogenese-Ansatzes vorsichtig-kritisch an:

„Entscheidender als unmittelbar die Responsivität oder das intuitive parenting durch Beratung und Anleitung etc. zu ‚fördern', könnte es sein, darauf zu achten, wie durch die Gestaltung und das Arrangement der Angebote der jeweiligen Frühförderstelle die Zuversicht der Eltern in ihr Kind und in ihre veränderte Gesamtsituation wächst. Es kommt also möglicherweise nicht so sehr auf einen (möglichst) unmittelbar sichtbaren und messbaren Effekt von Maßnahmen an, sondern mehr auf die indirekt darüber erreichte subjektiv erlebte Kompetenz- und Kohärenzstärkung" (Hintermair 2003, 69f).

2. Aus Sicht der Resilienzforschung ist auf den hohen Stellenwert des weiteren familiären und nachbarschaftlichen Umfeldes (Großeltern, Geschwister, Freunde, Spielkameraden...) als Stütz- und Schutzfaktoren für Kinder in schwierigen Lebensverhältnissen hinzuweisen. Es ist daher eine wichtige Aufgabe einer ökologisch orientierten Frühförderung, im Verwandten- und Bekanntenkreis nach möglichen, für ein Kind bedeutungsvollen Bezugspersonen Ausschau zu halten (Daniel/Wassell 2002, 95 und 101) und in diesem Sinne Netzwerk- und Beziehungsarbeit zu leisten (gerade auch für Kinder, die sich schwerer tun, von sich aus solche Kontakte und Beziehungen zu knüpfen).

Diese Form der Netzwerkförderung ist in der deutschen Frühförderung unüblich. Deshalb sei das Beispiel des von Carl J. Dunst geleiteten Frühförder-Zentrums in North Carolina/USA angeführt, der durch seine Vergleichsstudien zur Wirksamkeit der Frühförderung und Überlegungen zum ökosystemischen Ansatz in der Frühförderung auch in der deutschen Fachöffentlichkeit bekannt geworden ist. Netzwerkförderung beinhaltet in diesem Zentrum auch, gemeinsam mit Kindern und Familien in sozial randständigen Lebenssituationen gezielt Ansprechpersonen im nachbarschaftlichen Umfeld, in Kindertagesstätten oder sonstigen Einrichtungen ausfindig zu machen, die bereit sind, in ehrenamtlicher Form für eine bestimmte Zeit mit einer Familie oder einem Kind eine verlässliche Beziehung, z. B. in patenschaftlicher Form, aufzubauen. Diese Personen werden in dieser Aufgabe fachlich begleitet (Schweizer 2002). Bei der Frage der Übertragbarkeit dieses Modells auf die deutsche Situation sind sicher kulturelle Unterschiede zu bedenken. In den USA spielt ehrenamtliche Arbeit eine größere Rolle als in Deutschland. Dennoch wäre wohl auch hierzulande von einem gewissen ehrenamtlichen Potential auszugehen, wenngleich den Frühförderstellen hinsichtlich einer solchen Netzwerkarbeit angesichts des wachsenden Kosten- und Arbeitsdrucks Grenzen gesetzt sind.

3. Mitarbeiter/innen der Frühförderung sehen sich bei Kindern in psychosozial hoch belasteten Lebensverhältnissen nicht selten damit konfrontiert, dass deren Grundbedürfnisse nach Ernährung, Pflege, Schutz und Sicherheit in der Familie vernachlässigt werden und ihre fachlichen Bemühungen zur Veränderung der Situation nicht genügend greifen. Dies führt mitunter zu resignativen Tendenzen – oder vielleicht auch zu vorschnellen „Rettungsaktionen" der Fremdunterbringung des Kindes.

Unbestritten stellen Vernachlässigungssituationen im frühen Kindesalter ein hohes Entwicklungsrisiko dar. Andererseits konstatieren Schone et al. unter Bezug auf die Bedürfnispyramide von Maslow (1978), dass „Bedürfnisverzicht auf niedrigen Ebenen auch dann leichter verkraftet werden bzw. ohne bleibende Schäden überwunden werden [könne], wenn auf höheren Bedürfnisebenen maximale Befriedigung erzielt werden kann" (Schone et al. 1997, 25). Zwar wäre kritisch zu fragen, was unter „maximaler Befriedigung" auf höheren Bedürfnisebenen, also der Bedürfnisse nach Akzeptanz und Wertschätzung, Anregung, Spiel und Leistung, zu verstehen ist und ob „maximal" nicht durch „optimal" ersetzt werden sollte (wobei jedoch auch für „optimal" strenge Kriterien angelegt werden müssten). Ungeachtet dieser Präzisierungsnotwendigkeiten vermag jedoch eine Halt, Orientierung und ein Stück Sicherheit gebende, längerfristige und intensivere Beziehung zu einer verlässlichen, fürsorglichen und kompetenten Erziehungsperson, z. B. in der Krippe oder im Kindergarten, für ein bindungsunsicheres Kind stützend zu sein und die Bedürfnisversagung auf niedrigen Ebenen zumindest teilweise in ihren disprotektiven Wirkungen abzuschwächen. Für die Frühförderung kann dies vor allem auch heißen, der Familie beim Auffinden eines geeigneten Krippen- oder Kindergartenplatzes behilflich zu sein, das Kind beim „ökologischen Übergang" (Bronfenbrenner) in eine Gruppe zu begleiten und die Gruppenerzieherin darin zu beraten und zu unterstützen, dem Kind eine anregungsreiche Umwelt und sich selbst als „positives Rollenmodell" (Werner 1997, 201) zur Verfügung zu stellen.

4.2 Bedingungen der Ermöglichung von Selbst-Wertschätzung und Selbst-Wirksamkeit

Selbst-Wertschätzung und Selbst-Wirksamkeit, das Bewusstsein, Kontrolle über sich und seine Umwelt zu gewinnen, kann ein Kind, ob behindert oder nicht, vor allem in seinem spielerischen Handeln unter zwei Voraussetzungen entwickeln: Es müssen erstens für das Kind befriedigende Handlungssituationen sein, in denen es sich als Gestalter seiner Aktivitäten und Explorationen erlebt, und es muss zweitens in diesen Aktivitäten Wertschätzung erfahren. Insofern kommen dem eigenständigen Handeln des Kindes, besonders im Spiel, und der Anerkennung seines Handelns in der Resilienzperspektive eine hohe Bedeutung zu.

Frühförder-Fachpersonen stehen, wie schon angedeutet (Kap. 3.2), oftmals unter einem Handlungsdruck – dem eigenen, dem der Eltern –, der dazu führen kann, dem Spiel wesentliche konstitutive Merkmale (z. B. die Zweckfreiheit) und dem Kind Möglichkeiten zu wirklich eigenständigem Gestalten in der Spielsituation zu nehmen. Damit jedoch droht „in einem Bereich, der, wie das Spiel, für die Entwicklung von Autonomie und Identität des Kindes so wesentlich ist, ... der Verlust des [E]igenen beim Kind" (Thurmair/Naggl 2003, 93). Es gehört daher zur professionellen Kernkompetenz einer Frühförderin, die Spielbedürfnisse des Kindes zu (be-)achten und ihnen Raum zu geben. Das bedeutet, die eigenen expliziten und impliziten Förderabsichten wahrzunehmen und dahingehend zu reflektieren, ob und inwieweit sie in der konkreten Situation zurückgestellt werden können oder in eine dialogische Abstimmung zu den Absichten des Kindes gebracht werden müssen. Dabei gilt es auch dem eigenen und dem Druck der Eltern standzuhalten (92). Bei Kindern mit schweren Behinderungen oder in psychosozial hoch belasteten Lebensverhältnissen kommt es häufig (erst) darauf an, deren zaghafte Handlungsansätze zu entdecken, sie aufzunehmen und sich darin „einzuschwingen". In dieser *dialogischen Abstimmung,* der „Gegenseitigkeit" (Martin Buber), als einem zentralen Merkmal der Beziehungsgestaltung zwischen Kind und Erwachsenem in Spiel-, Förder- sowie in Therapiesituationen (Thurmair 2005; Ohrt 1996) liegt eine wichtige Bedingung für die Unterstützung der Selbstwert-Entwicklung und das Erleben von Selbstwirksamkeit im sozialen Kontext – und eine zentrale Bedingung für die Wirksamkeit der Frühförderung generell (Weiß et al 2004, 108f).

Frühförderung muss es, gerade bei Kindern und Familien in schwierigen Lebenslagen, darum gehen, zu einer entwicklungsförderlicheren häuslichen Umwelt beizutragen. Beispielsweise ist es sinnvoll, die Eltern in das gemeinsame Spiel mit dem Kind einzubeziehen, etwa beim Anschauen eines Bilderbuches, oder sie über Spielmaterialien und -möglichkeiten zu informieren. Die Einflussmöglichkeiten sind hier oftmals nur begrenzt und müssen längerfristig angelegt sein. Oftmals haben Eltern wenig Vertrauen in die eigenen Fähigkeiten, ihrem Kind angemessene Anregungen zu geben. Vor allem dann, wenn sie selbst nur über eingeschränkte Spielerfahrungen aus der eigenen Kindheit verfügen, fällt es ihnen schwer, Spielgelegenheiten für ihr Kind zu schaffen. Daniel und Wassel (2002, 108) halten es für hilfreich, Eltern entweder individuell oder in Gruppen zu ermöglichen, Spielerfahrungen nachzuholen, um ihre eigenen Spielfähigkeiten wieder oder zum ersten Mal zu entdecken.

Ein Beispiel hierfür habe ich noch aus meiner eigenen Frühfördertätigkeit in Erinnerung. Erst nach etwa 1½ Jahren war es einer Mutter – nach wiederholten geduldigen „Einladungen" – möglich, sich am Spiel ihres Kindes zu beteiligen: Eines Tages wagte sie sich auf den Spielteppich und zog über fünf, sechs Wochen das Spiel so an sich, dass ich mich zunehmend bedrängt fühlte und mich fragte, wo da noch Raum für ihren Sohn und für mich bleibe. Ebenso plötzlich zog sie sich dann wieder zurück; aber sie konnte durch dieses nachholende Ausleben eigener, in ihrer Kindheit nicht befriedigter Spielbedürfnisse dem Spielen ihres Kindes ein Stück weit mehr Beachtung schenken.

Ein letzter Hinweis: Besonders behinderte Kinder mit erheblichen Einschränkungen in der expressiven Lautsprache werden häufig mit Erfahrungen mangelnder Selbstwirksamkeit in der Interaktion und Kommunikation mit anderen Menschen konfrontiert. Formen der unterstützten Kommunikation, z. B. Gebärden, können ihnen hier bereits im Rahmen der Frühförderung Möglichkeiten an die Hand geben, sich im Sinne sozialer Einflussnahme „mehr Gehör" zu verschaffen (Wilken 1999); dies ist auch aus der Resilienzperspektive bedeutsam.

Abschließende Anmerkungen

Viele der vorgestellten Anregungen – wie auch dieses letzte Beispiel – sind nicht unbedingt neu, sondern gehören seit längerem zum Inventar der Frühförderung. Sie bekommen in der Resilienzperspektive jedoch eine neue Akzentuierung und Bedeutung. Das Resilienzkonzept ist ein optimistisches Konzept, das mit dem Blickwechsel von den Risiko- auf die Schutzfaktoren nach Bedingungen sucht, die Kindern helfen, sich trotz widriger Lebensumstände oder schädigungsbedingter Erschwernisse so gut wie möglich zu entwickeln.

Genau darin liegt jedoch auch eine Gefahr: Wie der Siegfried-Mythos in der Nibelungen-Sage zeigt, war es schon immer eine Sehnsucht von Menschen, unverwundbar oder gar unbesiegbar zu sein. Aber auch Siegfried hatte eine verwundbare, existenzgefährdende Stelle. Resilienz darf deshalb nicht zu einem Rückfall in ein überwunden geglaubtes „individualtheoretisches Paradigma" führen, wie es in einem verkürzt popularisierten Verständnis aufscheint: die Kinder mit der „dicken Haut". Demgegenüber kann die *Intersubjektivität, die Beziehung und Gegenseitigkeit*, als Leitidee im Resilienzkonzept nicht deutlich genug hervorgehoben werden. Auch dieser Gedanke ist nicht neu, sondern er ist der Kern dessen, was Erziehung (und eine auf dialogische Abstimmung gründende Therapie) ausmacht, ausmachen sollte. In seinen „Reden über Erziehung" hat Martin Buber bereits in den 60er Jahren diesen Kern in eindrucksvollen Worten formuliert:

> *„Vertrauen, Vertrauen zur Welt, weil es diesen Menschen gibt – das ist das innerlichste Werk des erzieherischen Verhältnisses. Weil es diesen Menschen gibt, kann der Widersinn nicht die wahre Wahrheit sein, so hart er einen bedrängt" (Buber 1964, 33).*

Wo Kinder, bei allen Belastungen und Gefährdungen ihrer Lebenswirklichkeit, durch für sie bedeutungsvolle Menschen, durch Menschen, die für sie präsent sind und ihnen Verlässlichkeit erweisen, ein Stück Vertrauen zur Welt und zu sich aufbauen können, ereignen sich Resilienzprozesse. Die hier aufscheinende große Verantwortung von Eltern und Frühförder-Fachpersonen muss sie dennoch nicht in überhöhte Selbstansprüche verstricken. Ein für das Kind ‚signifikanter' Mensch braucht – so Buber – „keine der Vollkommenheiten besitzen", die das Kind „ihm etwa anträumt". Er kann „sich auch nicht in einem fort mit dem Kind befassen, weder tatsächlich noch auch in Gedanken, und soll's auch nicht. Aber hat er es wirklich aufgenommen, dann ist jene unterirdische Dialogik, jene stete potentielle Gegenwärtigkeit des einen für den anderen gestiftet und dauert. Dann ist Wirklichkeit zwischen beiden, Gegenseitigkeit" (1964, 33).

Literatur

Antonowsky, A. (1997): Salutogenese. Zur Entmystifizierung der Gesundheit. DGVT-Verlag, Tübingen
Arens, D., Rauh, H. (1999): Kleinkinder mit Down-Syndrom. Entwicklungsverlauf und Entwicklungsbesonderheiten. In: Arbeitsstelle Frühförderung Bayern (Hrsg.): Kind sein, und behindert. Bericht vom Münchener Symposion Frühförderung 1998. Selbstverlag, München, 196–209
Bowlby, J. (1988): A secure base. Clinical applications of attachment theory. Routledge, London
– (2006): Trennung. Zorn und Angst. Ernst Reinhardt, München/Basel
Buber, M. (1964): Reden über Erziehung. 8. Aufl. Schneider, Heidelberg
Byrne, E. A., Cunningham, C. C., Sloper, P. (1988): Families and their children with Down's syndrome: One feature in common. Routledge, London/New York

Daniel, B., Wassell, S. (2002): The early years. Assessing and promoting resilence in vulnerable children 1. Jessica Kingsley Publishers, London/Philadelphia
Datler, W. (2004): Die Abhängigkeit des behinderten Säuglings von stimulierender Feinfühligkeit. Einige Anmerkungen über Frühförderung, Beziehungserleben und „sekundäre Behinderung". In: Ahrbeck, B., Rauh, B. (Hrsg.): Behinderung zwischen Autonomie und Angewiesensein. Kohlhammer, Stuttgart, 45–69
Fries, M., Behringer, L., Ziegenhain, U. (2005): Beziehungs- und bindungsorientierte Intervention in der Frühförderung am Beispiel der Entwicklungspsychologischen Beratung. Frühförderung interdisziplinär 24, 115–123
Gabriel, Th. (2005): Resilienz – Kritik und Perspektiven. Zeitschrift für Pädagogik 51, 207–217
Göppel, R. (1997): Ursprünge der seelischen Gesundheit. Risiko- und Schutzfaktoren in der kindlichen Entwicklung. edition bentheim, Würzburg
Hintermair, M. (2003): Das Kohärenzgefühl von Eltern stärken – eine psychologische Aufgabe in der pädagogischen Frühförderung. Frühförderung interdiszplinär 22, 61–70
Jetter, K. (1984): Leben und Arbeiten mit behinderten und gefährdeten Säuglingen und Kleinkindern. Bernhardt/Pätzold, Stadthagen
Julius, H., Prater, M. A. (1996): Resilienz. Sonderpädagogik 26, 228–235
Kautter, H., Klein, G., Laupheimer, W., Wiegand, H.-S. (1988): Das Kind als Akteur seiner Entwicklung. Edition Schindele, Heidelberg
Kißgen, R., Suess, G. J. (2005): Bindungstheoretisch fundierte Intervention in Hoch-Risiko-Familien. Das STEEP-Programm. Frühförderung interdisziplinär 24, 124–133
Klein, G. (1996): Frühförderung als Spielförderung oder Training nach Förderprogrammen? Zeitschrift für Heilpädagogik 47, 373–380
– (2000): Frühförderung in Sozialen Brennpunkten. Erfahrungen aus dem Reutlinger Projekt. In: Weiß, H. (Hrsg.): Frühförderung mit Kindern und Familien in Armutslagen. Ernst Reinhardt, München/Basel, 198–208
– (2002): Frühförderung für Kinder mit psychosozialen Risiken. Kohlhammer, Stuttgart
Kühl, J. (2003): Kann das Konzept der „Resilienz" die Handlungsperspektiven der Frühförderung erweitern? Frühförderung interdisziplinär 22, 51–60
Maslow, A. H. (1978): Motivation und Persönlichkeit. 2. Aufl. Walter, Freiburg
Naggl, M., Thurmair, M. (2000): Frühförderung für Kinder in Armutslagen. In Weiß, H. (Hrsg.): Frühförderung mit Kindern und Familien in Armutslagen. Ernst Reinhardt, München/Basel, 209–235
Niedecken, D. (1989): Namenlos. Geistig Behinderte verstehen. Piper, München/Zürich
Ohrt, B. (1996): Entwicklungsdiagnostik und frühe Förderung aus der Kenntnis der cerebralen Organisation motorischen und kognitiven Lernens. In: Peterander, F., Speck, O. (Hrsg.): Frühförderung in Europa. Ernst Reinhardt, München/Basel, 68–79
Rauh, H. (1992): Entwicklungsverläufe bei Kleinkindern mit Down-Syndrom. Geistige Behinderung 31, 206–221
– (1997): Kleinkinder mit Down-Syndrom: Entwicklungsverläufe und Entwicklungsprobleme. In: Leyendecker, Ch., Horstmann, T. (Hrsg.): Frühförderung und Frühbehandlung. Edition Schindele, Heidelberg, 212–235
Sarimski, K. (1993): Interaktive Frühförderung. Behinderte Kinder: Diagnostik und Beratung. Beltz, Weinheim
– (2000): Frühgeburt als Herausforderung. Psychologische Beratung als Bewältigungshilfe. Hogrefe, Göttingen/Bern/Toronto/Seattle
Schone, R., Gintzel, U., Jordan, E., Kalscheuer, M., Münder, J. (1997): Kinder in Not. Vernachlässigung im frühen Kindesalter und Perspektiven sozialer Arbeit. Votum, Münster
Schweizer, A. (2002): Frühförderung in Deutschland und Amerika. Eine Gegenüberstellung im Hinblick auf die Arbeit mit entwicklungsgefährdeten Kindern und ihren El-

tern in sozial benachteiligten Lebenssituationen. Unveröff. Diplomarbeit. Fakultät für Sonderpädagogik Reutlingen
Speck, O. (1985): Spezielle Früherziehung. Basale Hilfe beim Lebensstart unter kritischen Bedingungen. Frühförderung interdisziplinär 4, 49–57
Staudinger, U. M. (1999): Perspektiven der Resilienzforschung aus der Sicht der Lebensspannen-Psychologie. In: Opp, G., Fingerle, M., Freytag, A. (Hrsg.): Was Kinder stärkt. Erziehung zwischen Risiko und Resilienz. 1. Aufl. Ernst Reinhardt, München/Basel, 343–350
Steiner, S. (2002): Das Resilienzparadigma als handlungsleitender Gedanke der Zusammenarbeit mit den Eltern und die „Orientierungshilfe zur Planung der Frühförderung" als Handlungsinstrument für die Praxis. Frühförderung interdisziplinär 21, 130–139
Thurmair, M. (2005): Heilpädagogische Arbeit in der interdisziplinären Frühförderung. Gemeinsam leben 13, 214–222
–, Naggl, M. (2003): Praxis der Frühförderung. 2. Aufl. Ernst Reinhardt, München/Basel
Weiß, H. (2004): Verständigungsorientierte Kommunikation mit Familien in schwierigen Lebenslagen – eine (un-)mögliche Aufgabe für bürgerliche Heilpädagoginnen und Heilpädagogen? Vierteljahrsschrift für Heilpädagogik und ihre Nachbargebiete 73, 83–100
–, Neuhäuser, G., Sohns, A. (2004): Soziale Arbeit in der Frühförderung und Sozialpädiatrie. Ernst Reinhardt, München/Basel
Werner, E. (1997): Gefährdete Kindheit in der Moderne: Protektive Faktoren. In: Vierteljahresschrift für Heilpädagogik und ihre Nachbargebiete 66, 192–203
– (2000): Protective factors and individual resilience. In: Meisels, S. J., Shonkoff, J. P. (Eds.): Handbook of early childhood intervention. 2nd ed. Cambridge University Press, Cambridge, 115–132
Wiegand, H.-S. (1988): Das Fühlhorn der Schnecke. Ein pädagogisch-psychologischer Beitrag zur Idee der Selbstgestaltung. In: Kautter, H., Klein, G., Laupheimer, W., Wiegand, H.-S., 174–180
Wilken, E. (1999): Sprachförderung in der frühen Entwicklung. In: Wilken, E. (Hrsg.): Frühförderung von Kindern mit Behinderung. Eine Einführung in Theorie und Praxis. Kohlhammer, Stuttgart, 149–164
Wustmann, C. (2005): Die Blickrichtung der neueren Resilienzforschung. Wie Kinder Lebensbelastungen bewältigen. Zeitschrift für Pädagogik 51, 192–206
Ziegenhain, U., Fries, M., Bütow, B., Derksen, B. (2004): Entwicklungspsychologische Beratung für junge Eltern. Grundlagen und Handlungskonzepte für die Jugendhilfe. Juventa, Weinheim

Resilienz und Bindung bei Kindern mit Behinderungen

von Hellgard Rauh

In diesem Beitrag gehe ich der Frage nach, welche Bedeutung die Bindung für das Gedeihen behinderter Kinder und Jugendlicher hat und ob sie möglicherweise die Resilienz dieser Kinder beeinflusst. Die Frage scheint zunächst einfach, fast überflüssig zu sein. Bei näherem Hinsehen ergeben sich aber diverse Bedenken.

1 Das Resilienzkonzept und die „Normalisierungs"-Debatte

Das Resilienzkonzept hat im Wesentlichen zwei Wurzeln, die eine in der Persönlichkeitspsychologie und die andere in der Risiko-Vulnerabilitäts-Diskussion (Masten 2001). In der Persönlichkeitspsychologie wird das Konzept der „ego-resiliency" mit Ich-Stärke übersetzt und meint die Eigenschaft einer in sich stabilen Persönlichkeit, ihre Ziele angemessen und flexibel verfolgen und durchsetzen zu können. In der Risikokinder-Diskussion bedeutet Resilienz die Fähigkeit einer Person, ernsthaften Gefährdungen entweder widerstehen zu können, sie zu meistern, oder sich von ihnen wieder erholen zu können. Eine resiliente Person ist in der Lage, in schwierigen und bedrohlichen Situationen Ressourcen zu aktivieren, die entweder in ihr selbst liegen (das Informationsverarbeitungssystem; die Selbstregulationssysteme für Aufmerksamkeit, Emotion, Erregung und Verhalten; das Bewältigungsmotivationssystem) und/oder in ihrer sozialen und sozial-emotionalen Interaktion mit nahen Bezugspersonen zu finden sind (Bindungssystem, Familiensystem) und die im weiteren Kontext liegen (kommunales Organisationssystem). Masten (2001) nennt als weiteres System das spirituelle oder religiöse System.

Diese Ausführungen zeigen, dass behinderte Kinder eher durch einen Mangel an Resilienz im obigen Sinne gekennzeichnet sein dürften. Entsprechend hat der ressourcenorientierte Beratungs- und Förderansatz sich überwiegend auf die Eltern dieser Kinder und Jugendlichen bezogen, um deren Resilienz zu aktivieren (Hintermair 2006, Steiner 2002).

Inzwischen wachsen aber junge behinderte Menschen heran, die ihr Leben selbstbewusster und eigenständiger angehen. Sie haben die Chance – und auch die Aufgabe, ein im Vergleich zu früheren Generationen von Behinderten weitgehend selbstbestimmtes Leben zu führen. Der Begriff „Empowerment" meint die Vorbereitung auf dieses Leben „aus eigener Kraft" (Pixa-Kettner/Lotz-Rambaldi 2003). Die soziopolitischen und sozialpädagogischen Konzepte der „Integration" und der „Normalisierung" haben die Rahmenbedingungen hierfür geschaffen und werden eine allmähliche Bewusstseinsänderung herbeiführen (vgl. Badelt 2003). Diese Veränderungen beeinflussen auch die Vorstellungen von Resilienz. Die Behinderten selbst verlassen den „Schutzraum" der Abgeschiedenheit, werden selbst aktiver, begegnen dabei aber auch neuen Gefahren.

Mit den strukturellen gesellschaftlichen und rechtlichen Veränderungen im Zusammenhang mit der Normalisierungsdiskussion (Badelt 2003) nähern sich die Biographien und die Entwicklungsaufgaben, selbst die von geistigbehinderten Menschen, immer mehr denen nicht-behinderter Menschen an (Pixa-Kettner/Lotz-Rambaldi 2003). Das gilt zum einen für den Bildungs- und Berufsweg. Nach der Frühphase in (meist) der eigenen Familie folgen die Kindergarten- und Schulzeit und die Vorbereitung auf eine Berufswelt, die möglichst über den Raum der „geschützten Werkstätten" hinausgehen sollte. Dies gilt auch für die sozialen Beziehungen und Bindungen. Die Eltern-Kind-Bindung erfährt eine große Bedeutung, aber auch ihre Umgestaltung und Loslösung im Jugend- und jungen Erwachsenenalter. Statt ewig „Kind" im Elternhaus zu bleiben, suchen immer mehr behinderte junge Menschen eigenständigere Wohnformen zusammen mit Freunden oder sogar Partnern. Damit wird auch die Sexualität zu einem in dieser Weise früher nicht gekannten wichtigen Thema. Selbstbildentwicklung, Identitätsbildung und Persönlichkeitsentwicklung beginnen, auch mit Blick auf geistigbehinderte Kinder, Jugendliche und junge Erwachsene, ein Thema zu werden. Die Frage nach der frühkindlichen Bindung als einer für die Selbst- und Identitätsentwicklung wichtigen Ausgangssituation bildet hier einen Anfang.

Das neue Selbstbewusstsein demonstrierten acht junge Erwachsene mit Down-Syndrom auf der Augsburger Tagung des Down-Syndrom-Netzwerkes 2005, die selbst über ihr Leben, ihre Interessen und ihre Ziele berichteten. Eine junge Frau mit Down-Syndrom (35 Jahre alt) fasste die Veränderungen treffend zusammen: „Bis jetzt hat meine Mutter für mich gesorgt und für mich geplant; jetzt muss ich mein Leben selbst planen und selbst entscheiden".

Wie gut sind Kinder und junge Menschen mit Behinderungen psychisch ausgerüstet, um die vielen neuen Aufgaben meistern und an ihnen wachsen zu können? Können genügend externe Ressourcen (im kommunalen System, im Familiensystem, vgl. Masten 2001) bereitgestellt werden und können die jungen Menschen befähigt werden, diese effektiv zu nutzen?

Lange Zeit sind behinderte Kinder und Jugendliche von ihren Familien behütet worden und/oder im „Schutze" von speziellen Einrichtungen aufgewachsen, allerdings meist abseits der übrigen Gesellschaft. Nun begegnen sie denselben Gefährdungen wie andere Kinder und Jugendliche auch, und vielleicht auch mehr als diese. Die neuen Chancen bergen auch neue Gefahren. Woher werden sie ihre Widerstandskraft, ihre Resilienz schöpfen?

2 Erfahrungen aus der Resilienzforschung bei Risikokindern

Die empirische Forschungserfahrung zur Entwicklung von Kindern und Jugendlichen mit Behinderungen ist noch spärlich. Daher werden zunächst Anleihen bei der Forschung mit Risikokindern gemacht und auf ihre Anwendbarkeit bei behinderten Kindern geprüft.

Als „Risikokinder" werden Kinder dann bezeichnet, wenn wegen ihrer biopsychologischen und/oder ihrer sozialen Ausgangsbedingungen die Wahrscheinlichkeit hoch ist, dass sie als Jugendliche und Erwachsene erhebliche psychosoziale Probleme haben werden und sich in die Gesellschaft nicht einfügen (lassen) (Rauh 2005a). Das Risiko ist dabei eine Wahrscheinlichkeitsaussage. Bei behinderten und chronisch kranken Kindern ist der Risikobegriff daher nur dann angemessen, wenn über die diagnostisch gesicherte Problematik hinaus „sekundäre" Probleme entstehen können (z. B. ungünstige Lernstrategien, unangemessenes Selbstkonzept, unpassendes Sozialverhalten, spezifische Verhaltensprobleme), etwa weil die Eltern, die Schule und/oder die Gesellschaft ihre Entwicklung zusätzlich ungünstig beeinflussen.

Bei (nicht-behinderten) Risikokindern (vor allem frühgeborenen und untergewichtig geborenen Kindern, Kindern von an Epilepsie erkrankten Müttern, Kindern von psychisch kranken oder auch von delinquenten Eltern, Kindern aus sozial problematischem Milieu) liegt inzwischen eine Reihe von Langzeitstudien vor, davon auch einige aus Deutschland, die bis in das Jugend- und Erwachsenenalter reichen (Esser/Gerhold 1998; Garmezy 1981; Laucht et al. 1999; Meyer-Probst/Reis 2000; Meyer-Probst/Teichmann 1984; Rutter 2000; Serbin/Karp 2004; Titze 2004; Rauh 1984). Die Risiken wurden meist um die Geburt herum erfasst, wobei die biologischen Probleme sich nur auf diesen Zeitraum bezogen, die sozialen Probleme in der Regel von anhaltenderer Natur waren. Entsprechend ließen sich Nachwirkungen biologischer Risiken am deutlichsten in den ersten Lebensjahren des Kindes nachweisen und nahmen dann an Wirkung ab, während soziale Risiken sich oft über die Lebenszeit kumulierten und erhebliche Langzeitwirkungen aufwiesen. Es ergaben sich aber keine klaren kausalen Beziehungen zwischen einer spezifischen Risikoart und einem dazugehörigen Problemverhalten. Daher wurde das Konzept der „Verletzlichkeit" oder Vulnerabilität eingeführt. Damit ist gemeint, dass Kinder mit biologisch oder sozial ungünstigen Startbedingungen zusätzliche Belastungen auf ihrem Entwicklungsweg nicht oder nicht angemessen oder nicht produktiv verarbeiten können, die bei Kindern ohne solche Vulnerabilität keine oder kaum nachhaltige Folgen zeitigen. Je höher die Anzahl unterschiedlicher Risiken ist, desto größer ist die Vulnerabilität. Unter „Belastungen" können zum einen die ganz normalen „Entwicklungsaufgaben" fallen, angefangen vom Laufen- und Sprechenlernen und Kindergartenbesuch bis zum schulischen Lernen, aber auch familiäre Krisen und Trennung der Eltern. Von besonderem Interesse sind Entwicklungsphasen, die ohnehin durch größere „Dünnhäutigkeit" gekennzeichnet sind, etwa die Pubertät. Frühe biologische Risiken machten sich in einigen Studien noch bis in die Pubertät und danach bemerkbar, und zwar vor allem in der Erregungskontrolle, in der Intelligenzhöhe und in den Schulleistungen (Meyer-Probst/Reis 2000; Titze 2004). Frühe soziale Risiken erwiesen sich jedoch als viel bedeutsamer, und zwar für die unterschiedlichsten Arten von Problemverhalten sowie für breite Aspekte der Intelligenz (Laucht et al. 1999; Meyer-Probst/Reis 2000; Rauh 2005a; Rutter 2000; Serbin/Karp 2004; Titze 2004; Werner 1999). Interessant ist, dass das Selbstkonzept im Jugendalter von frühen Risikofaktoren und ihren Nachwirkungen und von gegenwärtigen Belastungen am wenigsten betroffen zu sein schien (Meyer-Probst/Reis 2000; Titze 2004).

Als beständigster und bedeutsamster Prädiktor erwies sich in den unterschiedlichen Studien die frühe Qualität der Mutter-Kind-Interaktion und der Mutter-Kind-Beziehung. Sie tauchte zum einen als Risikofaktor auf: Mütter, denen es nicht oder nicht ausreichend gelang, angemessen feinfühlig mit ihrem Kind umzugehen, bewirkten oder verstärkten nicht nur Verhaltensprobleme bei ihrem Säugling (Schreien, Übererregung, Ess- und Schlafstörungen oder auch Apathie, vgl. Papoušek et al. 2004), sondern sie legten oft auch den Grundstein für eine unsichere sozial-emotionale Beziehung (Rauh et al. 2000; van den Boom 1995; van IJzendoorn et al. 1992) bzw. für Verhaltensprobleme bis in das Schulalter hinein (Laucht et al. 1999).

Umgekehrt erwies sich eine besonders feinfühlige Interaktion bereits mit dem kleinen Säugling als Resilienzfaktor. Viele der erwartbaren Spätfolgen von z. B. Frühgeburtlichkeit konnten abgefangen werden, wenn das Kind das Glück hatte, bei einer besonders einfühlsamen und kompetenten Mutter aufzuwachsen (Kalmar 1996; Laucht et al. 1999). Dauer und Qualität von Krippen- und Kindergartenbesuch konnten diese Effekte der frühen Mutter-Kind-Beziehung nicht aushebeln (NICHD Early Care Research Network 2006).

Offenbar präsentieren Mütter bereits in ihrer Interaktion mit ihrem erst dreimonatigen Säugling ihr Bild vom Kind, von ihrer Beziehung zu ihm, und auch von ihrem subjektiven Kompetenzgefühl als Mutter. Dieses Bild und diese Einstellung vermitteln dem Kind erste Gefühle der Sicherheit und des Schutzes, oder auch der Unsicherheit und der Ohnmacht. Das Verhalten des Kindes verstärkt dann wiederum das Gefühl der Mutter, vom Kind gemocht und gebraucht oder von ihm abgelehnt oder gar „bestraft" zu werden. Es entsteht ein „Engelskreis" oder ein „Teufelskreis" (Papoušek 1999) und ein Interaktionsmuster (Crittenden 2005), das sich zwar mit den wachsenden Kompetenzen des Kindes noch wandeln wird, aber eine „Schlagseite" in eine unbalancierte Richtung erhalten kann.

Bei Kindern mit biologischen Risiken (Epilepsie der Mutter und Antiepileptika-Exposition als Fötus) waren die positiven Wirkungen der Qualität der frühen Mutter-Kind-Beziehung und Anregungsbedingungen im Elternhaus, erfasst im Alter von 2 Jahren, für die Entwicklung des IQ länger nachweisbar als bei Nicht-Risikokindern (Titze 2004). Es ist also durchaus denkbar, dass biologisch vulnerable Kinder und Jugendliche über eine längere Strecke ihres Entwicklungsweges und vielleicht auch in intensiverem Maße stützender Rahmenbedingungen bedürfen als Kinder und Jugendliche ohne solche Risiken.

Dass es sich bei der Qualität der Mutter-Kind-Interaktion und der daraus resultierenden Beziehung um durchaus beeinflussbare – und damit lernbare – Verhaltensmuster handelt, zeigen die erfolgreichen Interventionsstudien mit Schreibabys und ihren Müttern (Papoušek et al. 2004; van den Boom 1995) oder mit extrem jungen und sozial problematischen Müttern (Papoušek 2006; Suess/Kißgen 2005; Ziegenhain et al. 2004; Zimmermann 2000).

Die biologisch bedingten Einschränkungen dieser Risikokinder waren im Vergleich zu denen behinderter Kinder gering, gleiches gilt für die kognitiven und die sprachlich-kommunikativen Einschränkungen. Wenn aber schon Risikokinder nachweisbar intensiver und lang anhaltender auf kleinere und größere Belastungen in ihrem Leben reagierten, ist bei behinderten Kindern von weit größerer „Vulnerabilität" auszugehen – sowie der Tendenz ihrer Eltern und Betreuer, vermeidbare Belastungen von ihnen abzuhalten bzw. sie solchen gar nicht erst auszusetzen. Wenig ist bekannt über das Selbstbild und das Selbstwertgefühl behinderter Kinder und Jugendlicher. Es ist aber zu vermuten, dass es gefährdeter ist als bei Risikokindern. Die Forschung zu vorsprachlicher Mutter-Kind-Interaktion (Crittenden 2005, Papoušek 2006; Papoušek et al. 2004), zur Erfassung der Bindungsqualität im Säuglings-, Kleinkind- und Schulalter (Grossmann 2005; Grossmann/Grossmann 2001; Bretherton 2001), aber auch die neueren Untersuchungen zur Interaktion beim Aushandeln gemeinsamer Aktivitäten von Eltern und ihren Jugendlichen, etwa der Urlaubsplanung (Kreppner/Ullrich 2003; Schuster 2006), bieten Ansatzpunkte sowohl für künftige Forschung mit behinderten Kindern und Jugendlichen, als auch für Konzepte und Praxisvorschläge, die ich für sehr fruchtbar halte.

3 Bindungsbeziehungen und Mutter-Kind-Interaktion mit einem behinderten Kind

Bindungsbeziehungen zwischen Mutter und Kind sind zu einem wichtigen Thema in der Frühförderung geworden (2005, Heft 2 und 3 der Zeitschrift „Frühförderung interdisziplinär"; Papoušek 2006). Dennoch ist die empirische Forschung zur Bindungsentwicklung und Bindungsqualität bei Kindern mit Behinderungen eher spärlich (vgl. Rauh 2004). Die klassische Methode zur Diagnose von Bindungsqualität ist die „Fremde Situation" nach Ainsworth und Wittig (1969). Sie setzt ein kognitives Niveau des Kindes von mindestens zehn Monaten voraus (Objektpermanenz nach Piaget), eigenständige Fähigkeit des Kindes zur Fortbewegung im Raum sowie ausreichende Fähigkeit zu sehen und zu hören. Denn das Kind soll in einer Abfolge von acht dreiminütigen Szenen seine Entfernung zur Mutter regulieren und auf Entfernung mit ihr vorsprachlich, also überwiegend über Mimik und Gefühlsausdruck, kommunizieren. Die acht Szenen sollen beim Kind Lust zum Erkunden ansprechen (neuer Raum mit schönem Spielzeug, freundliche Fremde, die mit ihm zu spielen versucht), aber auch sein Sicherheitsbedürfnis auslösen: die Entfernung zur Mutter, während es zum Spielzeug krabbelt oder geht, die Annäherung der Fremden, das Verschwinden der Mutter, das Kind mit der Fremden kurz allein lässt. Schließlich bleibt das Kind maximal drei Minuten ganz allein im Raum; statt der sehnlichst erwarteten Mutter kehrt zunächst die Fremde zurück, dann aber doch die Mutter. Aus der Regulierung von Annäherung und Distanz und aus den emotionalen Reaktionen des Kindes besonders auf die zweimalige Wiederkehr der Mutter schließen die Diagnostiker bzw. die Forscher auf die Vorstellung des Kindes darüber, wie verfügbar, verlässlich und trostreich seine Mutter für es in Situationen ist, in denen das Kind sich stark verunsichert fühlt.

Ein auf eine spezifische Person bezogenes Bindungsgefühl intensiver Art bildet sich beim Kind erst gegen Ende des ersten Lebensjahres aus, wenn es sich die Mutter auch in deren Abwesenheit vorstellen kann (Personpermanenz), wenn es wegen eigener Explorationsaktivität sich entfernen – und damit in Gefahr bringen kann, und wenn es im kommunikativen Austausch mit der Mutter aus ihrer Mimik, Gestik, Stimme und Sprache für sich entnehmen kann, ob die Mutter die Situation als sicher oder eher als unsicher einschätzt (so genanntes „social referencing", soziale Rückversicherung). Das Bindungsverhalten des Kindes hat die Funktion, bei Unsicherheit oder Gefahr zur sicheren Bezugsperson zurückkehren zu können oder diese dringend zu sich zu holen und sie in der Nähe zu halten. Dieses Verhaltens- und Emotionssystem wirkt so mächtig und so effektiv, dass es wahrscheinlich tief in der Evolution des Menschen verankert ist. Es lässt sich auch bei sozialen Säugetieren beobachten (Todt 2004).

Das Bindungssystem funktioniert zunächst auf der sensumotorischen Ebene im sichtbaren und hörbaren Austausch von Verhalten und Emotionen – und lässt sich daher auch gut videographieren. Die spezifische Art, wie das Kind auf die Wiederkehr der Mutter reagiert, enthält aber auch bereits seine Erfahrungen mit früheren Belastungssituationen und mit den Reaktionen seiner Mutter auf seine Schutzbedürfnisse. In den folgenden Monaten und Jahren wandeln sich mit der Entwicklung des Kindes zwar die Anlässe für Schutzsuche, die Kompetenzen des Kindes und die Erwartungen, emotionalen Reaktionen und Verhaltensangebote der Mutter; aber dennoch verinnerlicht das Kind aus den vielen wiederkehrenden Erfahrungen ein Bild von sich in seiner Beziehung zur Mutter und zu anderen emotional wichtigen Personen, ein Bild von den anderen Personen und ein Bild von der Sicherheit oder Bedrohlichkeit der Welt. Diese verallgemeinerten Sichtweisen oder Arbeitsmodelle (Bretherton 2001) werden diagnostisch erfasst mithilfe von Puppenspiel- und Bildergeschichtenanfängen und im Jugend- bzw. Erwachsenenalter über Interviews. (Gloger-Tippelt 2004). Längsschnittuntersuchungen bei nicht-behinderten Kindern haben gezeigt, dass die frühe sozial-emotionale Bindung des Kindes einen wichtigen Pfeiler für seine soziale und seine Selbstwertentwicklung darstellt (Ahnert 2004; Brisch et al. 2002; Zimmermann 2000).

Bindung und Sicherheitsbedürfnis sind überlebenswichtige Themen auch und besonders für behinderte Kinder, und möglicherweise über viel längere Zeitstrecken in ihrem Lebenslauf als bei nicht-behinderten Kindern. Wie kann man aber ihre Bindungssicherheit erfassen und mit der nichtbehinderter Kinder vergleichen, wenn ihre Sinne erheblich beeinträchtigt sind und sie sich nicht oder kaum fortbewegen können, und wenn ihre kognitiven oder kommunikativen Fähigkeiten erheblich eingeschränkt sind? Wie sollen sie Belastung und Sicherheit in der Situation wahrnehmen und dies in ihrem Verhalten ausdrücken? Bei blinden Kindern sind mir keine Studien zur „Fremden Situation" bekannt. Bei tauben, bei körperbehinderten, bei autistischen und bei geistigbehinderten Kindern (letztere besonders Kinder mit Trisomie 21 oder Down-Syndrom) konnte man die Durchführung und die Auswertungskriterien einigermaßen anpassen. Dabei gab es eine lange Diskussion, ob die Fremde Situation für Kinder mit Down-Syndrom ein valides Diagnoseinstrument ist (Vaughn et al. 1994, Vondra/Barnett 1999; Rauh 2004). Bei Kindern mit Sinnes- und körperlichen Behinderungen ergaben sich in den wenigen vorliegenden Studien ähnliche Bindungsmuster wie bei den nichtbehinderten Kindern und in ähnlicher Verteilung. Dabei war anscheinend die Schwere der Behinderung des Kindes für die Qualität seiner Bindung weniger ausschlaggebend als die Art, wie seine Mutter und seine soziale Umgebung seine Behinderung emotional verarbeitet haben (Lewis 2003; Beckwith et al. 2002). Dennoch fielen den Autoren auch stets Besonderheiten auf. So berichten Meadow-Orlans, Spencer und Koester (2004), aber auch Lederberg und Mobley (1990) und Hintermair (2005, 2006), dass taube Kinder tauber Eltern besser gediehen; ihre Bindungsbeziehungen waren denen hörender Kinder bei hörenden Eltern ähnlicher als denen gehörloser Kindern bei hörenden Eltern. Waren sowohl die Eltern als auch das Kind taub, dann kommunizierten sie ganz selbstverständlich und kompetent in der gestischen Gebärdensprache, selbst wenn sie sich hierzu ganz auf den beiderseitigen Blickkontakt verlassen mussten. Zwischen hörenden Eltern und gehörlosen Kindern gab es dagegen häufiger Kommunikationsbrüche und damit mehr Unsicherheiten für das Kind.

Selbst mit ihrem autistischen Kind gelang es mindestens der Hälfte der Mütter in den vorliegenden Studien, eine sichere Bindungsbeziehung aufzubauen (Beckwith et al. 2002; Dissanayake/Crossley 1997; Lewis 2003). Unter den Kindern mit unsicherer Bindung wurde allerdings überhäufig eine „desorganisierte" Bindung diagnostiziert, die für eine große Verunsicherung und eine mangelnde oder nicht-effektive Strategie des Kindes spricht, seine Mutter oder Bezugsperson als Schutz zu erleben. Die autistischen Kinder mit sicherer Bindung hatten nicht nur besonders feinfühlige Mütter, sondern sie waren in der Regel in ihrer Kommunikationsentwicklung besser als die unsicher gebundenen Kinder.

Bei Kindern mit Down-Syndrom gibt es ein paar mehr empirische Studien (vgl. Rauh 2004; Rauh/Calvet 2004; Rauh 2006b). Auch bei ihnen ließen sich alle Bindungsmuster finden und besonders häufig, wie schon bei den autistischen Kindern, das desorganisierte Bindungsmuster (van IJzendoorn et al. 1992; van IJzendoorn et al. 1999). Es ist aber aus möglicherweise anderen Gründen desorganisiert als bei den autistischen Kindern. In der Berliner Untersuchung (Rauh 2004; Rauh/Calvet 2004) verfügten die meisten Kinder mit desorganisierter Bindung über eine sichere Basisstrategie, die sie aber nicht durchhalten konnten. Gegen eine besonders hohe Verunsicherung spricht bei diesen Kindern ihre später insgesamt eher positive Weiterentwicklung. Die beste Entwicklung nahmen allerdings die sicher gebundenen Kinder. Sie waren zwar in den ersten zwei Lebensjahren nicht unbedingt die „schnellsten". Sobald aber sprachliche Kommunikation bedeutsamer wurde, beschleunigten sie ihr Entwicklungstempo in ihren kognitiven Funktionen und in der Sprachentwicklung relativ zu den anderen Kindern mit Trisomie 21. Der auffälligste Unterschied der sicher gebundenen zu den unsicher gebundenen Kindern war aber, dass die sicher gebundenen im Verhalten und im Umgang angenehmer waren. Ihre Eltern stellten zudem an sie keine überhöhten Leistungs- und Entwicklungserwartungen; sie nahmen sie aber überall hin mit und ließen sie in der Regel integrative Kindergärten und Klassen besuchen (Rauh 2006b). Die Kinder sind jetzt Jugendliche, und die Eltern berichten stolz über die teilweise recht ausgefallenen Interessen und Hobbys ihrer Kinder, versuchen aber auch, die anstehenden Jugendprobleme und Ablösungsprobleme offen anzugehen.

Längerfristig problematisch scheint für Kinder mit Down-Syndrom, und für behinderte Kinder vielleicht generell, ein Bindungsmuster der unsicher-vermeidenden Qualität zu sein. Hier versuchen die Kinder, mit der belastenden emotionalen Situation möglichst „allein" und ohne größeren Rückhalt bei der Mutter oder Bezugsperson fertig zu werden. Bei den Kindern mit Trisomie konnte man im Video deutlich erkennen, dass sie, wenn sie ganz allein gelassen worden waren, zwar kaum weinten, bestenfalls kummervoll jammerten; etliche von ihnen zeigten aber vielfältige Strategien, sich selbst vom Weinen abzuhalten. Das spricht gegen die These, dass diese Kinder einfach nicht erregt genug gewesen seien (Vaughn et al. 1994).

Vielleicht ist es für sie besonders schwierig, aus dem Weinen wieder herauszufinden, wenn sie erst einmal die Kontrolle über sich verloren haben. Kinder, die sich besonders bemühten „cool" zu bleiben und die ihre Mutter bei ihrer Rückkehr eher „schnitten" und sich verbissen in ihr Spiel vertieften, waren häufig Kinder ehrgeiziger Eltern. Sie hatten regelmäßig eine größere Zahl von Therapien und Förderungen mitgemacht und ihre Eltern erwarteten erkennbare Entwicklungsfortschritte in vergleichsweise kurzer Zeit. Diese vermeidend-unsicheren Kinder liefen etwas früher frei als die anderen Kinder. Aber im weiteren Entwicklungsverlauf hingen sie zunehmend zurück – außer in der Grobmotorik. Selbst die ehemals desorganisierten Kinder entwickelten Sprache und kognitive Fähigkeiten besser als die vermeidend-unsicheren Kinder. Das Vermeiden von Kommunikation, von Kontakt und sozialer Interaktion in Situationen der Verunsicherung, und damit übertriebene „Eigenständigkeit", scheint für Kinder mit Trisomie 21, und vielleicht für behinderte Kinder generell, kontraproduktiv zu sein: Gerade über die direkte Interaktion und Kommunikation werden ihr Lernen und ihre Entwicklung über eine lange Zeitstrecke gestützt und gefördert.

Auch die Eltern, speziell die Mütter, entwickeln eine Bindung an ihr behindertes Kind. Der Prozess beginnt bei den Müttern früher als beim Kind; die Mutter hat also einen Vorlauf, und der Prozess zieht sich auch länger hin (Rauh 2006a, 2006c). Es sind offensichtlich die frühen Erlebnisse der fein abgestimmten Interaktion, die bei den Müttern den Prozess des „Bonding" auslösen, wenn das Kind mit seinen unfertigen physiologischen Reaktionen (Erregungsregulation, Nahrungsaufnahme) auf die Mutter reagiert; wenn es sie anlächelt und wenn es sich in tiefstem Vertrauen an sie anschmiegt (Rauh 2006c). Mütter bzw. Eltern können auf diese Weise auch zu einem schwer behinderten Kind eine tiefe emotionale Beziehung aufbauen, die sie befähigt, sich in schier unglaublicher Weise für das Kind aufzuopfern. Vermutlich haben es Eltern mit geringer behinderten Kindern sogar schwerer, sich voll in ihr Kind einzufühlen und einzudenken und darüber die Behinderung als „Belastung" zu vergessen (Atkinson et al. 1995; Hintermair 2006; Shonkoff et al. 1992; Sigman/Ruskin 1999). Das Verhaltensrepertoire von Eltern, die sich auf ihr Kind einlassen, ist von den Papoušeks (Papoušek/Papoušek 1987; Papoušek 2006) anschaulich beschrieben worden, auch die Veränderungen im Repertoire mit den wachsenden Kompetenzen des Kindes. Diese Veränderungen sind bei behinderten Kindern sicherlich in vielen Bereichen zeitlich gedehnter, und in anderen Bereichen müssen die Eltern sehr viel erfindungsreicher sein als bei nicht-behinderten Kindern, um z. B. mit einem blinden oder tauben Kind eine für beide Seiten beglückende und für das Kind lehrreiche Interaktion zu gestalten.

Im Rahmen unserer Berliner Längsschnittuntersuchung bei Kindern mit Trisomie 21 verglichen wir Eltern-Kind-Paare mit entweder einem Kind mit Down-Syndrom oder mit einem nicht-behinderten Kind (Rauh et al. 1999). Die Eltern-Kind-Paare in beiden Gruppen waren einander paarweise zugeordnet nach Bindungsqualität (sicher, unsicher-vermeidend, unsicher-desorganisiert), Bildungsgrad der Mutter, Geschwisterrang und Geschlecht. Die Kinder mit Down-Syndrom entsprachen mit ihrem mentalen Entwicklungsalter (13–14 Monate) in etwa dem mentalen und Lebensalter (12 Monate) der nichtbehinderten Kinder. Nach vier bzw. neun Monaten bei den nicht-behinderten Kindern und nach neun bzw. 15–17 Monaten bei den DS-Kindern (Zeitraum verlängert entsprechend ihrer langsameren Entwicklung) wurde die Mutter-Kinder-Interaktion in halbstrukturierten Spielsituationen mit dem CARE-Index nach Crittenden analysiert (Crittenden 2005). Es gab keine Unterschiede in der Interaktionsqualität der Mütter und fast keine in der der Kinder, wenn man die Gruppen nach behindert/nicht-behindert verglich. Aber es gab ganz klare Beziehungen zur Bindungsqualität: Kinder mit sicherer Bindung hatten feinfühlige Mütter und die Kinder waren kooperativ. Kinder mit unsicherer Bindung, ganz gleich ob vermeidend oder desorgansiert, hatten wenig feinfühlige Mütter und waren selbst auch nicht sonderlich kooperativ. Das galt unabhängig davon, ob die Kinder behindert waren oder nicht und für jeden der beiden Beobachtungstermine. Mütter sicher gebundener behinderter Kinder waren ganz besonders feinfühlig, und Mütter unsicher gebundener behinderter Kinder waren sehr wenig feinfühlig. Die drei Bindungsmuster waren also in vergleichbarer Weise und theoriekonform mit den entsprechenden Interaktionsmustern in einer Spielsituation verbunden. Die Mütter der DS-Kinder waren darüber hinaus über die lange Zeitstrecke hinweg (mehr als 15 Monate) in ihrem Verhalten sehr ähnlich geblieben, stabiler als die Mütter der nicht-behinderten Kinder über die etwas kürzere Zeitstrecke (9 Monate).

Als Pendant zu den Ergebnissen von Titze (2004) bei Kindern von an Epilepsie erkrankten Müttern könnte sich auch hier andeuten, dass behinderte Kinder länger und intensiver auf eindeutig entwicklungsfördernde Mutter-Kind-Interaktion und Kommunikation angewiesen sind. Aus ihr scheinen sie die Ressourcen zu gewinnen, die ihnen ein gewisses Maß an Autonomie und Selbstbewusstsein erlauben, wie sie es jetzt als Jugendliche zeigen.

4 Einige Überlegungen für künftige Forschung zur Bindungsentwicklung bei behinderten Kindern

Unsere Berliner Untersuchung hat gezeigt, dass sich der CARE-Index von Crittenden (2005) und die Bindungsdiagnostik aus der „Fremden Situation" gut aufeinander beziehen lassen, stammen sie ja auch aus derselben wissenschaftlichen Schule.

In der „Fremden Situation" mit ihrer Abfolge von zunehmenden sozio-emotionalen Belastungen spricht das Kind auf vermeintliche Gefahren an und zeigt, wie es unter diesen Bedingungen seine Mutter als Schutz erlebt.

Die „Fremde Situation" setzt zudem ein voll entwickeltes Bindungssystem voraus mit einer personspezifischen Bindung des Kindes.

In den Spielsituationen, die mit dem CARE-Index (Crittenden 2005) ausgewertet werden, wird eine personspezifische Bindung noch nicht vorausgesetzt. Sie kann aber in ihrer Entwicklung erkannt werden. Thema der Interaktion ist es, gemeinsam ein positives Erlebnis (Spiel) zu gestalten. Hier erfährt das Kind im positiven Falle die Mutter oder den Interaktionspartner als Ressource für positive Gemeinsamkeit.

Das Verhalten des Kindes bzw. der Mutter in einer unbelasteten Spielsituation braucht nicht dem in der „Fremden Situation" zu gleichen. „Sichere Kinder" tendieren in unbelasteten Situationen zu eigenständigem und unabhängigem Handeln, und ihre Mütter üben nur eine lose Kontrolle über die Situation aus (Jaffe et al. 2001; Beebe et al 2002). Mit unbekannten Personen, und auch in den Vorphasen einer unsicheren Bindungsentwicklung in der Interaktion mit der Mutter, sind die Partner „wachsamer" oder weniger gelassen und die Interaktionen sind enger miteinander verzahnt.

Die Beobachtung und Analyse von wenig strukturierten spielerischen Interaktionen ist schon ab dem ersten Lebensmonat möglich. Der CARE-Index erlaubt mit seinen Verhaltenskomponenten für die Mutter (Sensitivität, Kontrollverhalten, Nicht-Responsivität) und für das Kind (Kooperativität, zwanghaft-bemühtes Verhalten, schwieriges und passives/hilfloses Verhalten) zudem, ein breiteres Spektrum an Verhalten differenziert zu erfassen als die Bindungsklassifikation in der „Fremden Situation". Dabei werden alle Ausdruckskanäle berücksichtigt: Mimik, Sprache/Lautieren, Körperhaltung, Gefühlsausdruck, Art der Aktivität, Initiative über die Aktivität, Wechselspiel. Es ist durchaus denkbar, dass diese Kategorien und Ausdruckskanäle auf die Bedingungen einer Interaktion mit einem Kind unterschiedlichster Behinderungen angepasst werden können. Im CARE-Index werden die regelhaften Entwicklungsthemen entsprechend dem Alter des Kindes in der Bewertung berücksichtigt, von der Erregungsregulation in den ersten Wochen bis zum konzeptebildenden Spiel im zweiten Lebensjahr. Man könnte bei behinderten und stark entwicklungsverzögerten Kindern das in der Interaktion implizit angesprochene Thema in der Auswertung explizit nennen bzw. Diskrepanzen zwischen dem Thema des Kindes und dem des erwachsenen Partners aufzeigen.

Mit Hilfe solcher Analysen lässt sich zwar zeigen, wie gut es den Eltern gelingt, in der Interaktion jeweils das Niveau an Kompetenzen des Kindes zu aktivieren, das zur freudvollen gemeinsamen Interaktion taugt. Man könnte dies auch als ein positives Resilienztraining betrachten. Es stehen aber beim CARE-Index weniger die Kompetenzen des Kindes im Blickpunkt der Analyse, sondern das ihm in der Interaktion vermittelte Selbstwertgefühl. Nach Kühl (2003) ist es für ein aktives Bewältigungsverhalten wichtig, Selbstwirksamkeit zu erleben, ein positives Selbstwertgefühl zu entwickeln, positives Sozialverhalten zu zeigen, stabile emotionale Beziehungen zu erleben und die Umwelt als hilfreich zu erfahren.

Nach Crittenden (2005) versucht das Kind von früh an, aus der Interaktion mit der Mutter bzw. der Bezugsperson zeitliche Muster zu filtern, die es ihm erlauben, sein Verhalten zunehmend sicherer vor-einzustellen; es sucht Zuwendung und Trost bei schlechten Gefühlen und gemeinsames Teilen positiver Gefühle. Eine sichere Bindung entwickelt sich aus einer Balance zwischen der kognitiven Komponente der Mustersuche (oder später Konzeptsuche) und der emotionalen Komponente der Gefühle. Klammert sich das Kind an die kognitive Information, etwa den gegebenen Zeitrhythmus, erhält aber keine Reaktion auf seine Gefühle oder sogar Abwendung auf seine negativen Gefühle (z. B. bei einer depressiven Mutter), dann beginnt es, seine eigenen negativen Gefühle zu hemmen und, im weiteren Entwicklungsverlauf, eine falsche Heiterkeit aufzusetzen, wenn es Zuwendung erfährt. Diese Heiterkeit dient dazu, die Mutter freundlich zu stimmen, entspricht dann aber nicht dem Grundgefühl des Kindes. Es ist durchaus denkbar, dass einige behinderte Kinder im Verlaufe der Zeit ihren Eltern oder Betreuern eine solche „dankbare Heiterkeit" entgegenbringen und sich im Übrigen brav in die vorgegebene Situation fügen. Wieweit die verbreitete Clownerie von Kindern mit Down-Syndrom auch in dieses Muster fallen könnte, wäre zu prüfen.

Gelingt es dem behinderten Kind nicht, vorhersagbare Muster in der Interaktion zu erkennen, sei es wegen des Verhaltens der Eltern, sei es wegen seiner begrenzten kognitiven Kompetenzen, wird es die unerwartete Zuwendung als eingriffig erleben und widerstreben, oder es lässt alles passiv über sich ergehen. Babys, deren Mütter sie unvorhersehbar mit überfürsorglicher Aktivität überschütten, lehnen mitunter selbst zärtlich gemeinte Zuwendung ab. Die Mütter erleben dann ihre Kinder als „schwierig" und schwer lesbar oder gar als „undankbar". Die Kinder lernen bald, dass sie die Aufmerksamkeit ihrer Eltern über zwei Strategien erzwingen können: provokatives und aggressives Verhalten oder entwaffnende Hilflosigkeit und Charme, am sichersten durch eine gute Mischung von beidem. Bei vielen Kindern mit Down-Syndrom ist vor allem die Hilflosigkeitsgeste eine sehr effektive Strategie, um Zuwendung zu erhalten.

Crittenden (2000) hat herausgearbeitet, wie sich mit den wachsenden kognitiven und emotionalen Kompetenzen der Fächer der Bindungsmuster von der frühen Kindheit bis in das Erwachsenenalter ausfaltet und wie sich pathologische Bindungsstrukturen entwickeln können. Auf geistig behinderte Kinder und Jugendliche bis in das Erwachsenenalter scheinen die „Fächer" für das Säuglings- und Vorschulalter gut zu passen. Das heißt, noch als Jugendliche wenden diese Kinder Muster an, die eher denen von Kleinkindern entsprechen. Oder anders betrachtet: Die erwachsenen Bezugspersonen tragen vermutlich erheblich dazu bei, dass viele der Kinder in einer sozial-emotionalen Abhängigkeit wie Kleinkinder verharren, wenn sie doch bereits schon autonomer sein könnten.

Behinderte und vulnerable Kinder benötigen, wie oben ausgeführt wurde, die kompetente, stützende, schützende und begleitende Interaktion mit einem Erwachsenen viel intensiver und viel länger als wenig vulnerable Kinder. Dies meldet dem erwachsenen Partner aber auch zurück, wie wichtig er oder sie für das behinderte Kind oder den Jugendlichen ist. Dies wiederum erlebt er oder sie ähnlich wie die Situation mit einem Kleinkind. Es kann daraus ein emotionales „Missverständnis" entstehen, so dass auch der Erwachsene den Jugendlichen länger an sich klammert, als es für eine produktive und resiliente Entwicklung sinnvoll wäre. Der behinderte Jugendliche lernt dann zu selten, zu spät und zu wenig, sich mit seinen Kompetenzen einer Situation zu stellen, ohne sich gleich auf die Hilfe seitens der Eltern oder der Betreuer zu verlassen. Resilienz würde aber bedeuten zu lernen, sich zunehmend eigenverantwortlich zu verhalten und kompetent und frei Ressourcen nur dort zu aktivieren, wo die eigenen Fähigkeiten und Möglichkeiten nicht ausreichen. Zu viel Schutz und Behütung wären das Gegenteil von Zutrauen.

Ich sehe durchaus eine gute Möglichkeit, die Diskussion zur Förderung von Resilienz bei behinderten Kindern und Jugendlichen aus der bindungstheoretischen Perspektive anzugehen, wie sie Crittenden vorgeschlagen hat und wie sie in großen Strecken auch mit dem Ansatz von Mechthild Papoušek übereinstimmt. Die Möglichkeit, das tatsächliche Interaktionsverhalten als diagnostische Basis zu verwenden, würde es erlauben, diese Sichtweise auch auf Kinder mit Behinderungsformen anzuwenden, bei denen die bisher üblichen Verfahren nicht einsetzbar waren. Ein solches Verfahren lässt sich zudem gut in verschiedene Arten von Beratung übersetzen, von denen nicht nur die Kinder, sondern vor allem auch ihre Eltern, aber auch die etwaigen Betreuer profitieren können.

Literatur

Ahnert, L. (Hrsg.) (2004): Frühe Bindung. Entstehung und Entwicklung. Ernst Reinhardt, München/Basel, 82–109

Ainsworth, M. D. S., Wittig, B. A. (1969): Attachment and exploratory behavior of one-year-olds in a strange situation. In: Foss, B. M. (Hrsg.): Determinants of infant behavior Vol. IV, Methuen, London, 111–136

Atkinson, L., Chisholm, V. C., Scott, B., Goldberg, S. Vaughn, B. E., Blackwell, J., Dickens, S., Tam, F. (1999): Maternal sensitivity, child functional level, and attachment in Down-Syndrome. In: Vondra, J. I., Barnett, D. (Hrsg.): Atypical attachment in infancy and early childhood among children at developmental risk. Monographs of the Society for Research in Child Development, 64 (3), Serial No. 258, 45–66

–, Scott, B., Chisholm, V. C., Blackwell, J., Dickens, S., Tam, F. (1995): Cognitive coping, affective distress, and maternal sensitivity: Mothers of children with Down syndrome. In: Developmental Psychology 31, 668–676

Badelt, I. (2003): Geistig behinderte Menschen in ihren sozialen Bezügen. In: Irblich, D., Stahl, B. (Hrsg.): Menschen mit geistiger Behinderung. Psychologische Grundlagen, Konzepte und Tätigkeitsfelder. Hogrefe, Göttingen, 268–311

Beckwith, L., Rozga, A., Sigman, M. (2002): Maternal sensitivity and attachment in atypical groups. In: Reese, H. W. (Hrsg.): Advances in child development and behavior (Bd. 30). Elsevier Science, San Diego CA, 231–274

Beebe, C., Jaffe, J., Lachmann, F., Feldstein, S., Crown, C., Jasnow, M. (2002): Koordination von Sprachrhythmus und Bindung. Systemtheoretische Modelle. In: Brisch, K. H., Grossmann, K. E., Grossmann, K., Köhler, L. (Hrsg.): Bindung und seelische Entwicklungswege. Grundlagen, Prävention und klinische Praxis. Klett-Kotta, Stuttgart, 47–86

Bretherton, I. (2001): Innere Arbeitsmodelle von Bindungsbeziehungen als Vorläufer von Resilienz. In: Röper, G., von Hagen, C., Noam, G. (Hrsg.): Entwicklung und Risiko. Perspektiven einer Klinischen Entwicklungspsychologie. Kohlhammer, Stuttgart, 169–191

Brisch, K. H., Grossmann, K. E., Grossmann, K., Köhler, L. (2002): Bindung und seelische Entwicklungswege. Grundlagen, Prävention und klinische Praxis. Klett-Cotta, Stuttgart

Cicchetti, D., Sroufe, A. (1976): The relationship between affective and cognitive development in Down's syndrome infants. In: Child Development 47, 920–929

Crittenden, P. M. (2005): Der CARE-Index als Hilfsmittel für die Früherkennung, Intervention und Forschung. In: Frühförderung interdisziplinär 24, 99–106

– (2000): A dynamic-maturational exploration of the meaning of security and adaptation. In: Crittenden, P. M., Claussen, A. H. (Hrsg.): The organization of attachment relationships. Maturation, culture, and context. Cambridge University Press, Cambridge UK/New York, 358–383

Dissanayake, C., Crossley, S. A. C. (1997): Autistic children's responses to separation and reunion with their mothers. In: Journal of Autism and Developmental Disorders 27, 219–308

Esser, G., Gerhold, M. (1998): Entwicklungspsychopathologie. In: Keller, H. (Hrsg.): Lehrbuch Entwicklungspsychologie. Huber Bern, Göttingen, 615–646

Fries, M., Behringer, L., Ziegenhain, U. (2005): Beziehungs- und bindungsorientierte Intervention in der Frühförderung am Beispiel der Entwicklungspsychologischen Beratung. In: Frühförderung interdisziplinär 24, 115–123

Garmezy, N. (1981): Children under stress. Perspectives on antecedents and correlates of vulnerability and resilience to psychopathology. In: Rabin, A. I., Aronoff, J., Zucker, R. A. (Eds): Further explorations in personality. Wiley, New York, 196–269

Gloger-Tippelt, G. (2004): Individuelle Unterschiede in der Bindung und Möglichkeiten ihrer Erhebung bei Kindern. In: Ahnert, L. (Hrsg.): Frühe Bindung. Entstehung und Entwicklung. Ernst Reinhardt, München/Basel, 82–109

Grossmann, K. (2005): Frühe Bindungen und psychische Sicherheit bis ins junge Erwachsenenalter. In: Frühförderung interdisziplinär 24, 55–64

Grossmann, K. E., Grossmann, K. (2001): Bindungsqualität und Bindungsrepräsentation über den Lebenslauf. In: Röper, G., von Hagen, C., Noam, G. (Hrsg.): Entwicklung und Risiko. Perspektiven einer Klinischen Entwicklungspsychologie. Kohlhammer, Stuttgart, 143–168

Hauser-Cram, P., Warfield, M. E., Shonkoff, J. P., Krauss, M. W. (2001): Children with disabilities. Monographs of the Society for Research in Child Development 66 (3), Serial No. 266

–, Warfield, E., M., Shonkoff, J. P., Krauss, M. W., Upsur, C. C., Sayer, A. (1999): Family influences on adaptive development in young children with Down syndrome. In: Developmental Psychology 70, 979–989

Hintermair, M. (2005): Frühe Hörschädigung – ein Bindungsrisiko? In: Frühförderung interdisziplinär 24, 88–93
– (2006): Elterliches Belastungserleben, elterliche Ressourcen und psychische Entwicklung hörgeschädigter Kinder. In: Vierteljahresschrift für Heilpädagogik und ihre Nachbargebiete 75, 25–39
Jaffe, J., Beebe, B., Feldstein, S., Crown, C. L., Jasnow, M. D. (2001): Rhythms of dialogue in infancy. Society for Research in child Development Monograph, 66 (2), Serial No. 265
Kalmár, M. (1996): The course of intellectual development in preterm and fullterm children: An 8-year longitudinal study. In: International Journal of Behavioral Development 19, 477–491
Kreppner, K., Ullrich, M. (2003): Untersuchung zur Qualität der Beziehungen und Kommunikationsformen in der Familie beim Übergang von der Kindheit zur Jugend. In: Masche, J. G., Walper, S. (Hrsg.): Eltern-Kind-Beziehungen im Jugend- und frühen Erwachsenenalter: Entwicklungsverläufe, Einflussfaktoren und Konsequenzen der Individuation. In: Zeitschrift für Familienforschung, Sonderheft 3
Kühl, J. (2003): Kann das Konzept der „Resilienz" die Handlungsperspektiven in der Frühförderung erweitern? In: Frühförderung interdisziplinär 22, 51–60
Laucht, M. (1999): Risiko- vs. Schutzfaktoren? Kritische Anmerkungen zu einer problematischen Dichotomie. In: Opp, G., Fingerle, M., Freytag, A. (Hrsg.): Was Kinder stärkt. Erziehung zwischen Risiko und Resilienz. 1. Aufl. Ernst Reinhardt, München/Basel, 303–314
–, Esser, G., Schmidt, M., H. (1999): Ergebnisse der Mannheimer Längsschnittstudie im Überblick. In: Opp, G., Fingerle, M., Freytag, A. (Hrsg.): Was Kinder stärkt. Erziehung zwischen Risiko und Resilienz. 1. Aufl. Ernst Reinhardt, München/Basel, 71–93
Lederberg, A. R., Mobley, C. E. (1990): The effect of hearing impairment on the quality of attachment and mother-toddler interaction. In: Child Development 61, 1596–1604
Lewis, V. (2003): Development and disability. Second edition. Blackwell, Malden MA/Oxford UK/Berlin
Masten, A. S. (2001): Resilienz in der Entwicklung. Wunder des Alltags. In: Röper, G., von Hagen, C., Noam, G. (Hrsg.): Entwicklung und Risiko. Perspektiven einer Klinischen Entwicklungspsychologie. Kohlhammer, Stuttgart, 192–219
Meadow-Orlans, K. P., Spencer, P. E., Koester, L. S. (2004): The world of deaf infants. A longitudinal study. University Press Oxford, Oxford/New York
Meyer-Probst, B., Reis, O. (2000): Risikofaktoren und Risikobewältigung im Kontext – Schlussfolgerungen aus der Rostocker Längsschnittstudie nach 25 Jahren. In: Frühförderung interdisziplinär 19, 109–118
–, Teichmann, H. (1984): Risiken für die Persönlichkeitsentwicklung im Kindesalter. VEB Thieme, Leipzig
NICHD Early Care Research Network (2006): Child-care effect size for the NICHD study of early child care and youth development. In: American Psychologist 61, 99–116
Noeker, M. (2001): Risiko und Schutzfaktoren der familiären Adaptation an die chronische Erkrankung des Kindes. Ein klinisch-entwicklungspsychologisches Modell als Grundlage ressourcenorientierter Familienberatung. In: Röper, G., von Hagen, C., Noam, G. (Hrsg.): Entwicklung und Risiko. Perspektiven einer Klinischen Entwicklungspsychologie. Kohlhammer Stuttgart, 223–246
Opp, G., Fingerle, M., Freytag, A (Hrsg.) (1999): Was Kinder stärkt. Erziehung zwischen Risiko und Resilienz. 1. Aufl. Ernst Reinhardt, München/Basel
Papoušek, H., Papoušek, M. (1987): Intuitive parenting: A dialectic counterpart to the infant's integrative competence. In: Osofsky, J. D. (Hrsg.): Handbook of infant development. Wiley, New York, 669–720

Papoušek, M. (1999): Regulationsstörungen der frühen Kindheit: Entstehungsbedingungen im Kontext der Eltern-Kind-Beziehungen. In: Oerter, R., von Hagen C., Roeper, G., Noam, G. (Hrsg.): Klinische Entwicklungspsychologie. Ein Lehrbuch. Psychologie Verlags Union. Weinheim, 148–169
- (2006): Adaptive Funktionen der vorsprachlichen Kommunikations- und Beziehungserfahrungen. In: Frühförderung interdisziplinär 25, 14–25
–, Schieche, M., Wurmser, H. (2004): Regulationsstörungen der frühen Kindheit. Frühe Risiken und Hilfen im Entwicklungskontext der Eltern-Kind-Beziehungen. Huber, Bern/Göttingen
Pixa-Kettner, U., Lotz-Rambaldi, W. (2003): Unterstützung von Familien mit behinderten Angehörigen. In: Irblich, D., Stahl, B. (Hrsg.): Menschen mit geistiger Behinderung. Psychologische Grundlagen, Konzepte und Tätigkeitsfelder. Hogrefe, Göttingen, 415–451
Rauh, H. (1984): Frühgeborene Kinder. In: Steinhausen, H. C. (Hrsg.): Risikokinder. Ergebnisse der Kinderpsychiatrie und -psychologie. Kohlhammer, Stuttgart, 11–35
- (2004): Kindliche Behinderung und Bindungsentwicklung. In: Ahnert, L. (Hrsg.): Frühe Bindung – Entstehung und Entwicklung. Ernst Reinhardt, München/Basel, 313–331
- (2005a): ,At-risk' concept. In: Hopkins, B. (Hrsg.): The Cambridge Encyclopedia of Child Development. Cambridge University Press, Cambridge, 393–397
- (2005b): Besonderheiten der Bindungsentwicklung bei Kindern mit Down-Syndrom. Mit Fallvignetten von Claudine Calvet. In: Frühförderung interdisziplinär 24, 65–73
- (2006a): Die frühe Entwicklung der Mutter-Kind-Bindung. Sonderheft Frühe Gesundheitsförderung und Prävention. In: Kinderärztliche Praxis 77, 6–10
- (2006b in Druck): Plastizität und Umweltbedingungen am Beispiel der Trisomie 21. In: Klauß, T. (Hrsg.): Geistige Behinderung und psychologische Sichtweisen.
- (2006c): Bonding. Die Bedeutung der ersten Lebensminuten, -stunden, tage. (VELB-Tagung Maastricht)
–, Arens, D., Calvet-Kruppa, C. (1999): Vulnerabilität und Resilienz bei Kleinkindern mit geistiger Behinderung. In: Opp, G., Fingerle, M., Freytag, A. (Hrsg.), 101–121
–, Calvet, C. (2004): Ist Bindungssicherheit entwicklungsfördernd für Kinder mit Down-Syndrom? In: Kindheit & Entwicklung 13, 217–245
–, Ziegenhain, U., Müller, B., Wijnroks, L. (2000): Stability and change in infant-mother attachment in the second year of life: Relations to parenting quality and varying degrees of daycare experience. In: Crittenden, P. K., Claussen, A. H. (Hrsg.): The organisation of attachment relationships: Maturation, culture and context. Cambridge University Press, New York, 251–276
Rutter, M. (2000): Resilience reconsidered: Conceptual considerations, empirical findings, and policy implications. In: Shonkoff, J. P., Meisels, S. J. (Hrsg.): Handbook of early childhood intervention. Second edition. Cambridge University Press, Cambridge UK, 651-682
Schuster, B. (2006): Der Beginn des Individuationsprozesses in der Mutter-Kind-Beziehung: differentielle Verläufe, gesellschaftliche und familiäre Rahmenbedingungen sowie auslösende Faktoren und Konsequenzen. Habilitationsschrift. Universität Potsdam: Humanwissenschaftliche Fakultät.
Serbin, L. A., Karp, J. (2004): The intergenerational transfer of psychosocial risk: Mediators of vunerability and resilience. In: Fiske, S. T., Schacter, D. L., Zahn-Waxler, C. (Hrsg.): Annual Review of Psychology (Bd. 55). Annual Reviews, Palo Alto CA, 333–363
Shonkoff, J. P., Hauser-Cram, P., Krauss, M. W., Upschur, C. C. (1992): Development of infants with disabilities in their families. Monographs of the Society for Research in Child Development 57 (6), Serial No. 230

Sigman, M., Ruskin, E. (1999): Continuity and change in the social competence of children with autism, Down syndrome, and developmental delays. Monographs of the Society for Research in Child Development 64 (1), Serial No. 256
Spangler, G., Zimmermann, P. (1995): Die Bindungstheorie. Grundlagen, Forschung und Anwendung. Klett-Cotta, Stuttgart
Steiner, S. (2002): Das Resilienzparadigma als handlungsleitender Gedanke der Zusammenarbeit mit den Eltern, und die „Orientierungshilfe zur Planung der Frühförderung" als Handlungsinstrument für die Praxis. In: Frühförderung interdisziplinär 21, 130–139
Suess, G. J., Kißgen, R. (2005): STEEP – ein bindungtheoretisch und empirisch fundiertes Frühinterventionsprogramm. In: Psychologie in Erziehung und Unterricht 52, 287–292
Tessier, R., Tarabulsy, G. M., Larin, S., Laganière, J., Gagnon, M.-F. (2002): A homebased description of attachment in physically disabled infants. In: Social Development 11, 147–165
Thompson, R., Cicchetti D. (1985): Emotional responses of Down Syndrome and normal infants in the Strange Situation: The organization of affective behavior in infants. In: Developmental Psychology 21, 825–841
Titze, K. (2004): Epilepsie der Mutter – ein Risiko? Entwicklung von Intelligenz, Selbstkonzept und Elternbeziehung von heranwachsenden Kindern epilepsiekranker Frauen. Verlag Dr. Kovac, Hamburg
Todt, D. (2004): Beziehungsentwicklung im Rahmen der Mutter-Kind-Dyade bei nichtmenschlichen Primaten. In: Ahnert, L. (Hrsg.): Frühe Bindung. Entstehung und Entwicklung. Ernst Reinhardt, München/Basel, 127–146
van den Boom, D. C. (1995): Do first-year intervention effects endure? Follow-up during toddlerhood of a sample of Dutch irritable infants. In: Child Development 66, 1798–1816
van IJzendoorn, M. H., Goldberg, S., Kroonenberg, P. M., Frenkel, O. J. (1992): The relative effects of maternal and child problems on the quality of attachment: A metaanalysis of attachment in clinical samples. In: Child Development 63, 840–858
–, Schuengel, C., Bakermans-Kranenburg, M. J. (1999): Disorganized attachment in early childhood: Meta-analysis of precursors, concomitants, and sequelae. In: Development and Psychopathology 11, 225–249
Vaughn, B. E., Goldberg, S., Atkinson, L., Marcovitch, S., MacGregor, D., Seifer, R. (1994): Quality of toddler-mother attachment in children with Down Syndrome: Limits to interpretation of Strange Situation behavior. In: Child Development 65, 95–108
Vondra, J. I., Barnett, D. (1999): Atypical attachment in infancy and early childhood among children at developmental risk. In: Monographs of the Society for Research in Child Development 64 (3), Serial No. 258
Werner, E. E. (1999): Entwicklung zwischen Risiko und Resilienz. In: Opp, G., Fingerle, M., Freytag, A. (Hrsg.), 25–36
Ziegenhain, U., Derksen, B., Dreisörner, R. (2004): Frühe Förderung von Resilienz bei jungen Müttern und ihren Säuglingen. In: Kindheit und Entwicklung 13, 226–234
Zimmermann, P. (2000): Bindung, internale Arbeitsmodelle und Emotionsregulation: Die Rolle von Bindungserfahrungen im Risiko-Schutz-Modell. In: Frühförderung interdisziplinär 19, 119–129

Der Einfluss von Erwachsenen-Kind-Beziehungen auf Resilienzprozesse im Vorschulalter und in der Grundschule

von Robert C. Pianta, Megan W. Stuhlman und Bridget K. Hamre*

Die Beziehungen zwischen Erwachsenen und Kindern stehen seit Jahrzehnten im Zentrum der Aufmerksamkeit von Erziehern und Entwicklungspsychologen. Dies findet seinen Niederschlag in einer Vielfalt von Erklärungsansätzen kindlicher Entwicklung. Bezogen auf den schulischen Bereich gibt es unterschiedliche Vorstellungen zur Bedeutung der Erwartungen von Eltern und Lehrern, von Disziplin, Sozialisationspraktiken und Methoden der Klassenführung, der interaktiven Lehr- und Lernprozesse und zuletzt auch eine neue Sicht des Einflusses, den die Unterstützung von Lehrerinnen und Lehrern als Grundlage von Resilienzprozessen bei Risikokindern spielen können (z.B. Brophy/Good 1986; Battistich et al. 1997; Eccles/Roeser 1998).

Im Mittelpunkt dieser pädagogischen und entwicklungspsychologischen Fragen steht der Beziehungsprozess zwischen Kind und Erwachsenem. In diesem Beitrag diskutieren wir die Bedeutung dieser Beziehungsprozesse zwischen den Kindern, den Eltern, Lehrerinnen und Lehrern für die sozialen Anpassungsprozesse und die Lernleistungen im Vorschul- und frühen Schulalter. Obgleich umfangreiche Belege für die förderliche Wirkung dieser Beziehungsprozesse für die kindliche Entwicklung unter spezifizierten Bedingungen vorliegen, werden wir auch einzelne Beispiele aus der themenrelevanten Forschungsliteratur beleuchten, in denen stärker die schützende Wirkung von Erwachsenen-Kind-Beziehungen im Sinne ihrer Risiko mindernden Einflüsse deutlich wird (Rutter 1977). Der Beitrag gliedert sich in drei Abschnitte. In einem kurzen Überblick wird zunächst der vorhandene Kenntnisstand über positive Effekte von Erwachsenen-Kind-Beziehungen für die frühe kindliche Entwicklung zusammengefasst. Im zweiten Teil soll der spezifischere Zusammenhang zwischen der Qualität dieser Beziehungsmechanismen und der Entwicklung der Lesekompetenz ausgeleuchtet werden. In einem dritten Inhaltsabschnitt diskutieren wir die Bedeutung der Beziehungen zwischen Lehrerinnen, Lehrern und Kindern für die Entwicklung von Resilienz.

---

* Übersetzung aus dem Englischen durch die Herausgeber

1 Der Einfluss der Erwachsenen-Kind-Beziehungen auf frühe schulische Leistungsergebnisse: ein kurzer Überblick

Hinsichtlich der sozialen Kompetenzen von Kindern konnte in verschiedenen Studien gezeigt werden, dass eine sichere Mutter-Kind-Beziehung während der frühen Kindheit einen signifikanten Einfluss auf die Entwicklung der sozialen Kompetenzen im Umgang mit Gleichaltrigen hat, wenn die Kinder das Schulalter erreichen (Bohlin et al. 2000; Park/Waters 1889; Suess et al. 1992). Die Qualität der Eltern-Kind-Beziehung nach dieser Phase der frühen Kindheit hat ebenfalls erhebliche prädiktive Bedeutung für die Gestaltung der Peerbeziehungen im frühen Schulalter. In ähnlicher Weise zeigten sich deutliche Zusammenhänge zwischen dem kindlichen Bindungsverhalten im Alter von drei Jahren und dem Verhalten im Klassenzimmer im Alter von sechs Jahren (Cohn 1990; Fagot/Pears 1996; Moss et al. 1996; Wartner et al. 1994; Speltz et al. 1999). Eisenberg und Kollegen konnten darüber hinaus belegen, dass die emotionale Sozialisation durch die Eltern Einfluss auf die späteren Anpassungsleistungen in verschiedenen sozialen Kontexten hat (Eisenberg et al. 1998; Eisenberg et al. 1996; Eisenberg et al. 1999). Insbesondere zeigte sich, dass strafende oder herabsetzende elterliche Reaktionen auf negative kindliche Emotionen auf Seiten der Kinder mit der Tendenz assoziiert sind, emotionale Erregungszustände länger aufrecht zu erhalten und Probleme der Verhaltensregulation zu entwickeln (Eisenberg et al. 1996). Umgekehrt korrelierte die mütterliche Akzeptanz des Kindes mit der Anpassungsfähigkeit und Selbstregulation des Kindes in schulischen Kontexten (Rothbaum et al. 1995).

Die Qualität der Eltern-Kind-Interaktionen überschneidet sich mit den frühen kognitiven Leistungen und den schulischen Leistungen der Kinder. So hat beispielsweise die Art und Weise der Eltern-Kind-Interaktion unabhängig vom Niveau der kognitiven Entwicklung des Kindes einen Anteil an seiner sprachlichen Entwicklung (Markus et al. 2000). Die übergreifende Qualität der Mutter-Kind-Beziehung ist darüber hinaus ein bedeutsamer Einflussfaktor für die Leistungen der Kinder in kognitiven Screening-Tests in der Vorschule und für die von den Lehrern beurteilte soziale Anpassung der Kinder im Klassenverband (Pianta et al. 1997). Eine von Pianta und Harbers (1996) durchgeführte Analyse der Mutter-Kind-Interaktionen bei Problemlösungsaufgaben zur Zeit des Schuleintritts und den späteren schulischen Leistungen des Kindes ergaben für die Dauer der Grundschulzeit durchgängig hohe Zusammenhänge. Und nicht zuletzt ließ sich auch zeigen, dass bei Kindern mit erheblichen Risiken für ungünstige schulische Leistungsergebnisse die Nähe zu ihren Eltern mit dem Schulerfolg korrelierte – sowohl im Sozialverhalten wie auch in den schulischen Leistungsergebnissen (Miliotis et al. 1999).

Wahrscheinlich wurde in keiner Studie die Bedeutung der Eltern-Kind-Beziehung deutlicher demonstriert als in der „Study of Early Child Care and Youth Development" des *National Insitutes of Child and Human Development* (vgl. NICHD Early Child Care Research Network 2002b; 2005). Im Rahmen dieser Untersuchung, die eine der umfassendsten und gründlichsten Entwicklungsstudien einer großen Stichprobe von Kindern und ihren Familien darstellt, wurde eine Reihe von Beiträgen veröffentlicht, die sich mit den Zusammenhängen zwischen den Merkmalen von Kindern und Familien, aber auch Erziehungs-, Fürsorge- und anderen Umweltaspekten und der sozialen und schulischen Entwicklung von Kindern befassten (vgl. NICHD Early Child Care Research Network, 2002b; 2005). In fast jeder dieser Analysen bildeten die Qualitäten der mütterlichen Interaktion mit den Kindern – insbesondere ein feinfühliges und interessiertes Verhalten gegenüber den kindlichen Lebensäußerungen – den signifikantesten und stärksten Prädiktor für die sozialen, aber auch für die schulischen Entwicklungsergebnisse (NICHD ECCRN, in press). Bedeutsam ist dabei, dass das mütterliche Einfühlungsvermögen eine ganze Reihe demographischer Risikofaktoren wie geringes Einkommen und niedrigen Bildungsstand der Eltern moderieren kann (vgl. NICHD ECCRN 2002a). Es besteht daher kaum Zweifel daran, dass die Beziehungsprozesse zwischen Eltern und Kind von grundlegender Bedeutung für die frühen schulischen Entwicklungsergebnisse sind.

Die kindliche Entwicklung wird nicht nur durch die Eltern-Kind-Beziehung, sondern auch durch die Qualität der Beziehungen zu weiteren, mit Pflege- und Erziehung befassten Personen beeinflusst. Wenn diese Beziehungen von geringer Qualität sind, entstehen für die Kinder Risiken in den sozialen und schulischen Leistungsbereichen. Andererseits können starke und positive Beziehungen der Kinder zu nichtelterlichen Fürsorgepersonen die Einflüsse später auftretender Risikofaktoren kompensieren. Tatsächlich legen die Ergebnisse einiger Studien die Vermutung nahe, dass die sozialen Kompetenzen im Umgang mit Gleichaltrigen stärker auf die Beziehungen zu anderen Erziehungspersonen als auf die Eltern-Kind-Beziehungen zurückzuführen sind (Howes et al. 1994). Vor allem für Kinder, die bereits im Alter von einem bis drei Jahren einen Hort besuchen, hat die Qualität der Beziehung zu den Erziehern Vorhersagekraft für die spätere Entwicklung der *Peerkompetenz* (Howes, 2000; Howes et al. 1998; Howes et al. 1994) und für die Entwicklung von aggressivem Verhalten (Van IJzendoorn et al. 1992). Ladd und seine Kollegen konnten zeigen (vgl. Ladd/Burgess 1999), dass die Beziehungen der Kinder zu ihren Lehrern während der ersten Grundschuljahre eng mit anderen relevanten Indikatoren für die Entwicklung sozialer Kompetenzen und der Beziehungen zu Gleichaltrigen verbunden sind.

Außerdem stehen die Beziehungsqualitäten zu Lehrerinnen, Lehrern und anderen Erziehungspersonen mit der Fähigkeit der Kinder in Zusammenhang, ihr Verhalten im Klassenzimmer zu regulieren und Beziehungen mit zukünftigen Lehrern zu knüpfen. Positive Erzieher-Kind-Beziehungen im

Kindergarten sind mit weniger Problemen im ersten (Pianta/Nimetz 1991) und im zweiten Schuljahr (Pianta et al. 1995) sowie mit positiveren Beziehungen mit zukünftigen Lehrerinnen und Lehrern verbunden (Howes et al. 1994; Pianta et al. 1995). Bezüglich der umfassenderen sozialen Kompetenzentwicklung konnten Hamre/Pianta (2001) zeigen, dass die Wahrnehmung von Beziehungskonflikten durch die Vorschulerzieherinnen – insbesondere die Einschätzung externalisierenden Problemverhaltens bei Jungen – Disziplinprobleme bis hin zur achten Jahrgangsstufe vorhersagen können. Hinsichtlich der Entwicklung der schulischen Leistungen fanden Pianta und Steinberg (1992), dass positive Lehrer-Schüler-Beziehungen in der Vorschule das Risiko von Klassenwiederholungen insofern reduzierte, als Kinder mit positiven Lehrerbeziehungen, die für eine Wiederholung vorgeschlagen wurden, im Endeffekt seltener eine Klasse wiederholten als andere Kinder. Hamre und Pianta (2001) berichteten schließlich, dass Erzieherinnen-Kind-Konflikte den stärksten Prädiktor für die Ergebnisse von Leistungstests in der dritten Klassenstufe bildeten. Dieser Zusammenhang ist wiederum am stärksten für Schülerinnen und Schüler mit einer Vorgeschichte schwacher Schulleistungen, was auf protektive Mechanismen schließen lässt.

Zusammengefasst finden sich in der Forschungsliteratur vielfältige Belege dafür, dass die Beziehungen zu Erwachsenen von hoher Bedeutung für die Entwicklung jener Kompetenzen sind, die für erfolgreiche Anpassungsprozesse in den ersten Schuljahren wesentlich sind. Die Befundlage spricht dafür, dass gelingende soziale Beziehungen für alle Kinder ein Aktivposten sind. Mehr noch, wenn positive schulische Entwicklungen (sozial und kognitiv) aus den unterschiedlichsten Gründen gefährdet sind, kann die Qualität von Erwachsenen-Kind-Beziehungen, insbesondere auch die Qualität der Beziehungen zu Erzieherinnen und Lehrerinnen, positive Entwicklungstendenzen wiederherstellen oder neu orientieren. Das Verständnis der spezifischen Beziehungsmechanismen, die solchen förderlichen und schützenden Effekten zugrunde liegen, ist zurzeit Gegenstand vielfältiger Forschungsaktivitäten. Die aktuelle Diskussion richtet sich dabei auf die Bedeutung von Beziehungsprozessen für die Entwicklung früher Lese- und Schreibkompetenzen.

2 Erwachsenen-Kind-Beziehungen und frühe Lese- und Schreibkompetenz

In der Literatur wurde verschiedentlich darauf hingewiesen, dass die Beziehungen zwischen Kindern und Erwachsenen das primäre Medium für den Erwerb früher Lese- und Schreibkompetenzen sind (Pianta 2006). Von Geburt an engagieren sich Kinder in symbolisch vermittelten Interaktionen von wachsender Komplexität mit ihren Eltern und anderen Erwachsenen. Aus diesem Interaktions- und Kommunikationsprozess heraus entstehen die Kapazitäten, Fähigkeiten und das Interesse, Schriftsprache zu dekodieren, zu verstehen und selbst zu schreiben (Dickinson/Tabors 2001; Foorman/Torgesen 2001; Snow et al. 1991). Die Lese- und Schreibfähigkeit ist eine hochkomplexe psychische Leistung, die sich aus vielen Komponenten zusammensetzt (z.B. Aufmerksamkeit und Interesse, Wortkenntnissen, kommunikativem Verhalten, Druckwissen), und die sich in einer fortschreitenden Entwicklung entfaltet (vgl. Burgess et al. 2002; Dickinson et al. 2003; Lonigan et al. 2000; Morrison et al. 2003; Snow et al. 1991).

Der verbreitetste Ansatz, Beziehungen im Zusammenhang mit frühen Lese- und Schreibprozessen zu untersuchen, sind Studien zum Vorlesen von Bilderbüchern (deJong/Leseman 2001; Juel 1998; Zevenbergen/Whitehurst 2003). Die Motivation von Kindern, sich in Interaktionen, in denen ihnen lesebezogene Fähigkeiten (wie z.b. das Lernen von Buchstaben und das Spielen mit Reimen) beigebracht werden sollen, aktiv einzubringen, wird durch unterhaltsames und gemeinsames Bilderbuchlesen kultiviert (Scarborough/Dobrich 1994). Wenn die Erwachsenen dabei Hinweise geben, wie der phonetische Code entschlüsselt werden kann, vermitteln die Interaktionen beim gemeinsamen Lesen von Bilderbüchern auch Informationen darüber, wie mündliche und schriftliche Kommunikationsformen miteinander zu verknüpfen sind (Dickinson/Tabors 2001; Juel 1998; Snow et al. 1991; Whitehurst et al. 1994).

Die Beziehungen zu Erwachsenen spielen allerdings eine weitaus wichtigere Rolle für die Entwicklung der Lese- und Schreibfähigkeit als das einfache Bilderbuchlesen zunächst vermuten lässt. In Beziehungen werden Hinweise zur mündlichen Sprachstimulation und Konversation, zur Regulation der Aufmerksamkeit, des Interesses und der Emotionen ebenso vermittelt wie das explizite Lehren von Inhalten und phonologischen Fähigkeiten (vgl. Baker et al. 2001; Benjamin/Lord 1996; Dickinson/Tabors 2001; Hart/Risley 1992; Morrow et al. 1995; Whitehurst/Lonigan 1998).

Pianta (2006) untersuchte die Überschneidungen zwischen der Entwicklung der Lese- und Schreibfähigkeit und der Entwicklung der Erwachsenen-Kind-Beziehungen. Er schlug ein Modell vor, das zwei Mechanismen postuliert, durch welche die Erwachsenen-Kind-Beziehungen den Entwicklungsprozess unterstützen, in dessen Verlauf ein Kind zum erfolgreichen Leser wird: durch die Unterstützung von Kommunikation respektive Bedeutungserschließung und durch das Lehren der Wortbild-Klang-Korrespondenzen. Ausgehend von dem, was in den vorausgegangenen Abschnitten diskutiert wurde, kann man annehmen, dass die Erwachsenen-Kind-Beziehungen einige grundlegende Prozesse der Entwicklung der Lese-Rechtschreibkompetenz fördern: die Aufmerksamkeit, die Konzeptentwicklung, die Kommunikationsfähigkeit, das schlussfolgernden Denken, die Motivation, das Interesse und die Fähigkeit, Hilfen einzufordern. Die mündliche Sprache, Gesten und nonverbale Interaktionen stellen die primären Medien dar, durch welche soziale Beziehungen die kommunikative und motivationale Infrastruktur des Schrift- und Spracherwerbs unterstützen, und sie werden sichtbar, wenn Kinder mit Freude einem erwachsenen Lehrer folgen und wenn sie mit diesem Erwachsenen kooperieren; dann gewinnt das Verhalten dieses Erwachsenen für die Übermittlung von Bedeutungen und Informationen an Wert.

Die zweite Funktion der Erwachsenen-Kind-Beziehungen wird durch die expliziten Unterrichtsintentionen der Erwachsenen gebildet (Foorman/Torgesen 2001). Die Erwachsenen fokussieren die Interaktion auf ein spezifisches Fähigkeitsziel hin, in diesem Fall die explizite Unterrichtung des Graphem-Phonem-Codes. Solche intentional-unterrichtlichen Interaktionen während des gemeinsamen Bilderbuchlesens oder während der jeweiligen Unterrichtsstunden bieten Anhaltspunkte und Hinweisreize für das Dekodieren. Sie erklären Buchstaben-Klang-Entsprechungen, Rhythmus und Wort-Objekt-Entsprechungen. All dies befördert die allmählich wachsende Fähigkeit, den Code zu entschlüsseln (Burgess et al. 2002; Foorman/Torgesen 2001; Juel 1998; Whitehurst et al. 1994). Wenn sich ein Kind in Gesellschaft eines Erwachsenen emotional sicher und geborgen fühlt, werden solche Interaktionen interessant und kooperativ. Gemeinsames Lesen kommt dann häufiger vor (Bus/van IJzendoorn 1995), ist für die Akteure belohnender und es werden pro Lehrsequenz mehr relevante Informationen für den Schrift-Spracherwerb vermittelt (Bus/van IJzendoorn 1988).

Die emotionale Unterstützung von Erwachsenen reicht aber nicht mehr aus, wenn die Kinder die Fähigkeit erwerben sollen, Druckbuchstaben zu dekodieren. Dies gilt insbesondere für Kinder, die in ihren Vorerfahrungen bezüglich Sprache und Schrift-Spracherwerb unterstimuliert sind. Der Grund hierfür liegt darin, dass der komplexe Mehrkomponentenprozess, der die Basis für die Beherrschung des Drucksymbol-Klang-Zusammenspiels bildet, besonders auf der Ebene der Phoneme explizite Unterrichtung zu Hause oder in der Schule erfordert (vgl. Burgess et al. 2002; Foorman/Torgesen 2001; Lyon 2002). Durch intentionale Unterrichtung bieten die Erwachsenen den Kindern Hilfen für die Entschlüsselung von Phonem-Graphem-Beziehungen und lösen die kindlichen Lernprozesse und das Üben dieser Regeln aus. Dies ist der Mechanismus, durch den die Kinder die Dekodierungsfähigkeiten lernen, die sie später befähigen werden, Texte unabhängig und Sinn entnehmend zu lesen (vgl. Foorman/Torgesen 2001; Haden et al. 1996; Hochenberger et al. 1996; Lyon 2002; Storch/Whitehurst 2001). Es ist ganz offensichtlich so, dass diese Fähigkeiten gelehrt werden müssen, und zwar möglichst im Zusammenhang mit einer emotional positiven und feinfühligen Lehrer-Schüler-Interaktion. In der Phase des Sprach- und Schrifterwerbs, in deren Mittelpunkt Decodingprozesse stehen, werden die Lehrer-Kind-Interaktionen mit gedruckter Sprache, die vorher Unterstützungsfunktionen hatten, mit unterrichtlichen Elementen verbunden, die auf den Erwerb von Fähigkeiten zum Verständnis der Phonem-Graphem-Verbindungen hinzielen.

3 Lehrer-Kind-Beziehungen in den Schulen

Wenn wir die schulischen Rahmenbedingungen und Lernerfahrungen identifizieren können, durch welche die soziale und kognitive Leistungsfähigkeit von Kindern am stärksten beeinflusst werden, dann hat dies auch erhebliche Bedeutung für unser Verständnis der Entwicklung positiver Anpassungsleistungen. Von Interesse ist dabei die Frage, welche lehrerbezogenen Erfahrungen Kindern, für die das Risiko schulischen Scheiterns besteht, helfen, die Lücke zu Kindern mit geringen schulischen Laufbahnrisiken zu schließen. Bedeutsam sind dabei besonders die ersten Grundschuljahre, wenn kleine Leistungszugewinne noch große Wirkung für die weitere Entwicklung haben können (Alexander et al. 2001; Ferguson 1998; Phillips et al. 1998; Ross et al. 1997). Die Forschung zeigt einen deutlichen Zusammenhang der alltäglichen Lehrer-Kind-Interaktionen im Klassenzimmer und der positiven Entwicklung aller Kinder (Brohpy/Good 1986; Howes et al. 2005; NICHD ECCRN 2004; Pianta et al. 2002; Rimm-Kaufman et al. in press; Skinner/Belmont 1993; Ritchie/Howes 2003; Stipek et al. 1998). Schulische Interventionsmaßnahmen für Kinder mit unterschiedlichen Problemlagen zielen auf die Qualität der Kind-Lehrer-Beziehung und die Lehrer-Kind-Interaktion als zentralem Mechanismus zur Verbesserung der schulischen Erziehungserfolge (Battistich et al. 1996; Durlak/Wells 1977; Elias et al. 1991; Greenberg et al. 2003; Pianta et al. 2003; Weissberg/Greenberg 1998; Wilson et al. 2001). Als Ergebnis kann festgestellt werden, dass die Lehrer-Kind-Beziehungen und Interaktionen im Klassenzimmer einen erheblichen Einfluss auf die Minimierung schulischer Laufbahnrisiken haben. Wir werden später vorschlagen, dass unter Berücksichtigung dieser Kenntnislage gezielte Maßnahmen in der Lehrerbildung und Lehrerfortbildung ergriffen werden sollten, um die Beziehungsqualitäten in Klassenzimmern zu erfassen, um mögliche Tendenzen in Richtung negativer schulischer Laufbahnen von Kindern frühzeitig aufzufangen (vgl. dazu Pianta 2003).

Von Pianta (1999) wurde ein Modell der Beziehungen zwischen Kindern und Lehrern vorgestellt, in dem das interaktive Verhalten von Kindern und Lehrern auch eine zentrale Bedeutung für die Vermittlung von Beziehungswerten spielt. Dies meint insbesondere die Art und Weise, in der diese Interaktionen Informationen über das Selbst und die Anderen geben und in der sie durch Modellierung und Unterricht auch Fähigkeiten vermitteln. Obgleich die Überzeugungen der Lehrer, die Eigenschaften der Schüler und eine Vielzahl äußerer Einflüsse und Faktoren im Klassenzimmer den Beziehungsprozess mitgestalten und beeinflussen, argumentiert Pianta (1999) unter Bezug auf die ermittelten Effekte, dass die Lehrer-Kind-Interaktionen der verantwortliche Mechanismus für den Zusammenhang zwischen Beziehungsparametern und kindlichen Entwicklungserfolgen sind. Aus diesem Grund wird im folgenden Abschnitt der wissenschaftliche Erkenntnisstand zu den Effekten der Lehrer-Schüler-Interaktion auf schulische Erziehungserfolge in den ersten Schuljahren zusammengefasst.

In neueren, groß angelegten Beobachtungsstudien, die vor dem Besuch des Kindergartens einsetzten und bis zu den ersten Grundschuljahren reichten, tauchen sowohl in der Auswertung der globalen Einschätzungsskalen als auch in den Zeitreihenanalysen diskreten Verhaltens durchgängig zwei zentrale Dimensionen der Lehrer-Schüler-Interaktion auf: unterrichtliche Unterstützung und emotionale Unterstützung (NICHD ECCRN 2002b; 2005; Pianta/La Paro 2003; Pianta et al. 2002). In einem gewissen Umfang können diese Dimensionen unterschiedliche soziale und schulische Erziehungserfolge vorhersagen. Daraus folgt, dass es unterschiedliche Wege gibt, auf denen die Qualitäten von schulischen Settings mit der Entwicklung in Wechselwirkung treten (Connell/Wellborn 1991; Morrison/Connor 2002; Rutter/Maugham 2002). Vergleicht man die Effekte beider Dimensionen im Rahmen desselben statistischen Modells, so haben die unterrichtlichen Interaktionen für die schulischen Leistungen höheren Vorhersagewert als das Ausmaß emotionaler Unterstützung (Howes et al. 2005). Jedoch sind andererseits Aspekte der unterrichtlichen Interaktion der Lehrer ein Prädiktor für kindliche Ängste, die die Mütter berichteten (NICHD ECCRN 2004). Ein höheres Maß an emotionaler Unterstützung scheint erheblichen Wert für die Vorhersage sozialer und aufgabenorientierter Kompetenzen zu haben, wie z. B. dem Befolgen von Arbeitsaufträgen (Howes et al. 2005).

Obgleich also eine offensichtliche Dichotomie zwischen emotional-unterstützenden (z. B. kindorientierten) und expliziten, direkten, fähigkeitszentrierten Lehrformen besteht, die die Diskussion über Lernen und Unterricht in der Grundschule bestimmt (vgl. Stipek et al. 1998), häufen sich die Hinweise, dass unterrichtliche Interaktionen den größten Erfolg in Bezug auf Schülerleistungen zeigen, wenn sie fokussiert, direkt, intentional strukturiert und in vielfältige Rückmeldungsprozesse eingebunden sind (Juel 1998; Dolezal et al. 2003; Meyer et al. 1993; Pianta et al. 2002; Torgesen 2002). Wichtig ist dabei, dass qualitativ hochwertige Unterrichtsangebote eingebunden sind in mehr positive und weniger negative Interaktionen zwischen Schülern und Lehrern und Hand in Hand gehen mit einem höheren Maß an Aufmerksamkeit und aufgabenorientiertem Verhalten (NICHD ECCRN 2002a; Pianta et al. 2002).

Neuere Studien nützen die Vorteile der unterschiedlichen sozialen Bedingungen in Schulklassen, um „natürliche Experimente" durchzuführen, die einen direkten Test der Hypothese ermöglichen, dass interaktionale Komponenten der Lehrer-Schüler-Beziehungen die schulischen Leistungserfolge von Risikokindern moderieren können (Peisner/Feinberg et al. 2001). So berichteten Morrison und Connor (2002), dass Kinder mit Leseproblemen am Anfang des ersten Schuljahres in hohem Maß von einem lehrerzentrierten, expliziten Sprachunterricht profitieren konnten, während dieser Unterrichtsstil für die Dekodierungsfähigkeiten von Kindern mit bereits entwickelteren Fähigkeiten keinen Unterschied machte. Belege für die moderierende Wirkung des Lehrerverhaltens im Klassenzimmer wurden auch von Rimm-Kaufmann et al. (2002) berichtet, die überprüften, inwieweit die Feinfühligkeit von Lehrerinnen Vorhersagewert für die Klassifikation des Verhaltens von Vorschulkindern als „sozial zurückhaltend" oder „sozial herausfordernd" hat. In dieser Studie konnte gezeigt werden, dass sozial herausfordernde Kinder (die im Allgemeinen erhebliche Anpassungsprobleme hatten) mit einfühlsameren Lehrerinnen selbständiger waren und weniger negative und nicht auf die Aufgabenbearbeitung bezogene Verhaltensweisen zeigten. Wie wir bereits oben erwähnten, wurde in Untersuchungen festgestellt, dass Schüler-Lehrer-Konflikte einen besseren Prädiktor für spätere Probleme von Kindern mit deutlich ausagierendem Verhalten darstellen als für diejenigen unter ihren Peers, die dieses Verhalten nicht zeigen (Hamre/Pianta 2001; Ladd/Burgess 2001). Diese Studien machen deutlich, dass positive, soziale und unterrichtliche Interaktionen mit Lehrern den Einfluss einer Vielzahl von Risiken, wie beispielsweise problematische Verhaltensweisen oder demografische Risikofaktoren wie Armut, moderieren können. Bedeutsam ist dabei, dass negative Interaktionen zwischen Lehrern und Kindern solche Risiken auch verschärfen können, was in einer Studie von Hamre und Pianta (2001) für die Effekte von Lehrer-Kind-Konflikten belegt wurde.

Die Bedeutung der Lehrer-Kind-Interaktionen in Bezug auf Entwicklungsrisiken zeigt eine weitere Analyse aus der NICHD Study of Early Child Care and Youth Development. Hamre und Pianta (2005) erfassten Kinder, für die in den beiden ersten Schuljahren das Risiko schulischen Scheiterns bestand. Dieses Risiko wurde nach Maßgabe folgender Kriterien erfasst:

1. Beobachtung multipler Probleme in Kindergarten/Vorschule und
2. niedrige Bildungsabschlüsse der Mütter.

Nicht überraschend war, dass das schulische Leistungsniveau beider Gruppen am Ende des ersten Schuljahres niedriger war als das schulische Leistungsniveau der Kinder, die nur geringe Risiken aufwiesen (auch dann, wenn der Effekt bezüglich der Leistungsunterschiede im Alter von 54 Monaten korrigiert wurde). Die Kinder, deren Mütter einen niedrigeren Bildungsabschluss als vier Jahre College aufweisen konnten und deren Lehrer-Kind-Interaktionen sich in der ersten Klasse als reich an konzeptioneller Stimulation und an Rückmeldungen charakterisieren ließen, erreichten am Ende der ersten Klasse ähnliche Schulleistungsergebnisse wie die Kinder von Müttern mit höheren Bildungsabschlüssen. Im Gegensatz dazu zeigten die Kinder von Müttern mit geringerem Bildungsabschluss, deren

Lehrerinnen eher passive Formen eines auf einzelne Fähigkeiten fokussierten Unterricht bevorzugten, einen Abfall ihres schulischen Leistungsniveaus zum Ende der ersten Klasse. Wenn Kinder ein hohes Niveau an Verhaltens- und Aufmerksamkeitsproblemen sowie sozialen und schulischen Lernschwierigkeiten aufwiesen, waren die Leistungserfolge in der ersten Klasse dann am ausgeprägtesten, wenn die Lehrerinnen die individuellen Lern- und Erziehungsbedürfnisse dieser Kinder wahrnahmen und entsprechende individualisierte Hilfen leisteten, d. h., wenn sie ein effektives und proaktives Verhaltensmanagement anboten, ein positives Klima im Klassenzimmer entwickeln konnten und Schüler und Lehrerinnen Spaß miteinander hatten.

Diese Forschungsergebnisse stimmen zwar mit anderen Untersuchungen von Vorschulsettings überein, die durchgängig die stärksten kognitiven Effekte qualitativ hochwertiger Vorschulerziehung unter Kindern aus sozial benachteiligten Schichten finden (vgl. Peisner-Feinberg/Burchinal 1997); die Studie dokumentiert nun aber erstmals ähnliche Effekte für natürliche Variationen in der Lehrer-Kind-Interaktion und nicht nur die Effekte gezielter Interventionen. Entscheidend ist dabei, dass diese Ergebnisse empirische Unterstützung für die Rolle liefern, die die emotionalen und sozialen Aspekte der Lehrer-Kind-Interaktion in Bezug auf schulische Lernleistungen spielen (Battistich et al. 1996).

Wenn man diese Forschungsergebnisse zusammenfasst, dann gibt es substantielle Nachweise dafür, dass sowohl die Erzieher-Kind- wie auch die Eltern-Kind-Beziehungen Bedeutung für die Entwicklung der Beziehungskompetenzen mit Gleichaltrigen und mit zukünftigen Lehrern, für die Entwicklung kognitiver Funktionen und die Entwicklung einer Art Regulationsfunktion für die Gesamtentwicklung haben. Man könnte sich vorstellen, dass die Erwachsenen-Kind-Beziehung gleichermaßen als *gesundheitsförderliches* System (z. B. im Sinne der Bereitstellung einer Art positiven Kapitals für alle Kinder) wie auch als *gesundheitsbedingendes* System wirkt. Denn die Eltern-Kind-Beziehung scheint psychische Systeme, die in pathogene Prozesse involviert sind, dazu zu stimulieren, in einer Art und Weise zu agieren, die letztlich zu einer besseren Gesundheit führt. Die Interaktionsformen, die es Kindern ermöglichen, enge, positive Beziehungen mit den Eltern zu entwickeln, finden sich in denselben Faktoren wieder, die den Aufbau solcher Beziehungen auch mit anderen Fürsorgepersonen und Erziehern erleichtern. In dieser Hinsicht könnte man den Erwerb sozialer und kognitiver Fähigkeiten in der Schule auch als den Effekt regulativer Prozesse verstehen, die ganz wesentlich durch die Erwachsenen-Kind-Beziehungen vor der Schulzeit und im Klassenzimmer erworben werden (Pianta 1999; Pianta et al. 2003).

4 Implikationen für die Schule

Die Beziehungen zu den Eltern bilden die Grundlage früher Leistungs- und Anpassungsprozesse. Unterrichtliche und emotionale Aspekte positiver Interaktionen zwischen Erziehern oder Lehrern und jungen Kindern in der Früherziehung und der Grundschule können Lücken schließen und negative Verhaltens- und Interaktionsmuster verändern. Sie können ein aufmerksames und engagiertes Lernverhalten fördern. Diese Schlussfolgerungen haben erhebliche Bedeutung für die Schulen, denen wir uns nun in einer Reihe von schlussfolgernden Bemerkungen zuwenden wollen. Wir beginnen mit neueren Befunden zur Häufigkeit von beziehungsorientierten Unterstützungsangeboten, die in Früherziehungseinrichtungen und Schulen gefunden wurden.

Leider häufen sich die Nachteile für Kinder, die Unterstützung für ihren Erfolg am dringendsten benötigen, was besonders in Beobachtungen der Klassen- und Spielräume deutlich wurde, in denen das tatsächliche Ausmaß der Unterstützung ermittelt werden sollte. Studien im Rahmen des NICHD Early Child Care Research Network (NICHD ECCRN 2002b, 20005; Pianta et al. 2002) zeigten durchgängig, dass die Kinder in den Interaktionen mit ihren Erzieherinnen zwar in moderatem bis hohem Maße soziale und emotionale Unterstützung erhielten, aber nur in geringem Umfang unterrichtliche Unterstützung – ein Ausmaß, dass nicht dem zur Bewältigung von Entwicklungsunterschieden nötigen Umfang an Unterstützung entsprach, der sich aus unseren Untersuchungen ergeben hatte (vgl. Hamre/ Pianta 2005). Es ist jedoch höchst bemerkenswert, dass sich in nahezu jeder Einzelstudie (die jeweils große Zahlen von Einzelklassen umfasste) eine außergewöhnliche Varianz der Qualität der Einzelklassen und der Interaktionen, denen die Kinder ausgesetzt waren, zeigte. Dies gilt insbesondere für jene Förderbereiche, die nach den Ergebnissen unserer Studie am wichtigsten sind. Die NICHD-Studie erfasste mehrere tausend Grundschulklassen und zeigte, dass der typische Schultag für *einige* Schüler bedeutet, dass sie den größten Teil des Tages in produktiven Unterrichtsaktivitäten engagiert sind, in denen sie auf fürsorgliche und interessierte Erwachsene treffen, von denen sie durchgängig Rückmeldungen erhalten und die sie zu kritischem Denken herausfordern. Allerdings besteht für die *meisten* anderen Kinder sogar in den gleichen Klassenstufen und an den gleichen Schulen der größte Teil des Tages im Herumsitzen und darin, zu beobachten, wie die Lehrerinnen die Verhaltensprobleme von Schülern zu bewältigen versuchen. Diese Schüler werden mit langweiligem Auswendiglernen, dem Ausfüllen von Arbeitsblättern und mit Buchstabieraufgaben beschäftigt. Neuere Untersuchungen, die statistische Gruppierungsverfahren einsetzen, weisen in 25 % der Klassen der jeweiligen Klassenstufe ein hohes Maß an emotionaler und unterrichtlicher Unterstützung nach (LoCasale-Crouch et al. 2006). Diese Large-scale-Studien verdeutlichen erstaunlich überzeugend, wie groß der

Mangel an Ressourcen für die Lehrer-Kind-Beziehungen ist und wie ungleich diese über die Grundschuljahre hinweg verteilt sind.

Es stimmt bedenklich, dass diese Verteilung eher zufallsbedingt und unsystematisch ist – abgesehen von dem Umstand, dass Kinder, die in Armutsverhältnissen aufwachsen, in ihren schulischen Lernwelten mit großer Wahrscheinlichkeit ein niedrigeres Niveau an Beziehungsunterstützung erleben werden als ihre wohlhabenderen Peers (Pianta et al. 2005). Das Problem der inkonsistenten Unterstützungserfahrungen in den Klassen wird so noch durch deutlich belegbare soziale Ungleichheiten verschärft. Vielleicht ist es keine Überraschung, dass Schüler aus sozial benachteiligten Lebenswelten mit größerer Wahrscheinlichkeit Klassen niedrigerer Qualität besuchen. Eine neuere Studie des *National Center for Early Development and Learning* (NCEDL), die 240 öffentlich finanzierte Vorschulprogramme in sechs amerikanischen Bundesstaaten erfasste, fand heraus, dass der Anteil armer Kinder in den Klassenzimmern einer der stärksten und konsistentesten Prädiktoren für die Klassenzimmerqualität war (Pianta et al. 2005). Dies ist nicht zuletzt deshalb Besorgnis erregend, weil die staatlich finanzierten Vorschulprogramme gezielt dafür entwickelt wurden, Kindern aus den sozioökonomisch am meisten benachteiligten Schichten qualitativ hochwertige, frühe Erziehungserfahrungen zu ermöglichen. Kurz gesagt, wenn Beziehungen im Vor- und Grundschulalter Resilienzprozesse auslösen können, benötigen wir systematischere und qualitativ hochwertigere Unterstützungsangebote.

In der Zusammenfassung dieser Ergebnisse wird deutlich, dass Erfahrungen mit Lehrern frühe Leistungslücken schließen können. Andererseits sollten die allgemein niedrige Qualität der Klassenzimmererfahrung, der hohe Grad von Qualitätsunterschieden von Klasse zu Klasse, der fehlende Austausch zwischen der Feststellung von Lehrerqualität und Lehrerbeobachtung sowie das hierdurch entstehende hohe Ausmaß, in dem sozial benachteiligte Kinder mit niedriger Unterrichtsqualität konfrontiert sind, kollektives Entsetzen auslösen. Viel zu wenige Schüler, die den größten Anspruch auf hohe Qualität der Kind-Lehrer-Interaktion und -beziehung haben, besuchen schulische Förderprogramme, die ihren Lernbedürfnissen entsprechen. Für die wenigsten dieser Kinder, die von hochwertiger Bildungserfahrung profitieren, sind dies konsistente Erfahrungen. Es ist deshalb mehr als fraglich, ob in der Praxis die positiven Effekte von Beziehungen, die wir in hochwertigen Erziehungsprogrammen belegen konnten, der großen Zahl von Risikokindern zugute kommt.

Für die Politik und die Bildungsadministration könnten diese Ergebnisse ein Interesse an der Suche nach neuen Lösungswegen wecken, das darauf zielt, die Qualität der Unterstützung im Klassenzimmer für Vorschulkinder und Grundschüler zu steigern und zu verstetigen. Unter den vielfältigen möglichen Lösungsvorschlägen gibt es zwei grundlegende Mechanismen, durch welche die Behörden Verbesserungen der Klassenzimmerqualität erreichen könnten. Der erste besteht darin, strukturelle Eigenschaften von Schulen und Klassen wie Lehrerbildung, Klassengröße und Lehrplan, welche die Klassenzimmerqualität beeinflussen, zu verändern und durch Verwaltungsmaßnahmen sicher zu stellen, dass diese Qualitätsaspekte in breiterem Umfang in der Praxis umgesetzt werden. Eine andere Option besteht darin, direktere Wege zu finden, auf denen die Klassenqualitäten – die Unterrichts- und soziale Interaktionsqualität der Lehrer mit den Schülern – in möglichst vielen Klassenzimmern verbessert werden können.

Die erste Option scheint die Methode zu sein, die von Politik und Verwaltungen präferiert wird. Wir bräuchten allerdings Belege dafür, dass strukturelle Eigenschaften von Schulen und Klassen qualitativ höhere Klassenzimmererfahrungen sicherstellen können. Fasst man die Ergebnisse der Studien zusammen, die über 5.000 Kindergartengruppen, Vorschul- und Grundschulklassen erfassten (NICHD ECCRN 2002b, 2005; Pianta et al. 2005), dann scheint dies fraglich zu sein. So zeigen die Studien – wenn überhaupt – nur geringe konsistente Effekte zwischen der Lehrerqualifikation und den beobachteten Interaktionen mit den Schülern und noch entscheidender, wir finden weiterhin eine hohe Varianz in der beobachteten Klassenqualität – sogar, wenn wir Klassen beobachten, in denen die Lehrerinnen mit den höchsten Qualifikationen und der längsten Erfahrung mit kleinen Zahlen von Kindern aus Familien mit hohen Einkommen arbeiten. Wir finden noch nicht einmal Unterschiede zwischen öffentlichen und privaten Schulen. Diese hier stellvertretend angeführten Ergebnisse für die Verteilung qualitativ hoher, unterrichtlicher und sozialer Interaktionen mit Kindern sind bestenfalls Hinweise auf notwendige Bestandteile einer Beschulung, die für alle Kinder die größte Wirkung erzielen könnte.

Eine Alternative besteht darin, professionelle Weiterentwicklungs- und Fortbildungssysteme zu entwickeln, die Lehrerinnen und Lehrer tatsächlich darin unterstützen, effektiver zu interagieren und mehr unterstützende Beziehungen mit ihren Schülern zu entwickeln – eine Herausforderung, an der man verzagen könnte. Aber letztendlich stellen solche Systeme, wenn sie auf starken und überprüfbaren Kriterien beruhen, kostengünstige Mechanismen dar, die eine echte Veränderung der pädagogischen Qualität im Klassenzimmer bewirken können. Das liegt auch daran, dass sie – anstelle einer Fokussierung auf personelle und finanzielle Ressourcen – die Verbesserung von Qualitäten anstreben und so tatsächlich höhere Qualität generieren könnten (Pianta 2005). Der kritische erste Schritt in diesem Prozess besteht zunächst darin, die Dimension der Lehrer-Kind-Interaktionen und -beziehungen, die tatsächlich Resilienzmechanismen auslösen, möglichst genau zu erfassen und Anreize und Fortbildungsangebote für Lehrerinnen und Lehrer aufzubauen, durch die sie ihre Fähigkeiten in diesen Bereichen systematisch weiter entwickeln können. Messinstrumente wie das Klassenklima-Beobachtungssystem, das in der NICHD-Studie (NICHD ECCRN 2002b) und das Classroom Assessment Scoring System (CLASS), das in der NCEDL-Studie (Pianta 2006) Verwendung fanden, haben sich als verlässliche und valide Erfassungsinstrumente für diejenigen Lehrer-Kind-Interaktionen und -beziehungen bewährt, die direkt mit einer Verbesserung der Schülerergebnisse einhergingen.

Es gibt also Instrumente, die als Basis für die Entwicklung einer neuen Epoche professioneller Weiterbildung eingesetzt werden können, und es gibt politische Initiativen für mehr Chancengleichheit.

Gemeinsam mit unseren Kollegen am *Center for the Advanced Study of Teaching and Learning* an der *University of Virginia* verfolgen wir in unseren Forschungsbemühungen Fragen verbesserter Lehrer-Kind-Interaktionen und -beziehungen auf der Basis der Beobachtung dieser Interaktionen, die danach im Mittelpunkt der Lehrerfortbildung stehen. Im Rahmen unserer Arbeit in der Lehrerbildung, die von der Carnegie-Stiftung (*Teachers for a New Era Program*) unterstützt wird, werden alle Studierenden während der gesamten Ausbildung beobachtet (CLASS), werden ihre Fähigkeiten der Selbstanalyse geschult und wird mit den Lehrerbildnern immer wieder diskutiert, wodurch beste Unterrichtsqualität erreicht werden kann. Im Zusammenhang mit einem großen Forschungsvorhaben des NICHD testen wir ein innovatives Modell der Arbeit mit Lehrern zur Verbesserung der sozialen und unterrichtlichen Interaktionen im Klassenzimmer, das auch als Patent angemeldet wurde. Die Lehrer in diesem Projekt (*MyTeachingPartner*) dokumentieren ihre Interaktionen mit den Schülern im Klassenraum während des Semesters zweimal im Monat als Videomitschnitt und geben diese Bänder an ihren Berater (Coach) weiter, von dem sie dann Rückmeldung erhalten. Das Feedback und die Lernunterstützung, die die Lehrer erhalten, basiert auf einer Handbuchreihe, die auf der Grundlage teilnehmender Beobachtungen entwickelt wurde.

Hinter dieser Art professioneller Weiterentwicklung steht das Ziel, Lehrer-Kind-Interaktionen qualitativ so weit zu verbessern, dass Resilienzmechanismen durch personalisiertes Feedback wie auch durch eine Beziehungsunterstützung für die Lehrer ausgelöst werden können. Die ersten Ergebnisse dieses Projektes zeigen, dass die Lehrer und Berater in der Lage sind, unter Nutzung eines Internet-basierten Informationsaustausches unterstützende Beziehungen zu entwickeln. Die Lehrerinnen berichten ein hohes Maß an Zufriedenheit mit den individuellen Rückmeldungen, die sie erhalten (Hadden et al. 2005). Im weiteren Fortgang dieser Studie wollen wir überprüfen, ob Lehrerinnen, die diese intensive Ausbildung erhalten, ihre Unterrichtspraxis stärker verändern als Lehrerinnen, die weniger intensive und individualisierte Ausbildungsangebote durchliefen. Erfasst werden soll auch, inwieweit diese Ausbildungsunterschiede mit Schülerentwicklungen korrespondieren. Wir gehen bei diesen Forschungsaktivitäten von der Hypothese aus, dass der Fokus professioneller Entwicklung auf den tatsächlichen Interaktionen mit den Schülern und auf Aktivitäten liegen sollte, für die begründete Kriterien existieren. Letztendlich ist dies ein überzeugenderes Instrument für die Veränderung solcher Interaktionen als der Besuch eines Fortbildungskurses oder eines Workshops.

Dies ist nur ein Beispiel für die Art von Forschung und Entwicklung, die wir für erforderlich halten, um die Frage beantworten zu können, wie wir Lehrern am effektivsten dabei helfen können, eben jene Art von Beziehungserfahrungen mit ihren Schülern aufzubauen, die Schülern und insbesondere Kindern, die von schulischem Scheitern bedroht sind, eine positive Entwicklung ermöglichen. Die Forschungslage ist in dieser Frage eindeutig: Die Art, wie Lehrer in ihren Klassen mit den Schülern kommunizieren, ist einflussreich – sie ist bedeutsam genug, um Leistungslücken schließen zu können, Problemverhalten abzubauen und die Entwicklung sozialer Kompetenz zu befördern. Sicherzustellen, dass alle Kinder, und vor allem auch die Kinder mit den ungünstigsten Startbedingungen, Zugang zu Klassen haben, in denen Startnachteile ausgeglichen werden können, ist ein Ziel von höchster Priorität. Es ist unser Eindruck, dass wir für dieses Ziel neue Konzepte, ein neues Design und einen neuen Fokus benötigen, um Lehrer dafür auszubilden und dabei zu unterstützen, die schwierige Arbeit zu tun, für die sie sich entschieden haben.

Literatur

Alexander, K. L., Entwisle, D. R., Kabbani, N. S. (2001): The dropout process in life course perspective: Early risk factors at home and school. Teachers College Record 103 (5), 760–822. [URL:http://www.blackwellpublishers.co.uk/asp/journal.asp?ref=0161-4681]

Baker, L., Mackler, K., Sonnenschein, S., Serpell, R. (2001): Parents' interactions with their first-grade children during storybook reading and relations with subsequent home reading activity and reading achievement. Journal of School Psychology 39 (5), 415–438

Battistich, V., Schaps, E., Watson, M., Solomon, D. (1996): Prevention effects of the Child Development Project: Early findings from an ongoing multisite demonstration trial. Journal of Adolescent Research 11 (1), 12–35

–, Solomon, D., Watson, M., Schaps, E. (1997): Caring school communities. Educational Psychologist 32 (3), 137–151

Benjamin, L. A., Lord, J. (Eds.) (1996): Family Literacy: Directions in Research and Implications for Practice. Summary and Papers of a National Symposium (Washington/DC, September 7–8, 1995). Department of Education, Washington/DC

Bohlin, G., Hagekull, B., Rydell, A. M. (2000): Attachment and social functioning: A longitudinal study from infancy to middle childhood. Social Development 9 (1), 25–39

Bowlby, J. (1988). A secure base: Parent-child attachment and healthy human development. Basic Books, New York

Brophy, J. E., Good, T. L. (1986): Teacher behavior and student achievement. In: Wittrock, M. L. (Ed.): Handbook of Research on Teaching (3rd ed.). Macmillan Publishing USA, Indianapolis, 328–275

Burgess, S. R., Hecht, S. A., Lonigan, C. J. (2002): Relations of the home literacy environment (HLE) to the development of reading-related abilities: A one-year longitudinal study. Reading Research Quarterly 37 (4), 408–426
Bus, A. G., van IJzendoorn, M. H. (1988): Motherchild interactions, attachment, and emergent literacy: A cross-sectional study. Child Development 59, 1262–1273
–, van IJzendoorn, M. H. (1995): Mothers reading to their 3-year-olds: The role of mother-child attachment security in becoming literate. Reading Research Quarterly 30 (4), 998–1015
Cohn, D. A. (1990): Child-mother attachment of six-year-olds and social competence at school. Child Development 61, 152–162
Connell, J. P., Wellborn, J. G. (1991): Competence, autonomy, and relatedness: A motivational analysis of self-system processes. In: Gunnar, R., Sroufe, L. A. (Eds): Minnesota Symposia on Child Psychology 23. Erlbaum, Hillsdale/NJ, 43–77
deJong, P. F., Leseman, P. P. M. (2001): Lasting effects of home literacy on reading achievement in school. Journal of School Psychology 39 (5), 389–414
Dickinson, D. K., Anastasopolous, L., McCabe, A., Peisner-Feinberg, E. S., Poe, M. D. (2003): The comprehensive language approach to early literacy: The interrelationships among vocabulary, phonological sensitivity, and print knowledge among pre-school-aged children. Journal of Educational Psychology 93 (3), 465–481
–, Tabors, P. O. (Eds.) (2001): Beginning literacy with language: Young children learning at home and school. Brookes, Baltimore
Dolezal, S. E., Welsh, L. M., Pressley, M., Vincent, M. M. (2003): How nine third-grade teachers motivate student academic engagement. The Elementary School Journal 103 (3), 239–269
Durlak, J., Wells, A. (1997): Primary prevention mental health programs for children and adolescents: A meta-analytic review. American Journal of Community Psychology 25 (2), 115–152
Eccles, J. Roeser, R. (1998): School and community influences on human development. In: Bornstein, M. H., Lamb, M. E. (Eds.): Developmental Psychology: An Advanced Textbook. (4. ed.). Erlbaum, Mahwah/NJ, 503–554
Eisenberg, N., Cumberland, A., Spinard, T. L. (1998): Parental socialization of emotion. Psychological Inquiry 9 (4), 241–273
–, Fabes, R., Murphy, B. (1996): Parents' reactions to children's negative emotions: Relations to children's social competence and comforting behavior. Child Development 67, 2227–2247
–, Fabes, R., Shepard, S. A., Guthrie, I., Murphy, B., Reiser, M. (1999): Parental reactions to children's negative emotions: Longitudinal relations to quality of children's social functioning. Child Development 70 (2), 513–534
Elias, M. J., Gara, M. A., Schuyler, T. F., Branden-Muller, L. R., Sayette, M. A. (1991): The promotion of social competence: Longitudinal study of a preventative school-based program. American Journal of Orthopsychiatry 61, 409–417
Fagot, B. I., Pears, K. C. (1996): Changes in attachment during the third year: consequences and predictions. Development and Psychopathology 8, 325–344
Ferguson, R. F. (1998): Teachers' perceptions and expectations and the Black-White test score gap. In: Jencks, C., Phillips, M. (Eds.): The Black-White test score gap. Brookings Institution, Washington/DC, 273–317
Foorman, B. R., Torgesen, J. (2001): Critical elements of classroom and small-group instruction promote reading success in all children. Learning Disabilities Research & Practice 16 (4), 203–212
Greenberg, M. T., Weissberg, R. P., O'Brien, M. U., Zins, J. E., Fredericks, L., Resnik, H. et al. (2003): Enhancing school-based prevention and youth development through coordinated social, emotional, and academic learning. American Psy-

chologist Special Issue: Prevention that Works for Children and Youth 58, 466–474

Hadden, D. S., Dudding, C. C., Chase, C. C., Pianta, R. C. (2005): MyTeachingPartner: An innovative approach to professional development for early childhood educators. Manuscript submitted for publication

Haden, C. A., Reese, E., Fivush, R. (1996): Mothers' extratextual comments during storybook reading: Stylistic differences over time and across texts. Discourse Processes 21, 135–169

Hart, B., Risley, T. R. (1992): American parenting of language-learning children: Persisting differences in family-child interactions observed in natural home environments. Developmental Psychology 26 (6), 1096–1105

Hamre, B. K., Pianta, R. C. (2001): Early teacher-child relationships and the trajectory of children's school outcomes through eighth grade. Child Development 72, 625–638

–, – (2005): Can instructional and emotional support in the first grade classroom make a difference for children at risk of school failure? Child Development 76 (5), 949–967

Hochenberger, E. H., Goldstein, H., Haas, L. S. (1999): Effects of commenting during joint book reading by mothers with low-SES. Topics in Early Childhood Special Education 19, 15–27

Howes, C. (2000): Social-emotional classroom climate in child care, child-teacher relationships and children's second grade peer relations. Social Development 9, 191–204

–, Burchinal, M., Pianta, R. C., Bryant, D., Early, D., Clifford, R., Barbarin, O. (2005): Ready to learn? Children's pre-academic achievement in pre-kindergarten programs. Manuscript under review

–, Hamilton, C. E., Philipsen, L. C. (1998): Stability and continuity of child-caregiver and child-peer relationships. Child Development 69 (2), 418–426

–, Matheson, C. C., Hamilton, C. E. (1994): Maternal, teacher, and child care history correlates of children's relationships with peers. Child Development 65 (1), 264–273

–, Phillipsen, L. C., Peisner-Feinberg, E. (2000): The consistency of perceived teacher-child relationships between preschool and kindergarten. Journal of School Psychology 38 (2)

Juel, C. (1998): What kind of one-on-one tutoring helps a poor reader? In: Hulme, C., Joshi, R. M. (Eds.): Reading and Spelling: Development and Disorders. Lawrence Erlbaum Associates, Mahwah/NJ, 449–471

Ladd, G. (2004): Peer relationships, the social environment, and school readiness. Paper presented at the Conference on School Readines, University of North Carolina at Chapel Hill, Chapel Hill/NC

–, Burgess, K. B. (1999): Charting the relationship trajectories of aggressive, withdrawn, and aggressive/withdrawn children during early grade school. Child Development 70, 910–929

LoCasale-Crouch, J., Konold, T., Pianta, R., Howes, C., Burchinal, M., Bryant, D., Clifford, R., Early, D., Barbarin, O. (2006): Profiles of observed classroom quality in state-funded pre-kindergarten programs and association with teacher, program, and classroom characteristics. Manuscript under review

Lonigan, C. J., Burgess, S. R., Anthony, J. L. (2000): Development of emergent literacy and early reading skills in preschool children: Evidence from a latent-variable longitudinal study. Developmental Psychology 36 (5), 596–613

Lyon, G. R. (2002). Reading development, reading difficulties, and reading instruction: Educational and public health issues [special issue]. Journal of School Psychology 40 (1)

Markus, J., Mundy, P., Morales, M., Delgado, C., Yale, M. (2000): Individual differences in infant skills as predictors of child-caregiver joint attention and language. Social Development 9 (3), 302–315

Meyer, L. A., Wardrop, J. L., Hastings, C. N., Linn, R. L. (1993): Effects of ability and settings on kindergarteners' reading performance. Journal of Educational Research 86, 142–160

Miliotis, D., Sesma, A., Masten, A. (1999): Parenting as a protective process for school success in children from homeless families. Early Education & Development 10 (2), 111–133

Morrison, F. J., Bachman, H. J., Connor, C. M. (2003): Improving literacy in America: Lessons from research. New Haven: Yale University Press

–, Connor, C. M. (2002): Understanding schooling effects on early literacy: A working research strategy. Journal of School Psychology 40, 493–500

Morrow, L. M., Rand, M. K., Smith, J. K. (1995): Reading aloud to children: Characteristics and relationships between teachers and student behaviors. Reading Research & Instruction 35 (1), 85–101

Moss, E., Parent, S., Gosselin, C., Rousseau, D., St. Laurent, D. (1996): Attachment and teacher-reported behavior problems during the preschool and early school-age period. Development and Psychopathology 8, 511–525

National Institute of Child Health and Human Development Early Child Care Research Network (in press): Child care affect sizes for the NICHD Study of Early Child Care and Youth Development. American Psychologist

– (2002a): The interaction of child care and family risk in relation to child development at 24 and 36 months. Applied Developmental Science 6, 144–156

– (2002b): The relation of first grade classroom environment to structural classroom features, teacher, and student behaviors. The Elementary School Journal 102, 367–387

– (2004): Social functioning in first grade: Associations with earlier home and childcare predictors and with current classroom experiences. Child Development 74 (6), 1639–1662

– (2005): A day in third grade: A large-scale study of classroom quality and teacher and student behavior. The Elementary School 105 (3), 305–323

Park, K. A., Waters, E. (1989): Security of attachment and preschool friendships. Child Development 60, 1076–1081

Peisner-Feinberg, E. S., Burchinal, M. R. (1997): Relations between preschool children's child-care experiences and concurrent development: The Cost, Quality, and Outcomes Study. Merrill-Palmer Quarterly 43, 451–477

–, Burchinal, M. R., Clifford, R. M., Culkin, M. L., Howes, C., Kagan, S. L. et al. (2001): The relation of preschool child-care quality to children's cognitive and social developmental trajectories through second grade. Child development 72, 1534–1553

Phillips, M., Crouse, J., Ralph, J. (1998): Does the Black-White test score gap widen after children enter school? In: Jencks, C., Phillips, M. (Eds.): The Black-White test score gap. US: Brookings Institution, Washington/DC, 229–272

Pianta, R. C. (1999): Enhancing relationships between children and teachers. American Psychological Association. Washington/DC

– (2003): Standardized classroom observations from pre-k to 3rd grade: A mechanism for improving classroom quality and practices, consistency of P-3 experiences, and child outcomes. A Foundation for Child Development working paper. Foundation for Child Developmen, New York

– (2005): Standardized observation and professional development: A focus on individualized implementation and practices. In: Zaslow, M., Martinez-Beck, I. (Eds.): Critical Issues in Early Childhood Professional Development. Paul H. Brookes Publishing, Baltimore, 231–254

– (2006): Teacher-child relationships and early literacy. In: Dickinson, D., Newman, S. (Eds.): Handbook of Early Literacy Research, Vol. II, The Guilford Press, New York, 149–162

–, Hamre, B., Stuhlman, M. (2003): Relationships between teachers and children. In: Reynolds, W., Miller, G. (Eds.): Comprehensive Handbook of Psychology (Vol. 7) Educational Psychology. John Wiley & Sons, Hoboken/NJ, 199–234
–, Harbers, K. (1996): Observing mother and child behavior in a problem-solving situation at school entry: Relations with academic achievement. Journal of School Psychology 34 (3), 307–322
–, Howes, C., Burchinal, M., Bryant, D., Clifford, R., Early, D., Barbarin, O. (2005): Features of pre-kindergarten programs, classrooms, and teaches: Do they predict observed classroom quality and child-teacher interactions? Applied Developmental Science 9 (3), 144–159
–, La Paro, K. M. (2003): Improving early school success. Educational Leadership 60 (7), 24–29
–, –, Payne, C., Cox, M. J., Bradley, R. (2002): The relation of kindergarten classroom environment to teacher, family, and school characteristics and child outcomes. Elementary School Journal 102 (3), 225–238
–, Nimetz, S. L. (1991): Relationships between children and teachers: Associations with classroom and home behavior. Journal of Applied Developmental Psychology 12, 379–393
–, – Bennett, E. (1997): Mother-child relationships, teacher-child relationships, and school outcomes in preschool and kindergarten. Early Childhood Research Quarterly 12 (3), 263–280
–, Steinberg, M. S. (1992): Teacher-child relationships and the process of adjusting to school. In: Pianta, R. C. (Ed.): Beyond the parent: The role of other adults in children's lives (Vol. 57) Jossey-Bass, San Francisco, 61–80
–, –, Rollins, K. (1995): The first two years of school: Teacher-child relationships and deflections in children's classroom adjustment. Development & Psychopathology 7, 295–312
Rimm-Kaufman, S. E., Early, D. M., Cox, M. J., Saluja, G., Pianta, R. C., Bradley, R. H. et al. (2002): Early behavioral attributes and teachers' sensitivity as predictors of competent behavior in the kindergarten classroom. Journal of Applied Developmental Psychology 23, 451–470
–, LaParo, K. M., Downer, J. T., Pianta, R. C. (in press): The contribution of classroom setting and quality of instruction to children's behavior in the kindergarten classroom. Elementary School Journal
Ritchie, S., Howes, C. (2003): Program practices, caregiver stability, and child-caregiver relationships. Journal of Applied Developmental Psychology 24, 497–516
Ross, S. M., Smith, L. J., Slavin, R. E., Madden, N. A. (1997): Improving the academic success of disadvantaged children: An examination of Success For All. Psychology in the Schools 34, 171–180
Rothbaum, F., Rosen, K. S., Pott, M., Beatty, M. (1995): Early parent-child relationships and later problem behavior: A longitudinal study. Merrill Palmer Quarterly 41 (2), 133–151
Rutter, M. L. (1997): Nature-nurture integration: The example of antisocial behavior. American Psychologist, 52, 390–398
–, Maughan, B. (2002): School effectiveness findings 1979–2002. Journal of School Psychology 40, 451–475
Scarborough, H., Dobrich, W. (1994): On the efficacy of reading to preschoolers. Developmental Review 14, 245–302
Skinner, E. A., Belmont, M. J. (1993): Motivation in the classroom: reciprocal effects of teacher behavior and student engagement across the school year. Journal of Educational Psychology 85, 571–581
Snow, C. E., Barnes, W. S., Chandler, J., Goodman, I. F., Hemphill, L. (1991): Unfulfilled

expectations: Home and school influences on literacy. Harvard University Press, Cambridge/MA

Speltz, M. L., DeKlyen, M., Greenberg, M. T. (1999): Attachment in boys with early onset conduct problems. Development & Psychopathology 11, 269–285

Stipek, D. J., Feiler, R., Byler, P., Ryan, R., Milburn, S., Salmon, J. (1998): Good beginnings: What difference does the program make in preparing young children for school? Journal of Applied Developmental Psychology 19, 41–66

Storch, S. A., Whitehurst, G. J. (2001): The role of family and home in the literacy development of children from low-income backgrounds. In: Britto, P. R., Brooks-Gunn, J. (Eds.): The role of family literacy environments in promoting young children's emerging literacy skills: New directions for child and adolescent development. Jossey-Bass, NY, 53071

Suess, G., Grossmann, K. E., Sroufe, L. A. (1992): Effects of infant attachment to mother and father on quality of adaptation in preschool: From dyadic to individual organization of self. International Journal of Behavioral Development 15, 43–65

Torgesen, J. K. (2002): The prevention of reading difficulties. Journal of School Psychology 40, 7–26

Van IJzendoorn, M. H., Sagi, A., Lambermon, W. E. (1992): The multiple caregiver paradox: Data from Holland and Israel. In: Pianta, R. C. (Ed.): Beyond the parent: The role of other adults in children's lives (Vol. 57). Jossey-Bass, San Francisco, 5–24

Wartner, U. G., Grossman, K. E., Fremmer-Bombik, E., Suess, G. (1994): Attachment patterns at age six in south Germany: Predictability from infancy and implications for preschool behavior. Child Development 65, 1014–1027

Weissberg, R. P., Greenberg. M. T. (1998): School and community competence-enhancement and prevention programs. In: Siegel, I. E., Renninger, K. A. (Eds.): Handbook of Child Psychology: Child Psychology in Practice (Vol. 4.). 5th ed. John Wiley, New York, 877–954

Wilson, D. B., Gottfredson, D. C., Najaka, S. S. (2001): School-based prevention of problem behaviors: A meta-analysis. Journal of Quantitative Criminology 17, 247–272

Whitehurst, G. J., Arnold, D. S., Epstein, J. N., Angell, A. L., Smith, M., Fischel, J. E. (1994): A picture book reading intervention in day care and home for children from low-income families. Developmental Psychology 30, 679–689

–, Lonigan, C. J. (1998): Child development and emergent literacy. Child Development 69, 848–872

Zevenbergen, A. A., Whitehurst, G. J. (2003): Dialogic reading: A shared picture book reading intervention for preschoolers. In: van Kleeck, A., Stahl, S. A. et al. (Eds.): On reading books to children: Parents and teachers. Lawrence Erlbaum Associates, Mahwah/NJ, 177–200

Resilienz und kollektivierte Risiken in Bildungskarrieren – das Beispiel der Kinder aus Zuwandererfamilien

von Winfried Kronig

Die hauptsächliche Attraktivität des Resilienzbegriffs ist vermutlich darin zu sehen, dass er der Theoriebildung zusätzliche Differenzierungsmöglichkeiten und der Praxis neue Hoffnung gebracht hat. Die Differenzierung geht auf die mehrfach replizierte Beobachtung zurück, dass ein Faktor oder ein Faktorenbündel nicht zwingend zu einem erwartbaren Ergebnis führen muss. Übertragen auf den in diesem Beitrag behandelten Anwendungsbereich kann dies zum Beispiel bedeuten, dass eine andere nationalstaatliche Herkunft eine erfolgreiche Bildungskarriere im Aufnahmeland nicht in allen Fällen ausschließt. Wenn es gelingen würde, Einflussgrößen zu identifizieren, welche einen Erfolg auch unter belastenden Vorzeichen ermöglichen, ließen sich dadurch, immer deren Veränderbarkeit vorausgesetzt, Interventionsprogramme für die Praxis ableiten. Derartige Überlegungen nähren die Hoffnung, endlich aktiv etwas gegen den lang anhaltenden Bildungsmisserfolg bei bestimmten Schülergruppen tun zu können. Das Beispiel der Immigranten ist dabei nicht völlig willkürlich gewählt. Gelten doch ihre Bildungskarrieren als besonders gefährdet, frühzeitig in einer „Einbahnstraße in die berufliche Chancenlosigkeit" (Beck 1986, 245) zu enden.

Zumindest in den Anfängen dürfte der Differenzierungsgewinn des Resilienzbegriffs im konkreten Fall auf Kosten einer genügend differenten Anwendung alternativer theoretischer Überlegungen gegangen sein. Die Beobachtung erwartungswidriger Erfolge bei einer durch Belastung gekennzeichneten Population mag allzu leicht suggeriert haben, dass ein bestimmtes Merkmal die negativen Auswirkungen eines anderen Merkmals neutralisieren kann. Zuweilen ist die übergeneralisierte Vorstellung von Eigenschaften anzutreffen, die einen allgemeinen Schutz vor jeglicher Art von Belastungen garantieren (vgl. die ausführliche Kritik bei Rutter 1993). Das widerspricht jedoch der auf verschiedene Felder übertragbaren Erfahrung, dass sich komplexe Ereignisse aufgrund einer vielschichtigen Konstellation von Einflussfaktoren generieren; wobei dieselben Konstellationen unterschiedliche Ereignisse und verschiedene Konstellationen gleiche Ereignisse zur Folge haben können (Fend 1998, 247f). Das Scheitern wie auch der Erfolg in der Schule sind nicht mit einer einzelnen Ursache zu erklären. Darüber hinaus scheint es angemessen, die Kausalfaktoren in unterschiedlichen Bereichen zu lokalisieren. Im Einzelnen sind Ursachen mittlerweile beim Schüler, bei der Schulklasse, bei der Lehrperson, bei der einzelnen Schule, bei der Familie, in den Eigenheiten des Bildungssystems sowie in den Beziehungen zwischen den Akteuren und Systemen untereinander nachgewiesen worden (Überblicke z. B. bei Helmke/Weinert 1997; Kronig et al. 2000; Tippelt 2002; Helsper/Böhme 2004). Heute dürfte weitgehend Einigkeit darüber bestehen, dass Belastungen, Risiken und damit vermutlich auch Resilienz nicht oder zumindest nicht ausschließlich Merkmale eines Individuums sein können.

Inwieweit also die mit dem Resilienzkonstrukt einhergehenden Erwartungen erfüllt werden, wird unter anderem von seiner Robustheit, aber auch von seiner Fähigkeit, die bisherige ätiologische Empirie integrieren zu können, abhängen.

1 Zum Differenzierungsvermögen des Resilienzbegriffs

Der Resilienzbegriff musste sich, bislang durchaus mit einigem Erfolg, mehrfachen Versuchen seiner Auflösung widersetzen. In der Regel forcierte dies jeweils eine inhaltliche Präzisierung dessen, was mit Resilienz gemeint ist. Prominentes Beispiel dafür ist die Debatte um das konzeptuelle Verhältnis von Risiko- und Schutzfaktoren (z. B. Rutter 1993, 2000; Masten/Coatsworth 1998; Laucht 1999). An ihrem vorläufigen Ende ist zumindest klar geworden, dass ein protektiver Faktor etwas anderes sein muss als die positive Polung eines Risikofaktors. Denn wenn man die Abwesenheit eines Risikos bzw. dessen Umpolung bereits als einen Schutzfaktor auffasst, würde man sich nahe an der tautologischen Auflösung des Resilienzbegriffs bewegen. Es gäbe dann einfach Populationen mit und solche ohne Risiko. Resilienz wäre dann allenfalls noch ein Hinweis auf eine fehlerhafte Klassifikation der Risikogruppen. Selbst komplexeren Modellen, die mit kumulierten Risiken arbeiten, kann die zu simple begriffliche Fassung eines Schutzfaktors zum Verhängnis werden (Laucht 1999, 304ff). Wenn jene Individuen sich besser entwickeln, die auch weniger Risiken ausgesetzt sind, kann dies nicht mehr als Resilienz aufgefasst werden, ist nichts Erwartungswidriges mehr darin zu erkennen. Die Pointe des Phänomens liegt gerade im Umstand, dass sich Individuen bei identischen Risikolagen unterschiedlich entwickeln. Eine derartige Strapazierung des Resilienzbegriffs könnte vielleicht mit dem Vorschlag von Rutter (1993, 2000) überwunden werden, Schutzfaktoren von allgemein günstigen Bedingungen zu unterscheiden und sie über eine spezifische, moderierende Wirkung im Fall eines Risikos zu definieren. So überzeugend das Angebot von Rutter ist, so schwierig dürfte dies empirisch nachzuweisen sein.

Die Anfälligkeit des Resilienzkonstrukts für Missdeutungen scheint groß und unter anderem von der Zuverlässigkeit der Risikobestimmung abhängig. Wenn sich aus einer risikobelasteten Gruppe nicht alle Individuen ungünstig entwickeln, kann nicht ohne weiteres auf Resilienz geschlossen werden. Es mag auch mit dem korrelativen Charakter des Zusammenhangs zwischen Bedingungen und Ergebnis zu tun haben. Sowohl Bedingungen wie Ergebnisse weisen in der Regel nicht dichotome, sondern kontinuierliche Eigenschaften auf, so dass bei der Bestimmung beispielsweise von Schulerfolg oder von den Bedingungen im familiären Umfeld eine Festlegung notwendig wird. Nur in Ausnahmefällen dürfte ein bestimmtes Ergebnis aufgrund der Kenntnis weniger Bedingungen zuverlässig vorhersagbar sein. Selbst scheinbar zentrale Faktoren wie etwa die individuellen kognitiven Fähigkeiten korrelieren mit der Schulleistung höchstens auf mittlerem Niveau (z. B. Metaanalyse bei Fraser et al. 1987, 207). Die unaufgeklärte Restvarianz, selbst bei Einbezug wichtiger Prädiktorvariablen, liegt deutlich über der Resilienzquote, wie man sie etwa aufgrund der Kauai-Studie (Werner 1999, 26) zu erwarten hat. Entsprechend dürftig fallen die empirischen Ergebnisse über die Prognosemöglichkeiten schulischer Leistungen aus (z. B. Sauer/Gamsjäger 1996). Nun kann man argumentieren, dass das Resilienzkonstrukt gerade darauf abzielt, Teile dieser unaufgeklärten Restvarianz weiter aufzuklären. Aber an dieser Stelle wird der Zusammenhang zur Güte der Risikodefinition erneut deutlich. Je präziser und reliabler die Fassung des Risikos ist, desto geringer die Restvarianz und desto geringer vermutlich auch die Möglichkeit, etwas als Resilienz zu interpretieren (vgl. dazu auch die methodische Kritik an der Kauai-Studie Werner 1999, 2000 bei Rutter 2000, 660). Wenn Kinder trotz einer tiefen Intelligenzperformanz oder trotz eines belasteten familiären Umfelds gute schulische Leistungen zeigen, kann dies auch bedeuten, dass der Zusammenhang zwischen Intelligenz oder familiärem Umfeld und dem erreichten Kompetenzniveau geringer ist, als gemeinhin unterstellt.

Rutter (1993, 627) vertritt nachdrücklich die These, dass Resilienz erst durch mehrfache Messungen, also im Zeitverlauf, erkennbar wird. Doch scheint genau dies zu neuen Problemen zu führen. Egeland et al. (1993) berichten von den realen Schwierigkeiten, kompetente Kinder in Hochrisikogruppen zu identifizieren. Dies nicht etwa deshalb, weil sie zu einem gegebenen Zeitpunkt nicht existieren würden. Vielmehr variiert ihr Kompetenzniveau über die Zeit. Eine kleine Reanalyse von Längsschnittdaten aus zwei Schweizer Studien kann diese Beobachtung intraindividueller Varianz illustrieren (detaillierte Angaben zu Stichproben, Erhebungsinstrumenten und Methodik in Kronig et al. 2000 und Kronig 2006). Ein Teil der Stichprobe konnte jeweils zu Beginn und am Ende des zweiten und des sechsten Schuljahres untersucht werden, so dass die Verfolgung längerfristiger Entwicklungen möglich wird. Knapp über zehn Prozent der Schüler aus einem anregungsärmeren familiären Umfeld zeigten zu Beginn des zweiten Schuljahres überdurchschnittlich gute Leistungen in der obersten Standardabweichung. Am selben Kriterium gemessen hat sich diese Quote bis zum Ende des sechsten Schuljahres auf etwas über vier Prozent mehr als halbiert. Das heißt, dass sich nach vier Schuljahren nur noch jedes zweite Kind in der ursprünglich als resilient in Bezug auf eine belastete Herkunft definierten Gruppe befindet. Diese einfache Illustration macht zweierlei Schwierigkeiten deutlich. Erstens: Entweder ist man bereit, Resilienz als etwas Temporäres und möglicherweise Situatives aufzufassen (Rutter 2000, Pianta/Walsh 1998, Luthar/Zigler 1991), was den Erklärungsgehalt von stabilen personengebundenen Variablen im Konstrukt erheblich schmälern würde, oder man wäre zur Erklärung gezwungen, dass bei rund der Hälfte der Gruppe Resilienz ursprünglich irrtümlich diagnostiziert worden ist. Zweitens können die hier getroffenen Entscheidungen zur Operationalisierung des Resilienzkonzepts ohne Weiteres kritisch hinterfragt werden. Vielleicht ist es zu streng, lediglich die oberste Standardabweichung als Erfolg gelten zu lassen. Umgekehrt gäbe es sicherlich nachvollziehbare Eingrenzungen von Risikogruppen, bei denen strengere Kriterien angewendet werden. Aber das zeigt auch, dass die Vorkommenshäufigkeit der Resilienz, wie bei allen anderen Prävalenzraten auch, solange abhängig von Definitionen und Operationalisierungen ist, wie es keinen ‚natürlichen Bruch' im Ausprägungsgrad der Resilienz gibt. In den wenigsten Fällen dürfte es eine gegebene und eindeutige Grenze zwischen der als resilient und der als nichtresilient bezeichneten Gruppe geben. Häufiger wird sie erst im Nachhinein mehr oder weniger begründet gezogen. Nach Kelly (1986, 115ff) ist diese Dichotomisierung einer kontinuierlichen Variable aus erkenntnistheoretischen Gründen nicht unbedenklich. Sie widerspricht der Logik des Konstrukts, weil ähnliche Dinge als gleich und ab einer bestimmten, möglicherweise artifiziellen Grenze als verschieden interpretiert werden. In der Literatur ist in diesem Zusammenhang auch schon der Verdacht geäußert worden, die Operationalisierung von Resilienz würde an die gewünschten Raten angepasst (Pianta/Walsh 1998, 411).

Schließlich ist die Resilienzforschung im Bemühen, die Ursachen für Erfolge bei schwierigen und schwierigsten Voraussetzungen aufzuklären, nicht von den methodischen Problemen befreit, welche die Beantwortung traditioneller ätiologischer Fragestellungen belasten (z. B. Baumann/Perrez 1998). Zu nennen sind beispielsweise die Probleme der Variablenkonfundierung, der komplexen Ursachenketten, der weiter oben kurz erwähnten Äqui- und Multifinalität, der Scheinkorrelationen, der Reziprozität sowie die Schwierigkeiten, welche durch den generellen Korrelationscharakter von kausalen Verhältnissen entstehen. Weil komplexe Ereignisse durch Ursachenketten hervorgerufen werden, ist im konkreten Fall gelegentlich unklar, ob es sich bei einem gegebenen Faktor um eine Ursache oder bereits um eine Wirkung handelt. Beispielsweise gab es Mitte der 1970er Jahre eine Debatte darüber, ob eine verminderte Intelligenzleistung als Ursache für eine Lernbehinderung oder als Teilsymptom des Störungsbildes anzusehen ist. Dieselben Ereignisse können in Abhängigkeit der Begleitumstände unterschiedliche Folgen haben. Rutter (2000, 659) nennt etwa das Beispiel einer Adoption. Grundsätzlich eher als Stressfaktor fungierend, soll sie für Kinder, welche in Familien mit extremen psychosozialen Belastungen hineingeboren werden, eine protektive Erfahrung sein können. In der jüngeren Geschichte der Bildungsforschung finden sich einige Beispiele für eine differentielle Wirksamkeit von bislang nur global untersuchten Variablen bei unterschiedlichen Schülergruppen. Nuttall et al. (1990) konnten differentielle Effekte in Stärke und Richtung je nach Eingangsleitung und nach nationalstaatlicher Herkunft nachweisen. Auch eine Reanalyse der Daten von Mortimore et al. (1988) ergab differenziertere Aussagen für einzelne Subgruppen (Sammons et al. 1993). Die Beantwortung der langjährigen Streitfrage nach den Auswirkungen schulischer Selektionsmaßnahmen auf das Selbstkonzept und auf die weitere Leistungsentwicklung scheint auch durch differentielle Reaktionen der Schüler aus unterschiedlichen Leistungssegmenten erschwert (Köller/Baumert 2001; Buff 1991; Marsh 1987; Bachman/O'Malley 1986). Gerade in dieser Frage spielt das reziproke Verhältnis von schulischen Leistungen und dem Selbstkonzept eine herausragende Rolle. Gute Leistungsergebnisse bewirken eine Erhöhung des Selbstkonzepts, so wie umgekehrt ein gutes Selbstkonzept eine Steigerung der Leistungsergebnisse bewirkt (vgl. Überblick bei Byrne 1996). Ein geeigneter Umgang mit Reziprozität ist bislang noch kaum in die theoretische Konzeption von Resilienz eingearbeitet worden. Dabei sind wechselseitige Bedingungen in der Resilienzforschung wiederholt anzutreffen. Etwa dann, wenn von psychosozialer Stabilität als protektivem Faktor für eine unauffällige Schulkarriere und an anderer Stelle von positiven Schulerfahrungen als protektivem Hauptfaktor für psychosoziale Stabilität berichtet wird (Rutter 2000, 662f).

Alle diese Einwände können nicht den Kerngedanken des Resilienzkonstrukts widerlegen. Aber sie überdecken dessen Plausibilität mit Unübersichtlichkeiten und Unwägbarkeiten. Und sie warnen vor einer zu schlichten Fassung des Konstrukts und den damit wahrscheinlich werdenden Enttäuschungen bei der Umsetzung von Interventionen.

2 Kollektivierte Bildungsrisiken bei Immigranten

Wenn man das Resilienzkonzept auf das Problem des häufigen Scheiterns von Kindern und Jugendlichen aus Zuwandererfamilien übertragen will, besteht also ein wichtiger Schritt darin, erstens *Ausmaß* und zweitens *Art* des Risikos zu bestimmen. Oder anders ausgedrückt: Wie stark und wodurch ist das Risiko negativer Bildungskarrieren bei Immigranten im Vergleich zur heimischen Population erhöht? Mit dieser Frage wird streng genommen eine Vorentscheidung gefällt, die unter den Aspekten des vorhergehenden Abschnitts als heikel eingestuft werden muss. Denn sie impliziert eine Gruppierung des Risikos um den singulären Faktor der nationalstaatlichen Herkunft. Es sei denn, bei der Bestimmung der Art des Risikos würde sich herausstellen, dass sich unter diesem einen Faktor mehrere kumulierte Risiken vereinen, die in dieser Form bei der heimischen Subpopulation nicht vorkommen.

Die Quantifizierung des Risikos ist nur über Populationsdaten realisierbar. Natürlich lässt sich damit der individuelle Bildungsverlauf nicht zuverlässig vorhersagen. Dies unter anderem auch deshalb, weil in der entsprechenden Subpopulation mit interindividueller Varianz zu rechnen ist und weil Bildungskarrieren eben nicht durch einen singulären Faktor zu bestimmen sind. Man könnte zwar weitere Variablen wie das Geschlecht, die soziale Herkunft oder frühe Vorkenntnisse für die Gruppierung benutzen. Mit jeder neuen Variablen wird aber die Zahl der Gruppen größer, die Gruppen selbst hingegen kleiner.

2.1 Ausmaß des Risikos

Ein vertrautes Maß zur Bestimmung des Bildungserfolgs ist das Verhältnis der erzielten Bildungsabschlüsse im Vergleich zu jenen anderer Subpopulationen. In der Schweiz machen auf der Sekundarstufe I etwa doppelt so viele Immigranten wie Schweizer einen Bildungsabschluss mit geringeren Anforderungen, der einen Besuch weiterführender Schulen nur eingeschränkt ermöglicht. Aussagen, die aus diesem Befund abgeleitet werden, bleiben wegen der mangelnden Differenzierung des Risikos unscharf. Ein übliches Vorgehen bei bildungsstatistischen Analysen ist deshalb die Differenzierung der Bildungserfolge nach den einzelnen Herkunftsnationen (z. B. Lischer 1997; Dinkel et al. 1999).

Für die Interpretation der Bildungserfolge von Immigranten ist jedoch der Umstand von Bedeutung, dass diese nicht nur entlang den Herkunftsnationen, sondern auch entlang den Schulregionen stark variieren. Das im Vergleich zu Schweizer Jugendlichen doppelte Risiko für Zugewanderte, in einen Schultyp mit Grundansprüchen überzutreten, streut innerhalb der verschiedenen Regionen zwischen 1.7 und 3.6. Der Erklärungsgewinn der nach nationalstaatlicher Zugehörigkeit verfeinerten Analyse wird durch die regionale Bildungsstruktur teilweise wieder aufgehoben. In Abbildung 1 wird die kombinierte Wirkung beider konkurrierenden Erklärungen, Herkunftsnation versus regionale Bildungsstruktur, in einen graphisch dargestellten Zusammenhang gebracht. Die senkrechten Linien repräsentieren die maximale Streuung des Risikos einer negativen Selektion in den Kantonen der Schweiz; für die Gruppe mit Migrationshintergrund insgesamt und für die einzelnen Herkunftsnationen. So werden etwa Kinder und Jugendliche aus den Balkanstaaten im Vergleich zu den Schweizern in einem Kanton 1.8-mal häufiger, im anderen sogar 4-mal häufiger negativ selektioniert. Türkisch stämmige Schülerinnen und Schüler werden je nach Kanton 1.9- bis 3.6-mal häufiger als Schweizer an anspruchsärmere Schultypen überwiesen. Gemessen an den Übertrittsquoten scheinen sich die schulischen Probleme dieser Populationen mit dem Wohnkanton zu ändern. Überall dort, wo die

Selektionsrisiken der einzelnen Herkunftsnationen auf einem gemeinsamen Bereich auf der y-Achse streuen, wird der Einfluss der Herkunftsnation vom Einfluss des Wohnkantons überdeckt. Oftmals ist es deshalb für den realen Bildungserfolg von Jugendlichen bedeutsamer, welchen Wohnkanton sie auswählen, als welchen Pass sie haben. Dabei ist der reine Einfluss der regional variierenden Bildungsstruktur teilweise schon zurückgenommen, da die Übertrittswahrscheinlichkeit für Jugendliche anderer Herkunftsnationen an der Übertrittswahrscheinlichkeit der Schweizer Jugendlichen relativiert wird (zu den verwendeten Maßen vgl. Kronig 2006, Kap. 1).

Die Analyse geht noch einen Schritt weiter als jene von Nauck und Diefenbach (1997), die bereits zeigen konnte, dass der unterschiedliche Bildungserfolg in den deutschen Bundesländern nicht auf die nach Herkunft differierende Zuwanderung zurückgeführt werden kann.

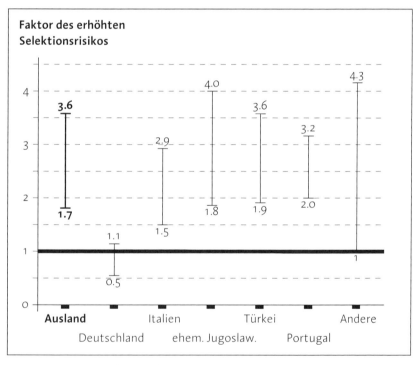

Abbildung 1: Varianz des erhöhten negativen Selektionsrisikos gegenüber Schweizer Kindern zwischen den Kantonen bei ausgewählten Nationen auf der Sekundarstufe 1.
Ausschlusskriterium: N der jeweiligen Population auf der Sekundarstufe I < 100.
(Quelle der Rohdaten: Schweizer Bundesamt für Statistik.)

In Bezug auf die Risiken für Immigrantenkinder, bereits auf der Primarstufe zu scheitern, sind die Analysen noch augenfälliger. Beispielsweise unterscheidet sich die Wahrscheinlichkeit, an eine Sonderklasse für Lernbehinderte überwiesen zu werden, je nach Wohnkanton um bis das Zehnfache (ähnlich auch bei bundesdeutschen Datensätzen, vgl. Kronig 2003). Analoge Ergebnisse sind auch bei der Vergleichsgruppe der Schweizer Kinder zu finden. Während in einem Kanton lediglich jedes zweihundertste Kind eine Sonderklasse besucht, ist es in einem anderen schon jedes fünfundzwanzigste. Die Risiken scheinen sich darüber hinaus auch auf der Zeitachse zu verändern. Während sich die Wahrscheinlichkeit einer Sonderklassenüberweisung für ein Immigrantenkind in den letzten fünfundzwanzig Jahren verdreifacht hat, hat sie bei den Schweizer Kindern um rund ein Viertel abgenommen. Aus dieser Beobachtung könnte abgeleitet werden, dass in Bezug auf eine sonderpädagogische Überweisung die numerisch relevante Anwesenheit der Immigrantenkinder zu einem protektiven Faktor für die heimischen Schüler geworden ist.

Diese Standortabhängigkeit des Bildungserfolgs erschwert die Einschätzung des zusätzlichen Risikos für Schüler anderer nationalstaatlicher Herkunft. Innerhalb der Subgruppe der Kinder und Jugendlichen aus Zuwandererfamilien sind die Risiken sehr ungleich verteilt, was allerdings nicht mit der üblichen interindividuellen Varianz erklärt werden kann. Würde man ein Resilienzmodell mit dem Indikator Bildungsabschlüsse erstellen, dürfte mehr als die Hälfte der Resilienzrate auf den Standortfaktor zurückgehen.

2.2 Art des Risikos

Die Suche nach Faktoren, welche Resilienz bei Immigrantenkindern in der Schule mit erzeugen können, wird erleichtert, wenn die verfügbaren Informationen über die Art der mit einer Einwanderung verbundenen Risiken berücksichtigt werden. Dabei ist zu beachten, dass der Gruppierungsfaktor „nationalstaatliche Herkunft" zunächst eher eine juristische als eine pädagogische Kategorie ist. An dieser Stelle sei nochmals an die weiter oben beschriebene Problematik dichotomer Gruppenstrukturierung erinnert, welche die Heterogenität innerhalb der Population der Angehörigen aus Zuwandererfamilien verschleiert. Als Sammelbezeichnung fasst die Kategorie verschiedenste Gruppen zusammen, die kaum als Einheit zu begreifen sind (zum Operationalisierungsproblem Kronig 2006, 129ff).

Es gibt eine reichhaltige Angebotspalette an Hypothesen, was für diese Kategorie im sozialwissenschaftlichen Sinn konstitutiv ist und welche pädagogischen Implikationen sie hat (vgl. z. B. Kronig 2003), die hier nur abgekürzt dargestellt werden kann. Lange Zeit dominierte die These einer Identitätsdiffusion infolge eines behaupteten Kulturkonflikts die Debatte. Als scheinbar elaborierter Ansatz im Vergleich zu frühen Defizittheorien findet die problemerklärende Variante „Kulturschock" eine rasche und nachhaltige Verbreitung. Sie gilt als eine der wesentlichen Ursachen, wenn nicht sogar als Ursache überhaupt, für das häufige Ausbleiben der Bildungserfolge bei Immigranten (z. B. Boos-Nünnig 1990, 559f). Die Herstellung dieses kausalen Zusammenhangs ist aber deshalb besonders zwiespältig, weil aufgrund der als nahezu gesetzmäßig geltenden Voraussage eines Kulturkonflikts bei einer Einwanderung (vgl. kritisch bei Czock 1993, 86f) die darauf folgenden Schulschwierigkeiten geradezu erwartet werden. Die Prognose der Identitätsdiffusion basiert jedoch auf kaum mehr haltbaren Annahmen von fixen, in sich einheitlichen Kulturen und von Identität als stabilem Muster der Selbstwahrnehmung (z. B. Hamburger 1998, 129ff).

Von dem Hintergrund des Aufklärungsdrucks, der von der im vorausgehenden Abschnitt skizzierten Datenlage ausgeht, war zu erwarten, dass alternative Erklärungsmodelle die individualtheoretischen Überlegungen zumindest teilweise korrigieren würden. Dabei lassen sich zwei hauptsächliche Richtungen unterscheiden. Jungbluth (1994) interpretiert die geringeren Bildungserfolge der Immigranten auf einer interaktionstheoretischen Folie. Er weist in einer niederländischen Querschnittstudie nach, dass die Anforderungen des Lernzielniveaus von sozialen Stereotypien geprägt sind. Die Leistungsfähigkeit türkischer und marokkanischer Schüler wird tiefer eingeschätzt und überdurchschnittliche Intelligenz wird in der Regel nicht als solche erkannt. Eine Längsschnittuntersuchung in der Schweiz findet ebenfalls Unterschiede in der Erwartungshaltung von Lehrpersonen entlang nationalstaatlicher Zugehörigkeit (Kronig et al. 2000, 142ff). Selbst bei vergleichbarer Performanz in der Ausgangs- und Intelligenzleistung wird die Leistungsfähigkeit der Angehörigen aus Zuwandererfamilien signifikant tiefer eingeschätzt. Die systematisch verzerrte Wahrnehmung wirkt sich nachweislich auf die weitere Leistungsentwicklung aus. Die Lernfortschritte von Schülern scheinen durch ein geringes Vertrauen der Lehrperson in das Leistungspotential gehemmt zu werden. Dass die Leistungserwartung von Lehrpersonen durch die Faktoren ‚ethnische Herkunft' und ‚sozioökonomischer Status' beeinflusst wird, ist im englischsprachigen Raum mehrfach repliziert worden (Überblick Baron et al. 1985).

In der Bundesrepublik sucht eine Autorengruppe seit längerem in der Systemlogik der Schulstruktur nach Erklärungen für die gehäufte Rückstellung vom Schulbesuch und die steigenden Sonderschulüberweisungen. Vorbei an den effektiven Eigenschaften und Leistungen der Schülerinnen und Schüler scheint die Schule immer dann positiv oder negativ zu selektionieren, „wenn es ihrer Logik opportun erscheint" (Bommes/Radtke 1993, 483). Den Begründungshintergrund liefern hinterher Konstrukte über den Zusammenhang zwischen der Herkunft und der schulischen Leistung. Nationalstaatliche Zugehörigkeit umgedeutet in kulturelle Differenz scheint dabei eine besonders dankbare Argumentationsressource zu sein (vgl. Gomolla 2000). Die Erweiterung des Allokationstyps ‚Leistung' durch den zusätzlichen Allokationstyp ‚Askription' geschieht dabei nicht wegen diskriminierender Neigungen der Entscheidungsträger, sondern aus organisatorischen Kalkülen heraus (Radtke 1995, 861). Die Vagheit der konstruierten Zusammenhänge zwischen Leistungsfähigkeit und askriptiven Merkmalen wie der nationalstaatlichen Zugehörigkeit ist aus organisatorischer Sicht nicht ein Problem. Sie ist vielmehr die Lösung. Denn sie erlaubt die nötige Flexibilität der Argumentation, um nach Bedarf entscheiden zu können. Die örtlich und regional differente Selektionspraxis kann nach diesem theoretischen Zugang als Beleg dafür gewertet werden, dass die Institution Schule die soziale Bedeutung kultureller Differenz selbst erst herstellt.

Der langjährige Dissens in der Frage, ob die nationalstaatliche Zugehörigkeit oder die sozioökonomische Herkunft in einen Zusammenhang mit dem Bildungserfolg gestellt werden soll (Rüesch 1998; Alba et al. 1994), ist noch nicht beigelegt. Da aber die beiden Bedingungsvariablen hoch miteinander konfundiert sind, muss einstweilen angenommen werden, dass die Schulprobleme von Zuwanderern etwas mit ihrer sozialen Position in der Aufnahmegesellschaft zu tun haben. Unter dieser Voraussetzung müssen mindestens zwei große Theorien in die Überlegungen einbezogen werden, die gegenwärtig um die bessere Interpretation ungleicher Bildungsverteilungen konkurrieren (ausführlich bei Kronig 2006). Zu den sich oftmals auf die Arbeit von Bourdieu und Passeron (1971) berufenden Ansätzen, welche ungleiche Schullaufbahnen auf der Grundlage sozialstruktureller Reproduktionsmechanismen analysieren, sind in jüngerer Vergangenheit wieder verstärkt die unter anderem auf Boudon (1974) zurückgehenden und unter dem Begriff der ‚Rationalen Wahl' bekannt gewordenen Erklärungen getreten. Diese nehmen bei der Aufklärung von Bildungsdisparitäten das rational handelnde und nach dem Prinzip der Nutzenmaximierung entscheidende Individuum als Ausgangspunkt (z. B. Breen/Goldthorpe 1997; Erikson/Jonsson 1996).

Wie schon das Ausmaß ist auch die Art des Risikos für Immigrantenkinder, eine unterdurchschnittliche Bildungskarriere durchlaufen zu müssen, kaum eindeutig zu bestimmen. Die verschiedenen Erklärungsansätze sind auf weiten Strecken nicht miteinander zu vereinbaren. Relative Gewissheit gibt es lediglich darüber, dass Erklärungen, welche ausschließlich mit personenbezogenen Variablen operieren, kaum noch ernsthaft diskutiert werden. Ferner ist anzunehmen, dass sich die Uneinigkeit in der ätiologischen Debatte auch in der Resilienzforschung abbilden wird. Wenn Resilienzmodelle entweder einen individual-, interaktions-, system- oder gesellschaftstheoretischen Ausgangspunkt nehmen, werden sie kaum noch inhaltliche Ähnlichkeiten untereinander aufweisen. Der Nachweis eines übergreifenden Risikos hingegen, dem alle Angehörigen von Immigrantenfamilien ausgesetzt sind, dürfte nur schwerlich gelingen. Einiges spricht dafür, dass bei dieser Gruppe die Risiken erst in den Bildungsdebatten oder gar in der institutionellen Praxis artifiziell kollektiviert werden. Zumindest wäre dies eine der Interpretationsmöglichkeiten für den Befund, dass hochselektive Bildungssysteme den Zuwanderern selbst bei gleicher Leistungsfähigkeit dennoch nicht die gleichen Aufstiegschancen wie der Aufnahmegesellschaft eröffnen (Kronig 2006).

3 Grenzen pädagogischer Interventionsmöglichkeiten

Der Resilienzbegriff geht von prinzipieller Veränderbarkeit aus. Einschränkungen werden allenfalls auf Seiten der Bedingungen bei Invarianz des Risikofaktors aufgelistet, wie es beispielsweise beim Geschlecht gegeben ist (vgl. Doll/Lyon 1998, 351). Am konkreten Gegenstand der Bildungserfolge zeigt sich indes, dass Einschränkungen auch auf Seiten der Erfolgsindikatoren existieren.

Bildungserfolge können entweder in einem psychologischen, schulpädagogischen Sinn am Erreichen eines vorgegebenen Lernziels oder aber in einem bildungssoziologischen Sinn am Erreichen eines bestimmten Bildungszertifikats gemessen werden. Die im Rahmen der Risikobestimmung festgestellte Standortabhängigkeit des Bildungserfolgs ist ein Indiz dafür, dass die beiden Maße nicht deckungsgleich sind. Die Anforderungen, die an den Erwerb eines Bildungstitels gestellt werden, sind nicht überall dieselben. Was sich an der groben Struktur hochaggregierter bildungsstatistischer Daten ablesen lässt, scheint auch innerhalb der einzelnen Schulklassen zu gelten. Es ist keineswegs eine Ausnahme, wenn eine Leistung in einer Klasse mit Höchstnoten bewertet, in einer anderen aber als ungenügend erachtet wird. Individuelle Leistungszertifikate, von allen Bildungsteilnehmern als Ausweis der Fähigkeiten des Einzelnen gewertet, sind in hohem Ausmaß von den Fähigkeiten der Mitschülerinnen und Mitschüler abhängig, bilden deren Kompetenzniveau spiegelverkehrt ab (Empirie zu diesem Referenzgruppenfehler ausführlich bei Kronig 2006, 188ff).

Nach konventionellem Verständnis werden dauerhafte schlechte Schulleistungen und gegebenenfalls ein tiefes kognitives Niveau als Symptome für frühes schulisches Scheitern betrachtet. Eine Reanalyse von Schweizer Daten (Kronig et al. 2000) aus dem zweiten Schuljahr kann zeigen, inwieweit mit den beiden Merkmalen eine Überweisung an eine Sonderklasse für Lernbehinderte vorhergesagt werden kann. Über eine logistische Regression lässt sich errechnen, wie hoch die Übereinstimmung zwischen vorhergesagten und effektiven Zuordnungen ist. Bei den Regelklassen wird eine zutreffende Vorhersage von 99,8 Prozent erreicht. Von etwas mehr als 1700 Schülerinnen und Schülern müssten sich nur drei aufgrund der beiden Merkmale eigentlich in einer Sonderklasse für Lernbehinderte befinden. Bei den Sonderklassen hingegen wird lediglich eine Rate richtiger Vorhersagen, also der zutreffend positiven Klassifikation, von 17,3 Prozent erreicht. Nur 13 von 75 Kindern können aufgrund der Leistungsmerkmale richtig zugeordnet werden. Es versteht sich von selbst, dass das Risiko einer falsch positiven Klassifikation im vorliegenden Fall größer ist als jenes einer falsch negativen Klassifikation. Dennoch ist die erreichte Übereinstimmung bemerkenswert gering. Die Lernbehinderung als institutionelles Attest gescheiterter Bildungsbiographie scheint in Abhängigkeit von der jeweiligen Struktur des sonderpädagogischen Angebots zu stehen. Das wäre eine der Erklärungen, weshalb es zwischen Regel- und Sonderklassen überaus große Leistungsüberschneidungen gibt (Kronig 2003). Aus dem Befund lässt sich die Vermutung ableiten, dass eine Verbesserung der Leistungen nicht in jedem Fall eine ausreichende Sicherheit vor einem frühen Ausstieg aus der regulären Bildungslaufbahn garantieren kann.

Möglicherweise müssen die beiden Maße des Bildungserfolgs, die inhaltliche und die formale Qualifikation, grundsätzlich als ungleich gedacht werden. Inhaltliche schulische Kompetenzen, so kann beispielsweise aus dem populären Carrollschen Modell (1963) schulischen Lernens gefolgert werden, können bei entsprechendem Einsatz von Zeit und Ressourcen ohne feste Grenze gesteigert werden. Die Schüler unterstehen nicht einer Konkurrenzsituation. Hingegen scheint die Zahl der begehrten Bildungstitel unabhängig vom Potential der Schülerpopulation eng begrenzt. Die Verteilung der Titel geschieht über wettbewerbsähnliche Mechanismen. Auch erfolgreiche Förderprogramme können vermutlich nichts an der Zahl der Bildungstitel ändern. Die Erfahrungen mit der Bildungsexpansion deuten in eine ähnliche Richtung. Es ist unwahrscheinlich, dass höhere Kompetenzen eine Öffnung der höheren Bildungsgänge bewirkt haben. Nahe liegender scheint die umgekehrte Interpretation, dass durch die Steigerung der Bildungsraten eine Kompetenzerweiterung erreicht worden ist (Kronig 2006, 33ff). Indes hat diese Entwicklung nicht allen Bildungsbeteiligten Vorteile gebracht. Die Bildungsexpansion hat nicht nur den Wert höherer Bildungsabschlüsse inflationiert, sondern ebenso die gleichermaßen niedrig qualifizierenden Bildungsgänge entwertet (Solga/Wagner 2000). Der Schulabschluss, der ehemals von einer deutlichen Mehrheit der Bevölkerung gemacht wurde, gilt nun als „Restschule" (Teichler 1985, 168). In diesem Sinne schlechter ausgestattet als früher treffen die Stiefkinder der Bildungsexpansion in ihrem angestammten Arbeitsmarktsegment auf die neue Konkurrenz mit höheren Bildungstiteln.

Es ist ungewiss, ob der Resilienzbegriff sich dieser mehr oder minder konsequenten Trennung inhaltlicher Lernerfolge und formaler Bildungserfolge entziehen kann. Die Hypothese ist wahrscheinlich, dass die Förderung von kognitiven und sprachlichen Fähigkeiten, von sozialen Beziehungen in der Gleichaltrigengruppe und von Selbstwirksamkeitsüberzeugungen oder von der allgemeinen Schulqualität, so eine beispielhafte Aufzählung von Ergebnissen der Resilienzforschung (Überblick Doll/Lyon 1998), wenig an der Struktur des Bildungssystems verändern kann. Allfällige Erfolge von

Programmen, die auf Resultaten der Resilienzforschung basieren, wären demnach auch nicht dort zu suchen.

Die zahlreichen Fragen und Einwände in diesem Beitrag entstehen zumeist aus der Komplexität der Problematik des häufigen Scheiterns von Kindern und Jugendlichen aus Immigrantenfamilien in der Schule. Allein schon das relative Alter dieses Diskussionsgegenstands und die vielen bisherigen Bemühungen um Verbesserung der Bildungsrelationen zwischen Zugewanderten und Ansässigen lassen keine Veränderung mit wenigen einfachen Maßnahmen erwarten.

Vielleicht wird bei der geforderten Berücksichtigung dieser Komplexität etwas von der nicht abzusprechenden Originalität des Resilienzkonstrukts verloren gehen. Aber dies ist wohl der Preis für den Schutz davor, dass die Ergebnisse der Resilienzforschung in einer überraschungsfreien Trivialität enden.

Literatur

Alba, R. D., Handl, J., Müller, W. (1994): Ethnische Ungleichheit im deutschen Bildungssystem. Kölner Zeitschrift für Soziologie und Sozialpsychologie 46, 209–237

Bachman, J. G., O'Malley, P. M. (1986): Self-Concepts, Self-Esteem, and Educational Experiences: The Frog Pond Revisited (Again). Journal of Personality and Social Psychology 50, 35–46

Baron, R. M., Tom, D. Y., Cooper, H. M. (1985): Social Class, Race and Teacher Expectations. In: Dusek, J. B., Hall, V. C., Meyer, W. J. (Eds.): Teacher Expectancies. Erlbaum, Hillsdale, 251–269

Baumann, U., Perrez, M. (1998): Ätiologie/Bedingungsanalyse. Methodische Gesichtspunkte. In: Baumann, U., Perrez, M. (Hrsg.): Lehrbuch Klinische Psychologie – Psychotherapie. 2., überarb. Auflage. Huber, Bern, 135–148

Beck, U. (1986): Risikogesellschaft. Auf dem Weg in eine andere Moderne. Suhrkamp, Frankfurt/M.

Bommes, M., Radtke, F.-O. (1993): Institutionalisierte Diskriminierung von Migrantenkindern. Die Herstellung ethnischer Differenz in der Schule. Zeitschrift für Pädagogik 39, 481–497

Boos-Nünning, U. (1990): Eingliederungsprobleme bei behinderten ausländischen Kindern. In: Speck, O., Martin, K. R. (Hrsg.): Sonderpädagogik und Sozialarbeit. Handbuch der Sonderpädagogik Bd. 10. Marhold, Berlin, 556–573

Boudon, R. (1974): Education, Opportunity, and Social Inequality. Changing Prospects in Western Society. Wiley & Sons, New York

Bourdieu, P., Passeron, J.-C. (1971): Die Illusion der Chancengleichheit. Untersuchungen zur Soziologie des Bildungswesens am Beispiel Frankreichs. Klett, Stuttgart

Breen, R., Goldthorpe, J. H. (1997): Explaining Educational Differentials. Towards a Formal Rational Action Theory. Rationality and Society 9 (3), 275–305

Buff, A. (1991): Schulische Selektion und Selbstkonzeptentwicklung. In: Pekrun, R., Fend, H. (Hrsg.): Schule und Persönlichkeitsentwicklung. Ein Resümee der Längsschnittforschung. Enke, Stuttgart, 100–114

Byrne, B. M. (1996): Academic self-concept: Its structure, measurement, and relation to

academic achievement. In: Bracken, B. A. (Ed.): Handbook of self-concept. Wiley, New York, 287–316
Carroll, J. B. (1963): A model of school learning. Teacher College Record 64, 723–733
Czock, H. (1993): Der Fall Ausländerpädagogik. Erziehungswissenschaftliche und bildungspolitische Codierungen der Arbeitsmigration. Cooperative, Frankfurt/M.
Dinkel, R. H., Luy, M., Lebok, U. (1999): Die Bildungsbeteiligung deutscher und ausländischer Jugendlicher in der Bundesrepublik Deutschland. In: Lüttinger, P. (Hrsg.): Sozialstrukturanalysen mit dem Mikrozensus. ZUMA-Nachrichten Spezial, Band 6. ZUMA, Mannheim, 354–375
Doll, B., Lyon, M. A. (1998): Risk and Resilience: Implications for the Delivery of Educational and Mental Health Services in Schools. School Psychology Review 27, 348–363
Egeland, B., Carlson, E., Sroufe, L. A. (1993): Resilience as process. Development and Psychopathology 5, 517–528
Erikson, R., Jonsson, J. O. (1996): Explaining Class Inequality in Education: The Swedish Test Case. In: Erikson, R., Jonsson, J. O. (Eds.): Can Education Be Equalized? The Swedish Case in Comparative Perspective. Westview Press, Stockholm, 1–63
Fend, H. (1998) Qualität im Bildungswesen. Schulforschung zu Systembedingungen, Schulprofilen und Lehrerleistung. Juventa, Weinheim
Fraser, B. J., Walberg, H. J., Welch, W. W., Hattie, J. A. (1987): Syntheses of educational productivity research. International Journal of Educational Research 11, 145–252
Gomolla, M. (2000): Ethnisch-kulturelle Zuschreibungen und Mechanismen institutionalisierter Diskriminierung in der Schule. In: Attia, I., Marburger, H. (Hrsg.): Alltag und Lebenswelten von Migrantenjugendlichen. IKO-Verlag für Interkulturelle Kommunikation, Frankfurt/M., 49–70
Hamburger, F. (1998): „Identität" und interkulturelle Erziehung. In: Gogolin, I., Krüger-Potratz, M., Meyer, M. A. (Hrsg.): Pluralität und Bildung. Leske & Budrich, Opladen, 127–149
Helmke, A., Weinert, F. E. (1997): Bedingungsfaktoren schulischer Leistungen. In: Weinert, F. E. (Hrsg.): Psychologie des Unterrichts und der Schule. Enzyklopädie der Psychologie Bd. 3. Hogrefe, Göttingen, 71–176
Helsper, W., Böhme, J. (2004) (Hrsg.): Handbuch der Schulforschung. VS Verlag für Sozialwissenschaften, Wiesbaden
Jungbluth, P. (1994): Lehrererwartungen und Ethnizität. Innerschulische Chancendeterminanten bei Migrantenschülern in den Niederlanden. Zeitschrift für Pädagogik 40, 113–125
Kelly, G. A. (1986): Die Psychologie der persönlichen Konstrukte. Junfermann, Paderborn
Köller, O., Baumert, J. (2001): Leistungsgruppierung in der Sekundarstufe I. Ihre Konsequenzen für die Mathematikleistung und das mathematische Selbstkonzept der Begabung. Zeitschrift für Pädagogische Psychologie 15, 99–110
Kronig, W. (2003): Das Konstrukt des leistungsschwachen Immigrantenkindes. Zeitschrift für Erziehungswissenschaft 6, 126–141
– (2006): Die systematische Zufälligkeit des Bildungserfolgs. Theoretische Erklärungen und empirische Untersuchungen zu Lernentwicklung und Leistungsbewertung von leistungsschwachen Schülerinnen und Schülern in unterschiedlichen Schulklassen.
–, Haeberlin, U., Eckhart, M. (2000): Immigrantenkinder und schulische Selektion. Pädagogische Visionen, theoretische Erklärungen und empirische Untersuchungen zur Wirkung integrierender und separierender Schulformen in den Grundschuljahren. Haupt, Bern/Stuttgart
Laucht, M. (1999): Risiko- versus Schutzfaktor? Kritische Anmerkungen zu einer problematischen Dichotomie. In: Opp, G., Fingerle, M., Freytag, A. (Hrsg.): Was Kinder

stärkt. Erziehung zwischen Risiko und Resilienz. 1. Aufl. Ernst Reinhardt, München, 303–313

Lischer, R. (1997): Integration – (k)eine Erfolgsgeschichte. Ausländische Kinder und Jugendliche im schweizerischen Bildungssystem. Herausgegeben vom Schweizerischen Bundesamt für Statistik. BfS, Bern

Luthar, S. S., Zigler, E. (1991): Vulnerability and competence: A review of research on resilience in childhood. American Journal of Orthopsychiatry 61, 6–22

Marsh, H. W. (1987): The big-fish-little-pond effect on academic self-concept. Journal of Educational Psychology 79, 280–295

Masten, A. S., Coatsworth, J. D. (1998): The development of competence in favorable and unfavorable environments. Lessons from research on successful children. American Psychologist 53, 205–220

Mortimore, P., Sammons, P., Stoll, L., Lewis, D., Ecob, R. (1988): School Matters. The Junior Years. Open Books, Wells

Nauck, B., Diefenbach, H. (1997): Bildungsbeteiligung von Kindern aus Familien ausländischer Herkunft. Eine methodenkritische Diskussion des Forschungsstands und eine empirische Bestandesaufnahme. In: Schmidt, F. (Hrsg.): Methodische Probleme der empirischen Erziehungswissenschaft. Baltmannsweiler, 289–308

Nuttall, D. L., Goldstein, H., Prosser, R., Rasbash, J. (1990): Differential school effectiveness. International Journal of Educational Research 13, 769–776

Pianta, R. C., Walsh, D. J. (1998): Applying the Construct of Resilience in Schools: Cautions From a Developmental Systems Perspective. School Psychology Review 27, 407–417

Radtke, F.-O. (1995): Interkulturelle Erziehung. Über die Gefahren eines pädagogisch halbierten Anti-Rassismus. Zeitschrift für Pädagogik 41, 853–864

Rüesch, P. (1998): Spielt die Schule eine Rolle? Schulische Bedingungen ungleicher Bildungschancen von Immigrantenkindern – eine Mehrebenenanalyse. Peter Lang, Bern

Rutter, M. (1993): Resilience: Some Conceptual Considerations. Journal of adolescent health 14, 626–631

– (2000): Resilience Reconsidered: Conceptual Considerations, Empirical Findings, and Policy Implications. In: Shonkoff, J. P., Meisels, S. J. (Eds.): Handbook of early childhood intervention. Cambridge University Press, Cambridge, 651–682

Sammons, P., Nuttall, D., Cuttance, P. (1993): Differential school effectiveness: Results from a reanalysis of the ‚Inner London Education Autority's Junior School Project‛ data. British Educational Research Journal 19, 381–405

Sauer, J., Gamsjäger, E. (1996): Ist Schulerfolg vorhersagbar? Die Determinanten der Grundschulleistung und ihr prognostischer Wert für den Sekundarschulerfolg. Hogrefe, Göttingen

Solga, H., Wagner, S. (2000): „Beiwerk" der Bildungsexpansion: Die soziale Entmischung der Hauptschule. Independent Research Group „Lack of Training. Employment and Life Chances of the Less Educated". Max-Planck-Institut für Bildungsforschung. Working Paper 1/2000. Max-Planck-Institut, Berlin

Teichler, U. (1985): Zum Wandel von Bildung und Ausbildung in den 70er und 80er Jahren. Mitteilungen aus der Arbeitsmarkt- und Berufsforschung 18, 167–176

Tippelt, R. (2002) (Hrsg.): Handbuch Bildungsforschung. Leske & Budrich, Opladen

Werner, E. E. (1999): Entwicklung zwischen Risiko und Resilienz. In: Opp, G., Fingerle, M., Freytag, A. (Hrsg.): Was Kinder stärkt. Erziehung zwischen Risiko und Resilienz. 1. Aufl., Ernst Reinhardt, München/Basel, 25–36

– (2000): Protective factors and individual resilience. In: Shonkoff, J. P., Meisels, S. J. (Eds.): Handbook of early childhood intervention. Cambridge University Press, Cambridge, 115–132

Schule – Chance oder Risiko?

von Günther Opp

Es wäre schon erstaunlich, wenn eine Gesellschaft mit *ihrer Schule* zufrieden wäre. Zu vielfältig sind die Erwartungen im Umfeld von Schulen, als dass sie alle erfüllt werden könnten. Auf Seiten der Lehrerinnen und Lehrer korrespondiert die öffentliche Schulschelte mit der Kritik an unzureichenden Ressourcen im Umgang mit modernen pädagogischen Herausforderungen. Die Dauerkritik, mit der die Schulsysteme von innen und außen konfrontiert sind, ist ein Teil ihrer Systemkonstitution und wird im positiven Fall als produktive Irritation in permanente Schulreform übersetzt.

Der Zusammenhang zwischen pädagogischen Intentionen, Ressourcenverbrauch und den erzielten schulischen Effekten bleibt dabei enttäuschungsanfällig. Der Rationalitätsanspruch einer Systematisierung der Relation zwischen Ressourcenverbrauch, pädagogischen Intentionen und Effekten, den die Gesellschaft an ihre Schulen stellt, kann von den Schulen letztlich nicht eingelöst werden (Luhmann 2002). Diese systemkonstituierende Differenz zwischen den Erwartungen schulischer Effekte und den empirisch belegten schulischen Leistungsergebnissen wurde im Zusammenhang der PISA-Diskussion auf die prägnante Frage gebracht: *Versagen unsere Schulen?* Die deutsche Öffentlichkeit setzte sich mit der Tatsache auseinander, dass sich die Leistungsergebnisse der fünfzehnjährigen Schüler im internationalen Vergleich im unteren Drittel bewegen (Baumert et al. 2003), was übrigens dem Stand der deutschen Bildungsausgaben im internationalen Vergleich entspricht. Zwei Befunde der aktuellen Bildungsdiskussion sind besonders alarmierend. Das ist zum einen die hohe Abhängigkeit der Bildungserfolge der Schülerinnen und Schüler von ihrem sozio-ökonomischen Hintergrund und zum anderen die Einsicht, dass die geringe Lesekompetenz von fast einem Viertel der fünfzehnjährigen Schüler ihre beruflichen Qualifikationschancen erheblich gefährdet. Nachdem man sich in der politischen Arena entschlossen hatte, keine Strukturdiskussion zu führen, wurde als Remedium einer unbefriedigenden Situation im Sinne der Qualitätsverbesserung und Qualitätssicherung der Schulen vor allem eine kontinuierliche Evaluation der Schulen entlang von Standards, die noch zu definieren sind, empfohlen (Harvey/Green 2000; Gogolin et al. 2005). Parallel führt diese Diskussion eine Machbarkeitsprämisse der technologischen Steigerbarkeit von Schülerkompetenzen durch *Outputsteuerung* mit sich („*Erziehungswissenschaft der OECD*"; Radtke 2004).

Zutreffend ist, dass wir wohl noch nie mehr wussten über schulische Leistungsergebnisse (Output) im deutschen Bildungssystem. Gleichzeitig besteht eine große Lücke zwischen dem Wissen über Schülerleistungen und dem Wissen darüber, mit welchen Maßnahmen und Methoden Verbesserungen anzustreben sind. Das ist angesichts der Größe der schulischen Risikopopulation eine dramatische Feststellung. Am Ende ihrer Schulzeit verlassen in Deutschland etwa 220.000 Schüler die Schulen ohne ausreichende Ausbildungsreife. Darunter sind 80.000 bis 90.000 Jugendliche ohne Schulabschluss (Klein 2005). Zwei Drittel der Schulabbrecher sind Jungen. Im Schuljahr 2003/2004 besuchten fast 80.000 Jugendliche eine berufsvorbereitende Maßnahme. Solche Angebote wurden von 31.600 Teilnehmern ohne Abschluss und vorzeitig abgebrochen. Die Zahl der Teilnehmer in berufsvorbereitenden Ausbildungsangeboten ist zwischen 1999 und 2004 um das 2,2fache angestiegen. In diesem Zusammenhang wird von „Verschiebebahnhöfen" gesprochen, die zu erheblichen Folgekosten von 3,7 Mrd. Euro für die Bereitstellung von schulischen und berufsvorbereitenden Fördermaßnahmen und noch einmal 3,4 Mrd. Euro für Fördermaßnahmen in der beruflichen Bildung führen. Klein (2005) bezeichnete dies als *„Folgekosten einer verfehlten Bildungspolitik"* (13). Das sind Zahlen, hinter denen sich individuelle Schicksale verbergen, die von einer Zukunft in sozialer Randständigkeit mit noch weitaus höheren sozialen Folgekosten bedroht sind. Das sind auch Zahlen, die belegen, in welchem Ausmaß die Schulen in Deutschland im Umgang mit ihren Risikoschülern scheitern. Mit den Machbarkeitsversprechungen einer ökonomisch ausgerichteten Outputsteuerung der Bildungssysteme wird sich dieses Problem nicht lösen lassen. Gefordert sind verbesserte Unterrichts- und Förderangebote, die vor allem auch die breiteren sozialen Unterstützungsqualitäten für schulische Risikopopulationen in den Blick nehmen müssen. Im Rahmen dieses Beitrags soll deshalb zunächst auf die Frage der Differenz von Schulen und ihren Effekten eingegangen werden; daran anschließend wird die Frage nach dem Einfluss der Qualitäten des schulischen Beziehungsgeschehens im Sinne von Risiko und Protektion für die Schülerinnen und Schüler diskutiert.

1 Schulische Bildungsprozesse als lokales Geschehen: der potentielle Einfluss von Schulen auf das Leben von Kindern und Jugendlichen

In Berlin hat eine Hauptschule in einem sozialen Brennpunktgebiet vor kurzem die eigene Auflösung beantragt (SPIEGEL ONLINE 30.03.2006). Ein Novum! Die Gesamtkonferenz der Schule hatte diesem Antrag einstimmig zugestimmt. Das Schulkollegium war der Meinung, dass ein geordneter Unterricht an dieser Schule nicht mehr stattfindet. Kein Einzelfall! Vor allem in Sekundarschulen in Brennpunktgebieten wissen die Lehrer oft nicht mehr, was sie tun sollen. Sie haben die Kontrolle über die schulischen Alltagsprozesse verloren. Nicht alle Schulen haben solche Probleme. Es gibt Schulen in sozioökonomisch hochbelasteten Schulsprengeln, in denen sehr erfolgreich gearbeitet wird. Was macht den Unterschied aus?

Mehrere Schulstudien zeigen übereinstimmend, dass die Differenz der Schülerleistungen zwischen Schulen des gleichen Schultyps größer ist als die Differenz der Mittelwerte von Schulen unterschiedlicher Schulformen (Rutter et al. 1980; Mortimer 1997; Fend 1998; Baumert et al. 2001; Köller/Trautwein 2003). Diese Befunde belegen die Gestaltungskraft der Einzelschule, die in verwandten Begriffen wie Schulethos, Schulklima und Schulkultur im Sinne einer emotional gefärbten, positiv konnotierten, normativen Orientierung von Schulentwicklung synthetisiert wurden (Wenzel 2004, 395). Das Schulklima oder die Schulkultur ist die Aggregation der Wahrnehmung der schulischen Akteure im Sinne eines allgemeinen schulischen „Selbstbewusstseins" oder eines miteinander geteilten „Meinungsprofils" über die Schule, also eine subjektive Wirklichkeitskonstruktion, nämlich das „... *was die meisten für ‚richtig' halten, wovon sie glauben, dass es ‚alle in einer Schule denken', was ‚alle für wahr' halten*..." (Fend 1998, 174).

In der Vorstellung der Kultur einer Schule verdichtet sich die Lebenspraxis der schulischen Gemeinschaft. Vorsicht ist dabei geboten vor homogenisierenden Kulturvorstellungen. Die Schulen sind konfrontiert mit Multikulturalität, sozialer Heterogenität und mit konflikthaften Funktionserwartungen, Verwaltungsvorschriften, knappen Ressourcen und einem Horizont individuell verschiedener professioneller Identitätsausformungen. *Kultur ist ein offener und instabiler Prozess der durchaus konflikthaften Auseinandersetzung und des Aushandelns divergierender Ansprüche von Akteuren mit unterschiedlichen Geltungsansprüchen* (Wimmer 1996; Herzog 1999). Im Zentrum eines modernen Schulkulturbegriffs steht somit die Frage nach dem Gelingen konflikthafter Aushandlungsprozesse. Das entspricht der Frage nach den Routinen und den sozialen Strukturen, durch die Konflikte im Rahmen institutioneller Eigenlogiken, institutioneller Wissensbestände und institutioneller Deutungsmuster mehr oder weniger konsensfähigen Lösungen und reflektierter Balance zugeführt werden können. Schulkultur ist nicht statisch, sondern entsteht in einem dynamischen Prozess zwischen Divergenz und Einheit, zwischen Konflikten und Lösungen, der auch als *Schulentwicklung* bezeichnet wird.

Hinsichtlich dieser schulischen Alltagskulturen werden zwischen einzelnen Schulen erhebliche Qualitätsunterschiede festgestellt. Es gibt Schulen mit „negativer Schulkultur" (DuFour/Burnett 2002), und es gibt so etwas wie „Schulpathologie" in Schulen, die es aus unterschiedlichen Gründen nicht mehr schaffen, funktionale Routinen des pädagogischen Alltags im Sinne einer tragenden schulischen Kultur herzustellen. Diese Schulen wissen sich nicht mehr zu helfen und brauchen vielfältige Unterstützung von außen, um gelingende schulische Alltagsroutinen neu zu entwickeln.

Die Qualität einer Schule ist dabei nicht von der materiellen Ressourcenausstattung und der sozialen Herkunft der Schüler abhängig, sondern wird zumindest teilweise vom *sozialen Klima* oder dem *Ethos einer Schule* geprägt (Rutter et al. 1980). Die Schule, die ein Kind besucht, und die Lehrer, die es unterrichten, haben großen Einfluss auf die weitere Schullaufbahn der Kinder. Dieser Einfluss könnte für Kinder, die in belasteten Lebenswelten aufwachsen, am stärksten sein, denn für sie kann die Schule zu einer strukturierten Gegenwelt zu dem alltäglichen Chaos werden, das sie in ihren angestammten Lebenswelten erleben. Die Lehrer könnten gerade auf die Entwicklung von *Risikoschülern* mehr Einfluss haben als sie glauben wollen. Schulen, schrieb Fend (1986, 275), „*... sind nach meiner Auffassung gemeinschaftliche Problemlösungszusammenhänge, Versuche der gemeinsamen Lösung von Aufgaben des Lehrens und der Verständigung mit der jungen Generation...*", und sie können in der Bewältigung dieser Aufgabe nicht direkt durch Anweisungen von außen gesteuert werden. Die Qualität sozialer Beziehungen im Schulhaus (Whelage et al. 1989; Pianta 2000) ist von zentraler Bedeutung für die schulische Laufbahn von Risikopopulationen.

So zeigte sich in verschiedenen Studien, dass das Risiko von Schulabbruch, Schulversagen, Gewalt an Schulen und das Wohlbefinden von Kindern und Jugendlichen mit der Qualität von Schulen in engem Zusammenhang steht (Wehlage/Rutter 1985; Roeser et al. 2000). Die Qualitäten des schulischen Alltags und Zusammenlebens haben erheblichen Einfluss auf das Risiko für Schulabbruch. Schützende Wirkung in Bezug auf Schulausschluss (Oddone 2002) und auf Schulabbruch haben Schulen, in denen die Schülerinnen und Schüler individuelle soziale Unterstützung durch Lehrerinnen und Lehrer erleben (Rutter 1988; Testerman 1996), in denen die Schülerinnen und Schüler ein Gefühl der Zugehörigkeit und der Partizipation am Schulleben entwickeln können (McNeely et al. 2002; Smerdon 2002; Roeser et al. 1996) und in denen sie schulische Leistungserfolge erreichen können (Mortimer 1994; Gaziel 1997; Janosz et al. 1997; Scanlon/Mellard 2002).

In die gleiche Richtung deuten die Ergebnisse von Studien, die sich mit Fragen zu Gewalt und Mobbing an Schulen beschäftigen. In der Regel zeigt sich, dass die Rahmenbedingungen des schulischen Alltags – Sozialklima und Lernkultur, aber auch Versagenserlebnisse und Ausgrenzungsprozesse – bedeutsamen Einfluss auf die Ausprägung und das Ausmaß schulischer Gewalt haben (Forschungsgruppe Schulevaluation 1998; Holtappels et al. 1999). Diese These bestätigt sich insbesondere auch in den positiven Effekten von Interventionsprogrammen, die auf die Verbesserung schulkultureller Rahmenbedingungen, insbesondere auch unter Einbezug des schulischen Umfeldes zielen (Olweus 1995; Melzer et al. 2004).

Die subjektive Wahrnehmung ihrer Lernumwelt beeinflusst die psychosozialen Verarbeitungsprozesse der Kinder und Jugendlichen, ihr Alltagserleben und ihr Verhalten. Ihre schulischen Erfahrungen haben Auswirkungen auf die Selbstkonzeptentwicklung (Schwarzer 1983; Jerusalem/ Schwarzer 1991). Schulische Erfahrungen können selbstwertstützende, aber auch selbstwertschädigende Wirkungen haben und das Wohlbefinden der Kinder beeinflussen (Trautwein 2003). Die Bedeutung, die die eigenen Schulerfahrungen für das Wohlbefinden von Kindern und Jugendlichen haben, belegten zuletzt die Ergebnisse des WHO-Jugendgesundheitssurveys (Hurrelmann et al. 2003; Melzer 2006). Es konnte gezeigt werden, dass die Schulkultur Einfluss auf die mentale Gesundheit der Schüler hat und Entwicklungsrisiken (z.B. Rauschmittelkonsum, gewaltförmiges Verhalten) beeinflusst. Diese Untersuchung ergab auch, dass nach Selbstangaben der Jugendlichen 16–20% der befragten 10- bis 16-jährigen Jugendlichen unter relevanten kinder- und jugendpsychiatrischen Auffälligkeiten litten. Unter Berücksichtigung des zeitlichen Anteils von Schule an der Lebenszeit der Kinder und Jugendlichen kann der Einfluss, den die Schule auf das Wohlbefinden der Kinder und Jugendlichen und auf ihre Autonomieentwicklung ausübt, kaum überraschen.

Koordinaten einer „gesunden Schule" (Freitag 1998; Paulus 2002), von der im Endeffekt Schüler und Lehrer gleichermaßen direkt und die Familien der Schülerinnen und Schüler indirekt betroffen sind, lassen sich benennen. Dabei geht es um die Realisierung der Dimensionen guter Schulkultur (Melzer/Stenke 1996; Fend 1998; Eder/Mayr 1998; Eder 2001), die sich aus einer breiten Schulforschungsliteratur herausfiltern lassen (Opp/ Wenzel 2006, 257). Dazu gehören folgende Elemente:

- *Ökologie*: strukturelle Merkmale der Schule, räumliche Gestaltung, Ausstattung, Personalschlüssel, Größe
- *Schulklima*: Interaktionen auf Schulhausebene, Klassenebene, Gewaltvorkommen
- *Professionalität der Pädagogen*: Methoden-, Förder- und Integrationskompetenzen, Lehrer-Schülerbeziehung
- *Partizipation*: Unterricht und Schulleben, Mitgestaltung individueller Förderpläne, Mitbestimmung
- *Kooperation*: innerhalb der Schule, mit Eltern und Angeboten der Kinder- und Jugendhilfe

Die Charakteristik einer Schule kann im Rahmen dieser Qualitätsdimensionen vermessen werden und spiegelt das Leistungsprofil, aber auch das Problemprofil einer Schule wider. Entscheidend ist dabei, dass die Qualität einer Schule von den Akteuren schulischer Lebens- und Arbeitsfelder subjektiv wahrgenommen wird und deshalb auch getrennt zu erheben ist. Diese subjektiven Wahrnehmungen und ihre Differenzen können ein fruchtbarer Impuls für schulische Entwicklungsdiskurse sein.

Dass es für den Zusammenhang zwischen dem Schulklima und den schulischen Leistungen der Schüler nur moderate empirische Belege gibt (Fend 1998; Baumert 2003, 490 ff), soll nicht unerwähnt bleiben. Andererseits wird aber auch festgestellt, dass positive Einstellungen zur Schule komplementär zu schulischem Erfolg sind. Die OECD (2004) stellt in einer PISA-Teilstudie einen hohen Prozentsatz von Schülern fest, die sich ihrer Schule zumindest teilweise nicht zugehörig fühlen, und stellte bei etwa einem Fünftel aller Schülerinnen und Schüler regelmäßige Schulabsenz fest. Schülerinnen und Schüler aus Familien mit niedrigem sozio-ökonomischem Status, aus Ein-Eltern-Familien und Schüler mit Migrationshintergrund entwickeln tendenziell die ungünstigsten Einstellungen zur Schule. Dies kann insbesondere im frühen Alter als Risikoindikator für den weiteren Entwicklungsverlauf verstanden werden.

2 Schulische Bildung als soziales Beziehungsgeschehen

Erziehung ist Ortshandeln und kann im Sinne lokaler Schulhausqualitäten beschrieben und erfasst werden. Gleichzeitig ist Erziehung aber auch Beziehungsgeschehen. Für die Lernprozesse der Kinder, schreibt Krappmann (2006),

> „...macht es einen großen Unterschied, ob sie die Schule für einen guten, für ihr Leben wichtigen Ort betrachten oder einen, den sie lieber meiden würden, ob sie entspannt im Unterricht sitzen oder ständig auf der Hut sind, weil sie Attacken und Demütigungen erwarten, ob sie dort mit der Sicherung ihrer sozialen Existenz beschäftigt sind oder Aufmerksamkeit für andere Themen frei haben. Folglich beeinflusst die Qualität des Miteinanders in der Schulklasse ihre Beziehungswelt und die Stellung eines Kindes in ihr sämtliche Aktivitäten und auch das Lernen der Kinder." (219f).

Die Qualität sozialer schulischer Interaktionsprozesse und die Beziehungen im Schulhaus haben Einfluss auf einen kontinuierlichen Schulbesuch, auf das Wohlbefinden der Schülerinnen und Schüler und zumindest moderaten Einfluss auf die Lernergebnisse, die in einer Schule erzielt werden. Als Beziehungsgeschehen ist Bildung und Erziehung immer eingebunden in Gemeinschaften und in Gemeinschaftserfahrungen. Die gelingende Gestaltung der erzieherischen Beziehungen ist von entscheidender Bedeutung für das Befinden aller Akteure und die Entfaltung ihrer sozialen, emotionalen und kognitiven Entwicklungspotentiale. Gute familiäre Beziehungen und das Gefühl schulischer Zugehörigkeit *(connectedness)* haben schützende Wirkung in Bezug auf praktisch jede Art von jugendlichem Risikoverhalten (Resnick et al. 1997). Für Kinder, die familiäre Unterstützung nicht in ausreichendem Maße erlebten, können unterstützende Schulerfahrungen immer noch erhebliche protektive Wirkungen entfalten (Peng 1994). Im Kern geht es um die Entwicklung einer Schulkultur, in der sich Routinen und Konventionen des akzeptablen, respektvollen und fürsorglichen Umgangs der unterschiedlichen schulischen Akteure miteinander entwickeln können. Zum Zwecke der Diskussion des Einflusses dieser Beziehungsqualitäten lassen sich drei Interaktionsebenen unterscheiden.

1. Interaktion-Lehrer-Schüler

Dass Beziehung die Grundlage von Erziehung ist, lesen wir schon bei Pestalozzi (1932, 1799–1801). Die leidenschaftliche Beziehung zum Kind, die bei Pestalozzi als Grundlage einer Erziehung zu verantwortlicher und sozialer Handlungsfähigkeit *(sittliche Erziehung)* beschrieben wird, scheint angesichts der Auswirkungen gesellschaftlicher Transformationsprozesse für die kindlichen Lebenswelten neue Bedeutung zu gewinnen. Eickhoff und Zinnecker (2000, 12) stellen fest, dass kindliche Entwicklung davon profitiert, wenn

- sich die Kinder von den Eltern verstanden fühlen,
- die Kinder ihre Eltern als kompetente Ratgeber in wichtigen Lebensfragen sehen,
- die Kinder sich in ihren Schulerfahrungen wahrgenommen fühlen,
- Kinder Freizeitaktivitäten mit ihren Eltern gemeinsam unternehmen,
- die Kinder das Klima in ihren Familien als kooperativ, partnerschaftlich und harmonisch erleben und
- die Kinder sich als Person von ihren Eltern geachtet fühlen.

Kinder, denen solche Erfahrungen in ihren Familien, aus welchen Gründen auch immer, vorenthalten bleiben, werden auch in der Schule nach Erwachsenen suchen, die ihnen zumindest einige dieser Erfahrungen ermöglichen. Lehrer können eine Art kompensatorische Funktion als Lernhelfer, verlässliche Bezugspersonen und unterstützende Erwachsene (Schiff/Tartar 2003), als „natürliche Mentoren" (Bingenheimer et al. 2002) für die Kinder und Jugendlichen, die sie unterrichten, übernehmen. Negative Beziehungen zu den Erzieherinnen im Kindergarten und später in der Grundschule zeichnen sich durch Kontinuität aus und trüben schulische Entwicklungsprognosen, vor allem auch in der Kombination mit mütterlichen Beziehungs- und Peerproblemen, langfristig ein (Pianta et al. 1997; Howes et al. 1998; Hamre/Pianta 2001).

Es geht um Anerkennung, Achtung und Respekt, den Kinder und Jugendliche für sich einfordern und um schulische Beziehungskulturen, in denen positive Lern- und Anpassungsleistungen wahrgenommen und anerkannt werden, Autonomieentwicklung unterstützt wird und in deren Horizont sich gute Wahlmöglichkeiten für das zukünftige Leben der Kinder eröffnen. Es geht darum, dass sich ein Zugehörigkeitsgefühl entwickeln kann und Räume entstehen, die Partizipationserfahrungen ermöglichen. Wenn Kinder und Jugendliche ein Zugehörigkeitsgefühl zu ihrer Schule nicht entwickeln können, stehen sie in Gefahr, die Kooperation mit den Erwachsenen einzustellen, Respekt und Anerkennung in Widerstand, Devianz, Gewalt und in prekären Peerkulturen zu suchen, die ihre Entwicklungschancen zusätzlich einschränken. So erklärt Varbelow (2003) Gewalt an Schulen „... als Folge verweigerter Anerkennungsverhältnisse" (87).

Selbstvertrauen, Autonomie und Kompetenz entwickeln sich in einem Zusammenspiel von kindlicher Aktivität mit der unterstützenden Kommunikation durch fürsorgliche Erwachsene. Fürsorge meint dabei das förderliche Miteinander von Kind und Erwachsenem bei der Meisterung neuer Aufgaben, soweit die Unterstützung Erwachsener dazu gebraucht wird. Pädagogische Fürsorge ist

> *„... eine Antwort auf grundlegende psychosoziale Bedürfnisse nach Unabhängigkeit und Bindung, nach Zugehörigkeit und Mitgliedschaft, nach Sicherheit und Unterstützung und nach individueller und sozialer Kompetenz."* (Chaskin/Rauner 1995, 72).

Noddings (1984, 181) stellte fest, dass viele unserer Schulen an einer „*Krise der Fürsorge*" leiden, was Phelan et al. (1992) in einer Befragung kalifornischer Schüler bestätigt fanden.

> *„Die Zahl der Hinweise von Schülern darauf, dass sie sich ‚fürsorgliche Lehrer' wünschen, ist so groß, dass wir annehmen können, dass sie für die Verzweiflung und Einsamkeit vieler Jugendlicher in der heutigen Gesellschaft spricht."* (698).

Die Schüler, die in dieser Studie befragt wurden, forderten,

- dass die Lehrer ihnen zuhören und ihre Anstrengungen anerkennen,
- dass die Lehrer fürsorglich sind,
- dass sie als Schüler eher eine aktive als passive Rolle in den schulischen Lernprozessen übernehmen können,
- dass mit ihnen, den Schülern gesprochen, statt über sie hinweg geredet wird,
- dass die Lehrer sensibel in der Wahrnehmung der Lernprobleme der Schüler sind.

Die Einschätzung von Fürsorglichkeit, sozial gerechtem Handeln und unterrichtlicher Kompetenz der Lehrer verknüpft sich mit Vertrauen und dem subjektiven Wohlbefinden der Schüler (Thies 2002). In einer international vergleichenden Untersuchung fand Czerwenka (1990) an deutschen Schulen dagegen eine Dominanz der Fachspezifität gegenüber der Schülerorientierung:

> „...dass deutsche Lehrer zwar nicht mehr körperlich oder hart im Unterricht strafen, aber Schule und Bildungsprozesse weiterhin als etwas Ernstes und Wichtiges und eher Humorloses betrachten. ‚Bildung' scheint für viele deutsche Lehrer noch ein strenger und kontrollierter Prozess zu sein ..., bei dem es mehr auf Überwachung als auf die Lust des Erforschens und Erkennens ankommt" (451).

Mit dieser inhaltlichen Distanzierung vom Kind neutralisieren die Pädagogen aber auch die problematischen Verstrickungen, die eine affektive Zuwendung zu den Schülern implizieren kann. *Nähe* muss durch professionelle Begrenzungen und durch den Aufbau von Vertrauen erst ermöglicht werden. „An die Stelle von Liebe tritt dabei Verlässlichkeit, die Orientierung an Gerechtigkeit und einer einfühlenden Fürsorge, die zugleich um ihre Grenzen weiß" (Helsper 1995, 26). Dabei kann man sich des Eindrucks nicht erwehren, dass die Lehrerinnen und Lehrer nicht nur die Bedeutung von kognitiven Instruktionsprozessen tendenziell überschätzen, sondern gleichzeitig ihre potentiellen Möglichkeiten, als signifikante Andere das Leben ihrer Schülerinnen und Schüler positiv zu beeinflussen, systematisch unterschätzen:

> „Unter den am häufigsten angetroffenen positiven Rollenmodellen im Leben widerstandsfähiger Kinder, die erhebliche Entwicklungsrisiken im Leben überwinden, ist ein Lieblingslehrer. Alle widerstandsfähigen Jungen und Mädchen in der Kauai-Längsschnittstudie konnten auf mindestens einen Lehrer in der Grundschule, höheren Schule oder der Universität verweisen, der sich für sie interessierte, sie herausforderte und motivierte" (Werner 1997, 198).

2. Interaktion Schüler-Schüler (Peerkultur)

Genauso wie Kinder und Jugendliche Erwachsene brauchen, mit denen sie sich auseinander setzen können, von denen sie lernen können und Unterstützung erfahren, brauchen sie Freunde und die Gruppe der Gleichaltrigen für ihre Entwicklung. Die Schule ist dabei ein zentraler Ort, wo sich Gleichaltrige treffen und ihre sozialen Beziehungen miteinander erproben und aushandeln. Dabei geht es auch hier um durchaus konflikthaltige Prozesse. Es waren im deutschen Sprachraum vor allem die Arbeiten von Krappmann und Oswald (1991; 1995), durch die die Bedeutung von Freundschafts- und Peerbeziehungen von Kindern neu beleuchtet wurde. Mit der Ablösung von den Eltern im Jugendalter wird die Peergruppe zu einer Art *zweiten Familie*. Gelingende Beziehungen zu Gleichaltrigen und Freundschaftsbeziehungen besitzen entwicklungsförderliche oder protektive Wirkung.

> *„Wer ... gute und vielfältige soziale Beziehungen in der Welt der Gleichaltrigen hat, dürfte bessere Chancen für seine kognitive Entwicklung und damit für seine schulischen Leistungen haben als schlecht integrierte Kinder. Indem die Schule einen Rahmen stiftet, in welchem sich die Beziehungen der Kinder entwickeln können, trägt sie so auch auf diesem Wege zur kognitiven Entwicklung der Kinder und Jugendlichen bei."* (Oswald/Krappmann 1991, 210).

Die Ausformung und Zugehörigkeit zu einer Peergruppe trägt erheblich zum Wohlbefinden der Kinder und Jugendlichen in der Schule bei (Krappmann/Oswald 1995; Eder 1995), hat positiven Einfluss auf die Entwicklung sozialer Kompetenzen (Ladd 2004) und auf die schulischen Leistungen (Ladd/Burgess 1999). Umgekehrt verbindet sich die frühe Erfahrung von Ablehnung durch die Gleichaltrigen mit erheblichen Risiken für spätere Schulprobleme (O'Neil et al. 1997; Buhs/Ladd 2001; Gazell/Ladd 2003). Die Chancen sozialer Einbindung in die Peergruppe sind dabei nicht unabhängig vom sozialen Status der Ursprungsfamilie (Oswald 2006). Beziehungsprobleme mit den Erzieherinnen im Kindergarten und gleichzeitig Konflikte mit den Gleichaltrigen im Kindergarten hatten vor allem bei den Jungen starken Prognosewert für soziale und schulische Probleme noch im achten Schuljahr (Hamre/Pianta 2001).

Die Entwicklung gelingender Beziehungen zu den Erziehungspersonen und den Peers könnten gleichermaßen bedeutsam sein für die soziale Entwicklung und für schulische Leistungserfolge. Die soziale Zurückweisung durch die Peergruppe ist ein signifikantes Entwicklungsrisiko. Kinder und Jugendliche, deren Zugehörigkeitsbedürfnis zur Peergruppe unerfüllt bleibt, werden *schwierig* oder suchen Anschluss an *„prekäre Cliquen"* (Wetzstein et al. 2003, 841). Zur Kultur prekärer Cliquen gehört, dass sie Stimulation, Anerkennung, aber auch Gruppenkohäsion durch Drogenkonsum, Gewalt und delinquentes Verhalten erzeugen. Sie fordern eine Kultur der Coolness und des Über-den-Dingen-Stehens, der Distanzierung von allen Problemen und Sorgen, die den Alltag der Jugendlichen in Wirklichkeit durchzieht.

Zu fordern ist dagegen die Schaffung positiver Peerkulturen (Opp/Unger 2006), in denen die Jugendlichen sich solidarisch mit ihren alltäglichen Problemen begegnen, konfrontieren und sich gegenseitig in der Lösung von Problemen unterstützen, für die sie selbst die Experten sind. Die Schaffung positiver Peerkultur gerade für ausgegrenzte Jugendliche könnte als erwarteter Nebeneffekt förderlichen Einfluss auf die Entwicklung von Schulkultur haben.

3. Interaktion Lehrer-Lehrer (Kollegiale Interaktion)

Dass die Beziehungen, die Lehrerinnen und Lehrer an einer Schule miteinander pflegen, Modellcharakter für die Schüler haben, wird in der schulpädagogischen Literatur kaum diskutiert. Und doch ist dieser Gedanke nahe liegend. Es gibt Schulen, in denen die Pädagogen eng zusammenarbeiten, regelmäßige Konferenzen einberufen, in denen nicht nur organisatorische, sondern auch pädagogische Fragen und Überzeugungen diskutiert werden. Es gibt Schulen, in denen Ausflüge, Exkursionen, Schulfeste gemeinsam geplant und durchgeführt werden, Schulen mit einem starken Zusammengehörigkeits- und Gemeinschaftsgefühl, in denen sich die Lehrer füreinander interessieren und sich gegenseitig helfen. Dies ist ein Nährboden guter Schulkultur. Nicht jeder muss mit jedem befreundet sein, aber es gibt an solchen Schulen einen Grundkonsens darüber, wie mit unterschiedlichen Interessen und Konflikten umzugehen ist. Es gibt eine kollegial geteilte pädagogische Grundhaltung (pädagogisches Ethos) und eine gemeinsame Überzeugung, eine Arbeit zu tun, die bedeutsam ist und einen starken Einfluss auf die Zukunft der Schüler ausüben kann.

Das Gegenstück zu diesen Schulen sind Schulen, in denen die Tür des Klassenzimmers eine streng bewachte Grenze ist, die kollegial nicht überschritten wird. Begrenzung, Individualisierung und Lehrerisolation sind in solchen Schulen weit verbreitet und können nach Rosenholtz (1989) als Kennzeichen „festgefahrener Schulsysteme" verstanden werden (*learning impoverished schools*), die sich von lernfähigen oder lernenden Schulen unterscheiden (*learning enriched*). In den *festgefahrenen* Schulen, die Rosenholtz (1989) untersuchte, waren die Lehrer der Meinung, dass man nach etwa 4 1/2 Jahren den Job gelernt hatte. Der „*Job*" wurde minimalistisch im Sinne von Instruktion, Kontrolle und Routine interpretiert: „Alles, was du brauchst, ist der Lehrplan und das Wissen über die wichtigsten Techniken" (82). In den *lernenden* Schulen hingegen äußerten die Lehrerinnen und Lehrer das Gefühl eines lebenslangen Lernprozesses: „Du hörst nie auf zu lernen. Ich lerne immer noch. Ich denke, ich lerne jedes Jahr. Es ist ein kontinuierlicher Prozess" (80). Zum tragenden Element schulischer Professionalität wird diese Einstellung dadurch, dass solche Lernprozesse als Professionsentwicklung und damit als gemeinsame kollegiale Reflexionsprozesse kommuniziert werden (Opp 1998).

Mit diesen unterschiedlichen professionellen Selbstbeschreibungen setzen die Pädagogen nicht nur den Ton, der an einer Schule herrscht, sie markieren auch das Risiko für *Burn out*, dem sie sich selbst aussetzen oder dem sie sich ausgesetzt fühlen (Cherniss 1999). Stress kann psychisch gut verarbeitet werden, wenn er in einen Sinnzusammenhang (Kohärenzsinn) eingebunden werden kann und wenn sich Menschen in der Lage sehen, die gestellten Aufgaben meistern zu können oder auch die notwendigen (kollegialen) Ressourcen aktivieren können, um diese Aufgaben zu meistern

(Antonovsky 1997). Es dient dem eigenen Wohlbefinden, wenn das eigene Engagement mit Sinn gefüllt werden kann und wenn sich berufliches Engagement mit der Erfahrung kollegialer Solidarität und nicht zuletzt auch mit der Anerkennung durch die Zöglinge verbindet.

Lehrerkooperation wurde als „*Gelenkstück*" (Steffens 1991, 61) innerschulischer Entwicklung beschrieben, durch die die schulischen Lern- und Verhaltensziele verstärkt werden. Durch die Kooperation miteinander erhalten die Lehrer Rückmeldung, Unterstützung und Ermutigung bei der Einführung neuer Unterrichtsmethoden. Im Gegensatz zur „Lehrerisolation" wird die professionell unterstützende Interaktion zwischen den Lehrern als Indikator der Veränderungsbereitschaft und -fähigkeit von Schulen beschrieben (Fullan 1995, 65ff).

Die Fokussierung auf Lehrerkooperation wirft nicht nur Autonomieprobleme auf. Kooperation ist ein „... freiwilliger Akt von Lehrern, sie ist zugelassen und kann nicht eingeklagt werden" (Steffens 1991, 61). Die normative Forderung nach verstärkter Zusammenarbeit könnte ins Leere gehen, wenn sie nicht durch eine entsprechende Strukturierung und Ressourcenunterfütterung des Lehrerarbeitsplatzes begünstigt wird, wie sie beispielhaft aus Norwegen und Taiwan berichtet wird (Creemers et al. 2002).

3 Konklusionen: Schule als Gemeinschaft

Die Ergebnisse vielfältiger Resilienzstudien zusammenfassend, folgert Rutter (2001, 14), dass es nicht nur eine individuell unterschiedliche Sensibilität gegenüber Risiken, eine „enorme" individuelle und auch genetisch moderierte Varianz in der Reaktion auf Risiken gibt, sondern auch, dass kindliche Resilienz eine große Spannbreite psychischer Reaktionen umfasst.

Entsprechend ist nicht zu erwarten, dass protektive Prozesse einfach durch positive Erfahrungen ausgelöst werden. Gleichzeitig wird festgestellt, dass die Entwicklung von Kindern und Jugendlichen, die in belasteten Lebenswelten aufwachsen, vor allem dann gefährdet ist, wenn sich unterschiedliche Entwicklungsrisiken kombinieren. Die Kumulation von Risiken und die synergetische Interaktion zwischen diesen Risiken kann die Entwicklungsprognose eines Kindes zusätzlich belasten. Genauso verstärkt die Häufung verfügbarer sozialer Unterstützungsangebote die Entwicklungschancen von Kindern (Rutter 2001, 18). Die Stärkung kindlicher Entwicklung könnte insofern einerseits eher indirekt durch qualitative Anreicherung ihrer Umwelt, vor allem auch im Sinne der Verfügbarkeit sozialer Unterstützungsangebote, und andererseits durch risikospezifische Förderangebote verfolgt werden.

Die soziale Einbindung in ein Geflecht von Freunden, Familie und signifikanten Anderen ist ein menschliches Grundbedürfnis. In einem Überblick über die aktuelle Forschungslage beschreiben Townsend und McWhirter

(2005) *connectedness* als einen zentralen Faktor für psychisches Wachstum, für subjektives Wohlbefinden, hohe Motivation und ein entwickeltes Selbstwertgefühl. Menschen, die sich *disconnected* fühlen, berichten von sozialer Isolation, fühlen sich den sozialen Gruppen, an denen sie partizipieren, nicht zugehörig und vermissen Sinn und Zweck in ihrem Leben. Als zentraler Lebensort, in dem Kinder und Jugendliche einen großen Teil ihrer Lebenszeit verbringen, haben die Schulen in dieser Hinsicht große Wirkmöglichkeiten. Die Frage, ob sich Kinder und Jugendliche ihrer Schule verbunden und zugehörig fühlen, beeinflusst die Entwicklung ihres Selbstkonzeptes und ihr Wohlbefinden. Die Erfahrungen schulischer Partizipation, der sozialen Unterstützung durch Lehrerinnen und Lehrer sowie auch das Gefühl der Zugehörigkeit zur Schule und zu einer stützenden Peergruppe entfaltet gerade für Risikoschüler protektive Wirkung. Schule kann Schicksal sein und zwar sowohl in Richtung einer Risikoverschärfung wie auch in Richtung von Protektion.

Versagen die deutschen Schulen im Umgang mit diesen Herausforderungen? Traditionell müssen sich die schulischen Erziehungsprozesse für ihr Gelingen auf familiäre und normative förderliche Rahmenprozesse stützen können. In anderem Zusammenhang diskutierte Winkler (2002) das Wegbrechen sozialisatorischer Grundlagen in modernen Gesellschaften, die das Funktionieren pädagogischer Prozesse eigentlich voraussetzen, als „*sozialpädagogisches Problem*".

> „Erziehung und – in noch höherem Maße – Unterricht als die zentralen Formen von Pädagogik ruhen in sozial und kulturell stabilen Gesellschaften in der Regel auf Mustern der Üblichkeit; sie können sich auf Formen der Zustimmung stützen, die gesellschaftlich und vor allem alltagsweltlich gleichsam ein Klima der Erzogenheit erzeugen, auf das sich dann die eher formellen pädagogischen Geschehnisse stützen. Diese Muster wirken selbst schon erzieherisch, bleiben aber als kollektives Hintergrundwissen meist unthematisiert. Sie bilden geradezu die sozialisatorische Grundlage aller Pädagogik" (85f).

Die Schulen können sich auf diese Rahmenbedingungen ihres Alltagshandelns nicht mehr verlassen. Sie sind besonders im Umgang mit schulischen Risikopopulationen dazu gezwungen, sich diese Rahmenbedingungen durch tragende Alltagsroutinen und die Entwicklung eines sinnstiftenden Gemeinschaftsgefühls zu schaffen. Es ist eben genau die Frage, ob die Entwicklung von Bildungsstandards und die kontinuierliche Evaluation der Schulen entlang noch zu definierender Bildungsstandards das Remedium des prekären sozialpädagogischen Problems sind, mit dem die Schulen konfrontiert sind. Es ist zu befürchten, dass das Betreiben von Schulentwicklung über Bildungsstandards genau dazu führt, dass sich die Schulen in der Verfolgung hochgesteckter Outputvorgaben auf ihre leistungsfähigeren

und familiär unterstützten Schüler konzentrieren (Speck 2001) und somit die schulischen Selektionsprozesse weiter verschärfen. Das könnte letztlich dazu führen, dass diejenigen Kinder, die vom Gefühl der Mitgliedschaft in ihrer Schule am meisten profitieren könnten, sich am stärksten als Außenseiter fühlen (Smerdon 2002).
Schulen können Orte der Langeweile, der sozialen Ausgrenzung und der Angst sein. Schulen können aber gerade auch im Leben von Kindern, die in ihren Lebenswelten hohen Belastungen und Entwicklungsrisiken ausgesetzt sind, eine wichtige, Entwicklung schützende Funktion ausüben:

„In vielen Fällen machen diese Kinder die Schule zu einer zweiten Heimat, einem Zufluchtsort vor einem chaotischen Elternhaus" (Werner 1997, 198).

Literatur

Antonovsky, A. (1997): Salutogenese. Zur Entmystifizierung der Gesundheit. dtgv-Verlag, Tübingen
Baumert, J. (2003): PISA 2000. Ein differenzierter Blick auf die Länder der Bundesrepublik Deutschland. Deutsches PISA-Konsortium. Leske & Budrich, Opladen
Bingenheimer, J. B., Notaro, P. C., Zimmerman, M. A. (2002): Natural mentors and adolescent resiliency: A study with urban youth. In: American Journal of Community Psychology 30, 221–243
Buhs, E. S., Ladd, G. W. (2001): Peer rejection as an antecedent of young children's school adjustment: An examiniation of mediating processes. In: Developmental Psychology 37, 550–560
Cherniss, C. (1995): Jenseits von Burnout und Praxisschock. Hilfen für Menschen in lehrenden und beratenden Berufen. Beltz, Weinheim
Chaskin, R. J., Rauner, D. M. (1995): Youth and caring. In: Phi Delta Kappan 76, 667–674
Creemers, B., Reynolds, D., Schaffer, G., Stringfield, S., Teddlie, C. (Hrsg.) (2002): World Class Schools: International Perspectives on School Effectiveness. Routledge Farmer, London
Czerwenka, K. (1990): Schülerurteile über die Schule. Bericht über eine internationale Untersuchung. Lang, Frankfurt/M.
DuFour, R., Burnett, B. (2002): Pull out negativity by ist roots. In: Journal of Staff Development 23, 27–30
Eickhoff, C., Zinnecker, J. (2000): Schutz oder Risiko? Familienwelten im Spiegel der Kommunikation zwischen Eltern und ihren Kindern. In: Forschung und Praxis der Gesundheitsförderung Band 11. Bundeszentrale für gesundheitliche Aufklärung, Köln
Eder, F. (Hrsg.) (1995): Das Befinden von Kindern und Jugendlichen in der Schule. Studien Verlag, Innsbruck
– (2001): Schul- und Klassenklima. In: Rost, D. H. (Hrsg.): Handwörterbuch Pädagogische Psychologie. 2. Auflage. Beltz, Weinheim, 578–585
–, Mayr J. (1998): Linzer Fragebogen zum Schul- und Klassenklima für die 4.–8. Klassenstufe (LSFK 4-8). Hogrefe, Göttingen
Fend, H. (1986): „Gute Schulen – schlechte Schulen". Die einzelne Schule als pädagogische Handlungseinheit. In: Die Deutsche Schule 3, 275–293

- (1998): Qualität im Bildungswesen. Juventa, München
Forschungsgruppe Schulevaluation (1998): Gewalt als soziales Problem in Schulen. Die Dresdner Studie: Untersuchungsergebnisse und Präventionsstrategien. Leske & Budrich, Opladen
Freitag, M. (1998): Was ist eine gesunde Schule? Einflüsse des Schulklimas auf Schüler- und Lehrergesundheit. Beltz, Weinheim
Fullan, M. G. (1995): The meaning of educational change. 2. Auflage. Cassell, London
Gazell, H., Ladd, G. W. (2003): Anxious solitude and peer exclusion: a diathesis-stress model of internalizing trajectories in childhood. In: Child Development 74, 257–279
Gaziel, H. H. (1997): Impact of school culture on effectiveness of secondary schools disadvantaged families. In: The Journal of Educational Research 90, 310–320
Gogolin, I., Krüger, H.-H., Lenzen, D., Rauschenbach, T. (Hrsg.) (2005): Standards und Standardisierung in der Erziehungswissenschaft. DS Verlag, Wiesbaden
Hamre, B. K., Pianta, R. C. (2001): Early teacher-child relationships and the trajectory of children's outcomes through eighth grade. In: Child Development 72, 625–638
Harvey, L., Green D. (2000): Qualität definieren. In: Helmke, A., Hornstein, W., Terhart, E. (Hrsg.): Qualität und Qualitätssicherung im Bildungsbereich: Schule, Sozialpädagogik, Hochschule. Zeitschrift für Pädagogik (41. Beiheft). Beltz, Weinheim
Helsper, W. (1995): Pädagogisches Handeln in den Widersprüchen der Moderne. In: Krüger, H.-H., Helsper, W.: Einführung in Grundbegriffe und Grundfragen der Erziehungswissenschaft. Leske & Budrich, Opladen, 15–34
Herzog, W. (1999): Die Schule und die Pluralität ihrer Kulturen. Für eine Neufassung des pädagogischen Kulturbegriffs. In: Zeitschrift für Erziehungswissenschaften 2, 229–246
Holtappels, H. G., Heitmeyer, W., Melzer, W., Tillmann, K.-J. (1999): Forschung über Gewalt an Schulen. Erscheinungsformen und Ursachen, Konzepte und Prävention. 2. Auflage. Beltz, Weinheim
Howes, C., Hamilton, C. E., Phillipsen, L. C. (1998): Stability and continuity of child-caregiver and child-peer relationships between preschool and kindergarten. In: Child Development 69, 418–426
Hurrelmann, K., Klocke, A., Melzer, W., Ravens-Sieber, U. (Hrsg.) (2003): Jugendgesundheitssurvey. Internationale Vergleichsstudie im Auftrag der Weltgesundheitsorganisation WHO. Juventa, München
Janosz, M., Leblanc, M., Boulerice, B., Tremblay, R. E. (1997): Disentangling the weight of school dropout predictors: A test on two longitudinal samples. In: Journal of Youth and Adolescents 26, 733–763
Jerusalem, M., Schwarzer, R. (1991): Entwicklung des Selbstkonzeptes in verschiedenen Lernumwelten. In: Pekrun, R., Fend, H.: Schule und Persönlichkeitsentwicklung. Ein Resümee der Längsschnittforschung. Enke, Stuttgart, 115–127
Klein, H. E. (2005): Direkte Kosten mangelnder Ausbildungsreife in Deutschland. In: Vierteljahresschrift zur empirischen Wirtschaftsforschung aus dem Institut der deutschen Wirtschaft 32, Heft 4 (Vorabdruck)
Köller, O., Trautwein, U. (2003): Schulqualität und Schülerleistung. Juventa, München
Krappmann, L. (2006): Kindheit ohne Freundschaft? – Neue Aufgaben für die Schule. In: Opp G., Hellbrügge T., Stevens, L. (Hrsg.): Kindern gerecht werden. Klinkhardt, Bad Heilbrunn, 221–234
–, Oswald, H. (1995): Alltag der Schulkinder. Juventa, München
Ladd, G. W. (1999): Peer relationships and social competence during early and middle childhood. In: Annual Review of Psychology, 333–350
–, Burgess, K. B. (2001): Do relational risks and protective factors moderate the linkages between childhood aggression and early psychological and school adjustment. In: Child Development 75, 1579–1602

Luhmann, N. (2002): Das Erziehungssystem der Gesellschaft. Suhrkamp, Frankfurt
McNeely, C. A., Nonnemaker, J. M., Blum, R. W. (2002): Promoting school connectedness: evidence from the National Longitudinal Study of Adolescent Health. In: Journal of School Health 72, 138–147
Melzer, W. (2006): Die WHO-Studie „Health Behavior in School-Aged Children" (HBSC) und ihre Bedeutung für Analysen zur Kompetenzentwicklung der Schüler. In: Opp, G., Hellbrügge, T., Stevens, L. (Hrsg.): Kindern gerecht werden. Klinkhardt, Bad Heilbrunn, 35–48
–, Stenke, D. (1996): Schulentwicklung und Schulforschung in den ostdeutschen Bundesländern. In: Rolff, H. G. u. a. (Hrsg.): Jahrbuch der Schulentwicklung Bd. 9. Beltz, Weinheim
–, Schubarth, W., Ehninger, F. (2004): Gewaltprävention und Schulentwicklung. Klinkhardt, Bad Heilbrunn
Mortimer, P. (1994): The positive effects of schools. In: Rutter, M. (Hrsg.): Psychosocial disturbances in young people. University of Cambridge Press, Cambridge, 333–363
Noddings, N. (1984): Caring: A feminine approach to ethics and moral education. University of California Press, Berkeley
O'Neil, R., Welsh, M., Parke, R. D., Wang, S., Stand, C. (1997): A longitudinal assessment of the academic correlates of early peer acceptance and rejection. In: Journal of Clinical Child Psychology 26, 290–304
Oddone, A. (2002): Promoting resilience in an „at risk" world. In: Childhood Education 5, 274
OECD (Hrsg.) (2004): Student engagement at school. A sense of belonging and participation. Executive Summary. www.oecd.org
Olweus, D. (1995): Gewalt in der Schule: Was Lehrer und Eltern wissen sollten – und tun können. Huber, Bern
Opp, G. (1998): Reflexive Professionalität. Neue Professionalisierungstendenzen im Arbeitsfeld der Kinder- und Jugendhilfe. In: Zeitschrift für Heilpädagogik 49, 148–158
–, Unger, N. (2006): Kinder stärken Kinder. Positive Peer Culture in der Praxis. edition Körber Stiftung, Hamburg
–, Wenzel, E. (2006): Wie Schüler ihre Schule sehen. In: Opp, G., Hellbrügge, T., Stevens, L. (Hrsg.): Kindern gerecht werden. Klinkhardt, Bad Heilbrunn, 255–262
Oswald, H. (2006): Beziehungen zu Gleichaltrigen und schulisches Lernen in der mittleren Kindheit. In: Opp, G., Hellbrügge, T., Stevens, L. (Hrsg.): Kindern gerecht werden. Klinkhardt, Bad Heilbrunn, 231–241
–, Krappmann, L. (1991): Der Beitrag der Gleichaltrigen zur sozialen Entwicklung von Kindern in der Grundschule. In: Pekrun, R., Fend, H.: Schule und Persönlichkeitsentwicklung. Ein Resümee der Längsschnittforschung. Enke, Stuttgart, 201–216
Paulus, P. (2002): Gesundheitsförderung im Setting Schule. In: Bundesgesundheitsblatt – Gesundheitsforschung – Gesundheitsschutz 45, 970–975
Peng, S. S. (1994): Understanding resilient students: The use of national longitudinal databases. In: Gordon, E. W., Wang, M. C.: Educational resilience in inner-city America: Challenges and Prospects. Earlbaum, Hillsdale/NJ, 73–84
Pestalozzi, J. U. (1932/Original 1799–1801): Stanser Brief. In: Buchenau, A., Spranger, E., Settbacher, H. (Hrsg.): Pestalozzi – Sämtliche Werke. Band 13, 2–32. de Gruyter, Berlin
Phelan, P., Davidson, A. L., Cao, A. T. (1992): Speaking up: Student's perspectives on school. In: Phi Delta Kappan 73, 695–704
Pianta, R. C. (2000): Enhancing relationships between children and teachers. 2. Auflage. American Psychological Association, Washington
–, Nimetz, S. L., Bennett, E. (1997): Mother-child relationships, teacher-child relationships and school outcomes in preschool and kindergarten. In: Early Childhood Research Quarterly 12, 263–280

Radtke, O. (2004): Die Erziehungswissenschaft der OECD – Aussichten auf die neue Performanz-Kultur. In: Erziehungswissenschaft 14, 109–136
Resnick, M. D., Bearman, P. S., Blum, R. W., Bauman, K. E., Harris, K. M., Jones, J., Tabor, J., Beuhring, T., Sieving, R. E., Shew, M., Ireland, M., Bearinger, L. H., Udry, J. R. (1997): Protecting adolescents from harm: findings from the National Longitudinal Study on Adolescent Health. In: The Journal of the American Medical Association 278, 823–833
Roeser, R. W., Midgley, C., Urdan, T. C. (1996): Perceptions of the school psychological environment and early adolescents' psychological and behavioural functioning in school: the mediating role of goals and belonging. In: Journal of Educational Psychology 88, 408–423
–, Eccles, J. S., Sameroff, A. J. (2000): School as a context of early adolescents' academic and social-emotional development: a summary of research findings. The Elementary School Journal 100, 443–471
Rosenholtz, S. J. (1989): Teacher's workplace. Columbia University. Teachers College Press, New York
Rutter, M. (2001): Psychosocial adversity: Risk, resilience, recovery. In: Fraser, M. W., Richman, J. M. (Hrsg.): The context of youth violence: Resilience, risk and protection. Praeger, Westport/CT, 14–42
–, Maughan, B., Mortimer P., Ousten J. (1980): Fünfzehntausend Stunden. Schule und ihre Wirkung auf Kinder. Weinheim: Beltz
Rutter, R. A. (1988): Effects of school as a community. National Center on Effective Secondary School, Madison/WI
Scanlon, D., Mellard, D. F. (2002): Academic and participation profiles of school-age dropouts with and without disabilities. In: Exceptional Children 68, 239–258
Schiff, M., Tartar, M. (2003): Significant teachers as perceived by preadolescents: do boys and girls perceive them alike? In: Journal of Educational Research 96, 269–281
Schwarzer, R. (1983): Unterrichtsklima als Sozialisationsbedingung für Selbstkonzeptentwicklung. In: Unterrichtswissenschaft 2, 129–148
Smerdon, B. A. (2002): Students perceptions of membership in their high schools. In: Sociology of Education 75, 287–306
Speck, O. (2001): Verbessert die Evaluation von Unterricht das Lernen? In: Zeitschrift für Heilpädagogik 52, 310–318
SPIEGEL ONLINE, Schule will sich selbst auflösen. Spiegel.de/unispiegel/Schule 30.03.2006
Steffens, U. (1991): Empirische Erkundungen zur Effektivität und Qualität von Schule. In: Berg, H. C., Steffens, U. (Hrsg.): Schulqualität und Schulvielfalt. Das Saarbrücker Schulgütesymposion `88. Hessisches Institut für Bildungsplanung und Schulentwicklung (HIBS), Wiesbaden-Konstanz, 51–72
Testerman, J. (1996): Holding at-risk students: The secret is one-on-one. In: Phi Delta Kappan 77, 364–366
Thies, B. (2002): Vertrauen zwischen Lehrern und Schülern. Waxmann, Münster
Trautwein, U. (2003): Schule und Selbstwert. Waxmann, Münster
Townsend, K. C., McWhirter, B. T. (2005): Connectedness: A review of the literature with implications for counselling, assessment, and research. In: Journal of Counseling and Development 83, 191–201
Varbelow, D. (2003): Schulklima und Schulqualität im Kontext abweichender Verhaltensweisen. Tectum, Marburg
Wenzel, H. (2004): Studien zur Organisations- und Schulkulturentwicklung. In: Helsper, W., Böhme, J. (Hrsg.): Handbuch der Schulforschung. VS Verlag, Wiesbaden, 391–416
Werner, E. E. (1997): Gefährdete Kindheit in der Moderne: Protektive Faktoren. In: Vierteljahrsschrift für Heilpädagogik 66, 192–203

Wetzstein, T., Erbeldinger, P., Hilgers, J., Eckert, R. (2003): Selbstbildung und Gewalt in jugendlichen Cliquen. In: Zeitschrift für Pädagogik 49, 837–854

Wimmer, A. (1996): Kultur. Zur Reformulierung eines sozialanthropologischen Kulturbegriffs. In: Kölner Zeitschrift für Soziologie und Sozialpsychologie 48, 401–425

Whelage, G. G., Rutter, R. A. (1985): Dropping out: How much do schools contribute to the problem? Wisconsin Center for Education Research, Madison/WI

–, Rutter, R. A., Smith, G. A., Lesko, N., Fernandez, R. R. (1989): Reducing the risk: Schools as communities of support. Falmer, Philadelphia

Winkler, M. (2002): Ansätze einer Theorie kollektiver Erziehung – einige Bemerkungen zur Pädagogik der Glen Mills Schools vor dem Hintergrund der Aufgaben von Jugendhilfe. In: Deutsches Jugendinstitut e. V. (Hrsg.): Die Glen Mills Schools, Pennsylvania, USA. Ein Modell zwischen Schule, Kinder- und Jugendhilfe und Justiz? Eine Expertise. 2., geringf. erg. Aufl. DJI-Verlag, München, 76–97

Bildung als Chance

von Rolf Göppel

1 Vom vielfältigen Nutzen der Bildung

Von Bildung als „Chance" zu sprechen, ist in der Pädagogik und in der Bildungspolitik gang und gäbe. Jedoch erweist sich diese Formulierung bei genauerer Betrachtung als höchst vage und mehrdeutig. Bildung als Chance. Als Chance für wen? Als Chance wofür?

„Bildung", so konnten wir in zurückliegenden Wahlkämpfen immer wieder hören, sei die wichtigste Ressource in unserem rohstoffarmen Land. Nur über eine Verbesserung der Bildungssituation in der Bundesrepublik böte sich die Chance, eine Spitzenposition in Sachen Innovation und High-Tech unter den Industrienationen und damit den gewohnten Lebensstandard zu behaupten bzw. aus der wirtschaftlichen Krisensituation der letzten Jahre herauszukommen.

„Bildung entscheidet über unserer Zukunft" war schon das Motto von Roman Herzogs vielbeachteter Rede auf dem Berliner Bildungsforum im November 1997. Und dabei zielte der damalige Bundespräsident durchaus über die rein ökonomische Nutzenssphäre hinaus:

„Wer sich den höchsten Lebensstandard, das beste Sozialsystem und den aufwendigsten Umweltschutz leisten will, der muss auch das beste Bildungssystem haben. Außerdem ist Bildung ein unverzichtbares Mittel des sozialen Ausgleichs. Bildung ist der Schlüssel zum Arbeitsmarkt und noch immer die beste Prophylaxe gegen Arbeitslosigkeit. Sie hält den Mechanismus des sozialen Auf- und Abstiegs offen und damit unsere offene Gesellschaft in Bewegung. Und sie ist zugleich ein Lebenselixier der Demokratie in einer Welt, die immer komplexer wird" (Herzog 1997, 49).

In der Tat lässt sich belegen, dass höhere Bildungsgrade statistisch signifikant mit vielen Aspekten gelingender Lebensführung korrelieren. So wie sich mit qualifizierteren Bildungsabschlüssen das Risiko der Arbeitslosigkeit reduziert, so erhöht sich andererseits die Wahrscheinlichkeit der subjektiven Zufriedenheit mit der eigenen beruflichen Tätigkeit. Personen mit höheren Bildungsabschlüssen haben statistisch gesehen ein deutlich verringertes Risiko als Opfer oder Täter in Straftaten verwickelt zu werden (Geissler 1987). Sie haben ein verringertes Morbiditätsrisiko für zahlreiche somatische Erkrankungen (Weber 1987; Keupp 1991; Mielck 1993; Stronegger et al. 1996) und sie werden deutlich seltener wegen psychiatrischer

Störungen in entsprechenden Kliniken behandelt (Hollingshead/Redlich 1958; Cohler 1987; Rutter 1993). Die durchschnittliche Lebenserwartung eines Professors ist nach einer Untersuchung von Oppholzer um 9 Jahre höher als die eines ungelernten Arbeiters (Oppholzer 1986, 100). Eine plausible Erklärung für den Zusammenhang zwischen Morbididtäts- und Mortalitätsraten und dem Bildungsniveau fasst Badura folgendermaßen zusammen: „Ungleichheiten im Bildungsniveau beeinflussen vermutlich Stressexposition und Stressbewältigung sowie die Verfügbarkeit und die Nutzung gesundheitsrelevanter gesellschaftlicher und persönlicher Ressourcen, inklusive medizinischer und präventiver Dienste" (Badura 1993, 71).

Bildung also als Motor für wirtschaftliche Prosperität, als Lebenselixier für die Demokratie und als Allroundprophylaktikum gegen die Risiken und Unbillen des Lebens in der modernen Industriegesellschaft?

Natürlich kann man hier einwenden, dass in jenen soziologischen und epidemiologischen Untersuchungen „Bildung" nur im Sinne formaler Bildungsabschlüsse berücksichtigt worden sei, und das diese noch wenig über den wahren, eigentlichen Bildungsgrad im Sinne der Fähigkeit, sein Leben sinnerfüllt und verantwortlich zu leben, aussage. Immerhin gibt es eine eindrucksvolle Autobiographie eines promovierten Autors, die mit den Sätzen beginnt: „Ich bin jung und reich und gebildet; und ich bin unglücklich, neurotisch und allein. Ich stamme aus einer der allerbesten Familien des rechten Zürichseeufers, das man allgemein die Goldküste nennt. Ich bin bürgerlich erzogen worden und mein Leben lang brav gewesen" (Zorn 1979, 25; vgl. dazu auch Göppel 1997, 376f).

Und man könnte noch grundlegender einwenden, dass allein schon der Gedanke, Bildung unter utilitaristischen Nützlichkeitserwägungen zu betrachten, sie als Chance für bestimmte günstige Entwicklungen, somit als Mittel zu bestimmten Zwecken (außer dem der „Selbstvervollkommnung") anzusehen, die eigentliche Bildungsidee verrate. In diesem Sinne hat Adorno in seiner „Kritik der Halbbildung" gemeint: „Der Traum der Bildung, Freiheit vom Diktat der Mittel, der sturen und kargen Nützlichkeit, wird verfälscht zur Apologie der Welt, die nach jenem Diktat eingerichtet ist" (Adorno 1975, 71) und Heydorn sieht den Begriff der Bildung gar durch den „Verwertungscharakter... verstümmelt und in seiner geschichtlichen Möglichkeit paralysiert". Gleichzeitig knüpft er freilich andererseits in seinem Aufsatz „Überleben durch Bildung. Umriss einer Aussicht" eschatologische Hoffnungen an diesen Begriff (Heydorn 1980, 290).

2 Von der ursprünglichen Idee der Bildung

Hier ist nicht der Raum, um die komplexe Geschichte des Bildungsbegriffs und der klassischen Bildungstheorien differenziert darzustellen (vgl. Menze 1970; Ballauff 1988; Böhm 1988). Es sollen nur einige Grundzüge, in denen das Bildungsverständnis von klassischen Autoren wie Kant, Pestalozzi, Goethe, Schiller, Herbart, Schleiermacher, Humboldt, Fichte und Hegel konvergiert, in Erinnerung gerufen werden, um dann später fragen zu können, in welchem Verhältnis eigentlich der altehrwürdige, einheimische Begriff der „Bildung", der oftmals als der Grundbegriff der deutschen Pädagogik schlechthin bezeichnet wird (Böhm 1982, 76), zu jenem neuen, aus dem angloamerikanischen Sprachraum stammenden Begriff der „Resilienz" steht, der derzeit eine erstaunliche Karriere macht.

Im klassischen Verständnis hängt Bildung eng mit den Ideen der Aufklärung und der Mündigkeit zusammen. Es geht bei dem Prozess der Bildung nicht um die bloße Anhäufung und Aneignung von Wissen, es geht dabei auch nicht vordringlich um die Nützlichkeit und um die praktische Verwertbarkeit dieses Wissens, sondern es geht darum, den eigenen Geist auf rechte Weise zu schulen, die eigene Persönlichkeit zu entwickeln. Im Zentrum stehen die Fähigkeit und der Mut zum Selberdenken und zu selbstverantwortlichen Entscheidungen in moralischen Fragen. Die Menschen sollten sich „als zur vernünftigen Selbstbestimmung fähige Subjekte" begreifen, „genauer: als Subjekte, die im Prinzip in der Lage sind, sich zu vernünftiger Selbstbestimmung *heranzubilden*" (Klafki 1985, 18). Damit war gleichzeitig ein hoher Anspruch der Selbstkultivierung der eigenen Person gesetzt. „Sich selbst besser machen, sich selbst kultivieren und ... Moralität bei sich hervorbringen, das soll der Mensch" (Kant 1983, 13).

Dabei sollte diese Selbstbestimmungsfähigkeit wiederum keineswegs Ausdruck bloßer subjektiver Willkür und Launenhaftigkeit sein, sondern der Mensch sollte zur Autonomie, d. h. zur Selbstgesetzgebung in der Lage sein, also einerseits dazu, zu erkennen, welches Handeln in einer gegebenen Situation von der Vernunft geboten wird, andererseits dazu, diesem als richtig Erkannten im konkreten Handeln dann auch zu folgen und andere subjektive Antriebe, Begierden, Wünsche, Interessen zu unterdrücken. Nicht aber allein auf die Kultivierung des Willens und des Handelns bezog sich der Anspruch der Bildung, sondern auch auf die Kultivierung des Geistes, der Sprache, des Genusses, des ästhetischen Empfindens, der zwischenmenschlichen Umgangsformen, der Freundschaftsbeziehungen ... Sämtliche menschliche „Vermögen" sollten gleichermaßen gebildet und „vervollkommnet" werden. Und dieser Prozess sollte auch keineswegs im luftleeren Raum bloßer Innerlichkeit, als abstrakte Geistesakrobatik, als isolierte Gemütsschulung und als verbissenes Willenstraining erfolgen, sondern in der innigsten Auseinandersetzung und zugleich in möglichst vollkommener Harmonie mit der Welt und den Menschen. Deshalb ging es darum, die sozialen Konstellationen und die Gegenstände aus Geschichte, Kunst, Literatur, Religion, Politik, Philosophie etc. ausfindig zu machen, die am besten geeignet waren, diesen Bildungsprozess anzuregen und zu befördern.

> *„Welche Objektivierungen der bisher erschlossenen Menschheitsgeschichte scheinen am besten geeignet, dem sich Bildenden Möglichkeiten und Aufgaben einer Existenz in Humanität, in Menschlichkeit aufzuschließen, also eine auf wechselseitig anerkannte, damit aber immer auch begrenzte Freiheit, auf Gerechtigkeit, kritische Toleranz, kulturelle Vielfalt, Abbau von Herrschaft und Entwicklung von Friedfertigkeit, mitmenschliche Begegnung, Erfahrung von Glück und Erfüllung hin orientierte, vernunftgeleitete Selbstbestimmung?"* (Klafki 1985, 23)

– dies war die implizite Leitfrage, die den Reflexionen über den „Bildungswert" einzelner Gegenstände zugrunde lag.

Die Bildungstheorie hat seitdem eine lange Entwicklung genommen, bei der natürlich immer wieder gefragt wurde, inwiefern diese idealistische klassische Bildungsvorstellung noch tragfähig sei, inwiefern zeitgemäße Bildungskonzeptionen die seitdem grundlegend gewandelten gesellschaftlichen, wirtschaftlichen und technologischen Verhältnisse berücksichtigen müssen. In bestimmten Phasen der Entwicklung der Pädagogik ist sogar die Meinung vertreten worden, dass der Bildungsbegriff als veralteter, reaktionärer, elitärer, dünkelhafter Begriff am besten ganz verabschiedet und durch neutralere Konzepte wie „Lernen", „Aneignung" „Kompetenzerwerb" etc. ersetzt werden sollte. Dann aber hat der Bildungsbegriff in den 80er und 90er Jahren als Orientierungs- und Zentrierungsbegriff, der immer wieder dazu herausfordert, den Sinn und das Ziel des ganzen pädagogischen Geschäfts zu reflektieren, eine bemerkenswerte Renaissance innerhalb der Erziehungswissenschaft erlebt (vgl. Klafki 1985; Mollenhauer 1986; Hentig 1996; Peukert 2000; Gruschka 2001).

3 Von den Veränderungen und Verengungen der Bildungsdiskussion seit PISA

Seit der Veröffentlichung der ersten PISA-Studie im Jahr 2001 hat die Bildungsdiskussion hierzulande wiederum eine deutliche Wendung genommen und gleichzeitig eine erstaunliche öffentliche Resonanz bekommen. Selten ist in den Jahrzehnten davor in den Medien so intensiv und ausgiebig über Bildungsfragen berichtet und diskutiert worden, wie in den letzten fünf Jahren. Zugleich hat in dieser Diskussion unter dem Eindruck der PISA-Studie, und das heißt vor allem unter dem Eindruck der nationalen narzisstischen Kränkung, dass die deutschen Schüler dort nur einen Platz im unteren Mittelfeld erreicht haben, eine deutliche Engführung stattgefunden. „Bildung" wird seitdem in vielen Diskussionen mehr oder weniger gleichgesetzt mit jenen Kompetenzen, die im Rahmen der PISA-Studie gemessen und international verglichen wurden. Der Bildungseifer einer Nation, der Bildungserfolg eines nationalen Schulsystems, der Bildungsgrad einer Jugendgeneration, all dies wird seitdem häufig sehr schlicht und sehr kurzschlüssig an den jeweiligen Platzierungen bei den entsprechenden Ranking-Tabellen der PISA-Studie festgemacht.

Dabei ist nicht zu bestreiten, dass es sich bei den Konzepten der „Reading Literacy", der „Mathematical Literacy" und der „Scientific Literacy" um sinnvolle Konzeptbildungen handelt, die sich nicht auf die bloße Wiedergabe schulischen Lernstoffs beziehen, sondern auf die Fähigkeit zur problembezogenen, kreativen Anwendung von erworbenen Wissensbeständen. Natürlich ist gerade die Lesefähigkeit eine hochwichtige Voraussetzung zur Teilhabe an der Kultur. Jedoch kann man dennoch erhebliche Zweifel daran haben, ob es sich bei dem, was bei PISA untersucht wurde, um „das Ganze der Bildung" handelt, oder eben nur um jenen schmalen Ausschnitt, der besonders leicht in einem „Large Scale Student Assessment" mit entsprechendem „Paper and Pencil Design" zu erheben ist.

Hartmut von Hentig hat angesichts der Durchsicht der ganz konkreten Aufgabenstellungen, die für PISA maßgeblich waren, eindringlich vor einer solchen Engführung der Bildungsdiskussion gewarnt und auf all das hingewiesen, was dort *nicht* gefragt ist. „Nirgends geht es ihnen um die für die persönliche und die politische Bildung kennzeichnenden Anforderungen: Zusammenhang herstellen, Sinn geben, bewerten (nicht nur begründen), etwas Tradiertes aneignen und bewahren, etwas auf sich beziehen, etwas genießen können, Vergangenes rekonstruieren, Künftiges entwerfen, Einzigartiges verstehen, Ambiguität und Aporie aushalten" (Hentig 2004, 293). Das was bei PISA gemessen und verglichen wurde, sind formale, instrumentelle Kompetenzen, als solche sicherlich nützlich und wichtig, aber sie stellen eben nur ein Teil der Bildungsaufgabe dar. Die Schule jedoch hat nach von Hentig die Pflicht, ihren Schülern auch für die anderen, vielleicht noch wichtigeren Aspekte der Bildungsaufgabe Anregung und Unterstützung zukommen zu lassen:

> „in der Entfaltung und Verfeinerung ihres Wahrnehmungs- und Gestaltungsvermögens; in der Beobachtung und Beachtung ihrer Mitmenschen, der zwischen ihnen waltenden bekömmlichen Regeln, ihres eigenen politischen Verhaltens, des Gemeinwohls; in der Ausbildung eines Bewusstseins ihrer Herkunft, den Bedingungen und Bedingtheiten ihrer Lebensweise; beim Vordringen zu und beim verständigen Umgang mit ‚letzten Fragen'" (von Hentig 2004, 294).

Dabei war ursprünglich durchaus vorgesehen, bei der PISA-Studie neben den instrumentellen Kompetenzen, den drei Formen von „Literacy", auch noch einen weiteren Bereich von bildungsbedeutsamen Fähigkeiten in die Untersuchung mit einzubeziehen. Fend et al. hatten im Auftrag der OECD einen Katalog von Bewertungskriterien ausgearbeitet, um zu prüfen, inwiefern es Bildungssystemen gelingt, bei den Schülern auch den Bereich der

"Cross-curricular Competencies" angemessen zu fördern, jene Kompetenzen, die nicht direkt mit einem Schulfach in Verbindung zu bringen sind und die dennoch in besonderer Weise wichtig dafür sind, eine Rolle als mündiger Bürger in einer Gesellschaft wahrzunehmen und ein persönlich befriedigendes Leben in der Gemeinschaft zu führen. Fend hat diese „Qualitäts-Essentials" folgendermaßen zusammengefasst:

> „Die Qualität eines Nationalen Bildungssystems, bzw. in einem erweiterten Sinn die Qualität des Erziehungssektors eines Gemeinwesens sollte sich danach in folgenden Punkten erweisen:
>
> – in seiner Fähigkeit, eine leistungsbereite, disziplinierte junge Generation zu entwickeln,
> – in der Förderung einer psychisch gesunden, selbstbewussten und vertrauensvollen Schülerschaft,
> – in der Entwicklung einer positiven Haltung gegenüber Lernen und Institutionen, die Lernen organisieren,
> – in der Prävention und Kompensation von Devianz und Gewalt,
> – in der Förderung demokratischen Verständnisses und demokratischer Grundwerte" (Fend 1998, 234).

Gerade die Entwicklung der psychischen Gesundheit der Jugendlichen, insbesondere der Aufbau eines positiven Denkens über sich selbst und über die eigenen Zukunftsperspektiven, waren für Fend zentrale Aspekte der „Lebenstüchtigkeit" und sollten deshalb auch wichtige Gradmesser für die Qualität eines Bildungs- und Erziehungssystems sein. Denn, so Fend,

> „der Globalindikator positives Selbstkonzept ... steht als Indiz für die Kompetenz der Jugendlichen, an Lebensaufgaben nicht zu scheitern, sondern sie zu meistern und damit auch daran zu wachsen ... Die positive zukunftsbezogene Einschätzung der eignen Möglichkeiten und Chancen ist eine weitere wichtige Grundlage für Lebensbewältigung der Heranwachsenden. Diese Zuversicht ist nötig, um auch schwierige Aufgaben anzupacken. Wer nämlich Zukunftswege eher verschlossen sieht und keine Möglichkeiten erkennt, über eigenes Handeln das Leben zu gestalten, wird auch eher resignativ den Alltag erdulden lernen und damit aktive Steuerungsstrategien auslassen. Dieser Gefahr des Erlernens von Hilflosigkeit gilt es in der Schule angemessen zu begegnen, indem Jugendliche mit den notwendigen Kompetenzen ausgestattet werden, um ein größtmögliches Maß an Kontrolle über ihr zukünftiges Leben realisieren zu können" (Fend et al. 1996).

Diese weiteren Dimensionen des Bildungsanspruchs der Schule, die sich weniger auf die Erfordernisse der „brauchbaren geistigen Arbeitkraft" und der „entwickelten intellektuellen Problemlösefähigkeit", sondern eher auf die Aspekte des „mündigen, kritischen und engagierten Bürgers" und des „lebenstüchtigen, selbstbewussten Subjekts" beziehen, sind bei der realen Durchführung der PISA-Studie dann weitgehend durch die Maschen des methodischen Designs gefallen. Wohl deshalb, weil es einfach zu schwierig ist, sie in einem Large-Scale-Assesment angemessen zu erheben.

4 Resilienz und Bildung

Gerade in Fends Ausführungen zu den Kriterien eines erweiterten Bildungsverständnisses, in denen es vordringlich um Aspekte von psychischer Gesundheit, Lebenstüchtigkeit, von Selbst- und Sozialkompetenz geht, könnte das Wort „Bildung" problemlos durch das Wort „Resilienz" ersetzt werden. Wenn Blankertz „Bildung" gar definiert als die Fähigkeit, sich jener Kraft bedienen zu können, „mit der sich der Mensch dem gesellschaftlichen Außendruck gegenüber zu behaupten vermag" (1982, 75), Bildung also explizit als Widerstandskraft fasst, dann wird die Verwandtschaft der Begriffe noch deutlicher.

Wenn „Bildung" somit immer auch die Fähigkeit zur Behauptung eines eigenen Standpunktes in der Welt und zur Abgrenzung gegenüber äußeren gesellschaftlichen Zumutungen impliziert, so ist der Bildungsbegriff doch keineswegs notwendig an die Vorstellung ungünstiger Entwicklungsumstände gebunden. Hier kommt beim Begriff „Resilienz" noch etwas Spezifisches hinzu, was aber gleichzeitig den paradoxen Charakter des Bildungsgeschehens noch einmal zuspitzt. Nämlich das „Trotz alledem" (Pines 1981). Resilienz ist ein relationales Konstrukt, das stets auf eine bestimmte Erwartungshaltung – nämlich die, dass problematische Entwicklungsumstände in der Regel zu entsprechend problematischen Entwicklungsverläufen führen – bezogen ist:

„Resilience has been described as the capacity for successful adaption, positive functioning, or competence ... despite high-risk status, chronic stress, or following prolonged or severe trauma. Resilience is often operationalized as the positive end of the distribution of developmental outcomes in a sample of high-risk individuals" (Egeland et al. 1993, 517).

Das heißt, ein bestimmtes positives Entwicklungsbild bei einem Kind, etwa ein erfreuliches Maß an Selbstvertrauen, Sozialkompetenz und Lernbereitschaft, kann nicht per se als Ausdruck von Resilienz gewertet werden, sondern wird zu diesem erst durch den Umstand, dass die Kenntnis der Entwicklungshintergründe ein anderes Entwicklungsbild hätte erwarten lassen. Resilienz bedeutet also stets, dass besondere Widerstände und Schwierigkeiten zu überwinden waren, dass eine besondere Bewältigungsleistung erbracht wurde. Bei Rutter heißt es kurz und prägnant, „Resilienz" bezeichne den „positive pole of individual differences in peoples responses to stress and adversity" (Rutter 1987, 316).

„Positive functioning", „positive pole" – damit ist klar, dass es sich bei dem Resilienzbegriff um einen Begriff mit einer impliziten normativen Komponente handelt: Resilienz ist etwas, das erwünscht und erhofft wird, das nach Möglichkeit unterstützt und gefördert werden soll. Das gleiche gilt auch für Bildung, ja man kann fast sagen, dass der Bildungsbegriff seit jeher dazu diente, die Summe all dessen, was pädagogisch wünschenswert erscheint, in sich aufzunehmen, dass sich Bildungstheoretiker immer wieder darin überboten, Bilder von der erträumten Idealgestalt des Menschen zu entwerfen: Idealbilder, Wunschprojektionen davon, „... wie der Gipfel des Menschentums, der pädagogisch beförderbar ist, aussehen sollte" (Fend 1984, 137). „Bildung" wird demnach zu einer Art geistig-seelischem Adelsstand, der den „Gebildeten" aus der Masse der Un- und Halbgebildeten heraushebt (Spaemann 1994), und ihn von „Wilden" und „Barbaren" unterscheidet (Böhm 1982).

Hartmut von Hentig hat in seinem bildungstheoretischen Entwurf versucht, „Bildung" etwas von diesem elitären Anstrich zu befreien, den Bildungsbegriff vom hohen Podest auf eine alltäglichere, schlichtere Ebene herunterzuholen, indem er statt eines inhaltlichen Kanons dessen, was der Gebildete wissen, können, leisten müsse, sechs Maßstäbe formuliert, gewissermaßen Minimalkriterien, an denen sich die „Bildung" eines Menschen zu bewähren habe:

„Abscheu und Abwehr von Unmenschlichkeit; die Wahrnehmung von Glück; die Fähigkeit und den Willen, sich zu verständigen; ein Bewusstsein von der Geschichtlichkeit der eigenen Existenz; Wachheit für letzte Fragen; und – ein doppeltes Kriterium – die Bereitschaft zur Selbstverantwortung und Verantwortung in der res publica" (Hentig 1996, 75).

Bei jenen entwicklungspsychologischen Longitudinalstudien, die den Hintergrund der Resilienzforschung ausmachen, wurden größere Gruppen von Probanden von der Kindheit bis ins Erwachsenenalter hinein forschend begleitet, um etwas über die äußeren Einflussfaktoren und inneren Verarbeitungsfaktoren herauszufinden, die die biographischen Entwicklungslinien dieser Menschen prägten. Typischerweise wurden mit den jungen Erwachsenen Interviews geführt, bei denen es um ihre aktuelle Lebenssituation, um ihre Einstellungen und Werthaltungen, um ihre subjektive Sicht auf die eigene Lebensgeschichte und um ihre Zukunftsentwürfe ging (Chess 1989; Caspi et al. 1990; Werner/Smith 1992; Vaillant 1993; Block 1993; zusammenfassend: Göppel 1997). Ergänzt wurden diese Daten meist durch psychologische Tests und durch verfügbare „harte" Informationen aus Schul-, Klinik-, Fürsorge- oder Justizakten. Wenn auf der Grundlage dieser Daten dann versucht wurde, „differences in peoples responses to stress and adversity" einzuschätzen, die einzelnen Probanden also irgendwo zwischen dem „positive" und dem „negative pole" einzuordnen, dann waren es wohl letztlich auch jene von Hentig beschriebenen Bewährungskriterien, die implizit die Einschätzung leiteten. Das heißt, wenn die Betroffenen in den Interviews zynische, menschenverachtende Lebensphilosophien vertraten, wenn sie einen deutlichen Mangel an Empathie in die Leiden anderer zeigten, wenn sie unter Umständen Unmenschlichkeiten, die sie als Kinder erfahren hatten, an den eigenen Kindern wiederholten, wenn sie sich als unfähig zur Wahrnehmung von Glück erwiesen, ihr Leben von einer depressiven Grundstimmung überschattet war, wenn sie weder Fähigkeit noch Willen aufbrachten, sich mit anderen zu verständigen und in permanentem Konflikt mit ihren Mitmenschen lebten, wenn sie von der historischen Dimension ihrer eigenen Existenz gänzlich abgeschnitten waren, kein biographisch fundiertes Identitätsgefühl, keinen „sense of coherence" (Antonovsky 1979) entwickelt hatten, wenn sie Sinn und Wertfragen verächtlich abtaten, wenn sie weder in der Lage waren, ihr eigenes Leben verantwortlich zu führen noch für andere und anderes Verantwortung zu übernehmen, dann hatten sie wohl kaum Chancen nahe dem „positive pole" und somit als „resilient" eingeschätzt zu werden. Freilich wird jener „positive pole" in der einschlägigen amerikanischen entwicklungspsychologischen und entwicklungspsychopathologischen Diskussion nicht mit dem (sehr deutschen, sehr traditionsbeladenen und kaum ins Englische übersetzbaren) Begriff der „Bildung", sondern eher mit Begriffen wie „adaption", „well-functioning" oder „mental health" belegt, Begriffen, bei denen sich bei eingefleischten deutschen Bildungsphilosophen natürlich die Haare sträuben. Auch wenn es sich um unterschiedliche Sprachspiele handelt, so lässt sich dennoch zeigen, dass von der Sache her zwischen beiden Diskurstraditionen durchaus weitreichende Gemeinsamkeiten hinsichtlich der angestrebten und als positiv bewerteten Zielperspektive menschlicher Entwicklung bestehen.

Neben diesen basalen Kriterien, die sowohl als Maßstäbe für gelungene Bildung als auch für die Zuerkennung des Prädikats „resilient" dienen können, werden in der „literature on risk and resilience" einige weitere spezifische Persönlichkeitsmerkmale diskutiert, denen auch in der Diskussion darüber, was den Kern von „Bildung" ausmacht, einige Bedeutung zukommen dürfte. Gerade dann, wenn man „Bildung" nicht in erster Linie als das Verfügen über einen bestimmten Wissenskanon, sondern eher als die kreative Fähigkeit, mit sich und dem Leben trotz mancher Herausforderungen und Schwierigkeiten zurechtzukommen, begreift. Als besonders bedeutsame Konzepte sind in diesem Zusammenhang zu nennen:

- *Das „Kohärenzgefühl" (sense of coherence), das von Antonovsky definiert wird als „eine globale Orientierung, die das Ausmaß ausdrückt, in dem jemand ein durchdringendes Vertrauen darauf hat, dass erstens die Anforderungen aus der internalen oder externalen Umwelt im Verlauf des Le-*

bens strukturiert, vorhersagbar und erklärbar sind, und dass zweitens die Ressourcen verfügbar sind, die nötig sind, um den Anforderungen gerecht zu werden. Und drittens, dass diese Anforderungen Herausforderungen sind, die Investitionen und Engagement verdienen" (Antonovsky 1979, 12).
- „Emotionale Integrität und Kohärenz" als „die Fähigkeit, negative und positive Gefühle auf ihre externen Ursachen zurückzuführen, als gegeben zu akzeptieren und die erlebten Konflikte durch aktives, wirklichkeitsbezogenes Handeln und Kommunizieren, zum Beispiel, indem man um Hilfe bittet, zu lösen" (Grossmann et al. 1989).
- „Internal locus of control" (Rotter 1966) und „Self-Efficacy" (Bandura 1982) als die generalisierte Erwartung, dass man selbst in der Lage ist, Kontrolle über oder zumindest Einfluss auf die Dinge des eigenen Lebens auszuüben, mit dem eigenen Handeln tatsächlich etwas bewirken zu können und mithin nicht einfach passiv fremden Mächten oder der Willkür des Schicksals ausgeliefert zu sein.
- Selbstverstehen, also die Kenntnis der eigenen Persönlichkeit mit ihren Stärken und Kompetenzen, auf die man vertrauen kann, aber auch mit den Flucht- und Vermeidungstendenzen, mit den Bedürftigkeiten, Verwundbarkeiten und den Belastungsgrenzen, die man bei der Auseinandersetzung mit den Herausforderungen des Alltags in Rechnung ziehen muss. Dies umfasst auch die biographische Dimension, d. h. ein Stück Selbsttransparenz hinsichtlich des eigenen Gewordenseins und der prägenden Kräfte, die darin eine Rolle gespielt haben.
- Selbstachtung, also gewissermaßen der gute Ruf, den man bei sich selbst hat, die Akzeptanz und Wertschätzung der eigenen Person auch mit ihren Schwächen und Fehlern.

Somit lässt sich als Zwischenfazit festhalten, dass es, auch wenn beide Begriffe aus ganz unterschiedlichen Wissenschaftstraditionen stammen, dennoch bedeutsame Ähnlichkeiten zwischen den Konzepten „Bildung" und „Resilienz" gibt. Beide Begriffe heben ab auf eine grundlegende Idee „gelingende Lebensgestaltung". Beide Begriffe betonen dabei den Aspekt der Selbsttätigkeit, der subjektiven Auseinandersetzung mit Lebensumständen, bei beiden Begriffen handelt es sich ausdrücklich um Gegenentwürfe gegen die Vorstellung vom Kind als bloß passivem Prägeprodukt äußerer Einflüsse. Während das Konzept der Bildung mit einer höchst komplexen philosophisch-idealistischen Tradition befrachtet ist, entstammt das Konzept der Resilienz einer relativ jungen, klar empirisch-sozialwissenschaftlich geprägten Theorietradition. Die entsprechende Forschung zielt darauf ab, noch einmal hinter das durchaus akzeptierte bildungstheoretische Postulat von der Fähigkeit des Menschen, sich selbst zu gestalten, sich aktiv und kreativ mit den Aspekten seiner Umwelt auseinander zu setzen, zurückzugreifen, und sie fragt nach den ontogenetischen Ursprüngen sowie nach den unterschiedlichen Entwicklungslinien und Ausprägungsformen dieser Fähigkeit. In gewissem Sinn kann man fast sagen, dass hier jener Bereich der Indeterminiertheit, der Autonomie, der aktiven Selbsttätigkeit, der von der Bildungstheorie immer postuliert wurde, nun seinerseits wiederum auf seine Voraussetzungen, seine Determinanten hin erforscht wird. Es geht also stets um das Spannungsverhältnis, welches zwischen den beiden viel zitierten Sätzen: „Der Mensch bildet *sich*" und „Das *Leben* bildet" besteht. Resilienz könnte man dann in diesem Sinne auch definieren als *gelungene Bildung trotz besonders ungünstiger Bildungsvoraussetzungen.*

5 Resilienz und schulische Ausbildung

Welche Rolle spielt in diesem Zusammenhang der Resilienz, der Selbstbehauptung trotz äußerer Widerstände, jener Bereich, der im engeren, konventionelleren Sinn als „Bildung" oder bisweilen eher geringschätzig als „Schulbildung" bzw. als bloße „Ausbildung" bezeichnet wird, also der Besuch von *Bildung*seinrichtungen, die Aneignung von *Bildung*swissen, von verwertbaren Kompetenzen und Fertigkeiten und der Erwerb von *Bildung*sabschlüssen und *Bildung*szertifikaten?

Meistens wurde in den empirischen Längsschnittstudien im Rahmen der Resilienz- und Risikoforschung auch festgehalten, wie die Probanden mit den schulischen Leistungsanforderungen zurechtkamen und wie sie sich im Sozialgefüge der Schulklasse zurechtfanden. Freilich ist es dabei ebenso schwierig, eine relativ gelungene Bewältigung dieser Entwicklungsaufgaben als *Folge* von „Resilienz" im Sinne eines bestimmten, früh ausgeprägten stabilen Persönlichkeitsmerkmales auszuweisen, wie es andererseits problematisch ist, solche schulischen Erfolge als *Ursachen* für eine generell günstige Persönlichkeitsentwicklung in späteren Lebensaltern anzusehen. Eher muss man wohl davon ausgehen, dass die schulische Erfahrung ein Feld ist, in dem familiär geprägte Tendenzen der Erfolgs- oder Misserfolgserwartung, der Kausalattribuierung, der Selbstachtung, der Anstrengungsbereitschaft, der Frustrationstoleranz etc. – wenn man so will also bestimmte „Coping-Strategien" – auf neue Situationen und Anforderungen stoßen und dabei sowohl eine Verstärkung als auch eine Korrektur erfahren können. Schule kann von Kindern aus schwierigen Entwicklungsmilieus im günstigen Fall als Fluchtpunkt, als Nische, als Insel der Ordnung und der Struktur in einem sonst eher chaotischen Alltag, als Ort der persönlichen Zuwendung, der Einbindung in Freundschaftsbeziehungen und der Bestätigung eigener Werthaftigkeit erlebt werden oder aber als Ort des erneuten Versagens und der Beschämung, des Zwangs und der Demütigung, der Ausgrenzung und der Entmutigung. Für beide Erlebnisweisen gibt es eindrucksvolle autobiographische Zeugnisse. Freilich ist die Schule über die persönlichkeitsstärkenden bzw. -schwächenden Erfahrungen, die sie vermittelt hinaus auch schon allein deshalb ein bedeutsames Glied in der Kette der biographisch relevanten Ereignisse, weil der Erwerb formaler Bildungsabschlüsse in modernen Gesellschaften nun einmal sehr eng mit der Eröffnung bzw. der Begrenzung von Berufs- und Zukunftschancen zusammenhängt.

Aber was sind nun typische Muster, die jene resilienten Kinder und Jugendlichen im Umgang mit der Schule und dem schulischen Wissen zeigen? Welche Aspekte der Auseinandersetzung mit den Anforderungen der Schule haben eine besondere prognostische Bedeutung für die weitere Entwicklung? Welchen spezifischen Qualitäten der schulischen Umgebung kommt unter Umständen die Rolle eines „Schutzfaktors" zu?

In der Kauai-Studie von Werner und Smith etwa zeichnete sich die Gruppe der „Resilienten", also derjenigen Probanden, die aus chronischen Armutsverhältnissen stammten und trotz sehr belastender Entwicklungsbedingungen relativ gut und unbeschadet durch die Kindheit und das Jugendalter gekommen waren, in dieser Hinsicht durch eine besondere „Bildungsbeflissenheit" aus. Die Mehrzahl von ihnen hatte nach der Highschool weiterführende Schulen besucht, und so hatte diese Teilgruppe insgesamt ein überdurchschnittliches Bildungsniveau erreicht, das weit über dem ihrer Herkunftsfamilien lag. Typisch für sie war ein Muster im Umgang mit Aufgaben und Problemen, das ein hohes Maß an Selbständigkeit mit der Fähigkeit verband, sich im Bedarfsfall gezielt nach Hilfe umzusehen. Ihr genereller Verhaltensstil war eher reflektierend als impulsiv. Sie waren in der Lage, sich gezielt auf Wichtiges zu konzentrieren, und zeigten bei ihren Vorhaben ein überdurchschnittliches Maß an Ausdauer und Hartnäckigkeit. Obwohl sie sozial gut integriert waren, Freunde hatten und auch bei Erwachsenen beliebt waren, zeigten sie andererseits häufig eine bemerkenswerte Unabhängigkeit. Sie hatten oftmals ausgeprägte Interessen und Hobbys, die ihnen persönlich viel bedeuteten und aus denen sie Befriedigung und Kompetenzgefühl schöpften. Die Interessen und Aktivitäten dieser Kinder folgten häufig nicht engen geschlechtsrollentypischen Vorgaben. Werner spricht generell von einer „healthy androgyny", welche für diese Kinder typisch sei, und fasst ihre Beschreibung folgendermaßen zusammen:

> *„Resilient youth have been shown to be more responsible and achievement-oriented than their age-mates. They attain a greater degree of social maturity by the time they graduate from high school. They prefer structure in their lives and have internalized a positive set of values. They also share a great interest in matters labeled feminine by conventional wisdom. They are more appreciative, gentle, nurturant, and socially perceptive than their peers who have difficulty coping with adversity"* (Werner 1990, 104).

Den wichtigsten und grundlegendsten Persönlichkeitszug dieser Kinder sieht sie jedoch in einem tiefverwurzelten Gefühl, etwas zu taugen und zu können: „A sense of competence and self-efficacy appears to be the general hallmark of these children" (103). Im Hinblick auf die schulischen Leistungen zeigte sich, dass insbesondere die Lesefertigkeit, die in der vierten Klasse erhoben wurde, von besonderer prognostischer Bedeutung war. Sie zählte innerhalb der High-Risk-Gruppe zu den aussagekräftigsten Prädiktoren für die erfolgreiche Lebensbemeisterung im Erwachsenenalter (Werner 1993, 511).

Quinton und Rutter konnten zeigen, dass die Qualität der Schule, gerade für Kinder mit hohem Risikostatus von besonderer Bedeutung ist. Sie verfolgten die Lebensschicksale von Mädchen mit frühen deprivierenden Heimerfahrungen und interessierten sich dabei besonders für die Frage, unter welchen Bedingungen es ihnen am ehesten gelang, den „cycle of disadvantage", also den intergenerationalen Wiederholungszwang zu durchbrechen. Nach ihren Ergebnissen kommt der Qualität der besuchten Schule dabei durchaus eine bedeutsame Rolle zu. Jene Mädchen mit positiven Schulerfahrungen neigten auch im späteren Leben zu größerem Selbstvertrauen und überlegterer Lebensplanung, und gerade diese größere Besonnenheit wirkte sich deutlich positiv aus (Quinton/Rutter 1988). Rutters Ansicht nach sind es weniger die konkreten kognitiven Lerninhalte, die in diesem Sinn von Bedeutung für die zukünftige Entwicklung sind, als vielmehr das gestärkte Selbstvertrauen, das generalisierte Kompetenzgefühl, die positive Einstellung zum Lernen überhaupt und die damit wiederum zusammenhängende positivere Interaktion mit den Lehrenden, die sich entsprechend mit mehr Freude und Engagement um jene lernwilligen, bemühten Schüler aus schwierigen Milieus kümmern (vgl. Rutter 1993, 51).

Der letztgenannte Faktor taucht immer wieder in der Literatur zum Thema Resilienz bzw. Risiko- und Schutzfaktoren in der kindlichen Entwicklung auf: persönlich bedeutsame Erwachsene außerhalb der Familie, die eine vertrauensvolle Beziehung zu dem Kind eingehen und die gleichzeitig als Rollenmodelle dienen. In diesem Sinn schreibt Werner:

> *„Most studies have noted, that resilient children enjoy school, whether nursery school grade school or high school ... Even if they are not unusually gifted, those who ultimately show the greatest resilience tend to put whatever possibilities for good use. In many cases such children make school into a home away from home, a refuge from a disordered household"* (Werner 1990, 109).

Auch wenn es in manchen Fällen zweifellos zutrifft und es durchaus eindrucksvolle kasuistische Beschreibungen dafür gibt, wie Schule ein „Schutzfaktor", ein „home away from home" werden kann, wie Beziehungen zu Lehrerinnen oder Lehrern für Kinder in schwierigen Lebenssituationen zu sehr bedeutsamen stützenden Erfahrungen werden können (vgl. z. B. Jegge 1976; Neidhard 1977; Hayden 1984; Heinemann 1992; Hiller/Nestle 1997), so dürfte dies aufs Ganze gesehen doch eher selten sein. Sehr viel häufiger dagegen dürfte bei realistischer Betrachtung leider die Situation sein, dass Schule zu einem weiteren Risikofaktor für benachteiligte Kinder wird, zur Quelle von Angst und Scham, Misserfolg und Demütigung. Am nachdenklichsten sollte in dieser Hinsicht vielleicht ein Ergebnis aus einer Befragung von Zinnecker machen: In einer repräsentativen Umfrage hat er 10- bis 18-jährigen Kindern und Jugendlichen unter anderem folgendes Item zur Bewertung vorgelegt: „Es gibt Lehrer(innen) bei uns, die einen vor der ganzen Klasse blamieren". Nahezu die Hälfte der Befragten hat dabei angegeben, dass diese Aussage zutreffend sei (Zinnecker et al. 2002, 149). Der Kinder- und Jugendpsychiater Reinhard Lempp hat die Schule einmal als den wichtigsten pathogenen Faktor in der Entwicklung heutiger Kinder eingeschätzt und beklagt, dass die Schule in jüngster Zeit immer mehr „zur Belastung der Familie, ja zum Teil zu ihrem Zerstörer geworden" sei (Lempp 1991, 27). Natürlich behalten die obigen Befunde von Werner und Rutter dennoch ihre Gültigkeit. Resiliente Kinder zeichnen sich demnach unter anderem dadurch aus, dass sie die Angebote der Institution Schule positiv für sich nutzen können. Nur wird es eben angesichts der Tatsache, dass unser Bildungswesen systembedingt auch Versagenskarrieren produziert, etwas schwierig pauschal von „Bildung als Chance" zu sprechen. Wenn, dann müsste man in Anlehnung an die plakativen Buchtitel von Keupp (1988) und Beck/Beck-Gernsheim (1994) zumindest hinzufügen, dass es sich bei den Angeboten des Bildungswesens um „riskante Chancen" handelt.

In jüngster Zeit gibt es als Resultat der beginnenden Rezeption der Resilienzforschung in der deutschen Pädagogik und Sonderpädagogik sogar erste Ansätze, gezielte „Resilienzförderung" als einen Aspekt des schulischen Bildungsauftrages gerade bei Kindern aus schwierigen Lebensverhältnissen zu begreifen. Die ehemalige baden-württembergische Kultusministerin Schavan hat die ganze neuere Bildungsplanarbeit in ihrem Land unter das Motto gestellt „Bildung stärkt Menschen" (Schavan 2002). Sie hat damit gewissermaßen ein Motto aufgegriffen, in welchem Hartmut von Hentig einmal die Aufgabe der Bildungseinrichtungen auf eine kürzestmögliche Formel gebracht hat: „Die Menschen stärken, die Sachen klären" (Hentig 1985). Freilich wird auch dieses schöne Motto der Schulreformarbeit nicht verhindern, dass auch weiterhin in weiten Bereichen der Schule, gerade angesichts des von PISA erzeugten Leistungsdrucks, der Unterricht wie gewohnt eher nach dem Motto: „Den Stoff beibringen, die Klasse im Griff haben" erfolgen wird.

Gerade an den Förderschulen jedoch gibt es derzeit Tendenzen, ernsthaft eine Orientierung an dem Paradigma anzustreben, dass es in schulischer Hinsicht primär darauf ankommt „Kinder zu stärken". In diesem Sinn schreibt Burghardt in seinem Arbeitspapier zur Arbeit am „Bildungsplan Förderschule":

> „Abweichende Verhaltensmuster haben ihre Ursachen oft in risikoreichen Lebensumständen, in Stress- und Problemsituationen, für die diese Schülerinnen und Schüler weitergehender pädagogischer Angebote und Hilfen bedürfen, die sie in ihrer psychischen Widerstandsfähigkeit stärken und sie befähigen, Bindungen einzugehen und tragfähige Beziehungen aufzubauen.... Die Resilienzforschung liefert einige Hinweise, die bei der Gestaltung des zukünftigen Bildungsplanes hinsichtlich der Frage, was Kinder stark macht und was ihnen hilft, in schwierigen Lebenslagen zu bestehen, es lohnend erscheinen lassen, die Merkmale, Bedingungen und Förderansätze von Resilienz hinsichtlich eines sich abzeichnenden Veränderungsbedarfs in den Blick zu nehmen" (Burghardt 2005, 3f).

So sinnvoll es ist, sich Gedanken darüber zu machen, wie in Kindergarten und Schule Erfahrungsräume und Beziehungen so gestaltet werden können, dass sie für Kinder aus schwierigen Lebenssituationen eine Unterstützung und nicht eine weitere Quelle von Verunsicherung, Versagen und Ausgrenzung werden, so sehr sollte man sich doch davor hüten, „Resilienzförderung" im direkten, belehrenden Zugriff betreiben zu wollen, d. h., indem man die Menschen einfach mit handfesten Empfehlungen, gewissermaßen mit den „Bauernregeln der Resilienz" konfrontiert. Dieses Unbehagen kommt bei der Lektüre eines jüngst an publikumswirksamem Ort veröffentlichten Artikels von Ursula Nuber auf. Darin heißt es „Resilienz kann in jedem Lebensalter erlernt werden", und dann werden die „sieben Wege, die zum Ziel führen" verkündet:

> „1. Soziale Kontakte aufbauen. [...] 2. Krisen sollten nicht als unüberwindliche Probleme betrachtet werden. [...] 3. Realistische Ziele entwickeln. [...] 4. Die Opferrolle verlassen, aktiv werden. [...] 5. An die eigenen Kompetenzen glauben. [...] 6. Eine Langzeitperspektive einnehmen. [...] 7. Für sich selbst sorgen." (Nuber 2005, 24)

Die Haltungen und Sichtweisen, die hier beschrieben werden, sind eben ihrerseits immer schon *Ausdruck* von Resilienz, und man muss, wenn man Menschen tatsächlich hilfreich sein will, wohl etwas mehr bieten als nur die Aufmunterung „nun seid mal schön resilient".

6 Resilienz als Prozess und die Bedeutung lebensgeschichtlicher Reflexion

In der Resilienzforschung kann man häufiger den Hinweis lesen, dass es auf Dauer unzureichend sei, nur nach Korrelationen zwischen bestimmten frühen Persönlichkeitsvariablen, bestimmten Merkmalen des sozialen Umfeldes und bestimmten „Outcome-Variablen" zu fragen, dass es für ein wirkliches

Verständnis jener Abwehrkräfte und Bewältigungsmechanismen vielmehr notwendig sei, Resilienz als Prozess zu begreifen und zu erforschen. So heißt es etwa in der instruktiven Zwischenbilanz, die Luthar, Cicccetti und Becker im Jahr 2000 zu dem ganzen Forschungskomplex der Resilienzforschung in der Zeitschrift „Child Development" gezogen haben:

> „Research on resilience must accelerate its move from a focus of description to a focus on elucidating delevelopmental process questions. With accumulated evidence, that a particular variable does affect competence levels within a specific at-risk group, investigators need to focus their inquiry on understanding the mechanisms, by which such protection (or vulnerability) might be conferred" (Luthar et al. 2000, 555).

Das was bisher an Pfadanalysen in dieser Absicht vorliegt, ist noch eher spärlich (vgl. Rutter 1993, Esser et al. 1995) und führt kaum über die kombinierte Betrachtung einiger Wirkfaktoren und deren relative Gewichtung hinaus. Gabriel hat zu Recht festgestellt, „dass die inhaltlichen Einflüsse, die im Rahmen von Erziehungs- und Sozialisationsprozessen zur Ausprägung von Resilienz oder aber von Vulnerabilität beitragen ... nicht linear zu denken" seien. Aus diesem Grunde, meint er, „bieten sich Forschungszugänge an, die im Kern qualitativ angelegt sind und in Fallstudien die Entwicklungsübergänge resilienter Probanden rekonstruieren, um so gleichsam die entscheidenden ‚Entwicklungslinien' und ‚Übergänge' in Biographien zu entdecken" (Gabriel 2005, 212).

In dieser Hinsicht sind wir nach wie vor auf kasuistische Fallvignetten angewiesen, auf Berichte darüber, wie Kinder sich unter sehr schwierigen Entwicklungsbedingungen behauptet haben.

Verglichen aber mit dem weiten Spektrum der unterschiedlichen Fallgeschichten aus dem Feld der Psychopathologie und der Neurosenlehre, der Differenziertheit und der literarischen Versiertheit der Falldarstellungen und der Elaboriertheit der theoretischen Fallanalysen, die dort anzutreffen ist (von Freud bis Moser, von Richter bis Stierlin und von Sacks bis Yalom), stellt die Resilienzforschung im Hinblick auf qualitative, kasuistische Zugänge noch weitgehend ein Brachland dar.

Gerade in pädagogischer Hinsicht wären solche differenzierten Schilderungen von Entwicklungsgeschichten, die *nicht* zu „Fällen bzw. Unfällen" der Erziehung geworden sind (vgl. Ertle/Möckel 1981), obwohl die Entwicklungsumstände dies durchaus plausibel hätten „erklären" können, sondern die im Nachhinein als erstaunliche Fälle von Widerstandskraft und Bewältigungskompetenz, von Selbstbehauptung und Selbstheilung, eben von „Resilienz", betrachtet werden können, von besonderer Bedeutung.

Aber nicht nur im Hinblick auf die wissenschaftliche Erforschung des Resilienzphänomens stellt sich die Frage nach der Bedeutung, die der Auseinandersetzung mit Lebensgeschichten zukommt, sondern auch im direkteren, pädagogischen Sinn, d. h. im Hinblick auf das Bemühen, das Ringen um Resilienz bei Menschen mit problematischen Lebensgeschichten zu befördern. Jene Dimension des „Kohärenzgefühls", welche Antonovsky als zentral für die Resilienz ausgemacht hat, ist nicht denkbar ohne biographische Selbstreflexion, ohne Auseinandersetzung mit der eigenen Lebensgeschichte. Es spricht einiges dafür, dass – bezogen auf die Kurzformel, die von Hentig für die Bildungsaufgabe geprägt hat: „Die Menschen stärken, die Sachen klären" – gerade die Auseinandersetzung mit den Widersprüchen, Bruchstellen und Rätselhaftigkeiten der eigenen Lebensgeschichte zu jenen „Sachen" gehört, die in besonderer Weise „stärkend" auf den Menschen wirken. In diesem Sinne hat Opp „Biographische Selbstverständigung" als eine sinnvolle Perspektive der Resilienzförderung beschrieben und zu Recht festgestellt, Kinder und Jugendliche bräuchten „bei der Entwicklung der individuellen Deutungsmuster, Sinnstrukturen und Zukunftsentwürfe, die sie aus ihren biographischen Erfahrungen heraus für ihr Leben formen müssen, Unterstützung" (Opp 2001, 112; vgl. a. Fröhlich/Göppel 2006).

Vielleicht kann man überhaupt sagen, Bildung wird gerade dann zur Chance und birgt in sich resilienzfördernde Aspekte, wenn sie vom sich bildenden Subjekt tatsächlich auch bewusst *als persönliche Chance für sich und sein Leben begriffen* wird, d. h. als Möglichkeit des Verstehens und der Veränderung der eigenen Lage (und damit nicht bloß, wie es vielfach an den Schulen der Fall ist, als tägliches Pensum, als selbstverständliche Routine, als lästige Pflicht, als Aufnahme unnützen Ballasts oder als Mittel zum Statuserwerb). Gerade für diesen Erkenntnisprozess ist aber die biographische Selbstreflexion – sowohl im Hinblick auf die eigene persönliche Vergangenheit, als auch im Hinblick auf mögliche, erstrebte, ersehnte Zukünfte unerlässlich.

Literatur

Adorno, T. W. (1975): Theorie der Halbbildung. In: Adorno, T. W.: Gesellschaftstheorie und Kulturkritik. Suhrkamp, Frankfurt/M., 66–94
Anthony, E. J. (1987): Children at high risk for psychosis growing up successfully. In: Anthony, E. J., Cohler, B. J. (Eds.): The invulnerable child. Guilford Press, New York/London, 147–184
Antonovsky, A. (1979): Health, stress and coping. Jossey Bass, San Francisco
Badura, B. (1993): Soziologische Grundlagen der Gesundheitswissenschaften. In: Hurrelmann, K., Laaser, U. (Hrsg.): Gesundheitswissenschaften. Handbuch für Lehre, Forschung und Praxis. Beltz, Weinheim/Basel, 63–90
Ballauff, T. (1988): Zur Geschichte der abendländischen Bildung. In: Böhm, W., Lindauer, M. (Hrsg.): Wissen, Erkennen, Bildung, Ausbildung heute. Klett, Stuttgart, 49–70
Bandura, A. (1982): Self-efficacy mechanism in human agency. In: American Psychologist 37 (2), 122–147

Beck, U., Beck-Gernsheim, E. (Hrsg.)(1994): Riskante Freiheiten. Individualisierung in der modernen Gesellschaft. Suhrkamp, Frankfurt/M.
Blankertz, H. (1982): Pädagogische Theorie und erzieherische Praxis im Spiegel des Verständnisses von Wissenschaftstheorie und Wissenschaftspraxis. In: König, E., Zedler, P. (Hrsg.): Erziehungswissenschaftliche Forschung. Schöningh, Paderborn/München
Block, J. (1993): Studying personality the long way. In: Funder, D. C., Parke, R. D., Tomlinson-Keasey, C., Widaman, K. (Eds.): Studying lives through time: Personality and development. APA, Washington, 9–41
Böhm, W. (1982): Der Gebildete zwischen Wilden und Barbaren. In: Konrad, H. (Hrsg.): Pädagogik und Anthropologie. Kippenheim, 142–151
– (1988): Theorie der Bildung. In: Böhm, W., Lindauer, M. (Hrsg.): Wissen, Erkennen, Bildung, Ausbildung heute. Klett, Stuttgart, 25–48
Burghardt, M. (2005): Wesentliche Orientierungspunkte für die Arbeit am Bildungsplan Förderschule. www.bildung-staerkt-menschen.de/.../sonderschulen/Orientierungspunkte_Bildungsplan_Foerderschule_Febr_05.doc
Caspi, A., Elder, G. H., Jr., Herbener, E. S. (1990): Childhood personality and the prediction of life-course patterns. In: Robins, L. N., Rutter, M. (Eds.): Straight and devious pathways from childhood to adulthood. Cambridge University Press, Cambridge, 13–35
Chess, S. (1989): Defying the voice of doom. In: Dugan, T. F., Coles, R. (Eds.): The child in our times: Studies in the development of resiliency. Brunner/Mazel, New York, 179–199
Cohler, B. J. (1987): Adversity, resiliance and the study of lives. In: Anthony, E. J, Cohler, B. J. (Eds.): The invulnerable child. Guilford, New York, 363–424
Egeland, B., Carlsson, E., Sroufe, L. A. (1993): Resilience as process. In: Development and Psychopathology 5, 517–528
Ertle, C., Möckel, A (Hrsg.) (1981): Fälle und Unfälle in der Erziehung. Klett-Cotta, Stuttgart
Esser, G., Laucht, M., Schmidt, M. H. (1995): Der Einfluss von Risikofaktoren und der Mutter-Kind-Interaktion im Säuglingsalter auf die seelische Gesundheit des Vorschulkindes. In: Kindheit und Entwicklung, Zeitschrift für klinische Kinderpsychologie 4, 33–42
Fend, H. (1984): Die empirische Pädagogik. In: Westermanns Pädagogische Beiträge 36, Heft 3, 132–137
– (1998): Qualität im Bildungswesen. Schulforschung zu Systembedingungen, Schulprofilen und Lehrerleistung. Juventa, Weinheim/München
–, Büeler, X., Grob, U., Kassis, W. (1996): Politische Bildung und Persönlichkeitsförderung als Qualitätskriterien von Bildungssystemen. Möglichkeiten der Evaluation von Bildungssystemeffekten im Bereich überfachlicher Kompetenzen am Beispiel des Vergleichs der Kantone Schwyz und Zürich (Bericht der Schweizer Arbeitsgruppe „Cross-Curricular-Competencies" von Network A des INES-Projektes der OECD. Im Auftrag des Bundesamtes für Statistik, Bern). Pädagogisches Institut der Universität Zürich
Fröhlich, V., Göppel, R. (2006)(Hrsg.): Bildung als Reflexion über die Lebenszeit. Psychosozial, Gießen
Gabriel, T. (2005): Resilienz – Kritik und Perspektiven. In: Zeitschrift für Pädagogik 51, 207–217
Geissler, R. (1987): Soziale Schichtung und Kriminalität. In: Geissler, R. (Hrsg.): Soziale Schichtung und Lebenschancen in der Bundesrepublik Deutschland. Ferdinand Enke, Stuttgart
Göppel, R. (1997): Ursprünge der seelischen Gesundheit. Risiko- und Schutzfaktoren in der kindlichen Entwicklung. edition bendheim, Würzburg

Grossmann, K. E., Fremmer-Bombik, E., Friedl, A., Grossmann, K., Spangler, G., Suess, G. (1989): Die Ontogenese emotionaler Integrität und Kohärenz. In: Roth, E. (Hrsg.): Denken und Fühlen. Aspekte kognitiv-emotionaler Wechselwirkung. Springer, Berlin, 36–55
Gruschka, A. (2001): Bildung: unvermeidbar und überholt, ohnmächtig und rettend. In: Zeitschrift für Pädagogik 47, 621–639
Hayden, T. (1984): Sheila, dtv, München
Heinemann, E. (1992): Psychoanalyse und Pädagogik im Unterricht der Sonderschule. In: Heinemann, E., Grüttner, T., Rauchfleisch, U.: Gewalttätige Kinder. Psychoanalyse und Pädagogik in Schule, Heim und Therapie. Fischer Tb, Frankfurt, 39–89
Hentig, H. v. (1985): Die Menschen stärken, die Sachen klären. Ein Plädoyer für die Wiederherstellung der Aufklärung. Reclam, Stuttgart
– (1996): Bildung. Hanser, München/Wien
– (2004): Ein Maßstab für Bildung. In: Schavan, A. (Hrsg.): Bildung und Erziehung. Suhrkamp, Frankfurt, 291–312
Herzog, R. (1997): „Sprengt die Fesseln!" Rede des Bundespräsidenten auf dem Berliner Bildungsforum. In: DIE ZEIT vom 7. November 1997, 49–50
Heydorn, H.-J. (1980): Überleben durch Bildung. Umriss einer Aussicht. In: Heydorn, H.-J.: Ungleichheit für alle. Zur Neufassung des Bildungsbegriffs. Bildungstheoretische Schriften 3. Syndikat, Frankfurt, 282–301
Hiller, G. G., Nestle, W. (Hrsg.) (1997): Ausgehaltene Enttäuschungen. Geschichten aus den Arbeitsfeldern der Lernbehindertenpädagogik. Armin Vaas Verlag, Langenau/Ulm
Hollingshead, A. B., Redlich, F. C. (1958): Social class and mental illness. John Wiley, New York
Jegge, J.: (1976): Dummheit ist lernbar. Erfahrungen mit „Schulversagern". Kösel-Verlag, München
Kant, I. (1983/): Über Pädagogik. In: Weischedel, W. (Hrsg.): Werke in zehn Bänden Bd. 10, 691–761. Wissenschaftliche Buchgesellschaft. Darmstadt
Keupp, H. (1988): Riskante Chancen. Asanger, Heidelberg
– (1991): Sozialepidemiologie. Zur gesundheitspolitischen Hypothek der Klassengesellschaft. In: Hoermann, G., Koerner, W. (Hrsg.): Klinische Psychologie. Ein kritisches Handbuch. Rowohlt, Reinbek
Klafki, W. (1985): Die Bedeutung der klassischen Bildungstheorien für ein zeitgemäßes Konzept allgemeiner Bildung. In: Klafki, W.: Neue Studien zur Bildungstheorie und Didaktik. Beltz, Weinheim
Lempp, R. (1991): Die Belastung der Familie durch die Schule. In: Pädagogik 43, 25–27
Luthar, S., Ciccetti, D., Becker, B. (2000): The Construct of Resilience: A Critical Evaluation and Guideline for Future Work. In: Child Development 71, 543–562
Menze, C. (1970): Bildung. In: Speck, J., Wehle, G. (Hrsg.): Handbuch pädagogischer Grundbegriffe. Kösel, München, 134–184
Mielck, A. (Hrsg.)(1993): Krankheit und soziale Ungleichheit. Ergebnisse der sozialepidemiologischen Forschung in Deutschland. Westdeutscher Verlag, Opladen
Mollenhauer, K. (1986): Umwege: über Bildung, Kunst und Interaktion. Juventa, Weinheim/München
Neidhard, W. (1977): Kinder, Lehrer und Konflikte. Vom psychoanalytischen Verstehen zum pädagogischen Handeln. Juventa, München
Nuber, U.: (2005) Resilienz: Immun gegen das Schicksal? In: Psychologie heute, September 2005, 20–24.
Opp, G. (2001): Kindliches Wohlbefinden trotz riskanter Lebensbedingungen: Neue Ergebnisse der Resilienzforschung. In: Gesundheitswesen 63, Sonderheft 2, 106–114

Oppholzer, A. (1986): Wenn Du arm bist, musst Du früher sterben. Arbeits- und Lebensbedingungen als Krankheitsfaktoren. VSA Verlag, Hamburg
Peukert, H. (2000): Reflexionen über die Zukunft der Bildung. In: Zeitschrift für Pädagogik 46, 507–524
Pines, M. (1981): Trotz alledem... Die Psychologie der „unverwundbaren" Kinder. In: Redaktion der Zeitschrift Psychologie heute (Hrsg.): Kindheit ist nicht kinderleicht. 2. Aufl. 146–153
Quinton, D., Rutter, M. (1988): Parenting breakdown. The making and breaking of intergenerational links. Avebury Gower Publishing, Aldershot
Rotter, J. B. (1966): Generalized expectancies for internal versus external control of reinforcement. In: Psychological Monographs 80
Rutter, M. (1987): Psychosocial resilience and protective mechanisms. In: American Journal of Orthopsychiatry 57, 316–331
– (1993): Wege von der Kindheit zum Erwachsenenalter. In: Petzold, H. (Hrsg.): Frühe Schädigung – späte Folgen? Psychotherapie und Babyforschung Bd. 1. Die Herausforderung der Längsschnittforschung. Junfermann, Paderborn, 23–67
Schavan, A. (2002): Bildung stärkt Menschen. Rede von Frau Kultusministerin Dr. Annette Schavan, beim Bildungskongress am 29. April 2002 in Ulm. http://www.kultusministerium.baden-wuerttemberg.de/extsites/Hauptschule-BW/bildungsplan/downloads/schavan_bildungskongress.pdf
Spaemann, R. (1994/95): Wer ist ein gebildeter Mensch? In: Scheidewege (Hrsg.): Jahresschrift für skeptisches Denken. Schneider Verlag Hohengehren, Baltmannsweiler, 34–37
Stronegger, W.-J., Rasky, E., Freidl, W. (1996): Soziale Lage und Gesundheit. Von den Beziehungen zwischen Armut und Krankheit. In: Psychologie der Medizin 7, 28–34
Vaillant, G.E. (1993): The wisdom of the ego. Harvard University Press, Cambridge/London
Weber, I. (1987): Soziale Schichtung und Gesundheit. In: Geissler, R. (Hrsg.): Soziale Schichtung und Lebenschancen in der Bundesrepublik Deutschland. Ferdinand Enke, Stuttgart
Werner, E. E. (1990): Protective factors and individual resilience. In: Meisel, S., Shonkoff, J. (Eds.): Handbook of Early Intervention. Cambridge University Press, Cambridge, 97–116
– (1993): Risk, resilience, and recovery: Perspectives from the Kauai Longitudinal Study. In: Development and Psychopathology 5, 503–515
–, Smith, R. S. (1992): Overcoming the odds: High risk children from birth to adulthood. Cornell University Press, Ithaca, London
–, Smith, R. (2001): Journeys from childhood to midlife: Risk, resilience and recovery. Cornell University Press, Ithaca, New York
Wurstmann, C. (2005): Die Blickrichtung der neueren Resilienzforschung. Wie Kinder Lebensbelastungen bewältigen. In: Zeitschrift für Pädagogik 51, 192–206
Zinnecker, J., Behnken, I., Maschke, S., Stecher, L. (2002): null zoff & voll busy. Die erste Jugendgeneration des neuen Jahrhunderts. Lleske + Budrich, Opladen
Zorn, F. (1979): Mars. Fischer Tb, Frankfurt/M.

III. Kritische Reflexionen zu den Potentialen von Resilienzkonzepten für Forschung und Praxis

„Resilienz" – für die pädagogische Arbeit mit Risikojugendlichen und mit jungen Erwachsenen in brisanten Lebenslagen ein fragwürdiges, ja gefährliches Konzept?

von Gotthilf G. Hiller

1 Gibt es junge Menschen, denen nicht mehr zu helfen ist?

Anlässlich einer Podiumsdiskussion darüber, wie mit jugendlichen Straftätern zu verfahren sei angesichts der Effekte der bislang üblichen Praxis, meinte ein prominenter Professor der Sozialpädagogik jüngst, die Erziehungswissenschaft müsse endlich zur Kenntnis nehmen, dass es Kinder und Jugendliche gebe, denen nicht mehr zu helfen sei. Weder auf dem Podium noch bei der Zuhörerschaft provozierte diese Einlassung nennenswerten Protest.

Wenn man eine solche Äußerung nicht als missglückte Formulierung entschuldigen oder als Beleg für kognitive und moralische Insuffizienz eines Fachvertreters abtun will, muss man nach den theoretischen Konzepten fragen, die eine solche Aussage begünstigen. Ich vertrete die These, dass die individualistisch psychologisierenden Konzepte von Resilienz solcherlei apodiktischen Ausgrenzungen in Theorie und Praxis Vorschub leisten, dies insbesondere dann, wenn Resilienz „als mystifizierend personale Eigenheit oder gar biogenetische Disposition verstanden wird" (Gabriel 2005, 215).

Der Pädagogik vergleichbare Humanwissenschaften scheinen durchaus ohne solch problematische Konzepte auszukommen. Angesichts der Tatsache, dass es Menschen gibt, denen extrem gesundheitsgefährdende Verhältnisse weniger anhaben können als anderen, die Krankheiten, an denen andere zugrunde gehen, ohne nennenswerte Beeinträchtigungen überleben oder die nach schlimmen Unfällen vergleichsweise schnell und folgenlos genesen, käme in der Medizin wohl niemand auf die Idee, bei jenen, die als Patienten schlicht Glück im Unglück hatten, nach personalen und sozialen Faktoren zu forschen, um individualisierte Trainingsprogramme zur Stärkung einer subjektiven Widerstandsfähigkeit gegen gesundheitliche Risiken entwickeln zu wollen. Weder die medizinische Prävention noch die Therapie ist an einer solchermaßen individualisierten Resilienzforschung interessiert, wie sie derzeit in den Arbeitsfeldern der Pädagogik Konjunktur hat. Die Mediziner machen ihre Arbeit ohne danach zu fragen, bei welchen Patienten sich ihr Einsatz eher lohnt, weil jene aufgrund einer individuell kultivierten Widerstandsfähigkeit künftig gesünder weiterleben werden als andere.

Die Mediziner wissen, welche Umweltbedingungen die Gesundheit massiv beeinträchtigen und welches Verhalten in der Regel mit welchen Risiken behaftet ist. Auf solche Erkenntnisse beziehen sich sowohl ihre politischen Interventionen als auch die Aufklärung der Bevölkerung. Davon gänzlich unabhängig gibt es in der Medizin akkumulierten Sachverstand hinsichtlich der Zweckmäßigkeit von Eingriffen, Behandlungsplänen und Therapien. Sie werden angewandt, wenn es gilt, Leben zu erhalten oder Leiden zu mindern, ohne danach zu fragen, ob und wie lange der Patient die Intervention überlebt und ob oder wie sich dessen Resilienzprofil durch die Behandlung (gar nachhaltig positiv) verändert.

Wer dagegen die Widerstandsfähigkeit von Kindern und Jugendlichen als wünschenswerte Resultante von Wechselwirkungsprozessen zwischen *personalen protektiven Faktoren und sozialen Ressourcen* begreift, und wer demzufolge pädagogische Interaktionen auf die Steigerung einer im Individuum zu erzeugenden Widerstandfähigkeit fokussiert, betreibt ein gefährliches Spiel. Denn dafür, dass solche Prozesse erfolgreich verlaufen können, macht das theoretische Konstrukt sowohl ein quantitatives wie qualitatives Minimum an personalen wie sozialen Ressourcen zur zwingenden Voraussetzung. Sobald folglich ausreichend bereitgestellte *soziale Ressourcen* nur spärliche Erträge hinsichtlich eines Zuwachses an persönlicher Widerstandsfähigkeit zeitigen, erst recht, wenn diese unwirksam bleiben oder gar gegenläufige Effekte haben, dann kann solches Scheitern nur noch mit suboptimalen *biogenetischen Dispositionen* der jeweils Betroffenen erklärt werden (also z. B. mit allzu geringen kognitiven Fähigkeiten, mit extremer emotionaler Instabilität und Nichtmotivierbarkeit, mit völlig unzureichender sozialer Kompetenz, mit körperlich schwersten Beeinträchtigungen – oder mit allem gleichzeitig). Wer also *personale Ressourcen (biogenetische Dispositionen)* als logische Voraussetzungen seiner auf Resilienz zielenden pädagogischen Aktivitäten benötigt, erlangt eben auch allemal gute Gründe, um diejenigen innerlich wie tatsächlich aufzugeben und auszugrenzen, die mit seinen Angeboten und Inszenierungen zur Stärkung von Widerstandsfähigkeit nichts oder zu wenig anzufangen im Stande sind. Solchen Individuen ist dann ganz einfach nicht mehr zu helfen – und sie sind selbst schuld daran, dass dies so ist.

Dass es Menschen (auch Kinder und Jugendliche) gibt, die riskanten Lebenslagen besser standzuhalten vermochten als andere und die traumatische Erlebnisse und persönliche Krisen mit weniger Schäden als andere durchstehen konnten, lässt sich stets nur „ex post" feststellen. Weil – wie im Folgenden zu zeigen sein wird – prognostisch daraus nichts folgt, ist es zweckmäßiger, solche Befunde als glückliche Zufälle zu interpretieren; sie haben keinerlei Bedeutung weder für die Theorie noch für die Praxis einer Pädagogik, die um die prinzipielle Unverfügbarkeit ihrer Bemühungen weiß und deshalb ausdrücklich darauf verzichtet, ihre Investitionen nach Maßgabe messbarer Zuwächse an erwünschten Wirkungen bei ihren Adressaten zu kalkulieren und zu dosieren. Folglich kann das Resilienzkonzept weder die theoretischen noch die praktischen Bemühungen um Jugendliche und junge Erwachsene in riskanten Lebenslagen sehr viel weiter bringen.

Es ist jedoch keine Frage, dass solche Arbeitsbündnisse mit jungen Menschen, die im Elend aufwachsen und überleben müssen, heute nötiger sind denn je. Im Folgenden möchte ich deshalb einige Überlegungen dazu skizzieren, wie sich die Formen eines solchen Co-Managements theoretisch zweckmäßiger in den Blick nehmen und praktisch ausgestalten lassen.

2 „Unglück bildet"

Henningsen hat 1981 unter dem Titel „Autobiographie und Erziehungswissenschaft" fünf bemerkenswerte Untersuchungen vorgelegt. Zwei davon sind für die hier zu verhandelnden Fragen von besonderer Bedeutung: Seine fünfte Studie trägt den Titel, den ich als Überschrift für diesen Abschnitt übernommen habe.

„Ziehen wir aus den beiden dargestellten Episoden das erziehungswissenschaftliche Fazit, so kann es nur heißen: Unglück bildet – oder vorsichtiger ausgedrückt: Ereignisse, die auf den ersten Blick für die Bildung eines Menschen nur negativ zu sein scheinen ... – allgemein gesprochen: res adversae, Widrigkeiten –, können durchaus Folgen haben, die das Individuum im Rückblick auf sein Leben als wertvoll ansieht und die auch wir nicht anders als positiv ansehen können. Unglück kann bildend wirken – aber wir wissen nie im Voraus, ob das so sein wird. Unglück ist kein Erziehungs- oder Bildungsmittel zu irgendeinem Zweck, zumindest nicht in menschlicher Hand" (106).

Und noch schärfer kommt in Henningsens anderer Studie über die Selbstbiographie von Jacob Grimm aus dem Jahr 1830 in den Blick, worauf es mir hier ankommt. Es heißt dort:

„Die beunruhigende Frage für uns lautet, ob etwa ein zutiefst unpädagogisches *Handeln, ein Zufügen von Leid, zu einem Bildungsschicksal so notwendig gehört, daß, wenn es fehlte, diesem etwas fehlte ... Gewiß – wir wissen, daß niemand gebildet ist, der nicht auch die Schattenseiten des Lebens erfahren hat: ‚Der nicht geschundene Mensch ist nicht gebildet', hat Goethe ja seiner Autobiographie* Dichtung und Wahrheit *als Motto vorangesetzt ... Aber wir scheuen uns, diesem Leid in der pädagogischen Theorie einen Platz einzuräumen –, allenfalls übernehmen wir einige andeutende theologisierende Wendungen wie die, Leid sei Schicksal, sei Bewährungsprobe, sei etwa sogar ‚das schnellste Roß, das zur Vollkommenheit trägt' (Meister Eckart) ...*

Wir scheuen das Wort ‚Leid' und reden lieber über das Wort ‚Bildung'. Vielleicht rührt aber unser Unbehagen über das Gerede von ‚Bildung' gerade daher, daß wir die Schatten der menschlichen Existenz, Unglück, Not, Krise, Schmerz, Leid, alles dies Peinliche, geflissentlich draußen vorlassen oder zaghaft nur als das Privativum des Positiven hinnehmen" (85f).

Angesichts solcher Überlegungen stellt sich die Frage, ob wir das Aufwachsen von Kindern und Jugendlichen in riskanten Lebenslagen (und die pädagogischen Bemühungen um sie) radikal und produktiv genug in den Blick bekommen, indem wir unsere Aufmerksamkeit auf die Erforschung der Widerstandskräfte jener jungen Menschen richten, die sich entgegen aller Risiken in ihren Lebensfeldern unauffällig entwickeln und erfolgreich in die Gesellschaft integrieren, die gar „stabile und gesunde Persönlichkeiten" (Werner 1997, 192) werden. Und sollen wir tatsächlich allen Ernstes nach „erfolgreiche(n) Interventionsprogrammen zur Stärkung der Widerstandskraft von Kindern" suchen, „die unter hochriskanten Lebensbedingungen aufwachsen" (Werner 1997, 192)? An Warnungen prominenter Theoretiker vor solchermaßen ambitionierten Unternehmungen fehlt es nicht. So hat Theodor W. Adorno bereits 1970 notiert:

> *„Das Ziel der ‚gut integrierten Persönlichkeit' ist verwerflich, weil es dem Individuum jene Balance der Kräfte zumutet, die in der bestehenden Gesellschaft nicht besteht und auch gar nicht bestehen sollte, weil jene Kräfte nicht gleichen Rechtes sind."*

Und Niklas Luhmann gab 1991 einer „bisher eher teleologisch und psychologisch" argumentierenden Erziehungswissenschaft – nicht ohne Häme – zu bedenken: „... der Nachteil aller Teleologie ist, dass sie keinen Begriff für das doch recht typische Misslingen der Bemühungen bereitstellt" (1991, 19).

3 Vergegenwärtigung und „biophile Allianz" statt Protektion

Wie aber lässt sich das Problem der Erziehung – insbesondere von Kindern und Jugendlichen in hochbrisanten Lebenslagen – dann zureichend erfassen, wenn „Deutungen der Vollendung *inadäquat* sind" (Oelkers 1990, 25), wenn wir uns offensichtlich nicht länger mehr von Zielvorstellungen der stabilen und gesunden Persönlichkeit, der unauffälligen Entwicklung und der erfolgreichen gesellschaftlichen Integration faszinieren lassen sollen? Jürgen Oelkers hat auf diese Frage eine interessante Antwort parat:

> *„Fehlt dieser sehr traditionelle und nur spekulativ wirklich zu begründende Zusammenhang [eine Teleologie und eine Idee des Guten als pädagogisches Ziel, GGH], ... dann werden vielfältige Relationen möglich und damit zugleich eine Wirklichkeitssicht, die mit pluralen Verhältnissen auch tatsächlich rechnet und Überraschungen zu ihrem Metier macht. Erziehung wäre dann vielleicht, im Sinne Schellings, ‚unendliche Produktivität', aber nicht perfekte Wirksamkeit. Selbst wenn sie vom allmählichen Werden ausgeht, so ist dies keine sanfte Steigerung zum Absoluten hin, wie es das theologische Muster des klassischen Arguments verlangen würde. Was in Frage*

gestellt wird, ist die Realität der Steigerungsbehauptung. Sie bleibt pädagogische Semantik, irgendwie notwendig für das Argument der richtigen Erziehung, aber doch zunehmend durchlöchert aufgrund der Einsicht in das kreative Chaos der tatsächlichen Wirklichkeiten. An sie kann sich nichts annähern, sondern sie können immer nur neu erzeugt werden, wobei für die Kontinuität keine pädagogische Garantie übernommen werden kann" (1990, 70f).

Was also tun? Antwort: Mit pluralen Verhältnissen tatsächlich rechnen, Überraschungen zum Metier machen, pädagogische Erlösungs-, Verbesserungs- und Steigerungsphantasien als theoretisch wie praktisch hinderlich begreifen und sich eingestehen, dass bei dem Versuch, aus Problemkindern und schwierigen Jugendlichen bessere, tauglichere Menschen machen zu wollen, sie also möglichst weitgehend zu „fördern", um sie zu „normalisieren", bei Lichte besehen nicht viel mehr herauskommen kann, als unauffällig-belanglose, langweilige Serientypen.

Denn es gilt weithin als unproblematisch, dass die schulischen Bildungsgänge, die berufspädagogischen Maßnahmen und nicht zuletzt die Jugendhilfeeinrichtungen es eher implizit als explizit darauf anlegen, die schwierigen jungen Männer und Frauen aus den Milieus an der Grenze der Respektabilität oder darunter fraglos lieben zu lehren, was ihnen aus Sicht des akademisch vorgebildeten Personals an sozialverträglichen Lebensmustern verbleibt. Die inhaltlichen Vorstellungen bezüglich solcher Lebensmuster sind eher dürftig: Im Idealfall geht es um kleinstbürgerliches Glück im Winkel: *Er* arbeitet auf einer unsicheren, körperlich anstrengenden, gleichwohl schlecht bezahlten Position, zum Beispiel in der Industrie als Produktionsfachkraft, in einem Bau- oder Baunebenberuf, im Gartenbau oder in einer Spedition. *Sie* arbeitet als Reinigungsfachkraft, als Hilfskraft in der Gastronomie, im Verkauf oder in der Pflege. Sparsamstes Wirtschaften garantiert den beiden, dass sie mit ihren schmalen Einkommen einigermaßen über die Runden kommen. Sie haben beide zeitintensive und kostengünstige Hobbys erlernt, sie brauchen kein eigenes Fahrzeug; und um flexibel zu bleiben, verzichten sie auf Trauschein und Kinder. Sie sind häuslich, verwandtschaftszentriert und legalitätskonform: No drugs, no risk, no fun.

Wenn die jungen Menschen merken, was ihnen da an Lebensperspektiven angedient wird, und wenn sie dagegen revoltieren und signalisieren, dass sie mehr und anderes vom Leben erwarten, dann reagieren die Institutionen und das Fachpersonal beleidigt bis aggressiv.

Dass eine förderliche Komplizenschaft mit Jugendlichen in brisanten Lebenslagen einer inhaltlich sehr viel präziseren Programmatik bedarf als „Resilienzförderung auf der individuellen Ebene" (Wustmann 2005, 204) leuchtet unmittelbar ein, wenn man sich klar macht, dass man den ganzen Katalog jener personalen Resilienzfaktoren –

„Problemlösefähigkeiten, Selbstwirksamkeitsüberzeugungen, positives Selbstkonzept/hohes Selbstwertgefühl, Fähigkeit zur Selbstregulation, internale Kontrollüberzeugung/realistischer Attribuierungsstil, hohe Sozialkompetenz [...], aktives und flexibles Bewältigungsverhalten, [...] Explorationslust, [...] Kohärenzgefühl, Talente, Interessen und Hobbys" (Wustmann 2005, 196)

– sehr wohl auch erwerben und kultivieren kann, wenn man einer jugendlichen Drogen-Dealer-Gang oder einer Autoschieberbande angehört, wenn man als Sohn oder Tochter einer Asylbewerberfamilie hierzulande im Flüchtlingslager lebt, oder wenn man im Schaustellergewerbe oder im Zirkus mitarbeitet, ja sogar im Jugendknast.

Stattdessen sich kontinuierlich und auf lange Sicht mit Gelassenheit, Geistesgegenwart und Kompetenz, also einfallsreich und humorvoll-flexibel auf Jugendliche und junge Erwachsene einlassen, die in Schwierigkeiten stecken, sie ertragen und aushalten, ihnen Chancen zuspielen und ihnen die Gewissheit vermitteln, dass sie auf uns zählen können, komme, was da wolle; kurz und knapp: eine „biophile Allianz" mit ihnen eingehen, in einem beiderseitigen Lernprozess dem „Leben aufhelfen" (Jegge 1986, 147f) und sich dabei stets neu überraschen lassen, – so lässt sich eine Pädagogik umreißen, die ihre theologischen Eierschalen und ihre teleologische Verbissenheit abgestreift hat: Sie hält sich an die Maxime des Predigers aus der hebräischen Bibel: „Tu deine Arbeit, denn du weißt nicht, ob sie dir gelingt" (Pred. 11, 6). Ob und wie lange Kinder und Jugendliche Zutrauen fassen und sich auf Arbeitsbündnisse mit uns einlassen, weil wir für sie verlässlich erreichbar bleiben und uns von ihnen auch dann nicht abwenden, wenn es ganz schwierig wird, ob solche junge Menschen irgendwelche Widerstandskräfte von welcher Qualität und Stabilität auch immer ausbilden oder ob sie schwach und verführbar bleiben, gar rückfällig werden, oder ob sie sich – trotz unserer Bemühungen und Warnungen – auf bisweilen aberwitzige Weise selbst erproben, sich dabei gefährlich aufs Spiel setzen und im Extremfall zugrunde gehen (vgl. dazu Schroeder 2005), das bleibt unserer Verfügbarkeit entzogen: „Erziehung ist keine handhabbare Ursache, die kontrollierbare Wirkungen hervorbringt" (Oelkers 1990, 70).

4 Co-Management von Teilkarrieren statt Persönlichkeitsbildung

Im folgenden möchte ich holzschnittartig eine theoretische Überlegung skizzieren, die eine nichtteleologische pädagogische Praxis ermöglicht: Wenn man, wie Oelkers dies vorschlägt, die „Einheit der Erziehung ... differenziert" (1990, 71) und folglich damit aufhört, von Persönlichkeitsbildung, Selbstverwirklichung, ganzheitlicher oder allseitiger Bildung zu schwärmen, dann erscheint es zweckmäßig, das Geschäft der Erziehung mithilfe zweier Konzepte zu betreiben: dem der Teilkarrieren (Luhmann 1986, 162ff; Luhmann/Schorr 1988, 277–287) und dem der verschiedenartigen Kapitalbildungs- und -transformationsprozesse (Bourdieu 1983) innerhalb der jeweiligen Teilkarrieren.

Behauptet wird, das Leben von Menschen lasse sich nicht mehr als eine Einheit, als etwas Ganzes begreifen, das man als mehr oder minder „gelingend" bilanzieren kann; folglich lässt sich die allseitig entfaltete, gut integrierte Persönlichkeit auch nicht mehr zum Ziel pädagogischer Bemühungen machen. Behauptet wird dagegen, es sei zweckmäßiger, die Lebenspraxis als ein Bündel distinkter Teilkarrieren zu fassen, zwischen denen es zwar zu Wechselwirkungen kommt, die aber keinesfalls in einem hierarchischen Dependenzverhältnis zueinander stehen.

Wir gehen in unseren Untersuchungen zu den Lebenswegen und Lebenslagen von Jugendlichen und jungen Erwachsenen in erschwerten Verhältnissen (Hiller et al. 2002; Hiller/Merz 2002) und in unserer Praxis der Alltagsbegleitung und Nachgehenden Betreuung (Schroeder/Storz 1994; Baur 1996; Hofmann 2000; Stein 2004) daher von acht solchen Teilkarrieren aus, die von jedermann in den folgenden Lebensbereichen durchlaufen werden:

- Ausbildung/Beschäftigung
  (einschließlich der Phasen von Arbeitslosigkeit),
- Finanzen,
- Legalität,
- soziale Beziehungen und soziales Netz,
- Gesundheit,
- Zeitmanagement
  (Erwerbsarbeitszeiten; Pflichtzeiten- und Freizeitgestaltung),
- Umgang mit Ämtern, Behörden, Versicherungen usw. (Zivilkompetenz) und
- Aufenthalt/Wohnung.

Im Anschluss an Luhmann verwenden wir den Begriff der Karriere als „indifferent ... gegen die Phänomene des Aufstiegs, des Abstiegs, des Stillstandes und des Aussteigens" (1986, 163). Das Material zeigt denn auch, dass es in all diesen Bereichen sowohl Positiv- als auch Negativkarrieren gibt. In einigen Fällen kommen Karrieren auch zum Stillstand; dann bietet es sich an, von Null-Karrieren zu sprechen. Teilkarrieren werden somit begriffen als Strukturen, in denen sich Formen der Lebensführung und entsprechende Lebenserfahrung erzeugen, als Muster zur Generierung von Wahrnehmungen, Deutungen, Handlungsformen und -strategien.

Jede dieser Teilkarrieren wird in Schwung gehalten durch den Umfang und die Zusammensetzung des ökonomischen, sozialen und kulturellen Kapitals, mit dem das Individuum von Geburt an zunächst durch seine

Umgebung ausgestattet ist, sowie durch die physischen, psychischen und kognitiven Ressourcen, über die es verfügt und die es erwirbt. Im Verständnis von Bourdieu ist mit solchem Kapital also keinesfalls nur Geld gemeint; Sach-, Orientierungs- und Strategiewissen (mit einem Wort: Know-how) gehören ebenso dazu wie Beziehungsprofite, kulturelle Güter und Diplome, aber auch Vitalität, Elan und Cleverness. Im Laufe einer jeden Teilkarriere kommt es zu spezifischen Kapitalbildungs- und -transformationsprozessen; es wird aber immer auch Kapital vergeudet und verschlissen. Und lebenslang kann in allen Karrieren Fremdkapital hinzukommen, sofern sich der einzelne darauf Zugriff verschaffen kann oder auch dadurch, dass er schlicht „Glück" hat.

Wenn man den Verlauf der einzelnen Teilkarrieren genau recherchiert und die darin ablaufenden Kapitalbildungs-, -umwandlungs- und -verschleißprozesse rekonstruiert, lässt sich zeigen, dass man es in manchen Karrieresträngen relativ weit bringen kann, in anderen aber ziemlich versagt oder nur von einem Problem ins nächste fällt. So kann zum Beispiel der eine seine Beziehungskarriere optimal gestalten, aber seine Erwerbskarriere hat er denkbar schlecht organisiert. Eine andere hat soviel geerbt oder sie verdient so gut, dass es gar nicht auffällt, wie schlecht sie mit Geld umgehen kann oder wie viel sie in diverse Therapien investieren muss, damit sie überhaupt über die Runden kommt. Ein dritter kann dadurch, dass er laufend umzieht, recht geschickt kaschieren, wie fatal sich seine Legalitätskarriere entwickelt hat. Und bei vielen wird nur so lange nicht offenbar, dass sie im Umgang mit Behörden und Versicherungen keinerlei Durchblick haben, als ihnen Experten in Familie, Verwandtschaft und Freundeskreis all diesen Kram vom Leibe halten.

Wenn man solchermaßen die Vorstellung aufgibt, Menschen handelten als autonome Subjekte und gestalteten ihr Leben aus einem Guss, und stattdessen – wie hier angedeutet – mit einem theoretisch differenzierteren Instrumentarium operiert, kann man Lebenslagen und Lebensverläufe als in Teilstränge fraktioniert auf Gelingen/Nichtgelingen – oder wertneutral: auf Formen und Muster untersuchen, die sich aufgrund bestimmter Kapitalkonfigurationen in verschiedenen Lebensbereichen ausprozessieren. Von Ganzheit kann man in einem solchen Konzept nur noch in der Weise reden, dass damit ein starkes Glücksempfinden, eine Erfüllung in irgendeiner dieser Teilkarrieren gemeint ist, was dann – und sei es auch nur momentan – zu einer Überstrahlung des Ganzen von einem Punkt aus führt. Um diese Form von Ganzheit zu erzeugen und zu genießen, bedarf es freilich einer gewissen Intelligenz, die weiß, dass Illusionen ebenso nötig wie gefährlich sind.

Und was ist der Ertrag für die Erziehungswissenschaft, was ist für die pädagogische Praxis gewonnen, wenn man mit diesen Konzepten arbeitet? Weil man auf die Lebenspraxis anderer ohnehin nicht *in summa* qua Erziehung einwirken kann, fällt es nicht schwer, teleologische Konzepte aufzugeben; stattdessen sollte man Erziehungsmaßnahmen, Alltagsbegleitung und nachgehende Betreuung als gezielte, wenn auch stets riskante Investitionen von Fremdkapital, also von Geld, von sozialer Kompetenz und sozialem Prestige, von Know-how und kulturellen Gütern in die diversen Teilkarrieren des Nachwuchses begreifen. Im Übrigen gilt es, sich mit Vitalität und Cleverness als Co-Manager der dann in Gang kommenden Prozesse anzubieten und verfügbar zu halten. Welche Effekte solcherlei Mischfinanzierungen und Co-Managementaktivitäten in den verschiedenen Teilkarrieren erzeugen, ob es zum Beispiel gelingt, Konkurse zu vermeiden, Vergeudungsprozesse zu bremsen oder gar Gewinne zu erwirtschaften, hängt nicht allein vom Kooperationsgeschick der Gesellschafter ab. Denn auch für alle solchermaßen kooperativ inszenierten Teilkarrieren gilt, dass sie sowohl durch Fremdselektion als auch durch Selbstselektion zustande kommen. Deshalb bleiben sie für alle Beteiligten letztlich unverfügbar; „Karriere" so Luhmann (1986, 162)

> „ist ... nie nur Verdienst und nie nur Schicksal. Der relative Einfluss von Selbstselektion und Fremdselektion kann schwanken ...; die Kombination beider Elemente bleibt aber immer erhalten, und das ermöglicht Überzurechnungen: Man kann erfolgreiche Karrieren sich selbst als Verdienst und erfolglose Karrieren den Umständen oder dem Schicksal zurechnen."

So gesehen, verbietet es sich nachgerade, „Überzurechnungen" zum pädagogischen Programm zu machen, nach so etwas wie Widerstandskräften in Kindern und Jugendlichen gegen negativ zu bewertende Fremd- und Selbstselektion zu suchen und so die Hoffnung zu nähren, man könne mithilfe von Interventionsprogrammen solche gar vermeiden; denn dies würde bedeuten, es wäre grundsätzlich stets möglich, ausschließlich durch Selbstselektion positiv bewertete Positionen zu erreichen.

5 (Selbst-)Beobachtung und (Selbst-)Erfahrung in Prozessen der Alltagsbegleitung

Seit vielen Jahren erproben wir uns selbst als Co-Manager von Jugendlichen; und wir leiten Studierende an, sich in gleicher Weise solchen Kooperationserfahrungen auszusetzen. In diesen als *Alltagsbegleitung* bezeichneten, von beiden Seiten freiwillig eingegangenen, von uns aus Neugier, nicht aus Barmherzigkeit motivierten und vorsätzlich auf Dauer angelegten Selbstexperimenten, haben wir viel über nichtbürgerliche Lebensformen gelernt; und wir sind – learning by doing – allmählich unter anderem zu Nachhilfe-Experten in verschiedenen gewerblichen Berufen, in Um- und Entschuldungsverfahren, im Ausländer- und Asylrecht, in der treuhänderischen Verwaltung von Finanzen und Konten geworden; wir haben mittlerweile Routine im erfolgreichen Umgang mit Arbeits-, Sozial-, Jugend- und Ausländerämtern, mit Innungen und Kammern, Personalvermittlungsdiensten und Gläubigern allerlei Couleur, mit Banken, Versicherungen, Inkassodiensten, ja auch mit Partnervermittlungsinstituten. Wir kennen in unserer Region die Notare, Anwälte, Ärzte, zu denen wir unsere Jugendlichen schicken und bei denen wir uns selbst Rat holen können, wenn wir nicht mehr weiter wissen. Wir kennen mittlerweile auch relativ präzise die Vereine und Initiativen, die Sportstudios und Projekte, die Programme der Jugendarbeit und Jugendhilfe, die Beschäftigungsgesellschaften und Betriebe, die uns zumindest immer wieder die eine oder den anderen abnehmen und in ihre jeweiligen Aktivitäten dauerhaft integrieren. Hin und wieder gelingt es uns auch, Sponsoren für unsere Arbeit zu finden oder auch „freie Mitarbeiter" für eng umrissene, befristete Einzelfallhilfe.

Unsere Partnerinnen und Partner sind meist junge Männer und Frauen im Alter zwischen 16 und 23 Jahren, die zuvor entweder eine Förderschule besuchten oder aus Hauptschulen teils ohne, teils mit nur unzureichendem Erfolg entlassen wurden und deshalb anschließend ein so genanntes Berufsvorbereitungsjahr in Vollzeit an einer gewerblichen Berufsschule absolvierten. Gut die Hälfte davon sind Kinder von Arbeitsmigranten, Asylbewerbern, Flüchtlingen und Aussiedlern. Ich will hier weder auf die Schwierigkeiten der Kontaktaufnahme noch auf die Dynamik des Interaktionsprozesses eingehen, der – wie sollte es anders sein – gekennzeichnet ist durch wiederholte, beiderseitige Missverständnisse, Enttäuschungen, auch herbe Rückschläge, durch zumeist gerne angenommene Unterstützung in allerlei Form und eher konfliktreiche Gegenwirkung; immer ist dieser Prozess aber durch ein manchmal schwer erträgliches reziprokes Exerzitium in Geduld geprägt, zumeist aber auch durch wachsende Offenheit und Verlässlichkeit, manchmal auch durch erstaunliche Erfolge. Davon haben wir wiederholt berichtet (u. a. Schroeder/Storz 1994; Schroeder 1996; Hiller 1997 und 2002).

Nur die folgenden Erfahrungen will ich abschließend herausarbeiten: Je länger die Jugendlichen mit uns zusammenarbeiten, desto präziser wissen sie, wofür sie unseren Beistand haben möchten und was sie uns abverlangen wollen. Meistens äußern sie entsprechende Forderungen sehr klar und direkt. Grundsätzlich sind sie es, die darüber entscheiden, worüber sie uns informieren, wozu sie unsere Meinung hören und wofür sie unseren Rat wollen. Hin und wieder bittet einer ganz direkt darum, ihm zu sagen, wie er sich in der einen oder anderen Sache entscheiden soll. Und er wird ärgerlich, wenn wir ihm dann nur die Chancen und Risiken der verschiedenen Optionen verdeutlichen. Das ist ihm dann zu wenig. – Umgekehrt setzen uns die jungen Leute eindeutige Grenzen. Wenn sie sich sicher glauben, dass uns dies oder jenes nichts anzugehen braucht, und wenn sie meinen, mit einer Sache alleine fertig werden zu müssen und dies auch zu können, dann erfahren wir davon nichts, oder leider erst dann, wenn die Schwierigkeiten erheblich, das Scheitern offensichtlich ist.

Vor allem aber wollen sie von uns wahrgenommen, beachtet, geschätzt werden. Sie wollen das Gefühl haben, dass wir mit ihnen zufrieden sind. Deshalb sind sie auch bereit, realistische Forderungen, die wir an sie stellen, so gut wie möglich zu erfüllen. Sie rufen aber auch ohne dringenden Anlass an, fragen nach unserem Befinden, möchten, das man sich wieder mal trifft, möglichst etwas gemeinsam unternimmt. Sie teilen schnellstmöglich schulische und sportliche Erfolge mit, legen uns ihre Halbjahres- und Jahreszeugnisse vor, berichten über erfreuliche Erlebnisse, erfolgreiche Einzelaktionen und immer wieder über ihre kleinen und großen Pläne. Sie sind glücklich über kleinste Zeichen von Aufmerksamkeit und unverhoffter Zuwendung.

Ob sie in dieser Zusammenarbeit mit uns in nennenswertem Umfang Widerstandskräfte entwickeln, das vermag ich nicht zu sagen. Die jungen Männer, mit denen wir es hauptsächlich zu tun haben, geraten fortgesetzt in ähnliche Situationen, in denen sie meinen, sie müssten sich durchsetzen und hervortun. Allzu schnell geraten ihnen dann die Dinge außer Kontrolle. Sie haben dann nichts mehr im Griff, auch nicht sich selbst. Dann sind Erwachsene gefragt, die vor allem eines ausgebildet haben, Resilienz gegen allzu einfache Ideale von unauffälliger Entwicklung und erfolgreicher Integration in die Gesellschaft. In pädagogischen Arbeitsfeldern eine so verstandene Widerstandskraft auszubilden, gehört mit zum Schwierigsten, was nicht nur Heil- und Sonderpädagogen zu lernen aufgetragen ist.

So gesehen, erscheint Alltagsbegleitung, verstanden als die persönliche Investition von Geld, Beziehungen, Kultur, Vitalität und Cleverness in junge Menschen, die von alledem erkennbar weniger haben als man selbst, als ein interessantes Angebot zur Hebung der Lebensqualität: eine Herausforderung für jene scheinbar gut integrierten Persönlichkeiten, die sonst dreimal in zwei Monaten entweder zu einem Mega-Event oder zu einer massenhaft heimgesuchten Ausstellung pilgern müssen, die wenigstens zweimal jährlich Urlaub brauchen, damit sie sich ertragen können, und spätestens jedes zweite Jahr eine neue Karosse leasen, die spätestens alle drei Jahre ihre häusliche Unterhaltungselektronik erneuern und alle zehn Jahre ihre Möbel zum Sperrmüll geben, weil sie anders nicht mehr glücklich werden und sich im übrigen ihre Langeweile mit Aktienspekulationen, Partys, teuren Hobbys und dem Ausbau kostbarer Sammlungen vertreiben. Es spricht viel dafür, dass auch solche Leute Alltagsbegleitung dringend nötig haben, denn bei Lichte besehen, kann man auch sie kaum sich selbst überlassen. Und wer könnte diese gut integrierten Persönlichkeiten besser fördern als benachteiligte Kinder und Jugendliche, die auf Erwachsene angewiesen sind, die ihnen Chancen zuspielen und die mit dafür sorgen, dass ihre sehr viel bescheideneren Vorhaben gelingen. Dass in solchen Arbeitsbündnissen Widerstandskräfte gegen unmenschliche Verhältnisse und soziale Ungerechtigkeit sich entwickeln, ist nicht auszuschließen; doch erzwingbar ist das nicht.

Literatur

Adorno, Th. W. (1970): Aufsätze zur Gesellschaftstheorie und Methodologie. Suhrkamp, Frankfurt/M.
Baur, W. (1996): Zwischen Totalversorgung und der Straße. Über Langzeitwirkungen öffentlicher Erziehung. Eine qualitative Studie zu Lebenslauf, Individuallage und Habitus eines ehemaligen Heimzöglings. Vaas Verlag, Langenau-Ulm
Bourdieu, P. (1983): Ökonomisches Kapital, kulturelles Kapital, soziales Kapital. In: Kreckel, R. (Hrsg.): Soziale Ungleichheiten. Schwartz Verlag, Göttingen, 183–198
Gabriel, Th. (2005): Resilienz – Kritik und Perspektiven. In: Zeitschrift für Pädagogik 51, 207–217
Henningsen, J. (1981): Autobiographie und Erziehungswissenschaft. Fünf Studien. Neue Deutsche Schule Verlagsgesellschaft, Essen
Hiller, G. G. (1997): Tarik – oder wer profitiert von wem? Ein Versuch zu Methoden und Theorie der Alltagsbegleitung als einer pädagogischen Praxis. In: Heimlich, U. (Hrsg.): Zwischen Aussonderung und Integration. Schülerorientierte Förderung bei Lern- und Verhaltensschwierigkeiten. Luchterhand, Berlin, 248–267
–, (2002): Lebensverlaufsforschung als Grundlage zur Entwicklung von Perspektiven für Beschäftigung, Bildung und Leben benachteiligter junger Menschen. In: Ertle, C., Hoanzl, M. (Hrsg.): Entdeckende Schulpraxis mit Problemkindern. Die Außenwelt der Innenwelt in Unterricht und Berufsvorbereitung mit schwierigen Schülern und jungen Erwachsenen. Klinkhardt, Bad Heilbrunn, 198–218
–, Bär, F., Rein, J. (2002): Die ersten sechs Jahre nach der Schule. Welche Konsequenzen sind aus den tatsächlichen Karriereverläufen benachteiligter junger Menschen in Ausbildung und Erwerbsarbeit zu ziehen? In: Stark, W., Fitzner, Th., Schubert, Chr. (Hrsg.): Jugendberufshilfe und Benachteiligtenförderung. Eine Fachtagung. Ev. Akademie Bad Boll. Klett, Stuttgart, 199–227
–, Merz, S. (2002): Auf schwierigen Pfaden unterwegs in ein gelingendes Leben. Was die Lebensverläufe von Absolventen des Berufsvorbereitungsjahres (zuvor Förder- und schwache Hauptschüler) zu verstehen geben. In: Lernen fördern. Landesverband Baden-Württemberg zur Förderung Lernbehinderter e. V. (Hrsg.): Festschrift 25 Jahre Lernen Fördern Landesverband. Solingen, 216–231
Hofmann, J. (2000): Lebenslaufforschung und Alltagsbegleitung als Bildungsprozess. Eine Fallstudie zur Lebensgeschichte und Lebenslage einer mittellosen Frau. Vaas Verlag, Langenau-Ulm
Jegge, J. (1986): Abfall Gold. Über einen möglichen Umgang mit „schwierigen Jugendlichen". Zytglogge, Bern
Luhmann, N. (1986): Codierung und Programmierung. Bildung und Selektion im Erziehungssystem. In: Tenorth, E. (Hrsg.): Allgemeine Bildung. Juventa, Weinheim/München, 154–182
– (1991): Das Kind als Medium der Erziehung. In: Zeitschrift für Pädagogik 37, 19–40
–, Schorr, K. E. (1988): Reflexionsprobleme im Erziehungssystem. Suhrkamp, Frankfurt
Oelkers, J. (1990): Vollendung. Theologische Spuren im pädagogischen Denken. In: Luhmann, N., Schorr, K. E. (Hrsg.): Zwischen Anfang und Ende. Fragen an die Pädagogik. Suhrkamp, Frankfurt/M., 24–72
Schroeder, J. (1996): Ungleiche Brüder. Männerforschung im Kontext sozialer Benachteiligung. In: BauSteineMänner (Hrsg.): Kritische Männerforschung. Neue Ansätze in der Geschlechtertheorie. Argument Verlag, Berlin/Hamburg, 300–326
–, (2005): Arbeit am Tabu. Grenzerfahrungen pädagogischer Verständigung. In: Baur, W., Mack, W., Schroeder, J. (Hrsg.): Bildung von unten denken. Aufwachsen in erschwerten Lebenssituationen – Provokationen für die Pädagogik. Klinkhardt, Bad Heilbrunn, 29–46

–, Storz, M. (Hrsg.) (1994): Einmischungen. Alltagsbegleitung junger Menschen in riskanten Lebenslagen. Vaas Verlag, Langenau-Ulm

Stein, C. (2004): Benachteiligte junge Frauen als pädagogische Herausforderung. Friedland, Bielefeld

Werner, E. (1997): Gefährdete Kindheit in der Moderne. Protektive Faktoren. In: Vierteljahresschrift für Heilpädagogik und ihre Nachbargebiete (VHN) 66 (2), 192–203

Wustmann, C. (2005): Die Blickrichtung der neueren Resilienzforschung. Wie Kinder Lebensbelastungen bewältigen. In: Zeitschrift für Pädagogik 51, 192–206

Die Entwicklung von Bindungen: Psychische Sicherheit als Voraussetzung für psychologische Anpassungsfähigkeit

von Klaus Grossmann und Karin Grossmann

1 Psychologische Anpassung

Individuelle Anpassungen an das soziale, intellektuelle und kulturelle Leben sind hohe Anforderungen. Sie entwickeln sich über viele Jahre während des Entwicklungsverlaufs eines jeden einzelnen Individuums. Dabei ist das Kind nicht allein, sonst würde es nicht überleben, auch dann nicht, wenn es ausreichend Nahrung und Hygiene bekäme. Die individuelle Verwirklichung des Erbes der menschlichen Naturgeschichte – oft verkürzt und nicht immer gut verstanden als „genetisch" bezeichnet – in adaptives menschliches Handlungs- und Denkvermögen ist ein langer Entwicklungsprozess. Er findet in engen Beziehungen mit, wie Bowlby (1969/1982) sagte, „stärkeren und weiseren" Personen statt. Dies sind besondere Beziehungen, die nicht ohne weiteres austauschbar sind. Die Besonderheit solcher Beziehungen wird Bindung genannt. Bindungsbeziehungen können sehr unterschiedlich sein. Deutlich wird dies im Umgang mit Säuglingen, Kleinkindern, Kindern und Jugendlichen in verschiedenen Kulturen (Rogoff 2003). Aber auch innerhalb von Kulturen gibt es große Unterschiede in der Art und Weise, wie den kindlichen Gefühlen, der Neugier und dem Interesse an Erkenntnissen und Zusammenhängen begegnet wird (Grossmann/Grossmann 2005; im Druck a).

Die genetische Grundausstattung des Menschen ist seit der Verbreitung des Cro-Magnon Menschen vor etwa 30.000 Jahren unverändert. Dagegen sind die Art des Zusammenlebens mit Kindern und anderen Erwachsenen, die ökologische Lebenswelt und das vernetzte Wissen unserer heutigen, vor allem westlichen Kulturen kaum noch mit dem frühgeschichtlicher Menschen zu vergleichen. Damals wie heute werden Anpassungen im Prozess individueller Entwicklung gelernt. Das liegt an offenen biologischen Programmen (Mayr 1984), die beim Menschen genetisch, das heißt entstehungsgeschichtlich (phylogenetisch und ontogenetisch) darauf angelegt sind, in bindungsartigen Beziehungen manifest zu werden. Wie dies geschieht, lässt sich universell beobachten und bindungstheoretisch erfassen.

Am Beispiel des Begriffs Resilienz lässt sich zeigen, wie dieser Prozess *nicht* zu verstehen ist (Grossmann/Grossmann im Druck). Resilienz ist ein englisches Wort. Aber auch in englischen oder US-amerikanischen Nachschlagewerken sind die Auskünfte bescheiden. Webster's New Encyclopedic Dictionary meint damit so etwas wie Elastizität von Gummi oder der Arterien: die Eigenart eines Körpers zurückzuspringen, zurückzuprallen oder zurückzuschrecken, nach Drücken, Biegen oder Strecken seine ursprüngliche Größe und Gestalt wiederzuerlangen. Resilienz soll wohl im übertragenen Sinne die Fähigkeit bedeuten, sich von Unglück oder Veränderung zu erholen, es zu verwinden. Dies ist eine Metapher der besagten Elastizität. Das ist natürlich keine psychologische Erklärung und regt auch keine an. Sie enthält keinerlei Hinweise auf Entwicklungen durch Reifung, Erfahrung oder psychologische Anpassung und ersetzt damit psychologisches Verständnis durch reine Wortmagie.

Voraussetzung für die Entwicklung von psychologisch adaptiven Umgangsformen sowohl an unterstützende wie vor allem auch an widrige und belastende Lebensbedingungen sind immer reale Erfahrungen und ihre mentale Verarbeitung, unmittelbar oder durch Erkenntnis von Zusammenhängen, die Individuen zu einem Dreischritt von Unterstützung, Klärung der Anforderungen und lösungsorientiertem Planen und Verhalten befähigen (Grossmann, K./Grossmann, K. E. 2004, Kap. V.5). Es sind, wie wir sehen werden, angemessen organisierte Gefühle, Fähigkeiten zum kognitiven Umgang mit sozialen und sachlich komplexen Anforderungen sowie deren jeweilige Verinnerlichung als so genannte Repräsentationen. In der Bindungstheorie heißen diese Repräsentationen „Innere Arbeitsmodelle"; sie müssen bei psychologisch realistischem Denken, Planen und Verhalten ständig aktualisiert werden. Das gelingt nur, wenn keine Störung ein solches Gleichgewicht zwischen „innerer Kohärenz und äußerer Korrespondenz (Sternberg 1997) beeinträchtigt (siehe Abschnitt 4). Ein wesentlicher Störfaktor sind unsichere und besonders desorganisierte Bindungsentwicklungen. Gummi hat – um auf das Bild zurückzukommen – im Gegensatz zu Menschenkindern vorher keine Lebenserinnerungen und hat vermutlich auch nach einem Zusammenprall und flummiartigem Zurückspringen nichts gelernt.

Die bei weitem überzeugendsten Einsichten über die Entwicklung psychologischer Anpassungsfähigkeit kommen heute aus der Bindungsforschung. Die von dem englischen Psychiater John Bowlby stammende Bindungstheorie geht vom Kind in seiner natürlichen anthropologischen Welt aus. Die Natur ist die Darwinsche Stammesgeschichte des Menschen, die Anthropologie des über alle Kulturen hinweg universell Erforderlichen in der kindlichen Ansprache und Versorgung, damit aus ihm ein psychisch Gesundes, sozial und kulturell kompetentes Wesen wird. Jede Kultur kann ein Versagen einzelner Mitglieder in diesen Bereichen nur in gewissem Ausmaß tolerieren, muss größeren Schaden durch sie abwehren und kann dabei helfen, das Leid der Betroffenen selbst zu mildern.

Der Kern bindungspsychologischer Forschung geht davon aus, dass Kinder von Geburt an auch emotionale und soziale Bedürfnisse, z. B. nach Nähe, Berührung und Zärtlichkeit äußern, und auf Zuwendung und feinfühliges Reagieren mit Beruhigung und Zufriedenheit antworten. Sie lernen sich an beständige „stärkere und weisere" Personen zu binden und werden, je nachdem, wie sich ihre Bindungsbeziehungen entwickeln, zu psychisch sicheren oder unsicheren Personen. Die Erfahrungen in Bindungsbeziehungen gestalten grundlegend die Art der Befindlichkeit und der Erwartungen, die Kinder mit ihren Bedürfnissen ausbilden: affektiv-kognitive Schemata, die sich später verselbständigen und zu einem Merkmal der heranwachsenden Persönlichkeit werden können – und es häufig auch werden. Psychische Sicherheit erfordert Qualitäten von angemessener und prompter Zuneigung gegenüber dem kindlichen Ausdruck von Bedürfnissen in Bindungsbeziehungen, die wir näher betrachten wollen. Sie ist gleichzeitig die psychische Voraussetzung für eine häufig gelingende psychologische Anpassungsfähigkeit. Fehlen diese Voraussetzungen, dann sprechen wir von kindlicher Deprivation; sind sie unzureichend, dann entwickeln solche Kinder nicht selten Bindungs-Unsicherheit und generell psychologische Unsicherheit mit geringeren Fähigkeiten zu psychologischer Anpassung in kritischen Situationen.

2 Die Entwicklung sicherer und unsicherer Bindungen

Die Entwicklung sicherer und unsicherer Bindungsqualitäten wurde von Mary Ainsworth erstmalig in 26 Familien beobachtet (Ainsworth et al. 1974). Der Aufwand war mit insgesamt 16 mehrstündigen Hausbesuchen während des ersten Lebensjahres der Kinder enorm. Die Beobachtungen wurden in vielseitigen narrativen Verlaufsprotokollen beschrieben. Ausgewertet wurden sie mit Hilfe von Beurteilungsskalen für die detaillierten Verhaltensbeschreibungen der Protokolle (Ainsworth, in Grossmann/Grossmann 2003, 411–440). Die 9-Punkte-Skalen heißen „Feinfühligkeit versus Unfeinfühligkeit gegenüber den Mitteilungen des Babys", „Zusammenspiel versus Beeinträchtigung" und „Annahme versus Zurückweisung des Kindes". Sie wurden in Beziehung gesetzt zum Verhalten von 23 der 26 Kinder im Alter von 12 Monaten in der inzwischen sehr bekannten „Fremden Situation" (Ainsworth/Wittig 1969; siehe Grossmann/Grossmann 2003, Teil IV). Die Zusammenhänge waren deutlich: Je höher der Wert der Mütter auf den Verhaltens-Zuordnungsskalen während der Hausbesuche waren, desto „sicherer" verhielten sich die Kinder, und je niedriger die Werte waren, desto „unsicherer" waren sie. Was heißt das?

Ainsworth erkannte im Verhalten von Säuglingen bereits mit zwölf Monaten deren *Erwartungshaltung* an ihre jeweiligen Bindungspersonen. Die Qualität einer Bindung spiegelt das Vertrauen in die Zuwendung der Bindungsperson, wenn sie zur Linderung von Leid gebraucht wird, zusammen mit dem begründeten Vertrauen des Kindes, dass die mütterliche Zuwendung wirklich Beruhigung bringt. Das Erkennen von Bindungsqualität setzt grundsätzlich – in jeder Untersuchung und in jedem Alter – voraus, dass das Kind verunsichert ist, d. h. das Bindungssystem des Kindes ist durch die vorausgegangene kurze Trennung aktiviert. Es wird beobachtet, ob nach dem Trennungsstress das Kind die Bindungsperson wieder als sichere Basis annimmt und ob es von ihr aus nach seiner Beruhigung auch wieder engagiert und spielerisch erkundet (siehe Grossmann/Grossmann 2004, Kap. II, 3). Die Bindungsqualität eines einjährigen Kindes lässt sich dabei mit einer von drei Hauptklassen (oder einer von acht Unterklassen) beschreiben und klassifizieren. Nur eine Hauptklasse (mit vier Unterklassen) wird „sicher" genannt, die beiden anderen (mit je zwei Unterklassen) dagegen „unsicher", wobei Bindungsunsicherheit auf sehr unterschiedliche Weise gezeigt wird: Entweder in einem Mangel an Bindungsverhaltensweisen, wenn sie aufgrund von Belastung oder Bedrohung angemessen wären (unsicher-vermeidende Bindungsqualität), oder in einer Übertreibung von Bindungssignalen, wenn „objektiv" eigentlich kein Grund zur Beunruhigung besteht (unsicher-ambivalente Bindungsqualität).

Das Verhalten einjähriger Kinder in der Fremden Situation hat sich damit als brauchbarer Indikator für Auswirkungen von Erfahrungen mit Müttern im ersten Lebensjahr erwiesen. Später wurde die Fremde Situation auch als prognostischer Test für die weitere Entwicklung des Kindes verwendet. Dies ist jedoch nicht unproblematisch, denn die weitere Entwicklung hängt ab von der weiteren Entwicklung der Beziehung und vom Kontext, in den sie eingebettet ist. Vergessen im Sinne von ausgelöscht werden frühere Bindungserfahrungen aber nicht; sie bleiben zeitlebens Teil der dem Bewusstsein nicht unbedingt zugänglichen Erfahrungsgeschichte eines jeden Menschen. Es zeigen sich später auf der mentalen Ebene Verhaltensweisen und Denkmuster, die dem unmittelbar beobachtbaren Verhalten der Kleinkinder ähnlich oder vergleichbar (analog) sind. Im Falle unsicherer Bindungen zeigen sich bindungsbedingte Beeinträchtigungen auch im mentalen Umgang mit kritischen Situationen, vor allem (aber nicht nur) beim Umgang mit bedrohlichen, verunsichernden Gefühlen (Grossmann et al. 2002).

In jeder der drei Hauptqualitäten kindlichen Bindungsverhaltens in der Fremden Situation – sichere, unsicher-vermeidende und unsicher-ambivalente Bindung – können Anzeichen von Desorganisation auftreten. Die organisierten oder desorganisierten Muster sind die wesentlichen Aspekte, die die Entwicklungsverläufe bis ins hohe Erwachsenenalter beeinflussen können – aber nicht müssen. Das Wesen der drei „organisierten Bindungsqualitäten" und Merkmale von Desorganisation bleiben später auch in mentaler Form als Grundmuster über den Lebenslauf erhalten (siehe auch Brisch, in diesem Band).

Sichere Bindung („B"): Die Kinder zeigen offen ihren Kummer über die Trennung von der Bindungsperson und suchen bei ihrer Rückkehr Kontakt zu ihr. Die Bindungsperson kann sie schnell beruhigen, sodass sie ihr unterbrochenes Erkunden wieder aufnehmen. Eine sichere Bindungsstrategie ist durch Flexibilität gekennzeichnet, die es dem Kind/der Person erlaubt, unbelastet zu explorieren und kompetent zu werden, solange die eigenen Fähigkeiten reichen, sich aber vertrauensvoll an andere vertraute Personen zu wenden, wenn die psychische Belastung zu groß wird. Das Kind ist unter Belastung bereit, emotionale Zuwendung zu suchen, anzunehmen und sich durch sie beruhigen zu lassen. Kinder mit sicherer Bindung sind in der Lage, den gesamten Bereich zwischen liebevoller Nähe und konzentrierter spielerischer Exploration auszuschöpfen und später ihre Erinnerungen und Gedanken frei, spielerisch und ungezwungen zu nutzen.

Unsicher-vermeidende Bindung („A"): Das Kind zeigt kaum Trennungsleid in seinem Ausdruck, meidet die zurückkehrende Bindungsperson und wendet sich stattdessen dem Spielzeug zu. Das Kind sucht die Bindungsgefühle und den Ausdruck von Bindungsbedürfnissen zu vermeiden, indem es die Aufmerksamkeit selektiv von der Bindungsperson und den mit ihr verbundenen konfliktträchtigen Auslösern negativer Gefühle abwendet. Darin zeigt sich ihre Erfahrung mit der besonderen Bindungsperson: Sie wurden abgewiesen, ignoriert oder lächerlich gemacht, wenn sie Leid und Hilfsbedürftigkeit ausdrückten, und lernten so, ihre Bindungsbedürfnisse nicht mehr zu zeigen. Die Vermeidung offener Kommunikation und die damit verbundene unangemessene Selbstgenügsamkeit bei emotionaler Belastung indizieren u. a. einen Mangel an flexiblem Umgang mit Belastungen. Die von starken trennungsbedingten Emotionen beeinträchtigten Vermeidungsstrategien ähneln denen von Jugendlichen und Erwachsenen, wenn diese nicht mehr zugeben (wollen oder können), seelisch belastet zu sein.

Unsicher-ambivalente Bindungen („C") zeigen sich in ausgeprägten, widersprüchlichen, übertrieben wirkenden Bindungsverhaltensweisen. Später, in der Form sprachlicher Diskurse, werden sie auch „verstrickt" (preoccupied) genannt. Schon kleine Verunsicherungen, wie eine neue Umgebung oder eine neue Person, ängstigen das Kind, was es durch ständiges Vergewissern, ob die Bindungsperson auch verfügbar ist, durch Anklammern und Weinen an die Bindungsperson deutlich zeigt. Diese Kinder zeigen bereits früh eine erhöhte Angst, ihre Bindungsperson zu verlieren. Bereits kleine Anlässe lösen intensives und lautstarkes Bindungsverhalten aus. Dies wird gelegentlich als besonders „starke" Bindung missverstanden, zeugt aber von großer Angst vor Verlust der Bindungsperson.

Desorganisation/Desorientierung der Bindungsstrategien kann bei allen drei „organisierten" Bindungsstrategien vorkommen. Manchmal sind dies klinisch auffällige Zeichen von physiologischem Distress, oder es ist keine konsequente Bindungsstrategie erkennbar. Diese Störung wird unter dem Begriff „Desorganisation der Bindungsstrategie" zusammengefasst und in der Literatur mit „D" – zusätzlich zur Hauptklassifikation, sofern sie erkennbar ist – gekennzeichnet. Desorganisierte Störungen reichen von subtilen Widersprüchen im Verhalten, wie etwa Annäherung mit abgewandtem Kopf, kurzes Erstarren auf dem Weg zur Bindungsperson, gelegentliche stereotype Bewegungen, bis hin zu klinischen Anzeichen extremer Belastung oder deutlicher Angst vor der Bindungsperson. Desorganisation ist kein viertes Bindungsmuster. Es handelt sich dabei vermutlich um einen Zusammenbruch von Aufmerksamkeits- und Verhaltensstrategien bei Belastung, in der die Orientierung an der Bindungsperson zeitweilig verloren geht (ausführlich in Grossmann/Grossmann 2004, II. 3. 3, 153–160). Desorganisatierte Patienten spielen in der Psychopathologie eine prominente Rolle (Brisch, in diesem Band; Brisch 2001; Strauß et al. 2002)

Bei der Erfassung der Bindungsqualität eines Kindes zu einer Bindungsperson muss betont werden, dass dasselbe Kind zu einer anderen Bindungsperson eine andere Bindungsqualität haben kann. In der Kleinkindzeit sind Bindungsqualitäten spezifisch für jeweilige einzelne Beziehungen; sie sind (noch) kein Merkmal des Kindes als Person. Außerdem bedeutet die Bindungsbeziehung zum Vater in der Fremden Situation etwas anderes als die zur Mutter (siehe Abschnitt 5).

3 Das Zusammenspiel von Bindung und Exploration: Psychische Sicherheit als Verinnerlichung von Bindungserfahrungen

Der Lernvorteil von sicheren Beziehungen ist paradigmatisch in der Fremden Situation erkennbar. Die Reibungslosigkeit des Übergangs eines an seine Bindungsperson sicher gebundenen Kindes zwischen der Suche nach Nähe – wenn es besorgt und ängstlich und deshalb das Bindungssystem aktiviert ist – und konzentriert spielerischem Explorieren – wenn es ruhig ist und „Rückhalt" durch die anwesende Bindungsperson hat, ist symptomatisch für den bereits mit 12 Monaten erfahrungsbedingt konfliktfreien Umgang mit Bindungsgefühlen. In unsicheren Bindungsbeziehungen sind Konflikte offensichtlich: Die Bindungsperson wird vermieden, weil Zurückweisung oder Ignorieren erwartet wird. Oder das Kind klammert sich an sie, weil es Angst hat den Zugang zu ihr zu verlieren, und es ist gleichzeitig aggressiv oder passiv gegen sie, weil es ärgerlich ist oder resigniert hat. Desorganisierende Einschübe gefährden jegliche Konzentration auf Bindungspersonen und auf äußere Ziele. Die reibungslose Balance zwischen dem Bedürfnis nach Nähe zur Bindungsperson bei aktiviertem Bindungssystem und der ungestörten Beschäftigung mit den äußeren Dingen der Welt ist eine ideale Voraussetzung für die Entwicklung psychischer Sicherheit – eine Basis, die idealerweise potentielle Konflikte durch die jeweils angemessene Gemeinsamkeit verhindert. Es gibt gute Gründe anzunehmen, dass die späteren Gedanken des erwachsen werdenden Kindes ähnlich laufen wie die Beinchen der Kleinkinder in der Fremden Situation. Dies wird deutlich in den narrativen Protokollen zur Erfassung der Bindungsrepräsentation durch das Bindungsinterview für Erwachsene (George et al. 2001; s. Abschnitt 7). Insofern sind die hier dargestellten verhaltensbiologischen Beobachtungen eine Art mentaler Schablone, mit deren Hilfe sich ein erster Zugang dazu gewinnen lässt, wie man sich die beginnenden Verinnerlichungen der gemachten Bindungserfahrungen vorstellen kann.

Allerdings sind die bindungspsychologischen Erfahrungen im Kleinkindalter dem Bewusstsein entzogen. Man hat dies „frühkindliche Amnesie" genannt, aber sie wirken eben als grundlegende Reaktionsmuster bei Belastung fort. Mit dem Beginn intensiver kognitiver Entwicklung im zweiten Lebensjahr lernen Kinder, hinter ihren Erfahrungen Bedeutungen zu suchen. Ob sie aber Bedeutungen finden, die mit ihren unmittelbaren Erfahrungen im Einklang stehen, oder ob sie „andere" Geschichten zu hören bekommen – oft im Zusammenhang mit Vernachlässigung und Misshandlung –, hängt ab davon, was die Bindungspersonen dazu sagen.

4 Gemeinsame Aufmerksamkeit: Das Zusammenspiel unterschiedlicher Sichtweisen (Perspektiven) – Sprachlernen, sprachliche und kulturelle Bedeutungen

Dem Menschen ist es genetisch gegeben, sich gemeinsam auf innere und äußere Ereignisse zu konzentrieren und die dabei gemachten Erfahrungen bedeutungsvoll zu interpretieren. Die Art der Sprache und die damit erreichten Interpretationen sind offen und erfahrungsabhängig. Mit etwa 9 Monaten beginnt ein Kind der Aufmerksamkeit Erwachsener, an denen es sich orientiert, zu folgen. Einige Monate später bereits schaut es dabei zwischen dem Gesichtsausdruck seiner Bindungsperson und dem Ereignis, das es aufmerksam betrachtet, hin und her. Es kann dabei erkennen, welchen Ausdruck von Gefühlen die Bindungsperson mit dem Ereignis verbindet. Bei Donner kann sie das Kind z. B. liebevoll auf den Schoß nehmen und mit ihm Blitze betrachten und erklären, dass es bald wieder donnern wird, oder sie kann selbst ein ängstliches Gesicht machen und das Kind nicht beruhigen und mit seiner Angst alleine lassen. Kinder, die die eine oder andere Reaktion erfahren haben, werden in Zukunft unterschiedlich auf Blitz und Donner reagieren. Schließlich, in einer dritten Phase, wird das Kind seine Bindungspersonen auf Dinge lenken, auf die es sich selbst konzentriert. In einem solchen Rahmen „gemeinsamer Aufmerksamkeit" wird Sprache gelernt (Bruner 1987). Die Sprache dient einmal dazu, die gemeinsam gemachten Beobachtungen zu benennen und zu kommentieren. Im Bilderbuch bekommen alle Personen, Tiere und Gegenstände Namen, und dazu werden Geschichten erzählt. Bei Blitz und Donner werden auch Gefühle benannt, die sich im Gesicht zeigen, z. B. „Angst", und sie werden in die Geschichten einbezogen. Wenn die Mutter eines bereits sprachverständigen Kindes nun z. B. den Raum verlässt, dann kann sie erklären, wohin sie geht, dass sie bald wiederkommt, was das Kind inzwischen tun könnte, ob es vielleicht mitkommen will und vieles mehr. Das Kind lernt auf diese Weise bedeutungsvolle Zusammenhänge erkennen, die sich nicht aus den Ereignissen selbst erschließen, sondern erst aus den Interpretationen der Erwachsenen. Sie werden zum Gegenstand von Diskursen. Die Diskurse überlagern sich den vorsprachlichen Erfahrungen und betten sie in mehr oder weniger „stimmige" bedeutungsvolle Zusammenhänge ein. Das Kind lernt dabei verschiedene Sichtweisen oder Perspektiven unterschiedlicher Gesprächspartner kennen und sie mit seinen eigenen Wahrnehmungen zu vergleichen.

Von der Qualität der Diskurse hängt es ab, welche Bedeutungen bestimmte Ereignisse für ein Kind allmählich bekommen. Diskurse, so sagt der Sprachphilosoph Grice (1975) können sich in viererlei Hinsicht unterscheiden: in Quantität, Qualität, Relevanz und Art und Weise. Die sprachlich ideale Quantität heißt: „Mache Deinen Beitrag so informativ wie notwendig für den gegenwärtigen Zweck des Austauschs, aber nicht informativer als erforderlich." Das ist bei kleinen Kindern besonders evident. Die sprachlich ideale Qualität heißt: „Versuche deinen Beitrag wahr zu machen. Sage nichts, von dem du meinst es sei falsch oder für das dir angemessene Belege fehlen." Die Relevanz meint das Verbleiben beim Thema: „Sei relevant, mach dich gegenüber einem Hörer klar verständlich. Vermeide Themenwechsel, verliere nicht den Faden." Die Art und Weise schließlich betrifft die Wortwahl, mit der etwas gesagt wird: „Sei präzise, einsichtig („perspicious"), vermeide obskure Ausdrucksweisen, vermeide Mehrdeutigkeit und Doppelsinn („ambiguity"), sei kurz und vermeide unnötige Weitschweifigkeit („prolixity"), und sei geordnet, methodisch in deinem Sprechen. Folge einem erkennbaren Plan, einer Ordnung, einem Muster, einer Gesetzlichkeit oder einem System" (Grossmann/Grossmann 2004, 429f).

Dies betrifft auch die Kohärenz zwischen dem Gesagten und dem vom Kind Erlebten. Mit Hilfe der Bindungspersonen erfährt ein Kind während Episoden gemeinsamer Aufmerksamkeit emotionale und sprachliche Rückmeldung über seine Umwelt und über seine eigenen Gefühle. Im Falle von Verlust, z. B. dem Tod einer Bindungsperson durch Selbstmord wird gelegentlich dem Kind eine Lüge erzählt oder geschwiegen. Die starken Gefühle von Trauer, Ärger, Verlassensein erfahren keine Erklärung; sie werden in keinen narrativen Zusammenhang von Bedeutungen eingebettet und sind folglich für das Kind nicht zugänglich. Der notwendige Zusammenhang von inneren Empfindungen und Gefühlen und äußeren Anlässen bleibt unerschlossen. Ein solches Kind kann nicht lernen, seine Gefühle mit neuen Erkenntnissen in Übereinstimmung zu bringen. Es bleibt den alten, unerklärten Gefühlen ausgeliefert. Oder das Kind sucht sich später seine eigenen Erklärungen, ohne jede soziale Kontrolle über die Richtigkeit der erfundenen Geschichten. Besonders bei misshandelten Kindern kommt es nicht selten vor, dass die Geschichten, die Erwachsene erzählen („Wir haben dich lieb, der Onkel tut dir nichts Böses") zu unlösbar konflikthaften Verwirrungen in der weiteren Entwicklung der Kinder führt (Bowlby 1988a; Grossmann/Grossmann 2001).

Für die Intelligenzentwicklung ist es wichtig, dass die Beziehungen zwischen verinnerlichten Repräsentationen und ihren äußeren Bezügen klar sind. Der Intelligenzforscher Sternberg (1997) nennt es die Herstellung von „Innerer Kohärenz und äußerer Korrespondenz." Für die Bindungstheorie aber ist darüber hinaus wichtig, dass eine solche Übereinstimmung nicht nur für die kognitiven Repräsentationen hergestellt wird, sondern besonders auch für die Gefühle und ihre äußere Korrespondenz in den Ereignissen und ihren sprachlichen Darstellungen. Der Grund ist: Wenn der Zusammenhang zwischen innen und außen gestört ist, dann kommt es zu Desorganisation, Fehlwahrnehmungen und Fehlinterpretationen; es kommt zu Inkohärenz in den Erlebnissen und in den narrativen Geschichten und schließlich zu Konflikten im Umgang mit anderen und mit der Welt, weil die verinnerlichten Arbeitsmodelle von Bindungsbeziehungen nicht mehr passen – und vielleicht nie gepasst haben (Bowlby, 1988b).

5 Feinfühlige Unterstützung beim Kennenlernen der Welt – Die Rolle der Väter

Mit zunehmendem Alter gewinnt beim Menschenkind das explorative Erkunden der sozialen und sachlichen Welt eine beherrschende Stellung. Die Sichtweise anderer, Lehrer im Kindergarten und in der Schule, Sporttrainer, Freunde usw. spielen eine zunehmend wichtige Rolle. Gefiltert werden sie durch den Schutz und die Unterstützung, die bereits im Elternhaus fest im Erfahrungsschatz des Kindes verankert wurden. Neugier und Exploration verlangt Unterstützung und sprachliche Begleitung, um natürliche Unsicherheiten vor Fremden und allem Fremdartigen zu vermindern und um den gemachten Erfahrungen Bedeutung zu verleihen. Dabei hat, vor allem ab dem zweiten Lebensjahr, der Vater einen lebenslang einflussreichen, die psychische Sicherheit seines Kindes fördernden Einfluss. Diese zentrale Bedeutung des Vaters kündigt sich bereits im ersten Jahr an und zeigt sich in ihren Auswirkungen auf den Umgang des Kindes mit Gleichaltrigen im Kindergarten, mit altersspezifischen Anforderungen („Entwicklungsaufgaben") und im Umgang mit Bindungserinnerungen sowie mit Liebespartnern, wenn die Kinder erwachsen sind (Grossmann et al. 2002).

Dasjenige väterliche Verhalten, das sich für den weiteren Lebenslauf der Kinder bis zum 22. Lebensjahr als statistisch bedeutsam erwies, war die von uns so genannte Spielfeinfühligkeit. Sie gehorcht denselben Kriterien wie die mütterliche Feinfühligkeit gegenüber den Signalen des Babys im ersten Jahr: Da und aufmerksam sein, richtig interpretieren und die Wünsche prompt und angemessen beantworten. Natürlich sind es andere Signale des Kindes, die seine Bedürfnisse im Spielbereich ausdrücken, als die Bindungssignale, die den Wunsch nach zärtlicher körperlicher Nähe kundtun. Als Beispiel wird eine Spielsituation beschrieben, bei der das 2-jährige Kind Knetstangen bekommen hat und mit dem Vater zusammen spielen soll. Knetstangen kennt das Kind noch nicht, und die Väter wissen in der Regel nicht, mit welchen motorischen und planenden Fähigkeiten sie bei ihrem Kind rechnen können (meist sind diese geringer als sie denken). Eine Analyse des mehr oder weniger gut gelingenden Zusammenspiels ergab folgende Kriterien: Spielfeinfühlige Väter vermitteln handelnd und sprechend bei Ängstlichkeit Zuversicht („Du kannst und ich helfe dir, wenn es nicht gelingt"), verwandeln Neugier in Interesse mit Handlung, fügen während der Kooperation neue, machbare Ideen ein, werten Werke des Kindes durch Benennungen auf, loben, aber nur was wirklich neu gekonnt war, weil sonst das Kind keine Rückmeldung über tatsächliche Fortschritte erfährt; sie lehren und machen das vor, was das Kind begreifen und umsetzen kann, setzen erreichbare Ziele, erwarten und fordern angemessene Verhaltensregeln.

Die Väter hatten ihren größten Einfluss also auf der explorativen Seite der Balance zwischen Nähe suchen und Explorieren, indem sie spielerisches Erkunden förderten und dabei die psychische Sicherheit der Kinder aufrechterhielten. Im Falle des aktivierten Bindungssystems im Paradigma der Fremden Situation muss das Kind seine Konzentration auf Dinge der Außenwelt abbrechen und sich auf die Mutter als sichere Basis konzentrieren. Im Falle der Spiel unterstützenden Feinfühligkeit, im Rahmen gemeinsamer Aufmerksamkeit, bleibt die Konzentration auf die zu erkundenden Dinge erhalten, weil emotionale Verunsicherungen beim Kind, wenn sie sich ankündigen, gleichsam beiläufig beruhigt, „heruntergeregelt" werden. Der spielfeinfühlige Vater fordert den nächsten Entwicklungsschritt und achtet gleichzeitig sorgsam darauf, dass das Kind nicht durch Überforderung sein Interesse verliert (Grossmann/Grossmann, 2004, Teil III, S. 185–251).

6 Psychisch sicherer Umgang mit persönlichen Herausforderungen: Psychische Sicherheit als Dreischritt von Personenorientierung, Motivklärung und Lösungsperspektive

Die Entwicklung psychischer Sicherheit und Unsicherheit ist methodisch nicht leicht zu erfassen. Die meisten Menschen sind fähig, sich im Alltag so zu bewegen, dass ihre Unsicherheiten nicht offen zutage treten. Auch bei überschaubaren Anforderungen bestehen keine großen Unterschiede. Diese treten meist erst dann auf, wenn Belastungen in Konfliktsituationen auftreten, für die es keine Routinelösungen gibt. In der Alternsforschung haben Kliegl et al. (1989) z.B. festgestellt, dass sich die Verschlechterung des Gedächtnisses besonders dann deutlich zeigt, wenn die Grenzen ausgereizt werden („testing the limits"). Wir haben das mit Kindern im verschiedenen Alters im Labor getan: mit dreieinhalb Jahren wurden sie mit zu schweren Aufgaben überfordert; Sechsjährige wurden mit bildlich dargestellten Trennungen konfrontiert; Zehnjährige wurden über ihren Umgang mit Kummer befragt und taten sich schwer damit zu antworten; Sechzehnjährige kommentierten kurze Geschichten über soziale Zurückweisung so als beträfe es sie selbst; und 22-jährige sprachen über ihre eigenen Bindungserinnerungen und beurteilten ihre Liebespartner mit Hilfe von Beschreibungsmerkmalen. Im Einzelfall wissen wir nicht genau, ob dabei jeweils das Bindungssystem aktiviert wird. Im Gruppenvergleich jedoch, zwischen Probanden mit sicheren und unsicheren frühen Bindungserfahrungen, finden sich deutliche qualitative Unterschiede.

Die Unterschiede im Verhalten zwischen 2 und 22 Jahren sind natürlich so groß, dass es nicht leicht fällt, hinter den erwähnten verschiedenen Aufgaben Vergleichbarkeiten zu finden. Wir haben es mit einem von uns so genannten „Drei-Schritt" versucht (Grossmann 1997). Im Falle psychischer Unsicherheit sucht der Proband 1. nicht nach Beistand, weil er in der Vergangenheit oft etwa wegen Unzugänglichkeit von Bindungspersonen oder anderen Vertrauten nicht zu erhalten war. Dann zeigen sich 2. oft Ärger, Wut, Resignation und Ausdruckslosigkeit. Dies führt 3. zu schmollendem, deprimierten Rückzug und zu Freud- und Lustlosigkeit. Dysfunktonaler Ärger, der sich auf falsche Ziele richtet, ist eine mögliche weitere Folge, und die Tätigkeiten solcher Probanden führen selten zu längerfristigen Verbesserungen der Umstände, die zu der belastenden Befindlichkeit geführt haben.

Im Gegensatz dazu zeigen psychisch sichere Kinder Ausdauer und Beständigkeit bei der Suche nach anderen hilfreichen Personen. Sie zeigen auch „funktionalen Ärger", der ihre Bemühungen um Unterstützung aktiviert. Sie behalten die Aufgabe im Blick, indem sie versuchen, die Zusammenhänge zwischen den äußeren Anforderungen und den inneren Befindlichkeiten zu klären; sie halten die Verbindung zwischen innerer Kohärenz und äußerer Korrespondenz aufrecht. Schließlich planen und handeln sie zielstrebig, indem sie ihre möglichen Helfer einbeziehen und versuchen Lösungen anzustreben, die ihren Möglichkeiten und den Anforderungen entsprechen. Die jüngeren Kinder sind noch sehr personenorientiert und streben gemeinsame Aufmerksamkeit z. B. mit der Versuchsleiterin an; später konzentrieren sie sich mehr auf die äußeren Gegebenheiten. Der Kern des Dreischritts besteht darin, dass psychisch sichere Personen auch bei starker innerer Belastung ihre Aufmerksamkeit gegenüber der äußeren Wirklichkeit nicht aufgeben, während psychisch unsichere Probanden genau dies tun. In der klinischen Literatur werden an dieser Stelle Abwehrmechanismen wie Verleugnung, Verbiegen, Projektion (anderen die eigenen Konflikte unterstellen) erwähnt.

Aber auch psychisch sichere Personen müssen hin und wieder Auseinandersetzungen mit kritischen Situationen aufschieben oder vermeiden, weil sie ihnen (in diesem Augenblick) nicht gewachsen sind. Der kritische Punkt in jedem Falle ist, ob die Abwehr dazu dient, die „äußere Korrespondenz" zur „inneren Kohärenz" (bzw. Inkohärenz) aufrecht zu erhalten, um sich früher oder später damit auseinander zu setzen oder nicht. Schon mit dreieinhalb Jahren zeigt sich der Unterschied deutlich.

Ein psychisch sicheres Kind soll ein Holzpuzzle legen, das zu schwer ist. Ein Teil gelingt; das Kind sagt „jetzt geht's" und lächelt. Das nächste Teil gelingt nicht, das Kind (K) schaut zweifelnd zur Versuchsleiterin (VL). Es dreht und wendet das Teil in beiden Händen, schaut VL an und sagt: „So ist das immer so schwierig", und lächelt verlegen. Weil die VL nicht helfen darf, das Kind das aber nicht versteht, wiederholt es das Gesagte. Es fragt VL: „So?" Es gelingt schließlich; es streicht darüber, lächelt. Ein neues Teil. K fragt lächelnd, werbend, kokett VL: „Wo kommt das jetzt hin?", findet keine Lösung, inspiziert die Unterseite des Puzzleteils und führt dabei das Gespräch mit VL weiter: „Und da baun wir noch ne Nase her" ... probiert ... „da ist keine?" ...fummelt verlegen daran herum, lässt es fallen ... „huch"... schaut VL verlegen an, probiert weiter, sagt: „Ich weiß nicht wo das hingehört!" Schaut VL weiter mit vielen Verlegenheitsgesten an, „gehört das da hin? ... das ist immer so schwierig", schaut dabei VL an ... „Alle (anderen?) Spiele finde ich nicht so schwierig", schaut dabei VL offen ins Gesicht, „den anderen finde ich nicht so schwierig", schaut VL mit hochgezogenen Schultern an. VL ermutigt weiter zu probieren. K sagt: „Vielleicht schaff ich's nimmer, vielleicht", probiert dabei aber intensiv und konzentriert weiter und sagt: „Immer geht das nicht, weil ich noch ein bissele klein bin", schaut VL werbend an, „darum kann ich das nicht machen, weil es so schwierig ist ... wenn's nicht weiter geht, dann lass ich es einfach so", schaut VL bittend an. VL bestätigt.

Im Gegensatz dazu redete ein passiv-hilfloses Kind während der gesamten Spielzeit von 8½ Minuten kein Wort. Bereits bei der Trennung von der Mutter zeigte sich Unlust. Das erste einfache Puzzle gelingt mit etwas Hilfe von VL; dies führt aber zu keiner sichtbaren Freude oder Kommunikation. Das zweite Puzzle hat 6 Teile. K arbeitet mit gesenktem Kopf, schaut mal kurz ausdruckslos zur Mutter (M), hat einen „mukschen" Ausdruck. VL redet mit K, K senkt seinen Kopf auf den Tisch und bleibt 20 Sekunden bewegungslos, schaut danach mit viel Verlegenheitsgesten im Raum umher, probiert weiter, lässt sich durch eine andere Person im Raum ablenken, schaut ausdruckslos zu M und zur Kamera, probiert weiter, stöhnt.

Ähnlich verlaufen die Diskurse mit den älteren Kindern. Bei psychisch sicheren Probanden wird der unmittelbare kommunikative Bezug zum Versuchsleiter sozial kompetenter, die Konzentration auf die Sachverhalte und auf Lösungen bleibt vorherrschend. Bei psychischer Unsicherheit wird kommunikative Kompetenz nur unzureichend eingesetzt, und der Konzentration auf das gestellte Thema sucht man sich zu entziehen (siehe weitere Beispiele für die genannten Altersstufen in Grossmann/Grossmann 2004). Die auf psychischer Sicherheit beruhenden Fähigkeiten und Kompetenzen sollen am Beispiel eines sechsjährigen Mädchens erläutert werden.

Das Mädchen bekommt Bilder mit Trennungsszenen vorgelegt. VL erläutert die Bilder und fragt K, wie sich das Kind auf den Bildern fühlt (Grossmann/ Grossmann 2004, Kap. V. 5.2). Es verhandelt mit VL über die Umstände („Motivklärung") und sucht nach Lösungen. Es bleibt dabei auf die dargestellt Wirklichkeit konzentriert, ohne davon abzuweichen. Nur Kindern mit sicheren Bindungserfahrungen gelingt dies. Zum Bild: „Die Eltern gehen abends fort und sagen es dem Mädchen", sagt Bärbel u.a. Folgendes: „Sie hat so Angst und dann denkt sie daran, ob die Eltern (vielleicht) gar nicht wiederkommen, und dann, dann sagt sie auf einmal: ‚Nein, (ihr sollt nicht weggehen)'. Aber dann sagen die Eltern: ‚Aber wir müssen weg. Wir wollen auch mal irgendwohin' – so wie meine Eltern – ‚tanzen oder so, alleine in die Stadt'". VL: „Wenn die Eltern weggehen und das Mädchen alleine lassen, haben sie es dann noch lieb?" Bärbel: „... (die) haben noch lieb, aber die Kinder, die denken ja immer, nein, die haben mich nicht mehr lieb, die bleiben weg. Das geht so von klein auf los. Das ist, je kleiner sie sind, am schlimmsten".

Trotz der Kürze des Ausschnitts aus einer längeren Sitzung mit insgesamt 6 Bildern wird vielleicht deutlich was Bärbel als Ausdruck ihrer psychischen Sicherheit bereits alles kann: Bärbel kann sich in die Lage ihrer Eltern versetzen, die auch gern mal ausgehen wollen, die also eigene positive Ziele verfolgen. Sie interpretiert das Weggehen nicht als Ablehnung – nicht-mehr-lieb-haben – ihrer Person. Sie kann sich sogar vorstellen, dass viele Kinder – vielleicht sie selbst bis vor kurzem – das Weggehen der Eltern noch falsch interpretieren und darum Angst vor dem Verlassen-Werden haben. Sie weiß auch, dass kleinere Kinder in ihrer Unwissenheit noch eher das Weggehen als Ablehnung interpretieren, was für diese sehr schlimm ist. Bärbel zeigt mit ihren 6 Jahren also schon Verständnis für das Verhalten ihrer Eltern und Verständnis für die Angst anderer, besonders kleinerer Kinder. Beides hilft ihr, selbst keine Angst vor dem Verlassen-Werden haben zu müssen, was sie zunächst ja ausdrückte. Die vorgestellte Angst führte bei Bärbel nicht zur Lähmung ihrer Gedanken, sondern zu einem Nachdenken, wie wohl andere die Situation interpretieren würden. Dies lässt sie ihre Angst überwinden und den Einklang von faktischen Gegebenheiten mit inneren Vorstellungen und Gefühlen herstellen.

Mit 10 Jahren zeigt sich der enorme qualitative Unterschied im Umgang mit belastenden Gefühlen auf vielerlei Art und Weise. Im klinischen Gespräch über den Umgang mit Kummer wird der fehlende Zugang zu Bindungspersonen im Rahmen unsicherer Bindungsbeziehungen und mangelnder gemeinsamer Aufmerksamkeit auf die Befindlichkeit des Kindes auf eklatante Weise deutlich. Das Ausgeliefertsein der Kinder ohne altersangemessene sichere Bindungsstrategien ist bedrückend zu erleben. Die Freiheit der Kinder, deren Kummer durch offene Kommunikation mit zugänglichen, zugeneigten und verständnisvollen Bindungspersonen bewältigt wird, klingt dagegen so einfach und selbstverständlich, dass man darüber vergessen könnte, welche elterlichen Investitionen nötig sind, um einen solchen Zustand zu erreichen. Der Ausdruck Investition könnte allerdings zu dem Missverständnis verleiten, es handle sich um ein ökonomisch aufwendiges Einlösen erzieherischer Verpflichtungen. Das Gegenteil ist der Fall: Sichere Bindungsbeziehungen zeichnen sich – wie in der Fremden Situation – durch Reibungslosigkeit des Miteinanders aus. Sie bleiben unbelastet von Ausweichmanövern, von unüberwindlichen Hemmungen gegenüber offener Kommunikation, von realitätsverändernden Wahrnehmungen und sie strahlen eine selbstverständliche Leichtigkeit der Gemeinsamkeit aus.

7 Bindung und Bildung: Psychologische Anpassung und psychische Sicherheit im Jugend- und Erwachsenenalter

Die eingangs geäußerte Kritik am Begriff Resilienz war u.a. begründet durch die nach unseren Beobachtungen außerordentliche Wirkung der darin enthaltenen Wortmagie, und weil wir es inzwischen besser wissen. Die Wortmagie ist geeignet, die Suche nach einem psychologischen Verständnis für den einzigen Prozess zu blockieren, der zu psychischer Sicherheit führt (Sroufe et al. 2005, 225f). Hinter jeder „Ver-Bindlichkeit" im Umgang mit anderen stehen meist frühe, gelegentlich auch spätere sichere Bindungserfahrungen. Ohne sie kann sich ein Wissen von der Art, wie es bereits die 6-jährige Bärbel äußert, nicht entwickeln. Psychologische Anpassung meint weder Unterordnung noch Darwinsche Selektion, sondern die Fähigkeit, im Einklang mit der Wirklichkeit zunehmend kompetent, planungs- und handlungsfähig zu bleiben, dabei Unterstützung von anderen anzunehmen und für andere zu gewähren. Alte ungelöste Gefühlskonflikte sind dabei hinderlich, aber kaum ohne therapeutische Hilfe oder verständnisvolles Miteinander lösbar, wenn sie als Hypothek unsicherer Bindungserfahrungen zu einem Teil der Persönlichkeit geworden sind. Die dadurch verfälschte Wahrnehmung der Mitmenschen überträgt sich auch auf das Leben mit den eigenen Lebenspartnern und kann, unreflektiert, auf Lebenszeit erhalten bleiben. Die Wahrnehmung der Liebespartner mit 22 Jahren war in unseren eigenen Untersuchungen deutlich von den Bindungserfahrungen im Kindesalter beeinflusst, von der Mutter, vom Vater und von beiden zusammen (Grossmann/Grossmann 2004, Kap. IX.3).

Die zentrale Fähigkeit beim Umgang mit neuen Herausforderungen ist die geistige Reflexion: Das Nach- und Überdenken der eigenen Befindlichkeit, der Zugang zu anderen, die gerne unterstützen und helfen, die Fähigkeit zur richtigen Interpretation der gegenwärtigen Lebensumstände und ihrer Geschichte und die Konzentration auf realistisch geplante Lösungen, Auswege, oder eines *modus vivendi* mit vielleicht unabänderbaren Gegebenheiten. Bei therapeutischen Interventionen sind die Aussichten auf Wiederherstellung flexibler Bewältigungsmuster und psychologischer Anpassung wesentlich besser, wenn die Patienten eher hoch als niedrig auf einer Reflexions-Skala punkten (Fonagy et al. 2004). Bei psychisch sicheren Personen mit adaptiven Problemen, die bei großen Belastungen dort genauso auftreten können wie bei psychisch unsicheren, sind die Aussichten auf Verbesserung außerdem auch deshalb günstiger, weil sie in ihren inneren Arbeitsmodellen auf Erfahrungen zurückgreifen können, die sie bereits einmal gelebt haben, auch wenn sie ihnen später verloren gegangen sind (Sroufe et al. 2005).

Bei der Wahrnehmung ihrer eigenen Bindungserfahrungen im Bindungsinterview für Erwachsene und über eigene Partnerschaftserwartungen äußern sich psychisch sichere Personen wie folgt: Sie geben klare und gut organisierte Antworten, schildern Ereignisse und Episoden für Interviewer und Leser der Protokolle auf recht anschauliche Weise, auch und vor allem negative Erfahrungen und Gefühle, die zu einem ausgewogenen Gesamtbild gehören. Sie sind glaubhaft, ihre Darstellungen sind nachvollziehbar, es gibt keine Widersprüche in den Darstellungen über Eltern bzw. Partner („Kohärenz"). Sie schätzen Bindungen als wertvoll und machen dies durch klare Darstellung erfahrener oder vorgestellter vertrauter und verlässlicher Beziehungen deutlich. Sie äußern nachträglich Verständnis für die Eltern auch bei mangelnder Zuwendung. Beim Liebespartner beruhen Verfügbarkeit und Zuverlässigkeit auf Gegenseitigkeit, und es gibt kaum unrealistische „Idealisierung" von Eltern, Partnern und Partnerschaft.

Unsichere-vermeidende bzw. distanzierte Personen äußern sich für das geschulte Ohr dagegen folgendermaßen: Sie stellen sich als selbstgenügsam dar, halten emotionale Unterstützung für unbedeutsam, idealisieren die Eltern oder die Partner ohne überzeugende Argumente und ohne das Bild lebendig machende Einzelheiten. Wenn sie über Beziehungen sprechen, dann äußern sie sich eher nicht über bindungsbezogene Facetten der Beziehung, sondern über Dinge, die dafür kaum relevant sind, etwa über den Hamster des Freundes oder über den Film, den die Freundin gesehen hat. Sie berichten gelegentlich zwar auch von negativen Erfahrungen, jedoch kaum von negativen Gefühlen, die gewöhnlich solche Erfahrungen begleiten. Vor allem aber stellen sie sich als stark und unabhängig dar und implizieren oder betonen, dass man (deshalb) keine Unterstützung braucht.

Unsicher-verstrickte Erwachsene, in Analogie zu ambivalenten Kindern in der Fremden Situation, verlieren oft den Gesprächsfaden und vergessen Fragen zu beantworten. Sie lassen auch einen Mangel an „metakognitiver" Selbstkontrolle der eigenen Antworten erkennen (Main 1991), das heißt, sie übersehen z. B., dass sie ohne es zu bemerken, von der Vergangenheit in die Gegenwart rutschen und sich plötzlich über ein gestriges Telefongespräch mit der Mutter ereifern, während es im Interview um frühere Erinnerungen ging. Sie hängen auch oft in negativen Erinnerungen fest und können sie nicht objektiv und wirklichkeitsbezogen betrachten. Sie antworten übermäßig detailliert über ihre Wahrnehmung mit Erfahrungen in Bindungs- und Partnerschafts-Beziehungen, und sie verletzen dabei häufig vor allem das Grice'sche Konversationskriterium der Quantität. Der Leser (Zuhörer) hat nicht zuletzt deshalb große Mühe, den Ausführungen zu folgen. Sie stellen sich als passiv, hilflos, ausgeliefert und sehr unterstützungsbedürftig dar und halten Unterstützung und Hilfe für nutzlos.

Dies sind natürlich Verallgemeinerungen auf Kosten der tatsächlich vorhandenen individuellen Unterschiede. Sie sind jedoch Verdichtungen aus mehreren hundert Gesprächen mit 16-, 18-, 20- und 22-jährigen Probanden aus unseren Längsschnittuntersuchungen (Grossmann/Grossmann 2004, Teil IX, 523–592). Sie lassen sich trotz aller Unterschiede mit hoher Zuverlässigkeit nach angemessenem Training erkennen. Damit sind allerdings die Zusammenhänge zwischen frühen Bindungserfahrungen und späteren inneren Arbeitsmodellen, die solche Unterschiede in der Wahrnehmung hervorbringen, nur statistisch gegeben, oft hoch signifikant; aber sie sind nicht in jedem Einzelfall wahr. Die wichtigsten Einflüsse für Veränderungen liegen, auf der kognitiven Ebene, vor allem in den individuellen Fähigkeiten zur Reflexion. Von den einzelnen Entwicklungsverläufen her gesehen, kann sich die Zuwendungsbereitschaft der Eltern ändern, oder es gibt andere Personen außerhalb der engen Kernfamilie, die den Kindern sichere Erfahrungen in Beziehungen vermitteln. Sichere Eltern-Kind-Beziehungen sind kein dauerhafter Schutzschild, sondern sie sind die Grundlage, ein Guthaben für spätere positive Beziehungen zu anderen. Frühe Bindungserfahrungen sind nicht die unmittelbare Ursache für spätere Entwicklungsverläufe, sondern sie bilden den Rahmen für zukünftige Bindungserfahrungen. Frühe Bindungserfahrungen, Herausforderungen, denen man begegnet, und die Möglichkeit, mit gegenwärtigen Belastungen angemessen umzugehen, hängen immer auch davon ab, welche Hilfe man bekommt, bekommen hat, und ob man sie vertrauensvoll annehmen kann (Sroufe et al. 2005, 288ff).

Ein Beispiel aus der Schule stammt von Robert Pianta (1999), der bei Kindern und Lehrern in der Grundschule durch Förderung von Lernbeziehungen psychische Unsicherheit zu beheben versucht. Vor allem Lehrer können Beziehungsrisiken entgegen wirken, und sichere Schüler-Lehrer Beziehungen gehören zu den häufigsten Schutzfaktoren für Kompetenz, selbst in Risikogruppen. Sie können entscheidend sein, weil schulische Lehrangebote in belastenden Situationen ohne emotionale Unterstützung, besonders von jungen Schülerinnen und Schülern, manchmal unzureichend verarbeitet werden. Worte und Symbole „dringen nicht ein". Kinder verstehen nicht nur sozial-emotionale Erfahrungen, sondern auch intellektuell anspruchsvolle Erklärungen am besten in sicheren Beziehungen im Rahmen gemeinsamer Aufmerksamkeit mit Erwachsenen. In Piantas Interventionen helfen trainierte Psychologen den Lehrern, ihre Vorstellungen („Repräsentationen") über Schüler, denen sie mit Vorbehalten begegnen, zu erzählen, also ihre Gefühle und Überzeugungen in Worte zu fassen. Sie lernen dabei Zusammenhänge zwischen Überzeugungen, Gefühlen und ihrem Verhalten gegenüber einem Kind zu erkennen und dadurch zu einem anderen, neuen Verständnis des Kindes und ihres Umgangs mit dem Kind zu gelangen. Dabei hilft z. B. *„Banking time"*, ein Verfahren, das vorschreibt, ein persönliches Guthaben-Konto für das Kind einzurichten. Fünfzehn bis 20 Minuten lang lässt sich der Lehrer nach dem Prinzip der Feinfühligkeit ausschließlich vom Kind leiten und bemüht sich, prompt und angemessen zu antworten und dadurch die selbstbestimmten Kompetenzen des Kindes zu stärken. Daraus ergeben sich neue Interaktionen, neue Wahrnehmungen und Gefühle; die gemeinsame Aufmerksamkeit vermittelt Wissen über die jeweilige Sicht der Dinge und über die Dinge selbst, und es werden Fertigkeiten der Regulierung eigener Gefühle vermittelt: Selbstkontrolle und Erfahrungen regulierter Kind-Lehrer Beziehungen. Lehrer sind vorbildhafte Modelle für den Umgang mit Gefühlen! Ein feinfühlig responsiver, wohlwollender Lehrer ist eine Ressource für psychologische Anpassungsfähigkeit im Bereich Schule, wo Kindern und Jugendlichen sehr viel an kognitivem Lernen abverlangt wird. Es gibt selten Hilfe bei emotionalen Konflikten, obwohl das Gelingen von Bildung als Grundvoraussetzung für ein konstruktives Leben in unserer Kultur davon entscheidend abhängen kann. (Grossmann & Grossmann, im Druck b)

Psychische Sicherheit basiert auf einer ständigen Offenheit gegenüber maßgeblichen, relevanten Aspekten der Umwelt und dem Zusammenspiel und Vertrauen in das Wohlwollen und die Hilfsbereitschaft wichtiger Anderer.

Mit dem inzwischen inflationären und inhaltsleeren Begriff „Resilienz" werden lediglich unerwartete Formen von Anpassungsfähigkeiten, über die man sich wundert, bezeichnet.

„Warum geht es einigen Kindern trotz Widrigkeiten gut, warum erholen sich einige davon? Weil sie resilient sind. Woher weiß man, dass sie resilient sind? Weil sie gut dabei herausgekommen sind. Das war ein unbefriedigender Kreisschluss" (Sroufe et al. 2005, 226).

Das Geheimnis, das sich hinter dem Begriff verbirgt, verliert sich erst dann, wenn längsschnittliche Daten über individuelle Entwicklungsverläufe vorliegen. Kinder mit früher liebevoller Fürsorge und Kompetenzförderung entwickeln unter Stress weit weniger Anpassungsprobleme als Kinder ohne solche Unterstützung. Die Balance zwischen Unterstützung und unterstützenden Herausforderungen, das reibungslose Wechselspiel zwischen Bedürfnis nach Nähe und Hilfe beim Kennenlernen der Welt ist genau das, was Kinder von Erwachsenen brauchen und was Erwachsene Kindern schulden. Alles andere sind theoretische Spekulationen, manchmal politisch oder vom Zeitgeist motiviert, manchmal lediglich akademische Spielereien ohne tragfähige empirische Grundlage. Sie propagieren grenzenlos unbegründete Erwartungen an „autonome" Selbständigkeit als private Angelegenheit isolierter Kinder und Erwachsener – ein unreflektiertes Entwicklungs- und Erziehungsideal. Es gibt tatsächlich eine weit verbreitete Neigung zur „Abschaffung der Vergangenheit"; sie verschwindet gesellschaftlich in dem Wunschdenken, dass persönliche Entscheidungen nicht durch frühere Bindungsunsicherheiten beeinträchtigt seien. Und wer sich darauf beruft, kann auch Unstimmiges ignorieren (Dornes 2000, 160–174). Solche Theorien können eine beruhigende Wirkung haben und zu kurzschlüssigen Entscheidungen führen, wie im Falle der Integration benachteiligter Kinder, ob deutscher oder ausländischer. Theorien, die die Komplexitäten bindungspsychologischer Entwicklungsverläufe ignorieren, sind meistens auf Kontinuitäten begründet, die *nicht* gefunden wurden, z. B. frühe Bindungsunsicherheit und späteres Verhalten in fragwürdigen Tests. Dies ist gerade so, als wäre das, was man gesucht aber nicht gefunden hat, ein Beweis dafür, dass es den gesuchten Zusammenhang nicht gäbe. Vielleicht hat man nur schlecht gesucht.

Wissenschaftliche Untersuchungen, in denen der Prozess der Entwicklung psychischer Sicherheit und Unsicherheit in seinen vielfältigen Zusammenhängen erforscht wird, können wesentlich genauer als bisher erklären, welcher Investitionen es vor allem von Eltern bedarf, aber von auch Großeltern, manchmal älteren Geschwistern, von engagierten Lehrern vom Kindergarten an, über die Grund- und Realschule bis ins Gymnasium. Erst dadurch entwickelt sich bei vielen Kindern die erforderliche psychologische Sicherheit, um zu lernen und um das Gelernte für sich und andere kompetent und selbstbestimmt und in Verbundenheit einzusetzen (Ryan/Deci 2000). Vor allem aber gewinnen wir ein immer vollständigeres Bild darüber, wie psychische Sicherheit in kritischen Situationen funktioniert und wie sie zustande kommt. Wir können dann leichter identifizieren, was denjenigen Kindern, Jugendlichen und auch Erwachsenen fehlt, denen emotionale und intellektuelle Anpassungen seltener gelingen. Helfende, unterstützende und klinische Interventionen profitieren von diesem Wissen und leisten einen entscheidenden Beitrag, vom Wünschenswerten abweichende Entwicklungsverläufe in Bereiche zurückzuführen, in denen selbstbetimmte, psychologisch adaptive und befriedigende Lebenserfahrungen gemacht werden, die frei von Angst und alten Zwängen sind. Sie sind gekennzeichnet von Konflikten, die richtig interpretiert werden, und die im Zusammenspiel mit anderen, Kindern und Erwachsenen angemessen gelöst werden.

Die Entwicklung psychischer Sicherheit ist die Voraussetzung für selbstbestimmte Anpassungen an komplexe Partnerschaften und für berufliche

Planungen im Wechselspiel von feinfühliger Unterstützung des Wunsches nach Nähe und der kulturellen Notwendigkeit von Wissen. Erst der Prozess der Entwicklung psychischer Sicherheit und Unsicherheit erklärt, was im affektiven Bereich fehlt, wenn emotionale und intellektuelle Anpassungen nicht gelingen.

Literatur

Ainsworth, M. D. S., Bell, S. M., Stayton, D. J. (1974): Infant-mother attachment and social development: „Socialization" as a product of reciprocal responsiveness to signals. Deutsch: Bindung zwischen Mutter und Kind und soziale Entwicklung. In: Grossmann, K. E., Grossmann, K. (Hrsg.) (2003): Bindung und menschliche Entwicklung. John Bowlby, Mary Ainsworth und die Grundlagen der Bindungstheorie und Forschung. Klett-Cotta, Stuttgart, 242–279
Bowlby, J. (1969/1982): Attachment and loss. Vol. 1: Attachment. 1st and 2nd revised editions. Basic Books, New York
– (1988a): On knowing what you are not supposed to know and feeling what you are not supposed to feel. In: Bowlby, J.: A secure base. Clinical applications of attachment theory. Tavistock/Routledge, London, 99-118. Deutsch: Bowlby, J.: Erlebnisse und Gefühle, zu deren Verdrängung Kinder regelrecht gezwungen werden. In: Elternbindung und Persönlichkeitsentwicklung. Therapeutische Aspekte der Bindungstheorie. Dexter-Verlag, Heidelberg 1995, 95–112
– (1988b): Attachment, communication, and the therapeutic process. In: Bowlby, J.: A secure base. Clinical applications of attachment theory. Tavistock/Routledge, London, 137–157. Deutsch: Bowlby, J.: Elterliches Pflegeverhalten und kindliche Entwicklung. In: Elternbindung und Persönlichkeitsentwicklung. Therapeutische Aspekte der Bindungstheorie. Dexter-Verlag 1995, Heidelberg, 17–29
Brisch, K. H. (2001): Bindungsstörungen. Von der Bindungstheorie zur Therapie. Klett-Cotta, Stuttgart
Bruner, J. S. (1987): Wie das Kind sprechen lernt. Huber, Bern
Dornes, M. (2000): Die emotionale Welt des Kindes. Fischer Taschenbuchverlag, Frankfurt/M.
Fonagy, P., Gergely, G., Jurist, E. L., Target, M. (2004): Affektregulierung, Mentalisierung und die Entwicklung des Selbst. Klett-Cotta, Stuttgart
George, C., Kaplan, N., Main. M. (2001): Adult Attachment Interview (Orig. 1985). In: Gloger-Tippelt, G. (Hrsg.): Bindung im Erwachsenenalter. Verlag Hans Huber, Bern, 364–387
Gloger-Tippelt, G. (Hrsg.) (2001): Bindung im Erwachsenenalter. Verlag Hans Huber, Bern
Grice, H. P. (1975): Logic and conversation. In: Cole, P. H., Moran, J. L. (Hrsg.): Syntax and semantics III: Speech acts. Academic Press, New York, 41–58. Deutsch: Logik und Konversation. In: Meggle, G. (Hrsg.): Handlung, Kommunikation, Bedeutung. Suhrkamp, Frankfurt 1993, 243–265
Grossmann, K., Grossmann, K. E. (2004): Bindung. Das Gefüge psychischer Sicherheit. Klett-Cotta, Stuttgart
–, Fremmer-Bombik, E., Kindler, H., Scheuerer-Englisch, H., Winter, M., Zimmermann, P. (2002): Väter und ihre Kinder – Die „andere" Bindung und ihre längsschnittliche Bedeutung für die Bindungsentwicklung, das Selbstvertrauen und die soziale Entwicklung des Kindes. In: Steinhardt, K., Datler, K. W., Gstach, J. (Hrsg.): Die Bedeutung des Vaters in der frühen Kindheit. Psychosozial Verlag, Gießen, 43–72

Grossmann, K. E. (1997): Bindungserinnerungen und adaptive Perspektiven. In: Lüer, G., Lass. U. (Hrsg.): Erinnern und Behalten. Wege zur Erforschung des menschlichen Gedächtnisses. Vandenhoeck & Ruprecht, Göttingen, 321–337
–, Grossmann, K. (2001): Die Bedeutung sprachlicher Diskurse für die Entwicklung internaler Arbeitsmodelle von Bindung. In: Gloger-Tippelt, G. (Hrsg.): Bindung im Erwachsenenalter. Huber, Bern, 75–101
– (Hrsg.) (2003): Bindung und menschliche Entwicklung. John Bowlby, J., Mary Ainsworth und die Grundlagen der Bindungstheorie und Forschung. Klett-Cotta, Stuttgart
– (2005): Universality of human social attachment as an adaptive process. In: Carter, C. S., Ahnert, L., Grossmann, K. E., Hrdy, S. B., Lamb, M. E., Porges, S. W., Sachser, N. (Hrsg.): Attachment and bonding: A new synthesis. Dahlem Workshop Report 92. The MIT Press, Cambridge/MA, 199–228
– (im Druck a): Universale Bedingungen für die Entwicklung kultureller Vielfalt. Eine biologische Perspektive. In: Trommsdorf, G., Konradt, H.-J. (Hrsg.): Enzyklopädie der Psychologie: Kulturvergleichende Psychologie. Hogrefe, Göttingen
– (im Druck b): Bindung und Bildung. Über das Zusammenspiel von psychischer Sicherheit und kulturellem Lernen. Frühe Kindheit, 6, 2006
– (in Vorb.): „Resilienz". Skeptische Anmerkungen zum Begriff
–, Keppler, A. (2005): Universal and culturally specific aspects of human behavior: The case of attachment. In: Friedlmeier, W., Chakkarath, P., Schwarz, B. (Eds.): Culture and human development: The importance of cross-cultural research to the social sciences. Swetz & Zeitlinger, Amsterdam, 75–97
–, Zimmermann, P. (1999): A wider view of attachment and exploration: Stability and change during the years of immaturity. In: Cassidy, J., Shaver, P. R. (Eds.): Handbook of attachment: Theory, research, and clinical applications. Guilford Press, New York, 760–786
Kliegl, R., Smith, J., Baltes, P. B. (1989): Testing-the-limits and the study of adult age differences in cognitive plasticity of a mnemonic skill. Developmental Psychology 25 (2), 247–256
Main, M. (1991): Metacognitive knowledge, metacognitive monitoring and singular (coherent) versus multiple (incoherent) model of attachment: Findings and directions for future research. In: Parkes, C. M., Stevenson-Hinde, J., Marris, P. (Eds.): Attachment across the life cycle. Tavistock/Routledge, London/New York, 127–159
Mayr, E. (1984): Die Entwicklung der biologischen Gedankenwelt. Vielfalt, Evolution und Vererbung. Springer Verlag, Berlin
Pianta, R. C. (1999): Enhancing relationships between children and teachers. American Psychological Association, Washington
Rogoff, B. (2003): The cultural nature of human development. Oxford University Press, New York
Ryan, R. M., Deci, E. L. (2000): Self-determination theory and the facilitation of intrinsic motivation, social development and wellbeing. American Psychologist 55 (1), 68–78
Sroufe, L. A., Egeland, B., Calson, E. A., Collins, W. A. (2005): The development of the person. The Minnesota Study of risk and adaptation from birth to adulthood. The Guilford Press, New York
Sternberg, R. J. (1997): The concept of intelligence and its role in lifelong learning and succes. American Psychologist 52 (10), 1030–1037
Strauß, B., Buchheim, A., Kaechele, H. (Hrsg.)(2002): Klinische Bindungsforschung – Methoden und Konzepte. Schattauer, Stuttgart

Der „riskante" Begriff der Resilienz – Überlegungen zur Resilienzförderung im Sinne der Organisation von Passungsverhältnissen

von Michael Fingerle

Mehr als zwanzig Jahre nach der wegweisenden Veröffentlichung von E. Werner und R. Smith (Werner/Smith 1982) hat das Konzept der Resilienz unbestreitbar an Popularität gewonnen – so taucht das Thema inzwischen auch in der Populärliteratur (Rampe 2005) und sogar in den Ratgebersparten der *yellow press* auf (Herzog 2006). Die Entdeckung protektiver Faktoren als Gegenspieler von Entwicklungsrisiken weckte in der pädagogischen Szene einen großen Optimismus, der Resilienz als eine Art immunisierende Persönlichkeitseigenschaft ansah, die es lediglich zu wecken oder zu trainieren galt. Diese nicht selten unkritische Rezeption der Resilienzforschung führte schließlich dazu, dass der Resilienzbegriff zu einem Modekonzept wurde, zu einem nahezu beliebig verwendbaren Marketingvehikel für Trainingsprogramme (Cowen 2001; Masten 2001), wozu sich Emmy Werner bereits 1993 in einem Interview sehr kritisch äußerte (Benard 2004, 73). In Fachkreisen ist dieser mit dem Begriff „Resilienz" verbundene Optimismus hingegen seit längerem einer realistischeren Betrachtungsweise gewichen. Schon in den achtziger Jahren des zwanzigsten Jahrhunderts sah man Resilienz nicht mehr als stabiles Persönlichkeitsmerkmal im Sinne einer universellen „Unverletzlichkeit" an, sondern als eine zumeist zeitlich begrenzte, von verschiedenen (personalen und sozialen) Schutzfaktoren gespeiste psychische Widerstandsfähigkeit oder Bewältigungskapazität. Diese ist zudem in ihrer Ausprägung relativ und darf daher nicht mit einer völligen Abwesenheit psychischer Probleme gleichgesetzt werden (Rutter 1985; Werner/Smith 1992).

Angesichts der auch im pädagogischen Fachdiskurs kritischer gewordenen Rezeption des Resilienzkonzepts (Gabriel 2005) und einem etwa im Bereich der Frühprävention sogar gestiegenen Interesses (Wustmann 2005a) scheint es daher angebracht zu sein, die Bedeutung dieses Forschungszweiges für die sonderpädagogische Diagnostik und Förderung kritisch zu überdenken. Dabei ist insbesondere zu betonen, dass sich die Förderung von Resilienz nicht nur auf das Training personaler Bewältigungsressourcen, sondern auch auf die Erkundung, Organisation und Etablierung entwicklungsfördernder sozialer Nischen beziehen muss, wenn sie erfolgreich sein will.

1 Die Nützlichkeit des Begriffs „Resilienz" für das pädagogische Feld

Man kann zu Recht kritisieren, dass viele der von der Forschung identifizierten Schutzfaktoren, wie Selbstwirksamkeit, keine besonderen, spezifischen Faktoren oder Eigenschaften darstellen; letzten Endes zeigen sie nur, dass bei bestimmten Personen oder in ihrem unmittelbaren sozialen Umfeld neben den Risikofaktoren auch Ressourcen vorhanden sind, mit denen sich Risiken erfolgreich bewältigen lassen. Mehr noch, auch wenn keine Entwicklungsrisiken vorliegen, befördern derartige Schutzfaktoren persönliches Wachstum und eine gelingende Entwicklung (Laucht et al. 1997). Nicht von ungefähr schlagen Grossmann und Grossmann (in diesem Band) vor, statt von Resilienz lieber allgemein von Anpassungsfähigkeit zu sprechen. Wenn es sich bei Resilienz also nicht um eine besondere Persönlichkeitseigenschaft im engeren Sinne handelt, welchen Nutzen hat dann dieser Begriff?

Die zentrale Bedeutung des Resilienzbegriffs für die Pädagogik ist darin zu sehen, dass er die Variabilität der individuellen Entwicklungsverläufe in Personengruppen hervorhebt, die Entwicklungsrisiken ausgesetzt sind. In zahlreichen Studien konnte bestätigt werden, dass Risikofaktoren wie beispielsweise Armut oder Alkoholismus der Eltern nicht notwendigerweise zu einer massiven und nachhaltigen Beeinträchtigung in den Biographien der Kinder führen *müssen* – vielmehr gibt es einen relativ hohen Prozentsatz solcher Kinder, die trotz derartiger Risiken in Schule und Beruf erfolgreich sind (siehe hierzu die Beiträge von Werner bzw. von Lösel/Bender in diesem Band).

Resilienz ist – in diesem Sinne – sozusagen die Gegenwahrscheinlichkeit der Wahrscheinlichkeit für einen negativen Entwicklungsverlauf, die wiederum mit bestimmten Risikofaktoren statistisch assoziiert ist. Wenn ein Faktor wie Armut die Wahrscheinlichkeit für die Entstehung von Verhaltensproblemen um beispielsweise 70% erhöht, dann bedeutet dies gleichzeitig, dass bei Vorhandensein desselben Faktors mit der Gegenwahrscheinlichkeit von 30% (= 100%–70%) keine Verhaltensprobleme entstehen. Resilienz – und hierin liegt eine der wesentlichen Bedeutungen dieses Konzepts – belegt die probabilistische Natur der Wirkung von Risikofaktoren: sie wirken nicht zwangsläufig, nicht deterministisch, sondern nur mit einer bestimmten Wahrscheinlichkeit. Für Pädagogen, die mit Kindern und Jugendlichen mit besonderen Förderbedürfnissen arbeiten, liegt schon in dieser Perspektivenkorrektur ein nicht zu unterschätzender Nutzen, denn die Rezeption der Resilienzforschung trug dazu bei, den Fokus der Professionellen von einer pessimistischen, die deterministische Wirkung von Risikofaktoren überbetonenden Perspektive zu einer Sichtweise zu verschieben, die pädagogische Erfolge als prinzipiell möglich begreift (Weiß 2000) und ihre Aufgabe primär in der Diagnose und Förderung von Ressourcen und nicht alleine in der Identifikation und „Reparatur" von Defiziten sieht (Kurth 2000; Schuck 2000).

Aber mehr noch: Die erfolgreiche Bewältigung von Risikolagen kann zum Erlernen adaptiver Bearbeitungsformen für Risiken führen, da die individuelle Lernbiografie um die Erfahrung der erfolgreichen Nutzung von Ressourcen und des entsprechenden Know-hows der Ressourcennutzung angereichert wird (Laucht et al. 2000; Rutter/Rutter 1993) und so künftige Risikoeffekte abschwächen kann. In diesem Sinne wäre Resilienz dann nicht mehr einfach nur das statistische Komplement negativer Entwicklungsverläufe oder eine zeitlich begrenzte Erfahrung, sondern ein spezifisches Wissen, das gerade aus der Bewältigung von Risiken erwächst und als Kapital für die weitere Entwicklung eingesetzt werden kann.

Resilienz ist in diesem Verständnis keine zu weckende Kraft, sondern eine zu erlernende Praxis, auch wenn sie in ihrer Wirkung und Reichweite relativiert gesehen werden muss und der „Kapitalertrag", der zukünftige Nutzen dieses speziellen biographischen Kapitals, aufgrund seiner probabilistischen Natur nicht präzise vorhersagbar ist. Für die Pädagogik liegt der Nutzen demnach in der Initiierung von unter Anleitung zu entwickelnden Resilienzpraxen, die ihre empirische Rechtfertigung aus den durch die epidemiologischen Studien belegbaren, natürlichen (d. h. ohne gezielte Interventionen entstandenen) Fällen von Resilienz bezieht.

Die pädagogische Förderung von Schutzfaktoren muss nicht zwangsläufig zu Resilienz führen, auch nicht in einem relativen, temporären und situationsspezifischen Sinne. Personenmerkmale, aber auch Umweltmerkmale, die in vielen Situationen als Ressource fungieren, können unter anderen Umständen das Entwicklungsrisiko erhöhen (Bender/Lösel 1997; Antonovsky 1987). Diese ebenfalls bereits seit geraumer Zeit bekannte, so genannte Ambiguität von Schutzfaktoren widerspricht schon auf konzeptioneller Ebene der Brauchbarkeit einer simplen „Resilienztechnologie", die sich auf die undifferenzierte Stärkung von Ressourcen beschränkt. Auch in empirischer Hinsicht zeigen die Ergebnisse von Metastudien zur Effektivität von Programmen zur Förderung psychischer Ressourcen und sozialer Kompetenzen, dass eine Konzentration auf derartige personale Ressourcen vermutlich wenig Erfolg versprechend sein dürfte. Solche Programme scheinen verhältnismäßig häufig niedrige Erfolgsraten und eine geringe Nachhaltigkeit zu haben (Beelmann 1996), während breiter angelegte Programme aus dem Bereich der Frühförderung besser abzuschneiden scheinen (Mayr 2000). Obwohl sich in diesen Befunden auch Implementationsprobleme widerspiegeln dürften, verweisen sie doch auf ein konzeptionelles Problem, denn Förderansätze, die allein auf personale Ressourcen fokussieren, zielen lediglich auf eine Teilmenge der von der Forschung identifizierten Resilienzfaktoren und lassen die Bedeutung sozialer Ressourcen häufig außer Acht.

2 Resilienz als Ergebnis psychosozialer Konstellationen

Sowohl die Resilienzstudien als auch die Bindungsforschung (Urban et al. 1991) verweisen auf die große Bedeutung sozialer Ressourcen – positive Bindungspersonen wie Verwandte, aber auch professionelle Bezugspersonen wie Lehrer – für die erfolgreiche Risikobewältigung. Mehr noch: Die vergleichsweise wenigen Beispiele für nicht-triviale Schutzfaktoren, die bislang identifiziert werden konnten – d. h. Faktoren, die nicht generell, sondern nur bei Vorliegen eines Risikofaktors positive Entwicklung befördern – stammen aus dem Bereich der Mutter-Kind-Beziehungen (Laucht 1999).

Konsequenterweise richten Präventionsansätze im Bereich der Frühförderung ihr Augenmerk daher auch auf die Verbesserung der Eltern-Kind-Beziehung (Wustmann 2005b). Doch auch wenn man die Förderung sozialer Ressourcen mit einbezieht, bleibt ein nicht zu unterschätzendes Problem bestehen, das den relationalen und dynamischen Charakter von Risiken und Bewältigungsressourcen betrifft. Wie Ursula Staudinger (Staudinger 1999) betont, ist nicht nur die Differenz zwischen normalen Entwicklungskrisen (z. B. Pubertät und Adoleszenz) und nicht-normativen Entwicklungsrisiken (z. B. Zerfall oder Psychopathologie des Elternhauses) fließend, sondern auch die Abgrenzung von Belastungen und Ressourcen. Risiken und Ressourcen können im Grunde nicht a-priori definiert werden (die üblichen Klassifikationen beruhen eher auf durchschnittlichen Erfahrungswerten), sondern nur im Rahmen ihres wechselseitigen Bezugssystems, ihrer individuellen Konstellationen. Die große Zahl möglicher Konstellationen stellt Professionelle allerdings vor ein schwer zu lösendes Problem: Wie lässt sich ein solch relativistischer, dynamischer Resilienzbegriff in förderdiagnostische Konzepte umsetzen? Einen Ausgangspunkt für derartige Überlegungen könnte die Bindungstheorie liefern (siehe hierzu auch die Beiträge von Brisch, Rauh sowie Grossmann/Grossmann in diesem Band).

3 Resilienz und Bindung

Bindungsmuster und die mit ihnen einhergehenden internalen Arbeitsmodelle, auf deren Basis Personen Bindungserwartungen und die Regulation von Bindungsbeziehungen steuern (Brisch et al. 2002), sind in diesem Zusammenhang nicht nur interessant, weil es empirisch nachweisbare Beziehungen zwischen dem Bindungstyp und der Bewältigung von Risikolagen gibt (Schmidt/Strauß 2002). Sie sind bemerkenswert, weil sie ein auch in der natürlichen Umwelt beobachtbares (Pederson/Moran 1996), klassifikatorisches Modell jener funktionalen Organisation an den Schnittstellen zwischen Individuum und Umwelt darstellen, die in der Betrachtung von Resilienzkonstellationen konzeptionelle Probleme bereiten. So ist es ein zentrales Kennzeichen einer sicheren Bindung, dass sie ein Setting darstellt, in welchem dem Kind eine optimale Balance zwischen dem Bedürfnis nach Sicherheit und dem Bedürfnis nach Exploration (seiner Umwelt und seiner Fähigkeiten) gelingt (Petermann et al. 1998). Bindung ist dabei nicht in einem absoluten Sinne der Ursprung der Entwicklung; sie lässt sich sondern ihrerseits als Passungsverhältnis zwischen Verhaltensbereitschaften des Säuglings (Temperament) einerseits sowie dem Verhaltensrepertoire und den Erziehungskonzepten der Eltern andererseits modellieren (Zentner 1999; Perrig-Chiello 1997). Sie stellt also sozusagen das Produkt einer wechselseitigen Anpassung dar. In jedem Fall geht das Bindungskonzept aber einen entscheidenden Schritt weiter als das klassische Konzept der Risiko- und Schutzfaktoren: Es definiert *Konstellationen* von personalen und sozialen Ressourcen, die über das Passungsverhältnis funktional verknüpft sind und die nicht additiv, sondern interaktiv aufeinander bezogen sind. Ganz gleich, durch welche spezifischen Randbedingungen eine sichere Bindung unter den konkreten Lebensbedingungen einer Familie etabliert wird, sie ist in einem umfassenderen Sinne Ressource als ein positives Selbstkonzept oder zeitweilige Unterstützungsangebote in der Gemeinde, denn sie stellt sowohl eine zuverlässige Umwelt als auch adaptive Erwartungshaltungen für die interaktive Kompetenzentwicklung des Kindes dar. Bindungskonstellationen legen daher die Vermutung nahe, dass es möglich sein könnte, abstrakte Organisationsmodelle für Resilienzkonstellationen zu formulieren, die auch für andere Entwicklungsphasen und Lebenswelten geeignet sind. Ich möchte diese Argumentation im Folgenden anhand eines Gedankenspiels weiter ausführen: Hier geht es um Prozesse in einem anderen Bindungsmuster, von dem bekannt ist, dass es im Unterschied zur sicheren Bindung ein Entwicklungsrisiko darstellt.

4 Entwicklung in Nischen – ein Gedankenspiel

Unsicher-vermeidende Bindungen – eine der riskanten Varianten des Bindungsmusters – sind durch ein Setting charakterisiert, in dem das Gefühl von Sicherheit gering ist und Exploration nur so lange möglich ist, wie die eigene Kapazität, Stress zu ertragen, ausreicht. Diese Situation entsteht, wenn Mütter nicht auf die Sicherheitsbedürfnisse der Kinder reagieren (können) und sie somit in ihrer Affektregulation allein gelassen bleiben bzw., wenn die Mütter explizit oder implizit die Erwartung äußern, dass das Kind seine Ängste nicht zeigen darf und es nicht in seiner Angstregulation unterstützen. Gelänge es nun, für ein Kind aus einem unsicheren Setting über längere Zeit eine zuverlässig verfügbare Umgebung zu schaffen, in der es nicht mit Ablehnung rechnen muss, wenn ihm seine Affektregulation misslingt, sondern mit Unterstützung rechnen kann und auch bei seiner

Exploration unterstützt wird: Dann wäre es möglich, dass dieses Kind ein internales Arbeitsmodell erwirbt, das dem eines Kindes aus einer sicheren Bindung ähnelt oder damit sogar identisch ist. Dies wäre das Modell einer Bindungsintervention, die über ein Elterntraining das Bindungsverhalten der Eltern ändert. Doch auch ein kompensatorisches Modell, in dem eine andere Bindungsfigur (z. B. eine Verwandte) einen Großteil der Erziehung übernimmt, könnte dasselbe Ergebnis erzielen. Interessanterweise könnte eine solche Intervention aber auch dann für die weitere Entwicklung bedeutsam sein, wenn sie zunächst zu scheitern schiene, das heißt, wenn es zwar nicht gelänge, das internale Arbeitsmodell nachhaltig zu verändern, wenn es aber gelänge, das Kind in seiner Exploration so gut zu unterstützen, dass es in seiner kognitiven und motorischen Entwicklung sein Potential ausschöpfen könnte. Denn auf diese Weise erwirbt es kognitive Ressourcen, welche die Wahrscheinlichkeit für andere Entwicklungserfolge, etwa in der Schule, erhöhen (das setzt allerdings voraus, dass in diesem Bereich keine massiven Defizite vorliegen).

Dieses Gedankenspiel enthält für die Analyse der Organisation von Resilienzkonstellationen mehrere interessante Aspekte. Ich möchte eine solche Umgebung, die funktionale Ähnlichkeit mit dem Setting einer sicheren Bindung hat, aber nicht mit ihr identisch sein muss, im Folgenden als Nische bezeichnen. Eine Nische ist durch drei konstituierende Bedingungen gekennzeichnet. Zum *ersten* dadurch, dass sie

(a) die Regulationsfähigkeiten einer Person nicht überfordert – indem sie einerseits Stressoren fernhält, aber andererseits auch keine unerfüllbaren Veränderungsanforderungen (etwa im Kindesalter bezüglich der Selbstregulation) stellt.

In dieser Hinsicht sind Nischen stabilisierend, aber noch nicht unbedingt entwicklungsfördernd. Hierzu werden sie erst durch zwei weitere Bedingungen:

(b) die Förderung der Exploration der Umwelt und der eigenen Fähigkeiten und

(c) eine Orientierung der Exploration auf Ziele, die anschlussfähig für die eigenen Fähigkeiten, aber darüber hinaus auch im weiteren Sinne sozial anschlussfähig sind.

Die ersten beiden Bedingungen lassen sich unmittelbar aus den Merkmalen eines sicheren Bindungsmusters ableiten, sind jedoch so weit verallgemeinert, dass sie auch auf andere Umwelten passen. Das dritte Kriterium leitet sich in erster Linie aus Resilienzstudien ab, in denen Zielorientierung als ein Merkmal resilienter Personen identifiziert worden ist (Rausch et al. 2003).

Im optimalen Fall können alle drei Kriterien aufeinander bezogen sein und sich gegenseitig positiv verstärken – so entstünde eine Nische, die mit einer sicheren Bindung identisch wäre.

So wünschenswert eine solche Feedbackschleife ist, wie das Gedankenspiel zeigt, kann eine Nische auch dann entwicklungsfördernd sein, wenn es auf der Ebene der Emotions- und Beziehungsregulation lediglich zu einer Stabilisierung statt zu einer Weiterentwicklung kommt – und hierin liegt der Unterschied zwischen dem Bindungs- und dem Nischenkonzept. Im Nischenkonzept sind auch bei suboptimaler Ausgangslage flexible Schwerpunktverlagerungen möglich, die neue Nischen erschließen. Auf diese Weise entsteht ein Schema, in dem evolutionäre Formen der Entwicklung möglich sind, die nach dem Selektionsprinzip der Person-Umwelt-Passung funktionieren (vgl. Baltes/Smith 2004); sie müssen aber zeitlich offen und inhaltlich so flexibel sein, dass Passung nicht auf ein a-priori definiertes Merkmals-Setting reduziert, sondern offen für sich zufällig bietende Entwicklungsgelegenheiten (Passungen zwischen Fähigkeiten und Umweltanforderungen) wird. Die aus der Bindungsforschung bekannte Klassifikation repräsentiert in diesem Sinne bestimmte Spezialfälle von Nischen.

Ein derartiges Nischenkonzept erweitert das Passungsverhältnis der Eltern-Kind-Dyade um die Passung nicht unmittelbar beziehungsrelevanter Ressourcen zu anderen Umwelten, und auf diese Weise ist es möglich, auch Erfolg versprechende *Bifurkationen* der Entwicklungsverläufe in den Blick zu nehmen, die ohne die Etablierung einer sicheren Bindung auskommen. Außerdem lassen sich die Kriterien auf beliebige Entwicklungsabschnitte übertragen, da sie in ihrem Abstraktionsgrad nicht auf die Bedingungen der ersten Lebensjahre beschränkt sind, sondern auch auf schulische (vgl. Opp/Puhr 2003) oder berufliche Settings passen.

Empirische Unterstützung erfährt eine nischenorientierte Betrachtungsweise in späteren Lebensabschnitten durch Befunde aus der erziehungswissenschaftlichen Biographieforschung. In einigen Studien zu Berufs- und zu Bildungsbiographien konnte gezeigt werden, dass selbst Menschen mit sehr riskanten Ausgangslagen in der Lage sind, beruflich erfolgreich zu sein, wenn es ihnen gelingt, Arbeitsplätze zu finden, die Charakteristika der oben beschriebenen Nischen aufweisen. In einer qualitativen Untersuchung zum Berufserfolg von jungen Erwachsenen mit ADHS (Fingerle et al. im Druck) ergaben sich empirische Anhaltspunkte dafür, dass Menschen, die mit diesem Entwicklungsrisiko belastet sind, beruflich sehr erfolgreich sein können, wenn es ihnen gelingt, Arbeitsverhältnisse zu finden, in denen sie einerseits ihre Stärken konstruktiv einsetzen können und in denen andererseits ihre ADHS-bedingten Schwächen akzeptiert werden, weil sie anderweitig (z. B. durch andere Teammitglieder) kompensiert werden können. Ähnliche Befunde fanden sich in Untersuchungen zu funktionalen Analphabeten (Egloff 1997), Obdachlosen (Kade 2005; Kade/Seitter 2003; Seitter 2003) und Erwachsenen mit einer Lernbehinderung (Gerber/Reiff 1991). In einer

Untersuchung, die sich mit spontanen Bildungsprozessen bei bildungsbenachteiligten Jugendlichen befasste (Nohl 2006), konnte gezeigt werden, dass solche Jugendliche durch zufällige Schlüsselerlebnisse dazu angeregt wurden, eigene Fähigkeiten zu identifizieren und durch einen selbstorganisierten Bildungsprozess zu stärken. In einer aktuellen Studie zur Förderung von Schülern mit Lernbehinderungen (Ellinger et al. 2006) wurde nachgewiesen, dass sich eine derartige Konzeption auch zur gezielten Förderung eignet. Den Autoren der Studie gelang es, für lernbehinderte Jugendliche gezielt Nischenarbeitsplätze ausfindig zu machen und ihnen so den Einstieg ins Berufsleben zu ermöglichen.

5 Nischen, Flexibilität und Counseling

Wie bereits die Definition nahe legt, lassen sich grundsätzlich für jedes Personenprofil zumindest stabilisierende Nischen konstruieren, unabhängig davon, ob diese im weiteren Sinne sozial anschlussfähig, d.h. entwicklungsorientiert sind. Im Zusammenhang mit Resilienz machen Nischen daher nur Sinn, wenn sozial anschlussfähige personale Ressourcen oder Ziele entweder bereits vorliegen oder entwickelt werden können. Nichtsdestoweniger wurde auf die a-priori-Definition solcher personaler Fähigkeiten verzichtet, da nur auf diese Weise der relativistischen Natur von Ressourcen bzw. von Passungspotentialen Rechnung getragen werden kann. Denn aus dieser folgt in letzter logischer Konsequenz eine Sichtweise von Entwicklung, die Elemente aleatorischer (zufallsgesteuerter) Entwicklungsmodelle (Bandura 1982; Meehl 1978) enthält. Es ist denkbar, dass der optimistischen Rezeption der Resilienzstudien ein deterministischer Trugschluss zugrunde lag, der durch die retrospektive Identifikation einer resilienten Teilpopulation nahe gelegt wurde. Betrachtet man Entwicklung jedoch als einen evolutionären Prozess, der keine a-priori-Festlegung auf einen bestimmten, scheinbar unter allen Umständen erfolgreichen Typus macht, wird dieser Zirkelschluss umgangen. Entscheidend für die erfolgreiche Bearbeitung riskanter Lebenslagen ist es deshalb zunächst nur, ob eine Person-Umwelt-Passung erreicht werden kann, die stabilisierend ist und ein Minimum an Offenheit zulässt, das zur erfolgreichen Exploration eigener Fähigkeiten führt, auch wenn sie idiosynkratisch sein mögen. Wie die Studie von Nohl (2006) belegt, können anschlussfähige Ressourcen unter Umständen erst spät in der Biographie mehr oder weniger zufällig identifiziert und entwickelt werden. Gerade in dieser Hinsicht kann nun eine bestimmte Form personaler Ressourcen einen entscheidenden Vorteil ausmachen. Es liegt auf der Hand, dass die Chance für die Etablierung einer Nische umso höher ist, je mehr potentielle personale Ressourcen zur Verfügung stehen, aber auch, je flexibler Ziele organisiert bzw. Misserfolge durch flexible Zielanpassung bewältigt werden können. Der Umgang mit Ressourcen und

Zielen ist daher ebenso relevant wie deren schiere Anzahl. Die Bedeutung dieser von Greve (1997) schon seit längerem im Bereich der Coping-Forschung untersuchten Fähigkeit für die Entstehung einer Resilienzkonstellation wurde bereits von Staudinger (1999) hervorgehoben (siehe hierzu auch den Beitrag von Staudinger/Greve in diesem Band).

Die Ressource „flexible Zielanpassung" kann jedoch für sich genommen keine externen Nischen erschaffen, und es ist prinzipiell wohl auch möglich, eine Nische auf mehr oder weniger unflexible Art zu etablieren, wenn die Rahmenbedingungen dies zulassen. Sie ist vielmehr eine Metaressource, mit deren Hilfe die Nischenfindung erleichtert werden kann. Insbesondere erleichtert sie aber die Misserfolgsbewältigung, denn die relativistische Konzeption von Ressourcen erzeugt für jegliche Entwicklung das grundsätzliche Risiko des Scheiterns. In einem anderen Zusammenhang (Fingerle 2005) habe ich dies mit der Identifikation interner Nischen verglichen, d. h. dem Entwickeln selbstkonzeptverträglicher Deutungen, die quasi Nischen im Gewebe des selbstbezogenen Wissens ausfindig machen und etablieren. Dies ist pädagogisch insofern bedeutsam, als auf diese Weise die Selbststeuerung des Entwicklungsprozesses Vorgängen gleicht, die in Beratungskontexten beobachtbar sind. Viele Beratungskonzepte (z. B. Mutzeck 2005) haben zum Ziel, anschlussfähige Ressourcen und adaptive Deutungen in einem offenen Prozess zu identifizieren und weiter zu entwickeln. Dies legt die Vermutung nahe, dass sich Resilienz nur dann effektiv fördern lässt, wenn das Training personaler und sozialer Ressourcen mit Beratungsangeboten gekoppelt werden kann, die offen und flexibel genug sind, um das Auffinden und die Etablierung entwicklungsorientierter Nischen zu unterstützen und das prozessbedingte Misserfolgsrisiko zu bearbeiten.

Zusammenfassung

Der pädagogische Nutzen der Resilienzforschung liegt – bei allen methodischen Problemen des Konzepts – in ihrer Entdeckung natürlicher Formen der Bewältigung massiver Entwicklungsrisiken. Die identifizierten Schutzfaktoren lieferten jedoch in etlichen Fällen zunächst keine wesentlich neuen Erkenntnisse über die Ressourcen, die hierzu nötig sind. Sie verweisen allerdings darauf, dass Resilienz mit einem relativierten Ressourcenbegriff zusammenzuhängen scheint und darüber hinaus mit der Art und Weise, in der soziale und personale Ressourcen organisiert, d. h. aufeinander bezogen sind. Ich habe versucht, in diesem Beitrag Überlegungen anzustellen, wie ein solches, abstraktes Organisationsprinzip aussehen könnte. Dieses Nischenkonzept stellt in seiner derzeitigen Form eine Heuristik dar, eine Art Kriterienkatalog für Bedingungen, die in pädagogischen Settings erfüllt sein müssen, um die Wahrscheinlichkeit für die Entstehung von Resilienz zu erhöhen. Von zentraler Bedeutung sind hierbei zwei

Aspekte. Die größten Chancen entstehen, wenn es gelingt, entwicklungsfördernde Settings zu schaffen *und* Beratungsangebote für die flexible Gestaltung des Passungsverhältnisses zwischen Ressourcen und Umwelten zu machen zu können.

Literatur

Antonovsky, A. (1987): Unravelling the mystery of health: How people manage stress and stay well. Jossey-Bass, San Francisco
Baltes, P. B., Smith, J.(2004): Lifespan Psychology: From Developmental Contextualism to Developmental Biocultural Co-constructivism. Research in Human Development 1, 123–144
Bandura, A. (1982): The psychology of chance encounters and life paths. American Psychologist 37, 747–755
Beelmann, A. (1996): Meta-analyses of early intervention: A methodological and content-related evaluation. In: Brambring, M., Rauh, H., Beelmann, A. (Hrsg.): Early childhood intervention. Theory, evaluation, and practice. De Gruyter, Berlin, 349–375
Benard, B. (2004): Interview with Emmy Werner, ‚Mother Resilience'. In: Benard, B. (Ed.): Turning the corner: From risk to resilience. National Resilience Resource Center, Minneapolis, 73–75
Bender, D., Lösel, F. (1997): Protective and risk effects of peer relations and social support on antisocial behavior in adolescents from multi-problem milieus. In: Journal of Adolescence 20, 661–678
Brisch, K. H., Grossmann, K. E., Grossmann, K., Köhler, L. (Hrsg.) (2002): Bindung und seelische Entwicklungswege. Klett-Cotta, Stuttgart
Cowen, E. L. (2001): Ethics in community mental health care. The use and misuse of some positively valenced community concepts. In: Community Mental Health Journal 37, 3–13
Egloff, B. (1997): Biographische Muster „funktionaler Analphabeten". Deutsches Institut für Erwachsenenbildung, Frankfurt/M.
Ellinger, S., Stein, R., Breitenbach, E. (2006): Nischenarbeitsplätze für Menschen mit geringer Qualifikation. Forschungsstand und erste Ergebnisse eines Projektes im Kontext von Lernbeeinträchtigung und Verhaltensauffälligkeiten. In: Zeitschrift für Heilpädagogik 4, 122–132
Fingerle, M. (2005): Das Emotionswissen von Kindern im Grundschulalter. In: Ellinger, S., Wittrock, M. (Hrsg.): Sonderpädagogik in der Regelschule: Forschung für die Praxis. Kohlhammer, Stuttgart, 91–101
–, Opp, G., Gerber, P., Price, L. (im Druck). ADHS wird erwachsen – Fragen der beruflichen Integration von Erwachsenen mit ADHS-Syndrom. Akzente
Gabriel, T. (2005): Resilienz – Kritik und Perspektiven. In: Zeitschrift für Pädagogik 51, 207–217
Gerber, P. J., Reiff, H. B. (1991): Speaking for themselves: Ethnographic interviews with adults with learning disabilities. Michigan University Press, An Arbor
Greve, W. (1997): Sparsame Bewältigung – Perspektiven für eine ökonomische Taxonomie von Bewältigungsformen. In Tesch-Römer, C., Salewski, C., Schwarz, G. (Eds.): Psychologie der Bewältigung. Psychologie Verlags Union, Weinheim, 18–41
Herzog, M. (2006): Die Kraft der inneren Stärke. In: http://www.welt-der-frau.at/index.htm?http://www.welt-der-frau.at/viewcat.asp?ID=1701&cat=7, Mai 2006

Kade, J. (2005): Autonomie und System. Zum Wandel der gesellschaftlichen Form des Lernens Erwachsener. Hessische Blätter für Volksbildung 1, 16–25
–, Seitter, W. (2003): Von der Wissensvermittlung zu pädagogischer Kommunikation. Theoretische Perspektiven und empirische Befunde. In: Zeitschrift für Erziehungswissenschaft 4, 602–617
Kurth, E. (2000): Ziele und Methoden diagnostischen Handelns. In: Borchert, J. (Hg.): Handbuch der Sonderpädagogischen Psychologie. Hogrefe, Göttingen, 249–260
Laucht, M. (1999): Risiko- versus Schutzfaktor? Kritische Anmerkungen zu einer problematischen Dichotomie. In: Opp, G., Fingerle, M., Freytag, A. (Hrsg.): Was Kinder stärkt. 1. Aufl. Ernst Reinhardt, München/Basel, 303–314
–, Esser, G., Schmidt, M. H. (1997): Wovor schützen Schutzfaktoren – Anmerkungen zu einem populären Konzept der modernen Gesundheitsforschung. In: Zeitschrift für Entwicklungspsychologie und Pädagogische Psychologie 29, 260–270
–, Schmidt, M. H., Esser, G. (2000): Risiko- und Schutzfaktoren in der Entwicklung von Kindern und Jugendlichen. In: Frühförderung interdisziplinär 19, 97–108
Masten, A. S. (2001): Resilienz in der Entwicklung: Wunder des Alltags. In: Röper, G., von Hagen, C., Noam, G. (Hrsg.): Entwicklung und Risiko. Perspektiven einer Klinischen Entwicklungspsychologie. Kohlhammer, Stuttgart, 192–219
Mayr, T. (2000). Entwicklungsrisiken bei armen und benachteiligten Kindern und die Wirksamkeit früher Hilfen. In: Weiß, H. (Hrsg.): Frühförderung mit Kindern und Familien in Armutslagen. Ernst Reinhardt, München/Basel, 142–163
Mutzeck, W. (2005): Kooperative Beratung : Grundlagen und Methoden der Beratung und Supervision im Berufsalltag. Beltz, Weinheim
Meehl, P. E. (1978): Theoretical risks and tabular asterisks: Sir Karl, Sir Ronald, and the slow progress of soft psychology. Journal of Consulting and Clinical Psychology 46, 806–834
Nohl, A.-M. (2006): Die Bildsamkeit spontanen Handelns. Phasen biografischer Wandlungsprozesse in unterschiedlichen Lebensaltern. In: Zeitschrift für Pädagogik 52, 91–107
Opp, G., Puhr, K. (2003): Schule als fürsorgliche Gemeinschaft. In: Opp, G. (Hrsg.): Arbeitsbuch schulische Erziehungshilfe. Klinkhardt, Bad Heilbrunn, 109–144
Pederson, D. R., Moran, G. (1996): Expressions of the attachment relationship outside of the strange situation. Child Development 67, 915–927
Perrig-Chiello, P. (1997): Über die lebenslange Bedeutung frühkindlicher Bindungserfahrung. Kindheit und Entwicklung 6, 153–160
Petermann, F., Kusch, M., Niebank, K. (1998): Entwicklungspsychopathologie. Ein Lehrbuch. Psychologie Verlags Union, Weinheim
Rampe, M. (2005): Der R-Faktor: das Geheimnis unserer inneren Stärke. Knaur, München
Rausch, J. L., Lovett, C. R., Walker, C. O. (2003): Indicators of resiliency among urban elementary school students at-risk. The Qualitative Report 8, 570–590
Rutter, M. (1985): Resilience in the face of adversity. Protective factors and resistance to psychiatric disorder. In: British Journal of Psychiatry 147, 698–611
–, Rutter, M. (1993): Developing minds: Challenge and continuity across the life span. New York, Basic Books
Schmidt, S., Strauß, B. (2002): Bindung und Coping. In: Strauß, B., Buchheim, A., Kächele, H. (Hrsg.): Klinische Bindungsforschung. Theorien – Methoden – Ergebnisse. Schattauer, Stuttgart, 255–271
Seitter, W. (2003): Aneignung. Entwicklung und Ausdifferenzierung eines Konzeptes. In: Nittel, D. (Hrsg.): Die Bildung des Erwachsenen. Erziehungs- und sozialwissenschaftliche Zugänge. Bertelsmann, Bielefeld, 13–24
Schuck, K. D. (2000): Diagnostische Konzepte. In: Borchert, J. (Hrsg.): Handbuch der Sonderpädagogischen Psychologie. Hogrefe, Göttingen, 233–248

Staudinger, U. (1999): Perspektiven der Resilienzforschung aus der Sicht der Lebensspannenpsychologie. In: Opp, G., Fingerle, M., Freytag, A. (Hrsg.): Was Kinder stärkt. 1. Aufl. Ernst Reinhardt, München/Basel, 343–350
Urban, J., Carlson, E., Egeland, B., Sroufe, L. A. (1991): Patterns of individual adaptation across childhood. Development and Psychopathology 3, 445–460
Weiß, H. (2000): Frühförderung bei sozioökonomisch bedingten Entwicklungsgefährdungen. Stellenwert, fachliche Orientierungen und Aufgaben. In: Weiß, H. (Hrsg.): Frühförderung mit Kindern und Familien in Armutslagen. Ernst Reinhardt, München/Basel, 176–197
Werner, E. E., Smith, R. (1982): Vulnerable but invincible: A longitudinal study of resilient children and youth. McGraw-Hill, New York
–, Smith, R. (1992): Overcoming the Odds. High Risk Children from Birth to Adulthood. Cornell University Press, New York
Wustmann, C. (2005a): Die Blickrichtung der neueren Resilienzforschung. Wie Kinder Lebensbelastungen bewältigen. In: Zeitschrift für Pädagogik 51, 192–206
– (2005b): Resilienz. Widerstandsfähigkeit von Kindern in Tageseinrichtungen fördern. Beltz, Weinheim
Zentner, M. R. (1999): Temperament und emotionale Entwicklung. In: Friedlmeier, W., Holodynski, M. (Hrsg.): Emotionale Entwicklung. Spektrum Akademischer Verlag, Heidelberg, 156–175

Resilienz: ein Überblick über internationale Längsschnittstudien*

von Emmy E. Werner

Seit Mitte der 80er Jahre des 20. Jahrhunderts haben Forscher aus der Entwicklungspsychologie, Pädagogik, Pädiatrie, Psychiatrie und Soziologie die Frage untersucht, warum manche Kinder schwerwiegende Belastungen in ihren Lebenswelten erfolgreich meistern, während andere Kinder unter vergleichbaren Situationen schwere und andauernde psychopathologische Störungen entwickeln. Die Widerstandskraft oder Resilienz gegenüber Belastungen in der Lebenswelt, wird als Ergebnis von Pufferprozessen verstanden. Durch sie werden die Risiken und der Stress in diesen Lebenswelten zwar nicht aufgelöst, aber die Kinder entwickeln effektive Strategien im Umgang mit diesen Situationen (Rutter 2000).

In letzter Zeit entwickelte sich eine lebendige Debatte darüber, ob erfolgreiche Entwicklung angesichts früher Belastungen bereichsspezifisch ist, ob protektive Faktoren, die die Effekte solcher Belastungen abmildern, universell oder kontextspezifisch wirken und ob die Faktoren, die zur Resilienz jener Kinder beitragen, die in hohem Maße lebensweltlichen Belastungen in ihrer Kindheit ausgesetzt waren, in gleichem Maße für Kinder förderlich sind, die solche Risiken in ihrem Leben nicht erlebten (Masten/Powell 2003).

Längsschnittstudien, die den Prozess der Resilienz zu unterschiedlichen Zeitpunkten von der frühen Kindheit bis zum Erwachsenenalter untersuchten, können in dieser Debatte hilfreich sein. Ein Vorbehalt ist jedoch angebracht: Luther und Zelazo (2003) erinnern uns daran, dass Resilienz selbst in diesen Studien nicht direkt gemessen werden kann, sondern auf der Grundlage eines *Zwei-Komponenten-Konstrukts* von *Risiko* und *positiver Anpassung* erschlossen werden muss.

Es gibt bis heute zehn Längsschnittstudien von Hochrisikokindern in verschiedenen Regionen der Vereinigten Staaten, die Ergebnisse über Entwicklungserfolge zu verschiedenen Zeitpunkten im Lebenslauf der Kinder berichten. Diese Studien beziehen sich auf afro-amerikanische, asiatisch-amerikanische und auf kaukasisch-amerikanische Kinder, die trotz signifikanter Belastungen wie Armut, psychischer Störungen der Eltern, Miss-

---

* Teile dieses Beitrages wurden dem Beitrag der Autorin mit dem Titel „What can we learn about resilience from large-scale longitudinal studies?" im „Handbook of Resilience in Children", herausgegeben von S. Goldstein und R. B. Brooks (Springer 2005, S. 91–106), entnommen; mit freundlicher Genehmigung von Springer Science and Business Media.

brauch, Scheidung der Eltern und/oder zahlreicher familiärer Risikofaktoren ihre Entwicklungsaufgaben erfolgreich bewältigen.

Für diese Längsschnittstudien gilt, dass sie (a) über ein durchgängig erfasstes Sample von einhundert bis eintausend oder mehr Teilnehmern verfügen, das (b) aus Frauen und Männern besteht; dass sie (c) vielfache Messinstrumente verwenden; (d) die Kinder zu mehreren Entwicklungszeitpunkten erfassen; (e) den Populationsschwund in Grenzen hielten und (f) Vergleichsdaten von Populationen mit niedrigen Risikobelastungen sammelten.

Ich werde mich auch auf Berichte von Längsschnittuntersuchungen in Großbritannien, Neuseeland, Australien und den skandinavischen Ländern beziehen, deren Ergebnisse die Resultate der amerikanischen Forscher ergänzen.

Zu den Längsschnittstudien, die in diesem Überblick diskutiert werden, zählen in den

1. U.S.A.

Die **Kauai-Längsschnittstudie:** Darin wurde der Einfluss einer Vielfalt biologischer, psychosozialer Risikofaktoren, Stress erzeugender Lebensereignisse und protektiver Faktoren auf die Entwicklung von 698 asiatischen und polynesischen Kindern erfasst, die 1955 in Hawaii geboren wurden. Etwa 30% der Kinder dieser Geburtskohorte waren mehr als vier Risikofaktoren wie chronischer Armut, perinatalen Komplikationen, elterlicher Psychopathologie und familiären Zerrüttungen ausgesetzt. Daten über diese Kinder und ihre Familien wurden bei der Geburt, kurz nach der Geburt und im Alter von 1, 2, 10, 18, 32 und 40 Jahren erhoben (Werner/Smith 2001).

Das **Minnesota Parent-Child Project** (begonnen 1975) verfolgte 190 von 267 Müttern mit niedrigem Einkommen und ihre erstgeborenen Kinder in Minneapolis vom letzten Drittel der Schwangerschaft bis zum Alter von 7 und 10 Tagen, 3, 6, 9, 12, 18, 24, 48 Monaten, dem 1., 2., 3. und 6. Schuljahr und dem 25. Lebensjahr (Yates et al. 2003).

Project Competence (begonnen 1971) erfasste 205 Schulkinder im Alter von 10 bis 17, 20 und 30 Jahren in Minneapolis. Weitere Teilstudien verfolgten die Entwicklung von Kindern mit Herzerkrankungen und körperlichen Behinderungen. Neuere Studien in diesem Forschungszusammenhang erfassten Hochrisikogruppen von obdachlosen Kindern und von Kriegsflüchtlingen (Masten/Powell 2003).

The Virginia Longitudinal Study of Divorce and Remarriage (begonnen 1971) erfasste ein Ausgangssample von 144 weißen Familien, die zur Hälfte geschieden und zur Hälfte nicht geschieden waren, mit einem *Zielkind/ Samplekind* im Alter von vier Jahren. Die Kinder und ihre Familien wurden zwei Monate nach der Scheidung und 1, 2, 6, 8, 11 und 20 Jahre nach der Scheidung untersucht. Als die Kinder 10 Jahre alt waren, wurde das Sample auf 180 Familien erweitert, im Alter von 15 Jahren wurde das Sample auf 300 Familien und als die Jugendlichen 24 Jahre alt waren, auf 450 Familien erweitert (Hetherington/Kelly 2002).

The Hetherington and Clingempeel Study of Divorce and Remarriage (begonnen 1980) überprüfte die Adaptationsfähigkeit von Kindern und Jugendlichen 4 Monate, 17 Monate und 26 Monate nach der Wiederheirat der Eltern. Teilgenommen haben an der Studie 202 weiße Mittelklassefamilien in Philadelphia (Hetherington/Elmore 2003).

The Rochester Longitudinal Study (begonnen 1970) verfolgte ein Kernsample von 180 Frauen mit einer Geschichte psychischer Erkrankungen (und eine Kontrollgruppe), deren Kinder bei der Geburt, mit 4, 12, 30 Monaten, 4 Jahren und vom 1. bis zum 12. Schuljahr untersucht wurden (Sameroff et al. 2003).

A Study of Child Rearing and Child Development in Normal Families and Families with Affective Disorders (begonnen 1980) erfasste 80 Familien in Maryland, in denen Eltern an affektiven Störungen litten und 50 Kontrollfamilien. Die Familien hatten jeweils zwei Kinder, das jüngere Kind im Altersspektrum 15–36 Monate und das ältere Kind zwischen 5 und 8 Jahren. Die Kinder wurden im Alter von 42–63 Monaten; 7–9 Jahren und 11–13 Jahren erfasst (Radke-Yarrow/Brown 1993).

A Longitudinal Study of the Consequences of Child Abuse (begonnen 1975) bestand aus einem Kernsample von 353 Kindern aus Familien in Pennsylvania, die in Beratungsstellen Hilfe wegen Missbrauch gesucht hatten. Die Kontrollgruppe wurde aus Tagespflegestätten und Head Start-Programmen gezogen. Die Kinder wurden im Alter zwischen 1–6 Jahren, 6–12 Jahren und in der späten Adoleszenz untersucht (Herrenkohl et al. 1994).

The Virginia Longitudinal Study of Child Maltreatment (begonnen 1986) bezog sich auf eine Gruppe von 107 misshandelten Kindern, die in einem staatlichen Register identifiziert worden waren und umfasste eine Kontrollgruppe von Schulkindern, in Charlottesville. Die Kinder wurden in den Schuljahren 2–3, 4–5 und 6–7 überprüft (Bolger/Patterson 2003).

2. Großbritannien

The National Child Development Study (NCDS) verfolgte 16.994 *Personen*, die in Großbritannien zwischen dem 3. und 9. März 1958 geboren wurden. Daten über die physische, die psycho-soziale Entwicklung und die Bildungskarrieren der Kohorte wurden im Alter von 7, 11, 16, 23 und 33 Jahren erhoben (Wadsworth 1999).

The British Cohort Study (BCS70) verfolgte über drei Jahrzehnte ein Sample von 14.229 Kindern, die in der Woche zwischen dem 5. und 11. April 1970 geboren wurden. Follow-up-Daten wurden im Alter von 5, 10, 16 und 26 Jahren erhoben (Schoon 2001).

3. Neuseeland

The Dunedin Multidisciplinary Health and Development Study ist eine Längsschnittuntersuchung mit einer Säuglingskohorte, die zwischen dem 1. April 1972 und dem 31. März 1973 in Dunedin (Neuseeland) geboren wurde. Das Grundsample bestand aus 1037 Kindern, die im Alter von 3, 5, 7, 9, 11, 13, 15, 18 und mit 21 Jahren (n = 992) überprüft wurden. Im letzten Follow up, im Alter von 26 Jahren, wurden noch 847 Personen aus der Ursprungskohorte untersucht (Caspi et al. 2003).

The Christchurch Health and Development Study (begonnen 1977) besteht aus einer Geburtskohorte von 1265 Kindern, die in Christchurch untersucht wurden. Die Entwicklung der Kinder wurde im Alter von 4 Monaten, 1 Jahr und jährlichen Intervallen bis zum Alter von 16, 18 und 21 Jahren erfasst. Im letzten Follow-up wurden die Daten von 991 Partizipanten erhoben (Fergusson/Horwood 2003).

4. Australien

The Mater – University of Queensland Study of Pregnancy (Brisbane) ist eine prospektive Studie, an der 8.556 schwangere Frauen teilnehmen. Die Studie begann 1981. Die Mütter und ihre Kinder wurden am dritten und fünften Tag nach der Geburt, mit 6 Monaten, 5 Jahren und 14 bis 15 Jahren erfasst. An der letzten Datenerhebung nahmen 5.262 Jugendliche teil. Eine Follow-up-Studie mit 21 Jahren wird derzeit unternommen (Brennan et al. 2002).

5. Dänemark

The Copenhagen High Risk Study dokumentierte die Entwicklung von 207 Kindern schizophrener Mütter und einer Vergleichsgruppe von 104 Kindern, im Alter von 15, 25 und 42 Jahren. Mehr als die Hälfte der Kinder schizophrener Mütter zeigten im Zeitraum der mittleren Adoleszenz bis zur Lebensmitte keine psychopathologischen Symptome (Parnas et al. 1993).

6. Schweden

The Lundby Study ist ebenfalls eine prospektive Längsschnittstudie zu Fragen der psychischen Gesundheit in Südschweden. 590 der 2550 Teilnehmer an dieser Studie waren Kinder, die erstmals mit 8 Jahren erfasst wurden. Cederblad (1996) folgte einem Teilsample von 148 Individuen, die in ihrer Kindheit drei oder mehr psychiatrischen Risikofaktoren ausgesetzt waren (z. B. elterlicher psychischer Erkrankung; Alkoholismus; familiärer Zerrüttung oder Missbrauch). Drei von vier Betroffenen führten im mittleren Lebensabschnitt ein erfolgreiches Leben.

7. Deutschland

Die wesentlichen Ergebnisse der wichtigsten Resilienzlängsschnittstudie in Deutschland werden in diesem Band von Lösel zusammengefasst.

1 Individuelle Eigenschaften und Unterstützungsangebote in Verbindung mit erfolgreicher Lebensbewältigung von Hochrisikokindern

Die Tabellen 1 und 2 fassen individuelle Eigenschaften und Schutzfaktoren in der Familie und der Gemeinde zusammen, die mit der erfolgreichen Lebensbewältigung von Kindern verbunden sind und in Large-Scale-Längsschnittstudien auf der ganzen Welt bestätigt wurden. In den meisten Fällen profitierten von den Faktoren, welche die Resilienz der Hochrisikokinder stärkten, auch Kinder, die in ihren Lebenswelten geringeren Risiken ausgesetzt waren. So zeigten sich in den statistischen Analysen beispielsweise eher Haupteffekte als Interaktionseffekte (Fergusson/Horwood 2003).

Tabelle 1: Persönlichkeitseigenschaften von Hochrisikokindern, die mit erfolgreichem Coping assoziiert sind und in zwei oder mehr Large-Scale-Längsschnittstudien repliziert wurden

Persönlichkeitseigenschaften	Untersuchte Lebensabschnitte	Multiple Risikofaktoren (4+)	Armut	Psychische Erkrankungen der Eltern	Missbrauch	Scheidung
Niedriger Distress; Niedrige Emotionalität	Säuglingsalter – Erwachsenenalter	+	+	+	+	+
aktiv lebhaft	Säuglingsalter – Erwachsenenalter	+	+			
sozial	Säuglingsalter – Erwachsenenalter	+	+	+	+	
Emotional gewinnendes Temperament	Säuglingsalter – Kindheit	+	+	+	+	+
Autnomie; soziale Reife	Frühe Kindheit	+	+			
Durchschnittliche bis überdurchschnittliche Intelligenz	Kindheit – Erwachsenenalter	+	+	+	+	+
Hohe Leistungsmotivation	Kindheit – Erwachsenenalter	+	+	+		
Besondere Talente	Frühe Kindheit – Adoleszenz	+	+	+		

Positives Selbstkonzept	Frühe Kindheit – Adoleszenz	+	+	+		+	
Internale Kontrollüberzeugung	Frühe Kindheit – Erwachsenenalter	+	+	+	+	+	
Impulskontrolle	Frühe Kindheit – Erwachsenenalter	+	+	+			
Antizipation; vorausschauendes Handeln	Adoleszenz – Erwachsenenalter	+	+				
Selbstvertrauen; Kohärenzgefühl	Adoleszenz – Erwachsenenalter	+	+	+			
Fähigkeit Hilfe einzufordern	Kindheit – Erwachsenenalter	+	+	+			

Kinder, die ihre widrigen Lebensumstände erfolgreich bewältigen konnten, waren nicht so leicht erregbar wie Kinder, die Probleme entwickelten; sie besaßen ein aktives und kontaktfreudiges Temperament, das sie bei Erwachsenen und bei ihren Peers beliebt machte. Ihre guten Kommunikations- und Problemlösefähigkeiten und ihr Geschick, Ersatz für fehlende Fürsorgepersonen zu finden, unterstützten ihre Entwicklung. Die resilienten Kinder hatten Talente oder spezielle Fertigkeiten, die von ihren Peers geschätzt wurden, und sie waren überzeugt, dass sie durch ihr eigenes Handeln einen positiven Einfluss auf ihr Leben ausüben können.

In ihren Familien waren es vor allem affektive Beziehungen, welche die Entwicklung von Vertrauen, Autonomie und Eigeninitiative ermutigten. Diese Bindungserfahrungen wurden häufig durch alternative Fürsorgepersonen aus dem weiteren Familienkreis, wie Großeltern oder ältere Geschwister, ermöglicht. Es gab auch Lehrer, Mentoren oder Freunde, die für sie zu positiven Rollenvorbildern wurden.

Die Häufigkeit, mit der die gleichen Schutzfaktoren von verschiedenen

Tabelle 2: *Ressourcen in der Familie und der Gemeinde, die mit erfolgreichem Coping bei Hochrisikokindern assoziiert sind und in zwei oder mehr Large-Scale-Längsschnittstudien repliziert wurden*

Ressourcen	Untersuchte Lebensabschnitte	Multiple Risikofaktoren (4+)	Armut	Psychische Erkrankungen der Eltern	Missbrauch	Scheidung
Familiengröße (<4 Kinder)	Säuglingsalter	+	+			
Mütterliche Kompetenz	Säuglingsalter – Adoleszenz	+	+	+	+	
Enge Bindung an primäre Fürsorgepersonen	Säuglingsalter – Adoleszenz	+	+	+	+	
Unterstützende Großeltern	Säuglingsalter – Adoleszenz	+	+	+	+	+
Unterstützende Geschwister	Kindheit – Adoleszenz	+	+	+	+	+
Kompetente gleichaltrige Freunde	Kindheit – Adoleszenz	+	+		+	+
Unterstützende Lehrer	Vorschulalter – Erwachsenenalter	+	+	+		+
Schulerfolg	Kindheit – Erwachsenenalter	+	+	+		+
Mentoren (ältere)	Kindheit – Erwachsenenalter	+	+			
Mitgliedschaft in prosozialen Organisationen	Kindheit – Erwachsenenalter	+	+			

Studien mit unterschiedlichen ethnischen Gruppen in vielfältigen geographischen und sozio-politischen Kontexten belegt werden konnten, spricht deutlich für ihre Universalität (Masten/Powell 2003). Dies schließt nicht aus, dass einige protektive Faktoren mehr alters-, geschlechts- und kontextspezifisch wirken als andere. Beispielsweise fanden wir in der Kauai-Längsschnittstudie einige Variablen, die nur dann mit signifikanten Unterschieden zwischen positiven und negativen Entwicklungsergebnissen verknüpft waren, wenn sie in Verbindung mit einer Reihe von Stress erzeugenden Lebensereignissen auftraten oder wenn diese Kinder in Armut aufwuchsen. Durch die gleichen Faktoren konnten hingegen die positiven und negativen Entwicklungsverläufe von Mittelschichtkindern, die in relativ sicheren, stabilen und stressfreien Lebensverhältnissen aufwuchsen, nicht erklärt werden (Werner/Smith 1989).

Zu diesen protektiven Faktoren zählten für Jungen während der frühen Kindheit Autonomie und die Fähigkeit, sich selbst zu helfen, während für die Mädchen in der Adoleszenzphase ein positives Selbstkonzept von besonderer Bedeutung war. Unter den protektiven Faktoren waren für Mädchen und Jungen eine positive Eltern-Kind-Beziehung im ersten und zweiten Lebensjahr und emotionale Unterstützung in der Familie, auf die die Kinder in der frühen und mittleren Kindheit zurückgreifen konnten, besonders wirksam. Aus dem *Rochester Child Resilience Project* berichtete Wyman (2003) kontext-spezifische Effekte von nachschulischen Aktivitäten für Jugendliche, die hohen Entwicklungsrisiken ausgesetzt waren. Die Teilnahme an prosozialen Gruppenaktivitäten verminderte das Risiko delinquenten Verhaltens für Jugendliche mit vielen dissozialen Freunden, aber nicht für die Jugendlichen, die nur wenige dissoziale Freunde hatten.

2 Die Bedeutung von Unterstützung und der Entwicklung früher Kompetenzen

Da die Erforschung von Resilienz überwiegend auf die mittlere Kindheit und Adoleszenz ausgerichtet war, wurde der Frage der frühen Entwicklung von Kompetenzen nur wenig Aufmerksamkeit geschenkt. Trotzdem konnten die *Kauai-Längsschnittstudie* und das *Minnesota Parent-Child Project* zeigen, dass eine frühe Phase positiver Anpassung einen starken und fortdauernden Einfluss auf die kindlichen Anpassungsleistungen hat und die Wahrscheinlichkeit erhöht, dass die Kinder formelle und informelle Unterstützungsangebote in ihren Lebenswelten in späteren Phasen ihres Lebens nutzen werden.

Sroufe und Mitarbeiter fanden, dass Kinder mit einer sicheren Bindung in der frühen Kindheit und fürsorglicher Unterstützung in den ersten zwei Lebensjahren eine größere Fähigkeit zeigten, sich von Anpassungsproblemen beim Schuleintritt zu erholen als Kinder mit eingeschränkten Fürsorgeerfahrungen. In ähnlicher Weise wurde deutlich, dass Kinder die Anpassungsprobleme beim Übergang von der mittleren Kindheit in die Adoleszenz gut meisterten, von ihren frühen Unterstützungserfahrungen und positiven Anpassungserfolgen profitierten (Yates et al. 2003).

Frühe Resilienzprozesse spielen auch in späteren Entwicklungsphasen wieder eine Rolle. Das sahen wir in unseren Follow-up Studien im frühen Erwachsenenalter und im mittleren Lebensabschnitt deutlich (Werner/ Smith 1992; 2001). Die Mehrzahl der Teenager mit Delinquenzerfahrungen und psychischen Problemen erholten sich in der dritten und vierten Lebensdekade und wurden verantwortliche Partner, Eltern und Bürger in ihren Gemeinden. Die Individuen allerdings, die die informellen Unterstützungsangebote in ihren Lebenswelten und Gemeinden nutzen konnten und deren Leben im weiteren Verlauf eine positive Wendung nahm, unterschieden sich in signifikanter Weise von anderen, die solche Möglichkeiten nicht ergriffen. Sie blickten auf positive Erfahrungen mit ihren primären Fürsorgepersonen in den ersten zwei Lebensjahren zurück, die in ihnen ein Gefühl des Vertrauens befördert hatten.

3 Protektive Mechanismen: Zusammenhänge und Überschneidungen im Verlauf des Lebens

Genau wie Risikofaktoren innerhalb einer bestimmten Entwicklungsphase in Kombination miteinander auftreten, wirken auch protektive Faktoren zusammen (Gore/Eckenrode 1994). Das Vorhandensein eines Clusters aufeinander bezogener Variablen, die schädliche Entwicklungseinflüsse zu einem bestimmten Zeitpunkt abfedern können, erhöht die Wahrscheinlichkeit, dass andere protektive Mechanismen zu einem späteren Entwicklungszeitpunkt ins Spiel kommen.

Es gibt nur wenige Längsschnittuntersuchungen, die solche Überschneidungen belegen konnten. Um die Komplexität des Resilienzphänomens zu illustrieren, möchte ich kurz die wichtigsten Ergebnisse der Pfadanalysen betrachten, mit denen wir die Daten der Kauai-Längsschnittstudie für sechs Lebensabschnitte unserer Probanden analysiert haben. Sie zeigen, wie individuelle Dispositionen, äußere Unterstützungsangebote und Stress von der frühen Kindheit an über die mittlere Kindheit und die Adoleszenz miteinander verknüpft sind und wie diese Variablen spätere Anpassungsleistungen im frühen Erwachsenenalter und im mittleren Lebensalter bestimmen (Werner/Smith 1992; 2001).

Bei der Betrachtung der Beziehungen zwischen individuellen Dispositionen und externen Ressourcen bemerkten wir, dass die Männer und Frauen, die ihr Leben im mittleren Lebensalter trotz erheblicher Risiken in der Kindheit erfolgreich meisterten, auf soziale Unterstützungsangebote in der Familie und in der Gemeinde bauen konnten,

- *die ihre Kompetenzen und Lebenstüchtigkeit steigerten,*
- *die Zahl Stress erzeugender Lebensereignisse verringerten und*
- *neue Möglichkeiten im Leben eröffneten.*

Die protektiven Prozesse, die Resilienz förderten, manifestierten sich in der frühen Kindheit. Die mütterliche Kompetenz, die in der frühen Kindheit erlebt wurde, hatte über mehrere Jahrzehnte hinweg einen positiven Einfluss auf die Lebensbewältigung der Kinder im späteren Erwachsenenalter (32 bis 40 Jahre). Mädchen, deren Mütter in konsistenter und positiver Weise mit ihren Säuglingen kommunizierten, zeigten im Alter von zwei Jahren mehr Autonomie und im Alter von zehn Jahren höhere Kompetenzen. Sie waren in der Lage, mehr positive Aufmerksamkeit für sich zu gewinnen und waren mit weniger Stress erzeugenden Lebenssituationen konfrontiert als die Töchter von Müttern ohne ein ausgeprägtes Fürsorgeverhalten. Die Jungen mit kompetenten Müttern waren im Alter von zehn Jahren erfolgreicher in der Schule und lebenstüchtiger mit 18 Jahren und hatten mehr Freunde im Erwachsenenalter als die Söhne von Müttern mit geringeren Kompetenzen.

Für beide Geschlechter gab es eine positive Beziehung zwischen der Autonomieentwicklung im Alter von zwei Jahren und den schulischen Leistungen im Alter von zehn Jahren. Die Jungen, die als Kleinkinder unabhängiger waren, erlebten weniger Stress in der ersten Lebensdekade und hatten weniger Gesundheitsprobleme in der Kindheit und der Adoleszenz. Mädchen, die als Kleinkinder mehr Autonomie entwickelt hatten, litten unter weniger Krankheiten und hatten weniger Anpassungsprobleme im Alter von 40 Jahren.

Wir fanden auch eine positive Beziehung zwischen den Unterstützungsangeboten, die sie in der Kindheit nutzen konnten, ihren schulischen Leistungen im Alter von zehn Jahren und der Qualität ihrer Alltagsbewältigung im Alter von 40 Jahren. Die Jungen und Mädchen, die in ihrer Kindheit auf umfangreichere emotionale Unterstützungsangebote zurückgreifen konnten, erlebten weniger Stress im weiteren Lebenslauf als andere, die weniger emotionale Unterstützung erlebt hatten.

Bei beiden Geschlechtern waren die schulischen Leistungen mit zehn Jahren positiv verknüpft mit der Leistungsfähigkeit und der Entwicklung realistischer Zukunftspläne im Alter von 18 Jahren. Die Jungen mit höheren schulischen Leistungen im Alter von zehn Jahren hatten in der Adoleszenz weniger gesundheitliche Probleme. Die Mädchen, die im Alter von zehn Jahren höhere schulische Leistungen zeigten, konnten in der Adoleszenz mehr emotionale Unterstützungsangebote für sich nutzen. Für Mädchen und Jungen war die Zahl emotionaler Unterstützungsangebote, auf die sie in der Adoleszenz zurückgreifen konnten, positiv verknüpft mit ihrer Leistungsfähigkeit und mit realistischen Zukunftsplänen im Alter von 18 Jahren.

Männer und Frauen, die im Alter von 18 Jahren realistische Zielsetzungen für ihre Bildungs- und berufliche Ausbildungsplanung formulierten, erreichten mit 40 Jahren höhere Werte auf den Skalen für psychisches Wohlbefinden. Es gab auch eine Beziehung zwischen ihrem Temperament und der positiven Qualität ihrer Alltagsbewältigung. Männer, die auf der Aktivitätsskala des EAS Temperament Surveys mit 32 Jahren höhere Werte erzielten, zeigten auch mit 40 Jahren ein besseres Bewältigungsverhalten als Männer mit niedrigeren Aktivitätsraten. Frauen, die mit 32 Jahren mehr bekümmert waren, berichteten im Alter von 40 Jahren mehr Gesundheitsprobleme und hatten niedrigere Raten in den Skalen psychologischen Wohlbefindens.

Bei der Einschätzung des Ausmaßes der Varianz alltäglicher Anpassungsleistungen im Alter von 40 Jahren, fanden wir, dass der stärkste Einfluss auf vier Gruppen protektiver Faktoren zurückzuführen war, die wir bereits in der ersten Dekade des Lebens erfasst hatten: Die latenten Variablen mit dem stärksten Einfluss waren

- die mütterliche Kompetenz *(einschließlich das Alter der Mutter und ihr Bildungsgrad sowie das unabhängig beobachtete Ausmaß positiver Interaktionen zwischen ihr und dem Kind im Alter von einem Jahr und während der Untersuchungen zum Entwicklungsstand im zweiten Lebensjahr)*;
- die Anzahl der Quellen emotionaler Unterstützung, *die das Kind im Alter von zwei bis zehn Jahren nutzen konnte (dazu gehörte beispielsweise die Zahl der Mitglieder des erweiterten Familienkreises)*;
- der schulische Leistungsstand *mit zehn Jahren (der PMA Intelligenzquotient, die Scores des PMA Urteils- und Einschätzungstests und des STEP Lesetests)* und
- der gesundheitliche Status *des Kindes (zwischen der Geburt und zwei Jahren für Mädchen, zwischen der Geburt und zehn Jahren für Jungen)*.

Diese Ergebnisse weisen auf die Bedeutung der ersten Lebensdekade für die Grundlegung von Resilienz hin. Sie müssen in weiteren Längsschnittstudien repliziert werden.

3.1 Geschlechtsunterschiede

Alle Längsschnittuntersuchungen über Risiko und Resilienz berichten Geschlechtsunterschiede, die in bestimmten Phasen des Lebenszyklus variieren.

In jeder Entwicklungsphase, beginnend mit der pränatalen Phase und dem Säuglingsalter, ist die männliche Sterbequote höher als die weibliche. In der Kindheit und in der Adoleszenz entwickelten mehr Jungen als Mädchen ernste Lern- und Verhaltensprobleme und zeigten häufiger externalisierende Symptome. Im Gegensatz dazu finden sich bei Mädchen in der späten Adoleszenz und im frühen Erwachsenenalter mehr internalisierende

Symptome, insbesondere depressive Störungen (Caspi et al. 2003; Fergusson/Horwood 2003; Werner/Smith 1989). Doch unter den Hochrisikojugendlichen, die sich zu „troubled teenagers" entwickelt hatten, schafften zumindest in der Kauai-Kohorte mehr Frauen als Männer einen gelungen Übergang in die dritte und vierte Lebensdekade. Ein kontaktfreudiges Temperament, schulische Kompetenzen, realistische Pläne und Leistungsfähigkeit beeinflussen die Qualität der Anpassungsleistungen der Frauen stärker als die von Männern, die sich trotz riskanter Entwicklungsbedingungen erfolgreich im Leben behaupteten. Im Gegensatz dazu scheinen die emotionale Unterstützung in der Familie und der Gemeinde einen stärkeren Einfluss auf die Entwicklung der resilienten Männer auszuüben (Werner/Smith 2001).

Obwohl bedeutsam, wurden die biologischen Aspekte der Resilienz bisher vernachlässigt. Vielleicht lag die Vernachlässigung wichtiger biologischer und genetischer Variablen, die den Einfluss von Stress und Belastungen in der frühen Kindheit für die Anpassungsfähigkeit in verschiedenen Phasen des Lebenszyklus mildern oder verändern können, daran, dass die meisten hier diskutierten Längsschnittstudien von Pädagogen, Psychologen und Soziologen durchgeführt wurden.

3.2 Gesundheitsstatus

Es ist überraschend, dass der Einfluss des Gesundheitsstatus eines Individuums in den meisten Studien der Resilienz und Verletzlichkeit übersehen wird. Auch in jenen Längsschnittstudien, deren ursprünglicher Fokus auf dem Thema „Gesundheit und Entwicklung" lag, konzentrieren sich die Forscher auf psychologische oder soziologische Konstrukte oder Erziehungserfolge (Fergusson/Horwood 2003; Schoon 2001).

In der Kauai-Studie fanden wir in jeder Phase des Lebenszyklus – von der frühen Kindheit bis zum Erwachsenenalter –, dass Personen, die mit mehr Stress erzeugenden Lebenserfahrungen konfrontiert waren, auch mehr gesundheitliche Probleme entwickelten. Gesundheitsprobleme in der frühen Kindheit (d. h. die Zahl ernster Krankheiten oder Unfälle, die die Eltern für den Lebensabschnitt von der Geburt bis zum zweiten Lebensjahr berichteten; die Zahl der Überweisungen für medizinische Dienstleistungen und eine niedrige Einschätzung des Gesundheitsstatus durch den Kinderarzt im Alter von zwei Jahren) korrelierten signifikant mit Anpassungsproblemen im Erwachsenenalter (im Alter von 31/32 und 40 Jahren).

Auf der positiven Seite war der perinatale Gesundheitsstatus (z. B. das Fehlen von Schwangerschafts- und Geburtskomplikationen) ein signifikant protektiver Faktor im Leben von Jugendlichen, deren Mütter unter psychischen Krankheiten litten. Diese Ergebnisse wurden in der *Copenhagen High Risk Study* (Parnas et al. 1993) repliziert und in einer Studie mit

15-jährigen Kindern depressiver Mütter bestätigt, die an der *Mater- University Study of Pregnancy and Outcomes* in *Brisbane* in Australien teilnahmen (Brennan et al. 2002).

3.3 Gen-Umwelt-Interaktionen

Es gibt vielfältige Belege für die bedeutende Rolle, die genetische Faktoren bei der Anfälligkeit von Individuen gegenüber psychopathologischen Störungen wie Alkoholismus, antisozialem Verhalten und Psychosen (bipolare Störungen; Schizophrenie) spielen. Mehrere Längsschnittstudien wie die *Copenhagen High Risk Study* (Parnas et al. 1993) und die *Kauai-Längsschnittstudie* (Werner/Smith 2001) haben Ergebnisse berichtet, die nahe legen, dass ungünstige Lebensbedingungen und schwerer prä- und perinataler Stress den stärksten negativen Einfluss auf genetisch verletzliche Individuen ausüben. Holtmann und Laucht (in diesem Band) zeigen in einem exzellenten Überblick, was wir gegenwärtig über die genetischen Korrelate von Risiko und Resilienz wissen.

Schlussfolgerungen

Die Häufigkeit, mit der in Längsschnittstudien, die mit unterschiedlichen ethnischen Gruppen und unter unterschiedlichen geographischen Rahmenbedingungen arbeiten, die gleichen Prädiktoren für Resilienz sichtbar werden, ist beeindruckend. In den meisten Fällen zeigte sich, dass die Faktoren, die die negativen Effekte früher Kindheitsbelastungen milderten, auch Kindern zu Gute kamen, die in stabilen und sicheren Elternhäusern aufwuchsen. Die entwicklungsschützenden Faktoren besaßen dabei die größte Bedeutung für Kinder, die unter hohen Belastungen aufwuchsen.

Die meisten Längsschnittuntersuchungen konnten belegen, dass eine frühe Entstehung von Entwicklungskompetenzen im Rahmen einer zuverlässigen und fürsorglichen Betreuung einen starken und kontinuierlichen Einfluss auf Anpassungsfähigkeiten in späteren Abschnitten des Lebenszyklus ausüben und die Wahrscheinlichkeit dafür erhöhen, dass Kinder den Weg aus einer schwierigen Jugendzeit in ein erfolgreiches Erwachsenenleben finden.

Die Wege, die trotz schwerer Belastungen in der Kindheit zu positiven Anpassungsleistungen im späteren Leben führen, sind komplex. Es besteht noch ein großer Bedarf für die Forschung, die zeigt, wie wirksam Programme sind, die Kindern neue Chancen eröffnen – entweder in ihren natürlichen Lernumwelten oder in strukturierten Interventionsprogrammen.

Längsschnittstudien müssen den Einfluss von Gen-Umwelt-Interaktionen, welche die Reaktionen von Individuen auf Stress erzeugende Lebensereignisse moderieren, stärker in den Blick nehmen. Es ist auch notwendig, eine kulturübergreifende Perspektive zu entwickeln, in der die Probleme und die Resilienz von Kindern in den Entwicklungsländern dokumentiert werden, die vielfältigen biologischen und psychosozialen Risiken ausgesetzt sind. Wir müssen mehr wissen über individuelle Dispositionen, über die Unterstützungsangebote in der Familie und der Gemeinde, die es solchen Kindern ermöglichen, kulturelle Grenzen zu überschreiten und in hoch riskanten Lebenskontexten ihr Leben möglichst effektiv zu gestalten. Wir können viel von diesen Kindern lernen.

Literatur

Bolger, K. E., Patterson, C. (2003): Sequelae of child maltreatment: Vulnerability and resilience. In: Luthar S. S. (Ed.): Resilience and vulnerability: Adaptation in the context of childhood adversities. Cambridge University Press. New York, 156–181

Brennan, P., Le Broque, R., Hammen, C. (2002): Resilience in children of depressed mothers: A focus on psychological, behavioural and social outcomes at age 15 years. Paper presented at the meeting of the Society for Life History Research in Psychopathology, New York/NY

Caspi, A., Sugden, K., Moffitt, T. E., Taylor, A., Craig, I. W., Harrington, H., McClay, J., Mill, J., Braithwaite, A., Poulton, R. (2003): Influence of life stress on depression: Moderation by a polymorphism in the 5-HTT gene. Science 30, 386–389

Cederblad, M. (1996): The children of the Lundby Study as adults: a salutogenic perspective. European Child and Adolescent Psychiatry 5, 38–43

Fergusson, D. M., Horwood, J. L. (2003): Resilience to childhood adversity: Results of a 21-year study. In: Luthar, S. S. (Ed.): Resilience and vulnerability: Adaptation in the context of childhood adversities. Cambridge University Press, New York, 130–155

Gore, S., Eckenrode, J. (1994): Context and process in research on risk and resilience. In: Haggerty, R. J., Sherrod, L. R., Garmezy, N., Rutter, M. (Ed.): Stress, risk, and resilience in children and adolescents. Cambridge University Press, New York, 19–63

Herrenkohl, F. C., Herrenkohl, R. C., Egolf, B. (1994): Resilient early school age children from maltreating homes: Outcomes in late adolescence. American Journal of Orthopsychiatry 64, 301–309

Hetherington, E. M., Kelley, J. (2002): For better or for worse: Divorce reconsidered. Norton, New York

–, Elmore, A. M. (2003): Risk and resilience in children coping with their parents' divorce and remarriage. In: Luthar, S. S. (Ed.): Resilience and vulnerability: Adaptation in the context of childhood adversities. Cambridge University Press, New York, 182–212

Luthar, S. S., Zelazo, L. B. (2003): Research on resilience: An integrative review. In: Luthar, S. S. (Ed.): Resilience and vulnerability: Adaptation in the context of childhood adversities. Cambridge University press, New York, 510–550

Masten, A. S., Powell, J. L. (2003): A resilience framework for research, policy, and practice. In: Luthar, S. S. (Ed.): Resilience and vulnerability: Adaptation in the context of childhood adversities. Cambridge University Press, New York, 1–28

Parnas, J., Cannon, T. D., Jacobsen, B., Schulsinger, H., Schulsinger, F., Mednick, S. A. (1993): Lifetime DSM-III-R diagnostic outcomes in the offspring of schizophrenic mothers: Results from the Copenhagen High Risk Study. Archives of General Psychiatry 56, 707–714

Radke-Yarrow, M., Brown, E. (1993): Resilience and vulnerability in children of multiple risk families. Development and Psychopathology 5, 581–592

Rutter, M. (2000): Resilience reconsidered: Conceptual considerations, empirical findings, and policy implications. In: Shonkoff, J. P., Meisels, S. J. (Ed.). Handbook of Early Intervention. 2nd edition. Cambridge University Press, New York, 651–681

Sameroff, A., Gutman, L. M., Peck, S. C. (2003): Adaptation among youth facing multiple risks: Prospective research findings. In: Luthar, S. S. (Ed.): Resilience and vulnerability: Adaptation in the context of childhood adversities. Cambridge University Press, New York, 364–391

Schoon, I. (2001): Risk and resources: A developmental-contextual approach to the study of adaptation in the face of adversity. In: Silbereisen, R. K., Reitzle, M. (Ed.): Psychologie 2000. Pabst Science Publishers, Berlin

Wadsworth, M. (1999): Ergebnisse der Resilienzforschung in Großbritannien. In: Opp, G, Fingerle, M., Freytag, A. (Hrsg.): Was Kinder stärkt. 1. Aufl. Ernst Reinhardt Verlag, München/Basel, 59–70

Werner, E. E., Smith, R. S. (1989): Vulnerable but invincible: A longitudinal study of resilient children and youth. Adams, Bannister, Cox (Original work published 1982 by McGraw Hill, New York)

–, – (1992): Overcoming the odds: High risk children from birth to adulthood. Cornell University Press, Ithaca/NY

–, – (2001): Journeys from childhood to midlife: Risk, resilience and recovery. Cornell University Press, Ithaca/NY

Wyman, P. A. (2003): Emerging perspectives on context specificity of children's adaptation and resilience: Evidence from a decade of research with urban children in adversity. In: Luthar, S. S. (Ed.): Resilience and vulnerability: Adaptation in the context of childhood adversities. Cambridge University Press, New York, 293–317

Yates, T. M., Egeland, B., Sroufe, L. A. (2003): Rethinking resilience: A developmental process perspective. In: Luthar, S. S. (Ed.): Resilience and vulnerability: Adaptation in the context of childhood adversities. Cambridge University press, New York, 243–266

Die Autorinnen und Autoren

Dr. Doris Bender
Universität Erlangen-Nürnberg
Institut für Psychologie
Bismarckstr. 1
91054 Erlangen

OA Priv. Doz. Dr. med. habil.
Karl Heinz Brisch
Abt. Pädiatrische Psychosomatik
und Psychotherapie
Kinderklinik und Kinderpoliklinik
im Dr. von Haunerschen Kinderspital
Ludwig-Maximilians-Universität
München
Pettenkoferstr. 10
80336 München

Prof. Dr. Michael Fingerle
Johann Wolfgang Goethe
Universität Frankfurt
Institut für Sonderpädagogik
Robert-Mayer-Str. 5
60054 Frankfurt am Main

Prof. Dr. Rolf Göppel
Institut für Erziehungswissenschaft
Pädagogische Hochschule
Heidelberg
Keplerstr. 87
69120 Heidelberg

Prof. Dr. Werner Greve
Universität Hildesheim
Institut für Psychologie
Marienburger Platz 22
31141 Hildesheim

Dr. Karin Grossmann
Burgunderstr. 9
93053 Regensburg

Prof. Dr. Klaus E. Grossmann
Burgunderstr. 9
93053 Regensburg

Bridget K. Hamre
University of Virginia
Center for Advanced Study of
Teaching and Learning
PO Box 400270,
350 Old Ivy Way, Suite 100
Charlottesville, VA
Virginia USA

Prof. Dr. Gotthilf G. Hiller
Asternweg 8
72770 Reutlingen

Dr. med. Martin Holtmann
Klinikum der J. W. Goethe-
Universität
Klinik f. Psychiatrie und
Psychotherapie des Kindes- und
Jugendalters
Deutschordenstr. 50
60528 Frankfurt

Prof. Dr. Gerald Hüther
Georg-August-Universität
Göttingen
Klinik f. Psychiatrie u.
Psychotherapie
Zentralstelle für Neurobiologische
Präventionsforschung
Von-Siebold-Str. 5
37075 Göttingen

Prof. Dr. Angela Ittel
Arbeitsbereich Pädagogische
Psychologie
Institut für Erziehungswissenschaft
Fakultät I Geisteswissenschaft
Technische Universität Berlin
Franklinstr. 28/29 FR 4–3
10587 Berlin

Dr. Rolf-Torsten Kramer
Martin-Luther-Universität
Halle-Wittenberg
Zentrum für Schulforschung
Franckeplatz 1, Haus 31
06110 Halle

Prof. Dr. Winfried Kronig
Heilpädagogisches Institut
Universität Freiburg
Petrus-Kanisius-Gasse 21
1700 Freiburg i. Üe.
SCHWEIZ

Dr. Manfred Laucht
Zentralinstitut für Seelische
Gesundheit
Arbeitsgruppe Neuropsychologie
des Kindes- u. Jugendalters
Postfach 12 21 20
68072 Mannheim

Prof. Dr. Dr. h. c. Friedrich Lösel
Institute of Criminology
University of Cambridge
Sidgwick Avenue
Cambridge, CB3 9DT
United Kingdom

Prof. Dr. Günther Opp
Martin-Luther-Universität
Halle-Wittenberg
Institut f. Rehabilitationspädagogik
06099 Halle

Prof. Robert C. Pianta
University of Virginia
Cu-Human Svcs
PO Box 400270,
350 Old Ivy Way, Suite 100
Charlottesville, VA
Virginia USA

Prof. Dr. Hellgard Rauh
Institut für Psychologie
Universität Potsdam
Postfach 60 15 53
14415 Potsdam

Prof. Dr. Herbert Scheithauer
Arbeitsbereich Entwicklungs-
wissenschaft und Angewandte
Entwicklungspsychologie
Fachbereich Erziehungswissen-
schaft und Psychologie
Freie Universität Berlin
Habelschwerdter Allee 45
14195 Berlin

Prof. Dr. Ursula M. Staudinger
Jacobs University Bremen
Jacobs Center for Lifelong
Learning and Institutional
Development
Campus Ring 1
28759 Bremen

Megan W. Stuhlmann, Ph. D.
5056 Virginian Lane
Charlotte, NC 28226
USA

Prof. Dr. Hans Weiß
Pädagogische Hochschule
Ludwigsburg
Fakultät für Sonderpädagogik
Postfach 2344
72713 Reutlingen

Prof. Dr. Emmy Werner
University of California
Department of Psychology
Davis, CA 95161
USA

Sachregister

Alkoholabhängigkeit 37, 38
Alltagsbegleitung 274–278
Ambiguität 301
Autonomie 170, 234, 247, 255, 317, 319
Autonomieentwicklung 165, 321, 231, 233

Beeinträchtigung 118
– durch Gewalt 36
Beeinträchtigungs-Ressourcen-System 118
Beratung 167, 307
–, beziehungsfördernde 167–168
–, psychotherapeutische 146
Beratungsmodelle 167, 307
– Fokus Interaktion 165
– STEEP-Programm 167
Beruf, Erfolg im 275
–, Fremdselektion im 274
–, Selbstselektion im 274
Bindung 55, 71, 146
–, reaktive 142
Bindungs-/Hauptbindungsperson 136
Bindungsambivalenz 139
Bindungsbedingte Beeinträchtigungen 282
Bindungsbedürfnis 137, 138, 151
Bindungsbeziehung 53, 54
Bindungserfahrungen 137
Bindungskategorie 145
Bindungskonzept 303
Bindungsmuster 140, 146
Bindungssicherheit 136
Bindungsstörungen 136, 141, 146, 151
Bindungssystem 136, 139
Bindungstheorie 136
Bindungsunsicherheit 282
Bindungsverhalten 136, 145
Bindungsverhalten 193
Bindungsvermeidung 139

Biophile Allianz 271

Co-Manager 274
Coping-Mechanismen 14
Coping-Strategien 50, 255

Emotion, integrative 48
–, labile 127
–, reaktive 33
Entwicklung, delinquente 34, 35
–, depressive 34
Entwicklunsstörungen 13
–, geschlechtsspezifische 39, 40, 71
Einheit der Erziehung 271
Entwicklungsbedingungen 46
Entwicklungsprozesse 13
Entwicklungsstufen 26
Entwicklungsunterschiede 58
Equifinalität 57
Erziehung 239

Flexibilität und Multifinalität 72
Frühförderung
– als protektive Maßnahme 159
– als Reparaturmodell 162
– bei frühkindlicher Amnesie 285
–, defizitorientierte 162 163
–, disprotektive Wirkung der 169
–, funktionsorientierte 163
Familie und Gewalt 66
Familie und Interaktion 175

Gefahr 10
Gemeinschaft 238
Genotyp 34, 38, 37
Geschlecht 69, 110
Geschlechterrollen 69, 110
– doing gender 297
Gewalt
–, geschlechterspezifische 110

Sachregister

Hirnentwicklung 40

Individualentwicklung 47
Individualisierungsprozesse 8, 10, 11
Individualtheoretisches Paradigma 172
Integration 66, 296
Interaktion 185
–, nonverbale 197
Interaktionseffekte 62, 315
Interaktionsmuster 178
–, Bonding als 183
–, Mutter-Kind-Interaktion als 141, 178, 184
–, vorsprachliche Mutter-Kind-Interaktion als 179
Interventionsprogramme 28
–, Bindung als 28, 330
Invunerabilität 67

Kohärenzgefühl 253, 261
Komorbidität 60, 103

Moderatorkonzept 61
Modernisierungsgewinner 11
Modernisierungsverlierer 11
Multifinalität 57, 59, 71

Pädagogische Antinomie 12
Pädagogische Risikodiskurse 12
Passung 305
–, Person-Umwelt- 306
Peer Gruppe 235, 236
–, delinquente 62
Persönlichkeitsentwicklung 119
Postmoderne 10
Protektion 228
Puffereffekt 40, 58

Reflexionsirritationen 12
Reflexive Heilpädagogik 12
Relative Autonomie 82
Resilienz 14, 15, 16, 20, 40
– affektive 32
– healthy androgyny 179
–, Ressourcen der 119
Resilienzfaktoren
– flexible 16
– interaktive 178

– Molekulargenetische Korrelation als 34
–, biographische 85
–, kontinuierliche 116
Resilienzförderung 258, 259, 261
Resilienzkonstellation 118, 119, 120
–, Entwicklungskrisen in der 120
– auf der mikrosoziale Ebene 66
– auf der makrosoziale Ebene 105
Ressourcen
–, personale 160
–, soziale 65
Risiko 8
– in der Peer Gruppe 236
–, biopsychosoziales 21, 166, 312
–, distales 63
–, Kumulation des 63, 100, 238
–, multiples 64, 69
–, personales 63
–, proximales 63
–, soziales 63, 117, 178
Risikobegrenzung 10
Risikodiskurse 12
Risikofaktoren 13, 14
Risikoforschung, Haupteffektmodell der 13
Risikogesellschaft 8
Risikokalkulation 9
Risikokinder 177

Salutogenese 158
Schreckreflex 33
Schule, Erziehungsaufgabe der 11
–, Gewalt in der 234
–, negative Interaktion zwischen Lehrern und Schülern in der 199
Schulklima 229, 231, 232
Schutzfaktoren 14, 15, 20
– bei der Persönlichkeitsentwicklung 136
– geschlechtliche Unterschiede bei 70
– in der Peer Gruppe 239
–, familiale 23
–, intrapersonale 21
–, kommunale 25

–, Kontinuität bei 25
–, protektive 25
Schutzfunktion 57, 67, 136
Selbstbeschreibung 12
Selbsterziehung 11
Selbstorganisation 51
Selbstselektion 274
Soziale Integration 99
Subjektiver Risikoindex 38

Teilkarrieren 272, 274

Unverletzlichkeit 299

Vulnerabilität 14, 177
– bei Schizophrenie 14
– und coping 14
– und Interaktion 187
– und Resilienz 25
–, affektive 32
–, geschlechtsspezifische 40

Zielorientierung 127, 305

Lieselotte Ahnert (Hrsg.)
Frühe Bindung

Entstehung und Entwicklung
Mit einem Vorwort von Jörg Maywald
2. Aufl. 2008. ca. 418 Seiten. ca. 42 Abb.
ca. 16 Tab.
(978-3-497-02047-8) kt

Bindungen sind „innige" Beziehungen, die das Sozialverhalten prägen – vom Hamster bis zum Homo sapiens. Seit der britische Psychoanalytiker John Bowlby die Bindungstheorie in den 1950er Jahren aufstellte, wird auf diesem Gebiet interdisziplinär viel geforscht. Anfängliche Widersprüche können nun zunehmend geklärt werden. Dieses Buch gibt einen anschaulichen Überblick über Entstehung und frühe Entwicklung von Bindungsbeziehungen. Führende deutschsprachige Bindungsforscher erklären, welche Faktoren die Bindungsentwicklung beeinflussen, wie sich Bindung auf das Sozialverhalten auswirkt und wie es zu Fehlentwicklungen kommt. Dabei werden Ansätze der Entwicklungspsychologie, Psychoanalyse, Verhaltensforschung, Neuropsychologie und der Sprachwissenschaft einbezogen.

ℛ/ reinhardt
www.reinhardt-verlag.de

Ute Ziegenhain
Jörg M. Fegert (Hrsg.)
Kindeswohlgefährdung und Vernachlässigung

(Beiträge zur Frühförderung interdisziplinär; 15)
2., durchges. Aufl. 2008.
213 Seiten. 15 Abb. 2 Tab.
(978-3-497-02021-8) kt

Ziegenhain • Fegert (Hg.)
Kindeswohlgefährdung und Vernachlässigung
2. Auflage

Wir reagieren mit Entsetzen, wenn Eltern ihr Kind vernachlässigen oder misshandeln – manchmal gar bis zum Tod. Schnell werden Forderungen nach gesetzlichen Maßnahmen und nach einer Verbesserung des Kinderschutzes laut. Wie greift man wirksam ein, bevor die familiäre Situation eskaliert? Wie erkennt man Risiken, wie fördert man frühzeitig die Erziehungskompetenz der Eltern? Wie lassen sich institutionelle Hilfen verbessern?

In diesem Buch werden interdisziplinäre Lösungsansätze gebündelt: Experten aus den Bereichen Recht, Medizin und Psychologie beschreiben

- den gesetzlichen Handlungsrahmen
- die Einschätzung familiärer Risiken
- die Förderung der elterlichen Feinfühligkeit
- bewährte Modelle institutioneller Kooperation

℞ reinhardt
www.reinhardt-verlag.de

John Bowlby
Bindung und Verlust (Band 1–3)

Aus dem Englischen von Gertrud Mander, Erika Nosbüsch und Elke vom Scheidt
2006. 1270 Seiten. 19 Tab.
(978-3-497-01833-8)
Paperback im Schuber

Bindung ist ein elementares Bedürfnis, vergleichbar mit Hunger oder Sex, das schon Säuglinge an eine erwachsene Bezugsperson knüpft. Werden kleine Kinder über längere Zeit von ihrer Bezugsperson getrennt, erleiden sie schwere psychische Schäden: von chronischer Trauer und Depression bis zur völligen Apathie, von Aggression bis zur Delinquenz.
In seinem Grundlagenwerk stellt John Bowlby ausführlich seine Theorie dar. Jeder Einzelband ist einem thematischen Schwerpunkt gewidmet. Bowlby beobachtete Kinder, die nach dem Zweiten Weltkrieg von ihren Eltern z. B. bei Krankenhausaufenthalten getrennt wurden oder die in Waisenhäusern ohne feste Bezugsperson aufwuchsen. Aus diesen Forschungsergebnissen leitete er therapeutische Maßnahmen ab, um die Kinder in ihrer Entwicklung zu fördern.

Als Einzelbände lieferbar:

Band 1: Bindung
412 Seiten. (978-3-497-01830-7) kt

Band 2: Trennung – Zorn und Angst
379 Seiten. 10 Tab. (978-3-497-01831-4) kt

Band 3: Verlust – Trauer und Depression
479 Seiten. 9 Tab. (978-3-497-01832-1) kt

www.reinhardt-verlag.de

John Bowlby
Bindung als sichere Basis

Grundlagen und Anwendung der Bindungstheorie
Aus dem Englischen von Axel Hillig und Helene Hanf
Mit Geleitworten von Burkhard und Oslind Stahl und Jeremy Holmes
2008. 163 Seiten.
(Originaltitel: A secure base)
(978-3-497-01931-1) kt

Wie wächst ein Kind zu einem gesunden, ausgeglichenen und selbstsicheren Menschen heran? Die sichere Bindung an die Eltern ist die Basis, von der aus Kinder die Welt erkunden und sich entwickeln. Misslingt sie, können sich Eifersucht, Angst, Wut, Kummer oder Niedergeschlagenheit festigen und Menschen ein Leben lang belasten.

John Bowlby schildert Anfänge, Grundkonzepte und empirische Prüfung der Bindungstheorie. Er zeigt, wie sich seine Erkenntnisse in der Psychotherapie anwenden lassen: Die Aufarbeitung früher Bindungserfahrungen im Erwachsenenalter hilft bei der Bewältigung schwieriger Lebenssituationen und psychischer Probleme. Der Psychotherapeut übernimmt dann die Rolle der verlässlichen Basis für die Erkundung früherer Erfahrungen und Gefühle. Eltern erkennen, wie ihre eigene Bindungsgeschichte ihr Erziehungsverhalten gegenüber ihren Kindern prägt – damit leidvolle Bindungsbeziehungen nicht über Generationen weitergegeben werden.

℞/ reinhardt
www.reinhardt-verlag.de